浙江省哲学社会科学重点研究基地
——浙江省海洋文化与经济研究中心2016年度省社科规划重点课题
（编号：16JDGH005）

浙江省哲学社会科学重点研究基地

海洋资源环境与浙江海洋经济丛书

Island Ecology and Culture Underlying
the Human Geography Perspectives:
A Case Study of Zhoushan Island

# 海岛文化与生态的
# 人文地理研究

## ——舟山案例

◎ 童亿勤　董朝阳　伍　磊　等　著

ZHEJIANG UNIVERSITY PRESS
浙江大学出版社

# 前　　言

党的十八大报告提出了经济建设、政治建设、文化建设、社会建设和生态文明建设"五位一体"的中国特色社会主义事业总体布局,实现社会主义现代化和中华民族伟大复兴。报告指出,文化是民族的血脉,是人民的精神家园。全面建成小康社会,实现中华民族伟大复兴,必须推动社会主义文化大发展大繁荣,兴起社会主义文化建设新高潮,提高国家文化软实力,发挥文化引领风尚、教育人民、服务社会推动发展的作用。党的十八大首次将生态文明建设纳入党的报告,论述了生态文明建设的必要性。报告指出,面对资源约束趋紧、环境污染严重、生态系统退化的严峻形势,必须树立尊重自然、顺应自然、保护自然的生态文明理念,把生态文明建设放在突出地位,不断优化国土空间开发格局,全面促进资源节约,加大自然生态系统和环境保护力度,加强生态文明制度建设,努力建设美丽中国,实现中华民族永续发展。在这样的时代发展的大背景下,有关文化和生态方面的议题就自然成为学术领域中应用型研究的热点。

就学术研究而言,文化和生态的研究也越来越受到各学科学者的重视。在学界分别出现了所谓的"文化转向"和"生态转向"。近几十年来,在西方人文社会科学中出现了对文化研究的热潮,被称之为"文化转向",有评论说,这一发展可看作二战以来的一次极为深刻的社会观与政治观的变化。在文化转向的社会科学潮流中,地理学者亦十分活跃,地理学中的文化方面问题成为越来越多地理学者的选题。以资源、环境、人口等形式出现的生态危机是人与自然关系失衡对立的现实困境。从现实维度回溯人类文明的历史演进,生态文明是人类历史文明发展的新阶段。可见,选择文化与生态方面的研究是符合当前学界的学术趋向的。

从文化生态学的视角而论,文化和生态二大系统看似对立互不关联,其实它们之间关系密切,不是孤立存在,而是相互影响的。这里所指的生态与自然环境或生态环境同义,并不仅仅限于生态系统。文化则是人类在自然环境的基础上的种种创造,它是人类的产物,具有明显的人化倾向。在人类社会的发展过程中,文化和生态(自然环境)之间并不表现为简单的因果关系,而是复杂的相互作用。人文地理学研究以人地关系理论为指导,既要分析自然环境对文化影响,判断其方式和强度,又要确定人类文化活动对自然环境所造成的后果及其影响程度。这在资源短缺和环境危机日益加深的当代社会尤其具有现实和理论意义。这是进行文化与生态问题关联研究的理论基础。

海岛是连接内陆和海洋的"桥梁",是海洋开发的前哨,在实施海域管理、资源和权益管理上有着重要的支柱作用。同时,海洋海岛生态环境脆弱,一旦遭受破坏难以修复。海洋海岛经济的发展,要在生态文明建设框架下,科学规划,研究海洋海岛环境承载力,明确不同海洋海岛区域分工,做好环境影响评估,保护海洋海岛原生动植物和原始地质地貌,避免走发达国家先污染后治理的黑色道路。当前我国的海洋生态文明建设体现了世界海洋文化生态转向趋势的最新成果和内在指向。我国海洋文化实现整体生态转向应以人海和谐相生的海洋文化和海洋生态文明相容互促为基本目标。舟山是我国第一个以群岛建制的地级市,是我国岛屿数量最多和海岛陆域面积最大的城市。它具有处于我国东部沿海中间的区位条件优势、丰富的海洋资源优势和扎实的海洋产业基础优势。2011 年 6 月,国务院正式批准设立浙江舟山群岛新区,舟山成为我国继上海浦东、天津滨海、重庆两江后又一个国家级新区,也是首个以海洋经济为主题的国家级新区。无疑地,舟山群岛新区将成为我国学界开展相关领域理论研究和应用性研究的新地标。

在这样的背景下,基于多年来对文化景观和生态足迹(水足迹)方面问题的关注和学术积累,我们试图以舟山群岛为实例,主要从人文地理学的角度进行海岛文化与生态问题的研究。承蒙李加林教授不弃,将这项研究工作纳入到他所主持的浙江省社会科学重点规划课题"东海区海岸带资源与社会经济发展报告"(编号:16JDGH005)的整体研究计划之中。本书作为该课题的部分成果,由浙江省海洋文化与经济研究中心资助出版。本书采用文献查阅与实地调研,通过定性与定量相结合的方法研究舟山群岛的文化景观以及文化活动对生态环境的影响。其主要内容除绪论外,可以分为文化景观和人类文化活动对生态环境的压力两大部分。前者分别研究舟山群岛的某个岛屿或整个群岛的文化景观,安排了四章内容,即普陀山佛教文化景观及其价值、桃花岛地名文化景观、桃花岛旅游文化景观和舟山主题公园文化景观。后者则以生态足迹和水足迹方法研究海岛人类文化活动对生态环境的压力,安排两章内容,即舟山市的生态足迹与可持续发展和舟山市水足迹与水资源可持续利用。

　　本书由童亿勤拟定提纲、组织讨论，并负责全书的写作和最终的统稿工作。全书由研究团队成员共同完成。各章执笔人员如下：第一章，童亿勤、朱兆红；第二章，伍磊、童亿勤；第三章与第四章，董朝阳、童亿勤；第五章，周艳丽、童亿勤；第六章，朱兆红、童亿勤、李莉；第七章，赵春芳、童亿勤。

　　本书在写作过程中得到李加林和马仁锋两位先生的支持和帮助；在野外调研时还得到舟山市地名办、旅游局和普陀山管理委员会、桃花镇人民政府等相关单位和个人的热忱帮助；在书稿的写作中参考、引用了许多作者的文献成果。在此一并表示衷心的感谢！

　　对海岛区进行文化与生态的关联研究是作者的尝试性工作。由于学术水平所限，加之经验不足，撰写时间较短，书中难免会存在一些问题和不足，希望能得到读者的谅解和指正。

著　者

2017 年 8 月 31 日

# 目　　录

**1** 绪　论 ……………………………………………………………… 1

1.1 文化与生态相互作用的人文化地理学原理 ………………… 1

　1.1.1 文化的层次性 ……………………………………………… 1

　1.1.2 文化生态学原理 …………………………………………… 2

　1.1.3 文化景观原理 ……………………………………………… 4

　1.1.4 生态足迹方法——文化对生态环境作用强度的表征 …… 5

1.2 舟山群岛文化与生态的相互作用机制 ……………………… 6

　1.2.1 舟山群岛生态环境概况 …………………………………… 6

　1.2.2 舟山群岛生态环境对文化的影响 ………………………… 7

　1.2.3 舟山群岛文化活动对生态环境的反作用 ……………… 10

1.3 本书的研究背景、意义及主要内容 ………………………… 13

　1.3.1 研究背景 …………………………………………………… 13

　1.3.2 研究意义 …………………………………………………… 15

　1.3.3 主要内容 …………………………………………………… 16

**2** 普陀山佛教文化景观及其价值 ……………………………… 21

2.1 文化景观研究综述 …………………………………………… 21

　2.1.1 国外文化景观研究 ………………………………………… 21

　2.1.2 国内文化景观研究 ………………………………………… 23

2.2 普陀山地理概况 ……………………………………………… 24

　2.2.1 自然地理概况 ……………………………………………… 24

　2.2.2 人文地理概况 ……………………………………………… 25

2.3 普陀山佛教文化景观特征 …………………………………… 27

　2.3.1 空间特征 …………………………………………………… 27

2.3.2　建筑特征 ………………………………………………………… 29

2.3.3　环境特征 ………………………………………………………… 30

2.3.4　文化特征 ………………………………………………………… 32

2.4　普陀山佛教文化景观形成机制 ………………………………………… 34

2.4.1　环境感应机制 …………………………………………………… 34

2.4.2　时间累积机制 …………………………………………………… 37

2.4.3　心理行为机制 …………………………………………………… 42

2.5　普陀山佛教文化景观价值评价 ………………………………………… 46

2.5.1　历史文化价值 …………………………………………………… 46

2.5.2　美学价值 ………………………………………………………… 48

2.5.3　经济价值 ………………………………………………………… 51

2.6　普陀山佛教文化景观的保护及发展 …………………………………… 59

2.6.1　保护原则 ………………………………………………………… 59

2.6.2　发展措施 ………………………………………………………… 61

2.7　结语 ……………………………………………………………………… 63

2.7.1　主要结论 ………………………………………………………… 63

2.7.2　研究特色与创新 ………………………………………………… 66

2.7.3　需进一步研究的问题 …………………………………………… 66

**3**　桃花岛地名文化景观 …………………………………………………… 75

3.1　研究区概况与研究综述 ………………………………………………… 75

3.1.1　研究区概况 ……………………………………………………… 75

3.1.2　研究综述 ………………………………………………………… 76

3.2　历史时期(清末)桃花岛地名文化景观分析 …………………………… 76

3.2.1　资料来源与地名统计分类 ……………………………………… 76

3.2.2　桃花岛地名文化景观特征 ……………………………………… 78

3.2.3　桃花岛地名文化景观形成机制 ………………………………… 82

3.2.4　小结 ……………………………………………………………… 83

3.3　桃花岛旅游地名文化景观分析 ………………………………………… 83

3.3.1　分类体系与资料统计 …………………………………………… 83

3.3.2　桃花岛旅游地名文化景观特征分析 …………………………… 85

　　　3.3.3　小结 ·································································· 88

**4** 桃花岛旅游文化景观的类型与分布 ······················· 91

　4.1　旅游文化景观研究评述 ········································· 91

　　　4.1.1　国外研究 ···················································· 91

　　　4.1.2　国内研究 ···················································· 92

　　　4.1.3　研究不足和展望 ·········································· 94

　4.2　海岛旅游文化景观分类系统 ································· 94

　　　4.2.1　概念界定 ···················································· 94

　　　4.2.2　分类系统综述 ············································· 96

　　　4.2.3　海岛旅游文化景观分类系统构建 ················ 98

　4.3　桃花岛旅游文化景观的地理基础 ························ 103

　　　4.3.1　自然地理基础 ············································ 103

　　　4.3.2　人文地理基础 ············································ 105

　4.4　桃花岛旅游文化景观特征分析 ··························· 109

　　　4.4.1　桃花岛旅游文化景观分类系统 ··················· 109

　　　4.4.2　桃花岛旅游文化景观基本类型计量特征 ······· 111

　　　4.4.3　桃花岛旅游文化景观基本类型内涵特征 ······· 113

　4.5　桃花岛旅游文化景观空间格局分析 ···················· 121

　　　4.5.1　整体空间格局分析 ······································ 121

　　　4.5.2　旅游自然、人文、服务关联性文化景观空间格局分析 ··· 122

　4.6　桃花岛旅游文化景观空间格局的关联因素分析 ····· 123

　　　4.6.1　自然要素、聚落要素 ·································· 123

　　　4.6.2　高程 ························································· 124

　　　4.6.3　路径依赖 ·················································· 125

　4.7　结论与讨论 ······················································ 126

　　　4.7.1　结论 ························································· 126

　　　4.7.2　讨论 ························································· 127

**5** 舟山市主题公园发展的问题与对策 ······················· 132

　5.1　主题公园研究概述 ············································· 132

5.1.1　主题公园概念辨识 …………………………………… 133

5.1.2　主题公园特征 …………………………………… 134

5.1.3　主题公园类型 …………………………………… 136

5.1.4　主题公园发展历程 …………………………………… 137

5.2　主题公园研究综述 …………………………………… 139

5.2.1　国外研究进展 …………………………………… 139

5.2.2　国内研究进展 …………………………………… 141

5.3　舟山市主题公园发展的背景与现状 …………………… 143

5.3.1　主题公园发展背景 …………………………………… 143

5.3.2　舟山市主题公园发展现状 …………………………… 144

5.4　舟山市主题公园发展的 SWOT 分析 ………………… 148

5.4.1　舟山发展主题公园的优势 …………………………… 149

5.4.2　舟山发展主题公园的劣势 …………………………… 150

5.4.3　舟山发展主题公园的机遇 …………………………… 151

5.4.4　舟山发展主题公园的挑战 …………………………… 153

5.5　舟山市主题公园发展的个案研究
　　——桃花岛射雕影视旅游城的问题与对策 …………… 154

5.5.1　桃花岛旅游概况 …………………………………… 154

5.5.2　射雕影视城发展存在的问题 ………………………… 156

5.5.3　射雕影视城发展的对策 ……………………………… 158

5.6　舟山市发展主题公园的原则及建议 …………………… 160

5.6.1　发展主题公园的原则 ………………………………… 160

5.6.2　发展主题公园的建议 ………………………………… 161

## 6　舟山市生态足迹与可持续发展

舟山市生态足迹与可持续发展 ………………………………… 168

6.1　生态足迹计算模型 …………………………………… 168

6.1.1　生态足迹账户计算 …………………………………… 169

6.1.2　生态承载力计算 …………………………………… 169

6.2　数据来源与参数选取 …………………………………… 169

6.2.1　数据来源 …………………………………… 169

6.2.2　参数选取 …………………………………… 170

6.3 结果与分析 ………………………………………………… 170

 6.3.1 2012 年舟山市生态足迹和生态承载力计算 ……………… 170

 6.3.2 1993—2012 年舟山市人均生态足迹和生态承载力 ………… 173

6.4 舟山市可持续发展评价 …………………………………… 202

 6.4.1 资源利用效率评价 ………………………………………… 202

 6.4.2 生态足迹多样性指数评价 ………………………………… 202

 6.4.3 发展能力指数评价 ………………………………………… 203

6.5 结论与展望 ………………………………………………… 204

 6.5.1 结论 ………………………………………………………… 204

 6.5.2 展望 ………………………………………………………… 205

# 7

**舟山市水足迹与水资源可持续利用** …………………………… 208

7.1 国内外研究进展 …………………………………………… 208

 7.1.1 水足迹研究动态 …………………………………………… 209

 7.1.2 虚拟水研究动态 …………………………………………… 212

7.2 水足迹理论基础与量化研究 ……………………………… 214

 7.2.1 水足迹理论基础与量化方法 ……………………………… 214

 7.2.2 虚拟水理论基础与量化方法 ……………………………… 216

 7.2.3 舟山市农作物虚拟水含量计算 …………………………… 219

 7.2.4 舟山市畜产品虚拟水、工业用水、生活用水及其他用水计算 …… 223

7.3 舟山市水足迹计算结果 …………………………………… 224

 7.3.1 农业水足迹分析 …………………………………………… 224

 7.3.2 工业、生活及其他水足迹分析 …………………………… 227

 7.3.3 水足迹演化分析 …………………………………………… 228

7.4 舟山市水资源可持续利用评价 …………………………… 231

 7.4.1 基于水足迹的区域水资源可持续利用评价指标体系 …… 231

 7.4.2 舟山市水资源可持续利用评价结果 ……………………… 232

7.5 舟山市水资源利用效率影响因素分析 …………………… 236

 7.5.1 偏最小二乘法回归模型简介 ……………………………… 236

 7.5.2 水足迹强度影响因子筛选 ………………………………… 237

 7.5.3 水资源利用效率影响因素分析 …………………………… 240

7.6　舟山市水资源可持续利用对策 ……………………………………………… 243

　　7.6.1　增强水资源保护意识 ……………………………………………… 243

　　7.6.2　转变生产、生活方式 ……………………………………………… 243

　　7.6.3　优化产业、产品结构 ……………………………………………… 244

　　7.6.4　促进虚拟水贸易 …………………………………………………… 244

　　7.6.5　发展水资源开发利用相关技术 …………………………………… 245

　　7.6.6　提高管理水平 ……………………………………………………… 245

7.7　结论与展望 …………………………………………………………………… 246

　　7.7.1　研究结论 …………………………………………………………… 246

　　7.7.2　不足与展望 ………………………………………………………… 248

主要学术名词 ……………………………………………………………………… 256

# 1 绪 论

## 1.1 文化与生态相互作用的人文化地理学原理

文化与生态是人类所面临的两个基本问题,业已成为人文和自然科学中多个学科共同关注和研究的重要领域。但它们大都从本学科视角只研究文化或生态问题的其中之一,并不把两者联系起来进行考察。人文地理(文化地理)学却始终将文化和生态两大系统加以共同关注,并以揭示它们之间的复杂关系为己任,从而进一步去探索地理现象的分布和变化规律。

文化和生态两大系统看似对立互不关联,其实它们之间关系密切,不是孤立存在,而是相互影响。这里所指的生态与自然环境或生态环境同义,并不仅仅限于生态系统。文化则是人类在自然环境的基础上的种种创造,它是人类的产物,具有明显的人化倾向。人是文化的载体,人与自然环境关系是人地关系的重要组成部分,有关人地关系的理论是人文地理学的重要理论基础,也是开展文化与生态关系研究的基石。

### 1.1.1 文化的层次性

文化,首先是人类为逃避(征服)自然环境的严酷性,使之更适合自己的生存所创造的东西。在解决自身衣、食、住、行的物质需求中,人类创造了房屋,发明了衣服,进行农作物的种植和动物的驯养,开辟道路,制造舟楫,并在满足人类功能性的原始需求基础上不断加以改正,以至于花样百出。于是就产生了基于人类生计的物质文化形态,如建筑文化、饮食文化、服饰文化、耕作文化、交通文化等等。与此同时,人类为有效地繁衍后代,扩大群体规模,逃避(征服)无组织无纪律的混乱无序状态和生物人的劣根性,需要处理人与人之间和个人与群体之间的关系,建立人间关系的行为准则。这样就产生了与理顺各种复杂关系有关的制度(组织)文化,如政治、经济、文化、教育、军事、法律、婚姻等制度和实施这些制度的组织机构。在人生的实践中,人类是不会满足于物质上的温饱和各种制度组织的井然有序的。有时候这种规章制度和行为准则反而会压抑人性,使人精神不振。由此,人类为逃避(征服)自己建立的文化秩序所产生的副作用,需要精神上的陶冶,使自己心理处于祥和之态。于是就产生了文学艺术和思想道德上的追求。通过自觉的道德情操去征服制度和组织的他律规范,变被动的服从为主动的自主理性;从人生的不太圆满的历程中,思考宇宙和人生的问题,最后往往在宗教的情怀中获得了精神归宿和对未来的希望。这就是精神层面文化的含义。

可见,从某种意义上而言,文化是人类逃避(征服)自然和自身的产物①。在人类活动中先后产生了满足自身不同层次需求的文化事物,即物质文化、制度文化和精神文化。这既是文化的三个层次②,也是它的三种类型。它们之间组成了一个文化体系,是有机的整体。物质文化、制度文化和精神文化是人文地理(文化地理)学研究的基本单位,它们具有鲜明的文化特质。文化的这种三位一体的特性不独为现代人共睹。早在二千多年前的我国古人也已有认识。《周易·系辞下》第二章中的观象制器论,记述了先民如何由观察自然到制造工具、改造自然,取得经验,传给后代的历史活动过程,展示了人类开展创造物质、制度和精神文化脱离野蛮的历史状态③。它表达了古代中国人"以人文化成天下"的文化观。其本意是指中原人民通过修养自身的品德情操,丰富自己的文化,从而感化周边的人民,大家慢慢地融合成一体。这一"以人文化成天下"的思想可为当今世界解决文化冲突,建立新秩序所反思和借鉴。

### 1.1.2　文化生态学原理

在人类社会的发展过程中,文化和生态(自然环境)之间并不表现为简单的因果关系,而是复杂的相互作用④。人文地理学研究以人地关系理论为指导,既要分析自然环境对文化影响,判断其方式和强度,又要确定人类文化活动对自然环境所造成的后果及其影响程度。这在资源短缺和环境危机日益加深的当代社会尤其具有现实和理论意义。

自然环境是物质的,是人类物质生产和生活赖以生存和发展的基础,也是人类的意识或精神的基础(葛剑雄,1992)。因此,从物质决定意识的原理来说,总体上自然环境对人类文化的作用是决定性的、无条件的。因为自然环境为人类本身及其文化的产生、发展、消亡或迁移提供了物质基础。人类的任何活动都必定顺应自然环境的内在规律,但人类可以根据自身的需要,加速、延缓或制止物质的某些转化和能量的传递过程。迄今为止,人类创造的全部文化都是在自然环境所提供的条件下产生的,都离不开它的影响。但是,人类对后者的利用从来没有达到其极

---

①　段义孚.逃避主义[M].石家庄:河北教育出版社,2005.
②　钱穆.文化学大义[M].北京:九州出版社,2012.
③　郭齐勇.文化学概论[M].武汉:武汉大学出版社,2014.
④　刘卫东,柴彦威,周尚意.地理学评论(第一辑)[M].北京:商务印书馆,2009.

限。而且,不同地区、不同时期的人们对自然环境的利用程度差异悬殊,利用的方式也迥然不同,即使是同样的自然环境,在不同的生产方式或生产力的条件下,所起的作用也是不同的,正因为这样,才能产生丰富多样的文化形态。可见,自然环境对文化影响具有时空上的绝对性和相对性。

随着研究的深入,发现经过时间积累,自然环境对文化的影响,表现为文化对自然环境的适应。于是产生了以生态学理论来研究文化与生态环境相互作用和联系的交叉性学科——文化生态学,它已成为文化地理学的重要研究方向之一。一般认为,文化生态学是指用人类生存的整个自然环境和社会环境的各种因素交互作用的生态理论研究文化产生、发展规律的一门社会科学分支学科。自从半个世纪前斯图尔德提出文化生态学概念及其理论体系以来,文化生态学研究在文化人类学、文化社会学、文化哲学、景观生态学以及文化地理学等学科领域都得到了广泛运用与深入发展(江金波,2005)。文化生态一词最初在 19 世纪 70 年代由德国生物学家 E.H.海克尔提出,用以研究文化与整个环境生物集的关系。1955 年,美国学者 J.H.斯图尔德最早提出了文化生态学的概念,指出它主要是"从人类生存的整个自然环境和社会环境中的各种因素交互作用研究文化产生、发展、变异规律的一种学说"(司马云杰,2011)。斯图尔德关注文化与生态环境之间的关系,不同的文化在不同的生态环境中会产生不同的适应与发展的过程,而在相似的环境中有可能产生相类似的文化发展模式。他不在于寻求适应所有文化和环境的普遍规律,而在于发现不同地区之间特殊文化与环境适应产生的结构与特征(席婷婷,2016)。文化生态学主张从人、自然、社会、文化的各种变量的交互作用中研究文化产生、发展的规律,用以寻求不同民族文化发展的特殊形貌和模式。文化生态学的理论和概念主要是用来解释文化适应环境的过程。他认为,人类是一定环境中总生命网的一部分。在这个总生命网中引进文化的因素,在生物层上建立起一个文化层。两个层次之间交互作用、交互影响,它们之间存在一种共生关系。这种共生关系不仅影响人类一般的生存和发展,而且也影响文化的创造活动。文化生态学除研究文化对于自然环境的适应外,更主要的是研究影响文化发展的各种复杂变量间的关系,特别是科学技术、经济体制、社会组织及社会价值观念对人的影响。

文化与自然环境之间是交互作用的。人类活动在创造文化的同时,也对自然环境产生影响,甚至使之留下了不可磨灭的痕迹。人类活动对环境的影响有正、负两方面。通常它被作为一种干扰因子,人们尤其关注不合理的人类活动对环境的破坏。因此,文化从某种意义而言,是人类破坏自然,使环境从有序变无序的工具。这种工具越是发展进化,功能越是强大,对环境的破坏性就越大。近代以来,人类主要通过物质文化活动对地球影响的范围和强度不断增长,人类已经成为地球生态系统的主宰。人是人地关系作用中的主导因子,人类文化是生态环境演变的重要驱动力之一。由于人类物质文化活动的深刻影响,人类赖以生存和发展的自然环境迅速退化,生态危机不断。人类物质文化活动主要在土地利用、大型工程建设、城市化规模扩展、诱发自然灾害等方面对环境产生不良影响(魏建兵等,2006)。其主要表现为:地表覆盖状况改变,生物多样性程度降低;人为加速土壤侵蚀,增加泥沙搬运和沉积,促进营养物质的富集;自然环境能量投入加大,系统的环境容量不断降低;环境污染问题越来越严重。由于过度的人为活动所导致的资源和环境问题,已经严重威胁到人类文化生态系统的良性运行。

### 1.1.3　文化景观原理

人类文化活动与自然环境相互作用的结果产生了文化景观。文化景观是人类活动的成果。文化景观反映了创造景观的独特文化,因而景观是文化的一面镜子。文化景观较形象地反映了人类在物质生计、制度组织和精神方面最基本的需求。同时它也反映了人类改造世界的态度。在文化景观中蕴含着有关文化起源、文化传播和文化发展诸方面有价值的遗存,透过文化景观的外在表现,还可以获取有关文化与环境的复杂关系的信息。文化景观具有物质性和非物质性的属性[1]。物质因素是文化景观具有物质性的重要条件,它具有色彩和形态,可以通过肉眼感知,如包括聚落、服饰、街道、交通工具、栽培植物、驯化动物等。文化景观的非物质性通常由非物质因素具体体现。它主要包括思想意识、生活方式、风俗习惯、宗教信仰、审美观、道德观、政治因素、生产关系等。这些因素是文化景观的无形之气。此外,文化景观还有一种凌驾于各物质因素和非物质因素之上、可以感觉到但难以表达出来的"气氛",它像区域个性一样,是一种抽象的感觉。因此,不仅那些可以触摸的人类活动成果,而且那些只能依稀感觉到的地方氛围也属于文化景观的范畴(汤茂林,2000)。可见,文化景观具有整体性。它不仅反映了其自身由自然环境因素和人文因素相互影响相互作用而形成的统一体特征,而且也反映了文化这种往往以一定地域文化而显现的综合性。由于景观要素在时空配置上的差异,导致文化景观的空间分异,形成具有地段感的文化景观。文化景观既可以指具体地段上的文化综合体,也可以指一般泛称的具有文化特质的文化综合体,如物质文化景观、制度文化景观和精神文化景观。

文化景观的研究植根于人地关系理论,是文化地理学研究的核心。文化景观的研究起源于近代地理学研究中的景观学派。德国地理学家 O. 施吕特尔于 1906年提出了文化景观的概念,以表示从自然景观中演化而来的人文现象,并以此与自然景观相区别。而真正使文化景观研究在人文地理(文化地理)学确立其主体地位的是美国地理学家 C. O. 索尔(又译为苏尔)。他被公认为文化景观学派的创立者。由于其长期执教于加州大学伯克利分校,后人又称之为人文地理学的伯克利

---

① 周尚意,孔翔,朱竑.文化地理学[M].北京:高等教育出版社,2004,98-101.

学派。以索尔为首的伯克利学派影响了近半个世纪的美国文化地理学,直至20世纪70年代新文化地理学的兴起才算完成了自己的历史使命。索尔认为文化景观是由一组文化作用于自然景观而产生的,文化景观既建立于自然景观之上,却又是不同人类文化集团活动的结果。其研究文化景观的基本原理可以简单表述为"文化是驱动力,自然是中介,文化景观是结果"。索尔一方面重视研究人类文化塑造地球表面的过程,即文化景观的创造和变化过程;另一方面又极其重视气候、土壤、河流、植被、动物与人类活动的密切关系(邓辉,2003)。索尔在实际研究工作中具有明显的文化生态学分析方法的特点。因此后人也有称他所代表的"伯克利文化景观学派"为"文化生态学派"。从地理的事实与现象出发,研究不同地区的人类文化与环境的相互关系,研究这种关系的发生与演变过程,揭示其内在的规律性,这仍是目前中国文化地理学的基本目标,在当今中国社会具有广泛的实践空间。不过以往的文化景观研究多偏向于农村聚落、土地利用、景观规划等显性的领域,而对语言、宗教、民俗等精神(非物质)文化景观的研究还有待于进一步扩展;在研究方法上除了地理学传统方法之外,还应该借助于生态学、历史学、地理学、建筑学、人类学、社会学等相关学科的成熟理论和方法。

### 1.1.4 生态足迹方法——文化对生态环境作用强度的表征

对于人类文化创造活动对生态环境的影响强度和方向的研究,可以为生态建设、协调人地关系和可持续发展提供理论指导。在长期的研究实践中,人们构建了诸如人口密度指数、经济密度、人为作用的相对强度、生态足迹、人类活动强度指数、干扰度指数等指标和模型去表征人类文化活动的强度和它对环境所造成的压力。其中生态足迹方法是迄今应用最广、区域间可比性最强的方法。生态足迹方法由加拿大生态经济学家里斯(Willian E. Rees)于1992年提出。它显示在现有技术条件下,指定的人口单位内(一个人、一个城市、一个国家或全人类)需要多少具备生物生产力的土地和水域,来生产所需资源和吸纳所衍生的废物。生态足迹方法通过测定现今人类为了维持自身生存而利用自然资源的量来评估人类对生态环境的影响(刘宇辉,2009)。生态足迹值越高,人类对生态环境的压力越大,对它所造成的破坏就越严重。而且,通过生态足迹需求与生态环境的承载力进行比较即可以定量地判断某一国家或地区目前可持续发展的状态。生态足迹方法的优点在于首先通过引入生态生产性土地概念实现了对各种自然资源的统一描述,其次通过引入等价因子和生产力系数进一步实现了各国各地区各类生态生产性土地的可加性和可比性。它能够对时间、空间二维的可持续性程度做出客观量度和比较,使人们能确知现实与可持续性目标的差距,可以有效地监测可持续方案实施的效果。

作为生态足迹方法的延伸,水足迹概念于2002年才形成。它是衡量用水的指标。与传统的水资源衡量指标不同,水足迹不仅包括直接用水量,还包括间接用水量。传统指标注重的是实体水的消耗,水足迹在考虑实体水的基础上,更加重视虚拟水,即产品、服务中隐含的水资源。水足迹揭示了水资源与生产、消费背后的联系,并且强调人们对水资源的消耗与生产商品的类型与数量、消费的服务方式等紧密相关。水足迹表示任何个体(群体、产品、产业、区域)在一定的地点一定的时间内消费或生产所消耗的总水资源量。水足迹是一个具有时空维度的指标,不仅显示水资源消耗量,还包括水资源消耗的具体时间与地点。因此,水足迹也可以用来表示人类生计活动对环境资源的作用强度。

# 1.2　舟山群岛文化与生态的相互作用机制

舟山群岛是中国沿海岛屿数量最多、陆域面积最大的群岛,素有中国最大群岛之称。位于浙江省北部东海海域,北接长江口外缘海域,西连杭州湾,南界韭山列岛。东西长 182 千米,南北宽 169 千米。海岛数量 1814 个,海岛陆域面积 1299 平方千米,总面积 2.22 万平方千米①。又可分为浪岗山列岛、马鞍列岛、嵊泗列岛、崎岖列岛、中街山列岛等十余个岛群。主要岛屿有舟山岛、岱山岛、泗礁山岛、朱家尖岛、六横岛、金唐岛和普陀岛等,其中舟山岛面积 491 平方千米,是中国第四大海岛。以群岛建制设舟山市(地级)。2011 年 6 月 30 日,国务院批准设立浙江舟山群岛新区。舟山市下辖定海、普陀 2 个市辖区,岱山、嵊泗 2 个县,全市常住人口112.13 万人(2010 年"六普"数据)。舟山群岛文化处处体现着海洋和海岛环境的深刻影响,是中国区域海洋文化的突出代表,但海岛的文化创造活动反过来又对海洋生态环境产生反作用。不过,它们两者的关系是错综复杂的,各种因素的影响是交互作用的。

## 1.2.1　舟山群岛生态环境概况

舟山群岛的众多岛屿均属大陆性基岩岛,主要由花岗岩、流纹岩和凝灰岩构成。是浙东丘陵山地向东北海域的延伸部分。它是在第四纪的全新世,距今约七千年左右,才随着海平面的上升而成为与大陆分离的岛屿。受大陆地质构造延伸控制,群岛整体呈北东走向依次排列。诸岛为海岛丘陵地貌,岸线曲折,岬湾相连,海蚀崖、海蚀柱、海蚀穴等海蚀地貌发育广泛,期间还分布有海积作用形成的滨海小平原。群岛地势自西南向东北倾斜,南部岛大,海拔较高,排列密集;北部岛小,地势较低,分布稀疏。海域自西向东由浅入深,岛上丘陵起伏,最高峰安期峰位于群岛西南部桃花岛,海拔 544.7 米。

---

①　中国海岛志编撰委员会.中国海岛志·浙江卷,第二分册[M].北京:海洋出版社,2014.

舟山群岛气候冬暖夏凉,年温适中,降雨偏少。最热月平均气温略低于同纬度大陆地区,而最冷月平均气温则要高于后者。最热月出现在8月,气候的海洋性特征明显。年平均气温南部诸岛高于北部约0.5~1℃;年降水量由西南向东北递减,南部舟山岛中部是整个群岛的多雨中心,年降水量在1500毫米以上,北部嵊山等岛年降水量不足1000毫米。全年多大风,春季多雾,夏秋有热带气旋影响。大气污染较轻,是中国空气质量最好的地区之一。诸岛均无大的水系,多为独流入海的季节性间歇河流。多年平均年径流量5.92亿立方米。成土母质多为各类火山岩风化残积物和滨海海积物,主要土类有湿润正常新成土、铝质湿润淋溶土、潮湿正常盐成土和潜育水耕人为土等。受湿润状况的影响,地带性植被类型南北分异明显。南部舟山岛等岛屿为常绿阔叶林,中部岱山岛等岛屿为常绿阔叶与落叶阔叶混交林,北部嵊泗列岛等为落叶阔叶林。

近岸低盐水系与外海高盐水系交汇混合,是舟山群岛海域水文的重要特征。群岛附近海域是中国大陆架浅海的一部分,海底地势平坦,沉积物以黏土质粉沙为主,海域内岛礁密布,成为鱼类栖息和繁殖的天然屏障。长江和钱塘江等入海径流形成的自北而南的沿岸低盐水体及自南而北的高盐、高温的台湾暖流和北方高盐、低温的黄海冷水团三股水体在舟山海域互相混合消长,水温、水质、盐分适宜,为海洋鱼类洄游和越冬提供了最佳场所。长江、钱塘江等大江河从大陆上带来了丰富的营养盐类和有机物,促使浮游生物大量繁殖,为鱼类索饵、繁殖提供了充足的食物来源①。因此,形成了世界著名、中国最大的渔场——舟山渔场,盛产带鱼、大黄鱼、小黄鱼、墨鱼及其他经济鱼类。海水养殖主要有蛏子、贻贝、蛤、对虾、海带、紫菜等。盐业生产条件优越,是中国主要产盐基地之一。还具有深水港口和航道资源优势,是中国东南沿海建设大型深水港的理想港址。

## 1.2.2 舟山群岛生态环境对文化的影响

舟山群岛独特的自然地理环境为岛民文化活动提供了空间场所。广阔的海域,丰富的海洋渔业资源为海洋渔业生产创造了得天独厚的物质条件。在长期的生产和生活实践中,形成了与农业和滨海渔业完全不同的生产方式、生活习俗和渔村、渔港、渔市等独特的文化景观。自然环境是舟山群岛海洋文化和海岛文化景观形成的重要因素,自然环境因素尤其在海岛聚落(民居)景观、方言、民俗和饮食等方面烙下了深深的印记。

自然因素尤其是气候条件对聚落景观的影响较为深刻。舟山群岛属于具有海洋性特征的亚热带季风气候,冬季因冷空气活动、夏秋季节由于台风侵扰而多大风天气;降水偏少,水源紧张;受大风和潮汐影响,近岸水域常常浪高潮急。这就要求

---

① 叶玮主编.浙江地理[M].北京:北京师范大学出版社,2013.

在聚落选址上往往以防大风、避严寒、远恶潮、近水源为基本的环境取向。因此,海岛聚落多处在三面或多面环山的半封闭地形环境之中,具体地形多表现为谷地、岬湾,间或背山的缓坡台地,整体上呈现坐北朝南或背阴朝阳的环境格局。这种南向的地形格局具有窝风削风、冬暖夏凉的小气候特征,而且有小溪流流经或地下水丰富而易获得充足的水源。同时岬湾还因浪小潮缓、不易被雷击,成为渔船停泊的理想港湾。当然随着海岛人口的增加,一些东向、北向或西向的谷地、岬湾和台地也成为聚落的处所。相比较而言,对于海岛来说,台风所造成的灾害要远大于冬季冷空气的影响。规避台风带来的狂风、暴雨和风暴潮是舟山群岛聚落选址的最高原则(张焕,2015),否则会有灭顶之灾。在聚落内部的整体布局上则主要表现为民居沿地形等高线或海岸线随高就势层层递进的紧凑格局。这种与海岛丘陵地形相适应的聚落内部格局,不仅解决了建筑采光的问题,也通过房舍层层阻挡,使得聚落内部风速大为减小,起到了避风作用,更为重要的是还有效地利用了有限的土地,提高了土地利用效率。在建筑单体形态上,民居建筑风格也体现自然环境的影响。临海而筑的传统民居为抵御台风和冬季寒冷的北风,建筑外形整体上均比较低矮,大都1~2层,面积较小的岛屿民居以单层平屋为主。屋顶出檐较小,外墙尽量封闭,临海面开窗少且窗洞口小,北部多不开窗(李玮玮,2015)。同时,房屋檐口低,屋顶小青瓦上压着一排排整齐的石头。此外,在建筑材料上,多就地取材,广泛采用本地开采的花岗岩质石料作为墙体主料,并以当地盛产的砺灰作为黏合剂。有些渔村,由整体丘陵地形控制,随形就势,石屋、石墙、石门、石窗、石阶、石巷、石井、石磨等层层叠叠,错落有致,俨然是一副海上"布达拉宫"的气势。

方言是不同地方文化差异的最重要标志,同一地方的人说着相同的话,其他地方的人无法与之直接交流,因此,方言是地方认同的基本内容。方言是文化传播和文化融合的产物。舟山方言是海岛居民和海洋环境互动的产物(李葆嘉,2004)。在中国方言区划上舟山方言属吴语太湖片甬江小片(徐波,2004)。由于历史原因,它与宁波话有相当大的一致性。但舟山群岛地理位置特殊,其自身地处海岛,海洋色彩浓厚,渔业生产历史悠久,因此,舟山方言在词语上,在俚语、俗语和谚语中渗透着浓重的海洋环境的影响痕迹。它体现了舟山方言的特色和风格。没有它们,舟山人说舟山话可能就说不全了,或者索然无味了。舟山方言正由于海的风味而生命永驻。举例来说,与渔业生产有关的词语不可胜数,如以张网、围网、溜网、拖网、拉钓、大拖风等表示各种不同的海上捕鱼方式;以春汛、夏汛、秋汛、冬汛、张春、桂花黄鱼汛、柯早冬、柯晚冬、柯秋等表示在不同季节以四大经济鱼类为主的传统渔业的生产季节;以柯大水、柯小水、暴头鱼、暴尾鱼、正水、大水、小水等表示特殊时间段的捕鱼活动;以起水、落水、涨水、小水头、健潮、宽潮等表示海洋潮汐的活动规律;以开洋、拢洋、逃洋、谢洋、旺帮、散洋等表示渔船进出渔港和在渔场作业的状况。海洋环境中各要素是相互作用的。当潮水受到地形和海洋寒暖流冲压的影响时,常会出现两股不同流向、不同水色的潮流交叉,并在相交汇的地方形成一条狭长的缓冲带,舟山方言称之为流盖。由于潮流受压缩,进入流盖后的鱼群更为密集,是渔民下网捕鱼的好时机。对于表层潮水的流向因受风力的作用与底层潮水的流向不一致的情况,舟山方言称之为潮隔乱。它预兆天气即将发生变化,此时如果有渔船作业,常因操作不当而发生事故,所以被渔民铭记于心,日久成为谚语,代代相传,作为出海生产作业时的警诫。如天神未动海先知、风水底隔动风暴浮面浪、海上起蛮浪必定发大风、滩横生浪叫声哄不久有大风、南风出西潮必定要打暴等谚语就是海洋环境状况将发生变化时的真实写照。

民俗,即民间风俗,是指一个民族或国家、地区,在民间创造并世代相传的约定俗成的习惯行为,是由行为和语言所表现出来的种种活动、心态。它既通过代际的口耳相传而相延不绝,又通过传承平面的扩展而绵延。它不仅是社会历史因素的产物,也是自然环境诸要素的长期综合作用的结果。舟山群岛民俗习惯大都传之于邻近的宁波等浙东地区,但经过海岛居民在特定的海洋和海岛环境条件下的传承,已具有明显的海洋特色,成为舟山海洋文化的重要组成部分。海洋环境因素常常通过海洋渔业生产和生活实践活动渗透到舟山海岛的方方面面。例如,根据海洋鱼类洄游、产卵、索饵、育肥的时间与空间的特点,形成在不同季节和不同时段进行以四大经济鱼类为主的渔业生产习俗;面对变幻莫测的大海产生无所适从和强大的心理压力,产生了多元化的民间信仰习俗。同时,由于海洋已经成为海岛居民生活的有机组成部分,海洋的某些特性也往往成为他们共同的心理诉求对象(柳和勇,2006)。例如,涨潮,本是海面在月球和太阳的引潮力的作用下而出现的周期性的上升现象。由于具有事物上升、增加的内涵和在涨潮期间能捕获超过其他时段的渔获量,而被人们朴素地与事业顺境相联结,在人的情感作用下,涨潮自然演变为适宜日常生产和生活的良好时机。于是,过去修造船只时,开工仪式、船体龙骨定位和新船下水时间都要选择在涨潮时候进行;建宅造房子上梁(安放房屋的主梁)要在涨潮或在潮水涨到最高的平潮时操作;治丧活动中的入殓环节要在涨潮时完成;以至于在渔民在海上作业遇险找不到尸体所进行的潮(招)魂仪式也要在涨潮期间举行,到平潮时才告结束。总之,舟山群岛民俗处处体现着海洋环境的影响,海洋元素是无处不在的,海洋情怀是海岛民俗的普遍特征。

"民以食为天"。人类文明,源于饮食。饮食文化是人类在饮食活动中所创造的物质财富和精神财富的总和,主要包含食物原料、食物加工和烹饪三方面内容。舟山的饮食文化"靠海吃海",海味十足。在食物的主食方面,由于舟山群岛平原面积小,丘陵广布,水稻种植范围有限,番薯等作物曾经广泛分布。因此,过去除舟山本岛居民以大米为主食外,其他岛民大多以番薯为主食。在副食方面因舟山渔场的恩赐而以各色海洋鱼类为主,除四大经济鱼类外,尚有品种齐全的贝类、虾类、蟹类和海洋藻类食物。由于气候条件制约,海洋水产品不能长期保存,以往主要以盐腌制、酒糟腌制和直接晒干等三种方式粗加工后保存。舟山群岛滩涂广布,制盐历史悠久,盛产海盐,为鱼类的腌制加工创造了有利条件。普通居民家庭对食料的加工方式通常以生食和简单的水煮清蒸为主,以其最大限度地保持了食料的鲜美。如牡蛎可不经腌制和任何手段的烹饪直接蘸酱食用;经过腌制的蟹有枪蟹、蟹股、蟹酱三种,均直接食用,不必烹饪;蟹、虾和一些贝类只需清水稍煮即可食用;清明前后捕获的马鲛鱼清水煮沸后加入咸菜,其味独特。这些都是舟山寻常百姓的饮食习惯,深受环境的影响。

此外,海岛和海洋特殊的自然环境和艰苦的生产条件对渔民的民性形成起着潜移默化的作用。如长期在茫茫大海捕捞、航行,战风斗浪,培养了他们坚韧不拔,顽强拼搏,积极进取,开拓创新的精神面貌(赵利平,2007);与分散经营的小农经营不同,海洋捕鱼作业需要多条船和同一条船上各人员各司其职,密切配合,统一行动,才能获得较好的收成,久而久之就养成了同舟共济、团结协作的品性;在没有边界的大海中,没有私有的海域,大家都在公共渔场中生产,相互之间互不排斥,先后礼让,有难相救,日久成性,渐渐养成善于包容的特性。

### 1.2.3　舟山群岛文化活动对生态环境的反作用

诚如上述,舟山群岛的文化特性以海洋为其特质。但与以外向性的海洋贸易文化为特色的地中海文化不同,舟山群岛的海洋文化实际上是内倾性的中国传统农耕文化在大陆近海岛屿地区的延伸。它直接产生于"以海为田"进行渔业捕捞的物质生产过程中。这种生产方式毫无疑问地会对海洋生态环境产生直接影响。但由于海洋具有一定的环境容量,海洋生态系统自身也会产生相当的更新能力,所以在历史上它所产生的作用并没有导致海洋生态环境的恶化和生态系统的退化。舟山群岛物质生产文化的历史事实为上述观点提供了极佳的佐证。从远古一直到东晋末年,舟山海岛先民所进行的渔业活动都以海涂采捕为主,他们两脚不离地的在涂地上艰难"耕耘",生产力极其低下,其对生态环境的影响可以忽略不计。从东晋末年到清中叶,先民们采用了以渔船在近海作业的方式开展渔业生产,其作业范围也仅限于岛屿附近的海域,生产形式由以前个人单个作业转变为二到三个人组合的家庭式小集体合作生产。在这千余年的历史长河中,海岛社会因二次海禁,生产方式并没有得到大的改进,生产水平也没有显著提高,其对海洋生态环境的影响甚微。从清中叶到20世纪50年代中期,普遍开展离岛较远的远海作业方式。由于渔船性能的改进和各种渔法的引进,渔船在海上的作业时间从过去的当天来回延长到三五天,形成了大黄鱼、小黄鱼、墨鱼和带鱼四大鱼类鱼汛期捕捞作业的传统,因此产量有了很大提高,渔业生产具有明显的商品性生产特征。但整个舟山群岛全年鱼产量在前期只有 1 万吨左右,到后期也在 10 万吨上下[①]。这时期渔获量并没有超出海洋生态系统的更新能力,海洋生态环境处于有序的可控状态,人与环境和谐共处。

从 20 世纪 50 年代中期开始情况发生了很大改变。首先是沿海地区生产指导思想的改变,广大农民纷纷"弃陆从渔",舟山本地的一些农民和沿海其他地区的大批渔民投入到舟山渔场的捕捞作业中(郭振民,2007)。其次是舟山渔区机械化捕捞生产获得成功,它具有高额的经济收益和相对有保障的生产安全性。这两方面因素共同作用,使得机械化捕捞成为海洋渔业生产的基本趋向,从 20 世纪 50 年代中期以来,投入到舟山渔场的渔民人数、渔船数量增加,鱼产量也呈稳定增长趋势。1957 年海洋捕捞产量达 17.30 万吨,比 1952 年翻了一番。1966 年达 32.67 万吨,几乎是 1957 年的一倍。1974 年达 47.28 万吨,1978 年为 48.34 万吨。1990 年略有下降,只有 44.01 万吨。到 2000 年达到 129.30 万吨(其中远洋捕捞量 13.36 万吨),比 1990 年增加了 193.79％。其后,因资源的过度捕捞致使近海渔业资源明显衰退,渔业产量徘徊不前或略有下降,海洋捕捞总产量降至 2010 年的 104.63 万吨(不计远洋捕捞量)。由于酷渔滥捕,舟山渔场丰富的渔业资源在 20 世纪 50 年代中期至 60 年代中期的短短 10 多年时间里,就惨遭破坏。在 20 世纪 50 年代小黄鱼还是舟山渔场的主要捕捞对象之一,但是,由于过度捕捞排卵鱼群和大量损害幼鱼,导致小黄鱼资源衰退,自 20 世纪 60 年代起总渔获量和捕鱼效率持续下降。从 20 世纪 70 年代中期开始,夏季大黄鱼已形不成鱼汛,带鱼、墨鱼资源也相继衰退,捕捞生产每况愈下。现在,据 21 世纪初期的调查,舟山渔场及邻近海域的底层渔获率为 17.99kg/h,渔业资源平均密度为 815.68kg/km$^2$。经济价值较高的种类:鱼类有日本红娘鱼、海鳗、黑鲅鳒、小黄鱼、短吻舌鳎、棘头梅童鱼、刺鲳、龙头鱼等,蟹类有细点圆趾蟹、三疣梭子蟹、日本蝇等,虾类的有葛氏长臂虾、鹰爪虾、中华管鞭虾、戴氏赤虾、细巧仿对虾、哈氏仿对虾、脊腹褐虾、须赤虾、日本鼓虾、日本 69 对虾等;虾蛄有口虾蛄等;头足类有长蛸、短蛸等。传统的四大经济渔业资源,大黄鱼、墨鱼已难觅其踪影,日本无针乌贼极为罕见,带鱼、小黄鱼所占比例不高,三疣梭子蟹资源基础也已十分脆弱。舟山渔场中最大的嵊山渔场由于人为无节制地捕捞和海洋污染,渔业资源及良好的生态环境遭到破坏,到 20 世纪 80 年代,嵊山渔场的渔业资源快速衰退,不仅小黄鱼汛、大黄鱼汛和墨鱼汛相继消亡,著名的带鱼汛,也是旺汛不旺,鱼汛难现,渔获物明显呈低龄化、小型化趋势。到 21 世纪,连原本是小宗经济种类如鲳鱼、海鳗、马鲛鱼、鳓鱼及三疣梭子蟹、虾等,也日益呈衰退局面,昔日著名的嵊山渔场,已名存实亡(宋伟华等,2016)。

过度捕捞和海洋环境的破坏所造成的影响不仅表现在优势渔业资源的衰退

---

① 《舟山渔志》编写组.舟山渔志[M].北京:海洋出版社,1989:43-45.

上,还使得海洋生态系统中海洋生物群落结构发生变化。对比 20 世纪 60 年代初和 21 世纪初的二次海洋捕捞调查结果,发现海洋鱼类种数由 197 种减少至 139 种,仅有 87 种为二次调查所共见;优势种类组成从 20 世纪 60 年代初的孔鳐、赤缸、鳓鱼、黄鲫、龙头鱼、海鳗、大黄鱼、小黄鱼、棘头梅童鱼、皮氏叫姑鱼、黑姑鱼、白姑鱼、鮸、带鱼、银鲳、褐斑三线舌鳎、宽体舌鳎等 17 种,演变为现在的日本红娘鱼、绿鳍鱼、六丝矛尾鰕虎鱼、细条天竺鱼、海鳗、黑鮟鱇、星康吉鳗、小黄鱼、前肛鳗、短吻舌鳎、棘头梅童鱼、刺鲳、龙头鱼、多棘腔吻鳕、褐斑三线舌鳎、角木叶鲽等 16 种(俞存根,2011)。鱼类优势种从一些优质底层、近底层鱼类演变为小型中上层鱼类。虾类群落结构已发生较大变化,其中哈氏仿对虾、鹰爪虾数量下降明显。头足类的群落结构也有较大变化,日本无针乌贼数量极少。

由于捕捞过度和渔业资源衰退,渔民捕捞收益下降,部分渔民转向海水养殖。随着技术水平的提高和政府政策的鼓励,从 20 世纪 90 年代后期开始,养殖业发展步伐不断加快,规模不断扩大。到 2015 年舟山全市海水养殖面积已达到 5779 公顷,产量为 14.17 万吨。海水养殖向环境中释放营养物、未消化的饲料、兽药和杀菌剂,会因化学物质和药物的使用导致海水污染,饲料和废弃物中营养物释放可能引起海水的富营养化;养殖的鱼类和贝壳类进入周围的水体会引发遗传退化和引入入侵种,对生态系统产生不良影响。

舟山群岛及邻近的海岸带地区快速城市化和工业化,对舟山近海海洋生态环境和生态系统产生了日益严重的影响。来自陆源的工业、农业、第三产业等人类生产生活活动导致了近海重金属和持久性有机污染物污染、海水富营养化、塑料垃圾等问题,从而改变了海水质量、海洋生物群落结构、海洋生物地球化学循环,并最终影响了海洋生态系统服务功能与健康(吕永龙等,2016)。有资料表明,2015 年舟山近海水域水质适宜于鱼类生长的一类和二类海水所占海域面积二类合计为 29.6%,三类、四类及劣四类水占舟山近海水域面积分别为 8.8%、4.4% 和 57.2%[①]。2016 年的监测分析认为舟山近海海水中无机氮和活性磷酸盐超标,水体呈富营养化状态。呈富营养化状态的海域面积春季为 20799 平方千米,占监测海域面积的 100%,夏季为 18760 平方千米,占监测海域面积的 90.2%,秋季为 18611 平方千米,占监测海域面积的 89.4%,冬季为 20799 平方千米,占监测海域面积的 100%[②]。舟山近海水域已经成为我国近海海水富营养化的重灾区(徐皓等,2016)。在地域分布上,舟山近岸海域富营养化程度呈由西向东逐渐降低的趋

---

① 舟山市统计局. 舟山统计年鉴[EB/OL]. 2017-07-20,http://www.zstj.net/tjnjData/ShowArtilce.aspx? Year=2016&No=049,2016.

② 舟山市海洋与渔业局,国家统计局舟山调查队. 舟山市海洋环境质量公报[EB/OL]. 2017-07-20,http://www.zsoaf.gov.cn/00066.html,2016.

势。舟山近海海底表层沉积物中主要有总汞、砷、锌、铅、镉、铬、石油类、硫化物、有机碳、六六六、滴滴涕、多氯联苯等人为排放物质。

舟山渔场渔获量在 20 世纪 90 年代后期达到顶峰之后,由于海洋渔业资源严重衰退,近海生态环境恶化,海洋渔业无论是总产还是生产效率总体趋于停滞不前或有下降的状态。经济效益下降驱使部分渔民弃渔上岸,从事其他物质生计活动,出现了物质文化转型的新动向。从 20 世纪末以来,传统的近海捕捞业正逐步向海水养殖、远洋捕捞、水产品精加工及贸易、海上运输、休闲渔业和旅游渔业等方面转型。近几年,舟山全市远洋捕捞业呈现迅速增长趋势,远洋捕捞量由 2010 年的 12.18 万吨增加到 2015 年的 46.52 万吨,远洋捕捞量占海洋捕捞量比重也由 2010 年的近 10% 上升到 2015 年的近 30%;2015 年远洋捕捞量和海水养殖产量二者约占舟山全市海水产量 40%。舟山海洋渔业生产文化的转型之迅速由此可见一斑。休闲渔业和旅游渔业也正稳步发展。

## 1.3　本书的研究背景、意义及主要内容

### 1.3.1　研究背景

党的十八大报告提出了经济建设、政治建设、文化建设、社会建设和生态文明建设"五位一体"的中国特色社会主义事业总体布局,实现社会主义现代化和中华民族伟大复兴。报告指出,文化是民族的血脉,是人民的精神家园。全面建成小康社会,实现中华民族伟大复兴,必须推动社会主义文化大发展大繁荣,兴起社会主义文化建设新高潮,提高国家文化软实力,发挥文化引领风尚、教育人民、服务社会推动发展的作用。建设社会主义文化强国,必须坚持为人民服务、为社会主义服务的方向,坚持百花齐放、百家争鸣的方针,坚持贴近实际、贴近生活、贴近群众的原则,推动社会主义精神文明和物质文明全面发展,建设面向现代化、面向世界、面向未来的,民族的、科学的、大众的社会主义文化。报告还论述了生态文明建设的必要性,党的十八大首次将生态文明建设纳入党的报告。报告指出,面对资源约束趋紧、环境污染严重、生态系统退化的严峻形势,必须树立尊重自然、顺应自然、保护自然的生态文明理念,把生态文明建设放在突出地位,不断优化国土空间开发格局,全面促进资源节约,加大自然生态系统和环境保护力度,加强生态文明制度建设,努力建设美丽中国,实现中华民族永续发展。报告还特别强调了海洋开发建设的基本方针:提高海洋资源开发能力,发展海洋经济,保护海洋生态环境,坚决维护国家海洋权益,建设海洋强国。在这样的时代发展的大背景下,有关文化和生态方面的议题就自然成为学术领域中应用型研究的热点。

　　就学术研究而言,文化和生态的研究也越来越受到各学科学者的重视。在学界分别出现了所谓的"文化转向"和"生态转向"。近几十年来,在西方(主要是英语国家)人文社会科学中出现了对文化研究的热潮,被称之为"文化转向",有评论说,这一发展可看作二战以来的一次极为深刻的社会观与政治观的变化。多种社会学科均将"文化"置于研究的焦点,在有关社会正义、归属、认同、价值等问题的研究中,创出一派新局面。在文化转向的社会科学潮流中,人文地理学者亦十分活跃,而文化地理学更因时而动,成为最具时代精神的地理学分支之一(唐晓峰,2007)。20 世纪 90 年代以来,西方经济地理学从文化角度解释经济地理现象的一些新变化而形成的"文化转向",无疑为经济地理学研究开辟了新视角和新领域。历史已经证明,任何"经济奇迹"的形成,均离不开其独特的文化因素(苗长虹等,2003)。在全球化发展的大趋势下,受整个地理学界文化转向的影响,同时也为了应对日益严重的人口、资源与环境之间的矛盾,自然地理学的研究方法、研究重点以及各种议题都发生了显著的变化,各种研究使自然地理学更趋于文化性。朝向文化性的自然地理学不是个别自然地理学家心血来潮的偶然产物也并非无中生有的无本之木(李雪铭,2010)。伴随着人类文明的历史进程,人类逐渐在与自然的关系中成为主体。一方面人类沉醉于征服自然的喜悦之中,另一方面人类赖以生存和发展的自然环境与人逐渐失衡对立。以资源、环境、人口等形式出现的生态危机是人与自然关系失衡对立的现实困境。从现实维度回溯人类文明的历史演进,生态文明是人类历史文明发展的新阶段(兰青,2015)。可见,生态文明的概念是在生态危机的背景下提出来的,西方现代文化模式是产生生态危机的深层原因。要实现从工业文明向生态文明的转变,使经济社会自然环境可持续发展,就要在文化模式上从以经济为中心向以文化为中心转向,这需要全社会从价值导向到制度运转进行全方位的转换(赵文力,2016)。生态文明建设的主要任务是调整人类文明的发展方向,减缓并消除工业文明的扩张性品格所带来的各种矛盾和冲突,实现人与人以及人与自然的和谐(傅守祥,2015)。可见,选择文化与生态方面的研究是符合当前学界的学术趋向的。

　　海岛是连接内陆和海洋的"桥梁",是海洋开发的前哨,在实施海域管理、资源和权益管理上有着重要的支柱作用。海岛具有重要的社会、经济和国防价值(宋延巍,2006)。海洋海岛生态环境脆弱,一旦遭受破坏难以修复。人类社会历经原始经济文化时代、农业经济文化时代、工业经济文化时代和知识经济文化时代,文化经济形态的演变影响着人类生存的生态环境。海洋海岛经济的发展,要在生态文明建设框架下,科学规划,研究海洋海岛环境承载力,明确不同海洋海岛区域分工,做好环境影响评估,保护海洋海岛原生动植物和原始地质地貌,避免走发达国家先污染后治理的黑色道路(王辉等,2016)。海岛是海洋生态系统的重要组成部分,处于海陆相互作用的动力敏感地带,敏感性强,稳定性差,在当前人类活动和频繁的自然灾害等各种动力耦合的作用下,其生态环境的脆弱性表现出复杂性和多样性的特征(冷悦山,2008)。当前我国的海洋生态文明建设体现了世界海洋文化生态转向趋势的最新成果和内在指向。我国海洋文化实现整体生态转向应以人海和谐相生的海洋文化和海洋生态文明相容互促为基本目标(朱建君,2016)。舟山是我国第一个以群岛建制的地级市,是我国岛屿数量最多和海岛陆域面积最大的城市。舟山群岛有三大突出优势。第一是区位条件优势。舟山群岛正处于我国东部沿海的中间,北可以到山东胶州湾、渤海湾,南可以到福建、广东,西边是长江入海口和杭州湾,向东直接面向大洋,是我国沿海省份直接进入大洋最近的一个群岛。第二是海洋资源优势。舟山群岛海域深水岸线总长 280 余公里,占全国的 18.4%,建港条件优越。第三是海洋产业基础扎实。已初步形成以港口物流、临港工业、海洋旅游、海洋渔业为支柱,具有鲜明海洋海岛特色的海洋经济体系。2011 年 6 月,国务院正式批准设立浙江舟山群岛新区,舟山成为我国继上海浦东、天津滨海、重庆两江后又一个国家级新区,也是首个以海洋经济为主题的国家级新区。国务院批准的舟山群岛新区范围包括舟山市现有行政区域范围,功能定位为浙江海洋经济发展的先导区、海洋综合开发试验区、长三角地区经济发展的重要增长极。舟山群岛新区将努力建成我国大宗商品储运中转加工交易中心、东部地区重要的海上开放门户、我国海洋海岛科学保护开发示范区、我国重要的现代海洋产业基地和我国陆海统筹发展先行区[①]。新区的建设将有利于扩大我国资源配置的空间,增强国家经济发展的能力和潜力;有利于优化国土空间开发格局,促进陆海统筹发展;有利于促进经济发展方式转变,不断提升我国海洋经济发展水平;也有利于创新我国海岛综合保护开发模式,实现海洋经济发展与海洋生态文明建设的有机统一[②]。无疑地,舟山群岛新区将成为我国学界开展相关领域理论研究和应用性研究的新地标。

### 1.3.2 研究意义

区域研究是地理学的传统和特色。通过区域研究既能验证和丰富地理学的相关理论,又可以为区域的开发建设提供理论指导。因此,地理学及各分支学科都十分重视区域的研究工作。选择合适的区域是相关研究工作取得成效的关键环节。舟山群岛地理环境独特,历史悠久,文化积淀深厚,新区建设方兴未艾。这是开展文化与生态的人文地理研究的理想区域。文化景观和生态足迹(水足迹)是我们较长时间关注和研究的领域,期望通过海岛文化景观的研究揭示文化与环境的生态关系,同时通过舟山群岛较长时间序列的生态足迹和水足迹的研究来表征区域人

---

① 王炜.舟山群岛成为国家级新区[N].人民日报.2011 年 7 月 8 日第 002 版要闻.
② 沈强.舟山群岛新区获批设立[N].中国经济导报.2011 年 7 月 9 日第 A01 版.

类文化活动的强度和对区域环境所造成的压力,并且对环境与资源可持续状况做出定量的评价。在理论上可以丰富文化生态学和文化景观理论的内涵,检验这两种人文地理学理论在特定的海岛地区进行研究的假设条件和相应的变异特性。在实践应用上为舟山群岛新区区域社会文化和环境资源的开发利用和保护提供理论依据。

### 1.3.3　主要内容

本书的研究内容可以分为文化景观和人类文化活动对生态环境的压力两大部分。前者分别研究舟山群岛的某个岛屿或整个群岛的文化景观,安排了四章内容,即普陀山佛教文化景观及其价值、桃花岛地名文化景观、桃花岛旅游文化景观类型与分布和舟山市主题公园发展的问题与对策。后者则以生态足迹和水足迹方法研究海岛人类文化活动对生态环境的压力,安排两章内容,即舟山市的生态足迹与可持续发展和舟山市水足迹方法与水资源可持续利用。各章的主要内容分述如下。

第1章为绪论。主要阐述文化与生态相互作用的人文化地理学原理、舟山群岛文化与生态的相互作用机制和本书的研究背景、意义及主要内容等问题。重点回答了文化和生态两个看似无关的议题作为本书研究对象的原因。

第2章为普陀山佛教文化景观及其价值。本章以普陀山佛教文化景观为研究对象,分析了普陀山演变成观音道场的原因;研究其独特的佛教文化景观特征、文化景观形成机制和景观价值;根据普陀山佛教文化景观上述研究成果,提出其相应的保护原则和措施。本章认为在佛教文化还未传进此山时,道教文化在岛上已经出现,而最终佛教文化景观占据了主导地位;普陀山寺院布局结合山海环境因地制宜布局佛教文化景观;奇特的自然和人文基底,是普陀山佛教文化景观形成的基本条件,心理行为机制和佛教的迷信化加快了景观的形成过程;普陀山佛教文化景观具有很高的历史文化、美学及经济价值;应采用分区保护与分级保护相结合的方法对普陀山佛教文化景观进行保护。

第3章为桃花岛地名文化景观。本章运用文化景观的基本原理对历史时期(清末)桃花岛地名文化景观和旅游地名文化景观进行了分析和研究。在前者的研究中,根据《定海厅志》中的"桃花山"地图和《浙江省普陀县地名志》中相关地名信息,并结合实地考察,分析了清末桃花岛地名景观的类型、特征及其形成机制。并认为清末桃花岛自然类地名通名主要为"岭""山""礁""岩""峰""沙""湾",人文类地名通名以"隩""坑""塘""庙""港""寺""宫"为特色。在后者的研究中,主要根据《浙江省舟山群岛新区地图集》(2014)和相关地名资料并结合实地考察,获取了桃花岛旅游资源地名和旅游商业地名信息,进而通过地理要素分析、空间分析和功能分析揭示了桃花岛旅游地名文化景观的基本特征。

第4章为桃花岛旅游文化景观的类型与分布。本章综合国内外研究成果,根据海岛旅游文化景观分类依据和旅游文化景观内涵,构建了海岛旅游文化景观分类系统,并建立海岛旅游文化景观基本类型的判识标准。在此基础上,以桃花岛为案例地,分析旅游文化景观形成的地理基础,建立桃花岛旅游文化景观分类体系,运用定性描述和定量空间分析相结合的方法对旅游文化景观的基本类型特征、空间格局及其相关关联因素进行探讨和研究。本章认为海岛旅游文化景观分类体系应突出旅游特性和海岛特色;自然因素和人文因素是桃花岛旅游文化景观形成的共同地理基础;桃花岛旅游人文—文化景观表现为以金庸武侠文学为主,自然—文化景观多赋予信仰文化内涵,以住宿设施为主的服务关联性文化景观数量最多;桃花岛旅游文化景观空间分布较为集中,与自然要素空间关联性大,对高程和交通依赖性也较强。

第 5 章为舟山市主题公园发展的问题与对策。本章从舟山市主题公园发展的现状出发,结合全国主题公园发展的宏观环境,根据 Andrews 提出的 SWOT 分析法,对舟山发展主题公园的内部优劣条件及外部的机遇和挑战进行详细分析。并根据实地考察射雕影视城的发展现况,剖析其发展过程中存在的问题,就其具体问题和今后发展主题公园提出了相应的建议。本章认为,相比全国主题公园的发展历程,舟山主题公园发展相对滞后,体现在数量较少、规模不大、主题不突出、科技投入少等实际问题。但舟山作为一个集海岛风光、海洋文化和佛教文化于一体的海岛旅游城市,发展主题公园有着不可替代的优势和外部机遇。在主题公园发展过程中要明确主题,突出特色,不断增强持续创新能力,加快主题公园产品的转型和升级,积极打造完整的产业链,使主题公园成为一个新区经济发展的拉动点。

第 6 章为舟山市生态足迹与可持续发展。本章基于生态足迹理论和计算方法,对舟山市 1993—2012 年的人均生态足迹、人均生态承载力和人均生态赤字进行计算分析,并通过生态多样性指数和发展能力的计算,对舟山市进行可持续发展评价研究。本章认为,20 年间,舟山市的人均生态足迹不断增加,处于生态赤字状态且不断波动,作为海岛型城市,其生态承载力和生态赤字的大小受当年水质优劣和消费结构的影响;舟山市目前处于不可持续发展状态,但生态足迹万元 GDP 不断减小,说明其资源利用效率在不断提高;舟山市海岛城市背景特殊,要通过水域环境的保护、改变能源消费方式等提高其生态承载力,增强可持续发展能力。

第 7 章为舟山市水足迹和水资源可持续利用。本章在文献整理的基础上,收集舟山市水资源及其他自然经济社会方面的数据及资料,在计算水足迹各组成部分的基础上,对舟山市水资源进行评价,最后探讨水资源可持续利用影响因素,并提出对策建议。主要研究内容有:(1)舟山市虚拟水和水足迹计算。使用舟山市有关统计数据,并运用 CLIMWAT2.0 和 CROPWAT8.0 软件计算主要农作物虚拟水含量,计算农业水足迹、工业水足迹、生活水足迹及其他水足迹,并对水足迹总值及相关指标演化特征进行分析。(2)舟山市水资源评价。结合舟山市经济社会发展数据和相关环境条件,以水足迹理论为基础,从水足迹结构、水足迹效益、水资源生态安全和水资源可持续性能四大方面进行评价。(3)舟山市水资源影响因素分析。研究水足迹强度驱动机制,结合舟山市相关统计数据和社会文化特征,运用偏最小二乘回归模型,分析舟山市水资源可持续利用的影响因素。(4)舟山市水资源可持续利用对策研究。结合舟山市实际情况,从水资源保护意识、生产生活方式、产业产品结构、虚拟水贸易、科学技术、管理等方面,提出提高水资源利用效率、保持水资源可持续状态的措施。本章认为舟山市水足迹结构较为稳定,水资源基本可以自给,但处于较低水平,水资源进口依赖程度较高;水资源在舟山市内发挥的作用较为显著,但多数年份,属于水资源输出地;舟山市处于水资源安全开发利用阶段,但安全程度不高,且缺乏稳定性;舟山市水资源可持续利用能力较弱,可持续状态不稳定。

# 参考文献

[1] 周尚意,孔翔,朱竑. 文化地理学[M]. 北京:高等教育出版社,2004:98-101.

[2] 段义孚. 逃避主义[M]. 石家庄:河北教育出版社,2005.

[3] 司马云杰. 文化社会学[M]. 5版. 北京:华夏出版社,2011.

[4] 斯图尔德(史徒华)著. 文化变迁的理论[M]. 张恭启,译. 台北:台湾远流出版事业股份有限公司,1989.

[5] 刘卫东,柴彦威,周尚意. 地理学评论(第一辑)[M]. 北京:商务印书馆,2009.

[6] 钱穆. 文化学大义[M]. 北京:九州出版社,2012.

[7] 郭齐勇. 文化学概论[M]. 武汉:武汉大学出版社,2014.

[8] 刘宇辉. 基于生态足迹模型的经济——生态协调度评估[M]. 北京:中国环境科学出版社,2009.

[9] 葛剑雄. 全面正确地认识地理环境对历史和文化的影响[J]. 复旦学报(社会科学版),1992(6):51-55.

[10] 席婷婷. 文化生态学理论及其实证解读[J]. 大连民族大学学报,2016,18(2):107-110.

[11] 江金波. 论文化生态学的理论发展与新构架[J]. 人文地理,2005,20(4):119-124.

[12] 邓辉. 卡尔·苏尔的文化生态学理论与实践[J]. 地理研究,2003,22(5):625-633.

[13] 汤茂林.文化景观的内涵及其研究进展[J].地理科学进展,2000,19(1):70-77.

[14] 魏建兵,肖笃宁,解伏菊.人类活动对生态环境的影响评价与调控原则[J].地理科学进展,2006,25(2):36-44.

[15] 中国海岛志编撰委员会.中国海岛志·浙江卷,第一分册[M].北京:海洋出版社,2014.

[16] 中国海岛志编撰委员会.中国海岛志·浙江卷,第二分册[M].北京:海洋出版社,2014.

[17] 柳和勇.舟山群岛海洋文化论[M].北京:海洋出版社,2006:204-235.

[18] 张焕.舟山群岛人居单元营建理论与方法研究[M].南京:东南大学出版社,2015:63-64.

[19]《舟山渔志》编写组.舟山渔志[M].北京:海洋出版社,1989:43-45.

[20] 赵利平.论舟山海洋文化的源流及其发展[J].浙江海洋学院学报(人文科学版),2007,24(1):30-37.

[21] 李葆嘉.舟山方言与东海文化[J].浙江海洋学院学报(人文科学版),2004,21(1):9-15.

[22] 李玮玮.舟山海岛民居建筑的地域性建造初探—以虾峙岛茶岙村为例[D].杭州:中国美术学院,2015:17-18.

[23] 吕永龙,苑晶晶,李奇锋,等.陆源人类活动对近海生态系统的影响[J].生态学报,2016,36(5):1183-1188.

[24] 舟山市海洋与渔业局,国家统计局舟山调查队.舟山市海洋环境质量公报[EB/OL].2017-07-20,http://www.zsoaf.gov.cn/00066.html,2016.

[25] 郭振民.舟山渔业史话[M].北京:中国文史出版社,2007:754-755.

[26] 俞存根.舟山渔场渔业生态学[M].北京:科学出版社,2011.

[27] 宋伟华,王飞,马家志.舟山渔业简史[M].北京:海洋出版社,2016.

[28] 徐波.舟山方言与东海文化[M].北京:中国社会科学出版社,2004.

[29] 徐皓,李冬玲,李加林.浙江省海洋资源环境发展报告[M].杭州:浙江大学出版社,2016.

[30] 舟山市统计局.舟山统计年鉴[EB/OL].2017-07-20,http://www.zstj.net/tjnjData/ShowArtilce.aspx?Year=2016&No=049,2016.

[31] 苗长虹,王兵.文化转向:经济地理学研究的一个新方向[J].经济地理,2003,23(5):577-581.

[32] 李雪铭,李建宏.自然地理学的文化转向[J].地理科学进展,2010,29(6):740-746.

[33] 兰青.人类文明的生态转向与生态文明建设[J].贵州社会科学,2015,

308(8):31-35.

[34] 傅守祥.生态恶化生态危机与生态文明的转向刍议[J].学习与探索,
2015(10):15-20.

[35] 赵文力.论生态文明建设的文化转向[J].学习论坛,2016,32(10):
61-65.

[36] 朱建君.海洋文化的生态转向与话语表达[J].太平洋学报,2016,
24(10):80-91.

[37] 王辉,刘小宇,张佳琛,等.经济形态演变对海洋海岛生态环境的影
响——以美国海峡群岛为例[J].地理科学,2016,36(4):540-547.

[38] 冷悦山,孙书贤,王宗灵,等.海岛生态环境的脆弱性分析与调控对策
[J].海岸工程,2008,27(2):80-91.

[39] 宋延巍.海岛生态系统健康评价方法及应用[D].青岛:中国海洋大学,
2006:1-2.

# 2 普陀山佛教文化景观及其价值

　　宗教为我们社会中一种人文现象,很多国家不仅崇奉宗教,并且具有灿烂的宗教文化,广泛地影响着人类活动各个方面,探讨宗教景观区域性发展特点是宗教地理学研究的主要内容,同时也是文化地理学研究的重要内容(赵荣等,2006)。普陀山作为中国佛教四大名山之一,以佛教观音信仰和"海天佛国"为特色,是我国第一批公布的国家级重点风景名胜区、5A级景区。自1979年重新治理和建设以来,通过三十几年努力和整治,其基础设施更趋于完善,景区自然景观越发引人入胜,人文景观别有特色,基础设施渐趋现代化。随着普陀山在海内外声誉逐渐升高,游客正逐年增加。普陀山旅游服务业的迅速兴起,在加速佛教文化对外交流,加快舟山经济发展方面起到了非常巨大的作用。但是伴随普陀山旅游服务业兴起,商业化倾向比较严重,极度破坏了"海天佛国"韵味。特别是普陀山南部区域,外观装饰豪华、风格不一的酒店、餐馆林立,大小商店、移动摊位密布,公路两侧各种商业牌匾更是让人目不暇接。同时,普陀山目前的在建建筑未与佛教文化特征完美融合,环境污染也呈加剧趋势,影响了佛国景观风貌。普陀山拥有悠久的历史和得天独厚的自然环境。本章主要分析其景观特点、景观的形成机制,对其景观价值进行评估,进而提出景观保护对策。

## 2.1　文化景观研究综述

### 2.1.1　国外文化景观研究

#### 2.1.1.1　聚落景观

　　IanA. Simpson(2003)等根据冰岛北部区域两乡村使用燃烧物残渣方法不同,研究得出两个传统聚落资源使用的规章制度,并且断定在社会驱动下当地环境发生了巨大改变。Peter G. Johansen(2010)分析了南印度钢铁时期的历史遗迹,将其上部陶瓷性质做量化测评,基于空间形式视角考究当地聚落的组织形式,而且当外力作用时,聚落的每处均展示出各种特征。基于上述研究,得出了聚落不同形式的基本活动构架,并对人造物品及其分布特征做了更加深入的研究,猜想出历史上独具特色的钢铁时期聚落风貌是由各处聚落所建设规划及一些组织形式和空间形式构架而形成的。Veerle Van Eetvelde 与 Marc Antrop(2005)对弗蓝得斯的历史古迹做了分析,得出 18 世纪后期的传统聚落风貌特点是其早期乡村形状及范围的蓝本,其较小的区域分布在弗蓝得斯南方的广大高原地形区,而较大的乡村主要在北方的荒漠地带。

### 2.1.1.2　景观形成机制

Michael Buzzelli(2001)研究多伦多胜克来儿街道中市区种族人群流动历程,在二战以前,占多数的本地市民为英国人后裔,市区形成了乔治亚景观样式,被叫作"little English"。在第二次世界大战以后,本地市民绝大多数为意大利人后裔,意大利形式市区景观也随之占据主导地位。同时,随着居民进入,景观也在产生变迁。Zechmeistera H 和 Schmitzbergera I(2003)通过人们劳作手段方面的研究,分析了奥地利草原文化景观的产生及变化,推断发达的劳作手段促使了当地文化景观产生及变化。

### 2.1.1.3　景观意象

William P. Stewart 等(2004)认为市民对当地聚落的意象在产生景观变化的过程中起到了关键性作用。研究者根据拍照诱导法及面谈法,选取芝加哥为例,分设三个主题研究了本地市民和其聚落相关联地的自然环境的关系。Lise Saugeres(2002)经过研究男女性别差异对农场文化风貌产生的不同意象,批判了旧时代思想中女性文化景观的意象不如男性的想法,得出女性更加容易察觉出大地与自然的变化,关心人们劳作手段和大地的相互关联。

### 2.1.1.4　景观布局

Christina von Haaren(2002)研究得出旧时的景观布局中自然风光占据主导地位,现今社会应当根据自然的协调方式进行最优的规划土地布局。在合理规划布局土地的条件下,景观布局应当注重景观的各种作用,调整人和自然之间的联系。Ralf Buckley 与 Claudia Ollenburg(2008)以旅游的视阈分析了蒙古文化景观规划布局,研究得出即使蒙古仅有部分文化景观为世界性遗产,但这并不妨碍这些景观形成蒙古主要旅游景观,基于这些文化景观建设的旅游设施形成了蒙古发展旅游业的主要支柱。

### 2.1.1.5　景观生态保护

Schmitz F 等人(2007)研究了西班牙中部区域的树篱文化景观带对生态保护的功能,得出在限制牲畜数量、生态保护角度,本地独特的小地方气候环境使树篱比农用地更能起到保护作用。经 Sebastiano Cullotta 和 Giuseppe Barbera(2002)分析,旧时文化景观在地中海沿岸国家占据主导地位。景观研究通过依靠各种知识融合的方式,来确定意大利国家中埃特纳火山的旧时文化风貌地图。

### 2.1.2　国内文化景观研究

#### 2.1.2.1　文化景观特征、形成机制和规划

在文化景观形成机制方面,杨宇亮等(2013)基于时空视角对诺邓村的文化景观形成进行了分析,考虑了坡度、坡向和高程对村落景观的影响,较为独特。朱普选(2011)基于自然环境角度,选取青海石经墙与山西云冈石窟为研究对象,分析宗教文化景观形成机制。王连胜(2005)从四个方面分析了普陀山佛教名山形成原因,系统论述了普陀山历史文化。吴晓辉(2006)分析不同阶段旅游景区的文化景观特征,得出社会文化决定了旅游景区的景观特征。

在文化景观特征及规划、开发方面,刘养浩(1997)系统论述了山西宗教文化景观的基本特点。郭华(2008)基于地学视角,也系统论述了河南省文化景观,并把河南省文化景观划分为四大文化区。李奋(2010)介绍了宗教文化生态学,为宗教文化景观的研究提供了一个独特的分析视角,并基于此,分析了新疆宗教文化生态现状。李悦铮等(2003)分析了我国区域宗教文化景观的特点,基于此,提出了不同区域应根据自身宗教文化景观来开展与旅游有关的活动,构建协调的文化景观。张为为(2013)认为将佛教文化应用到寺院景观布局中时,要将寺院历史风貌和现在装饰的手法相结合。丁兆光等(2006)从空间形式及布局两方面,分析了普陀山三大寺的空间构成,提出研究空间构成对现代园林、陵园的设计、布局及规划有着十分重要的启发作用。张朝阳(2012)从儒家思想、道教哲学、佛教文化和风水文化等四个方面论述了汉传佛寺庭院景观设计。释见证(2011)对佛教题材的展览规划与效能做了研究。

#### 2.1.2.2　文化景观价值评估

我国这方面研究,最早是对张家界国家森林公园经济价值测算(吴楚材等,1992)。之后,孙根年等(2004)对秦岭北坡森林公园经济价值进行研究。谢贤政和马中(2006)运用游憩价值理论对黄山旅游景区的经济价值做了研究。韩宏等(2009)对青海省的一个国家级森林公园做了经济价值的测算。焦树林等(2012)运用旅行费用法对贵州花溪水利景点进行经济价值评估。ITCM(个人旅行费用法)模型是属于旅行费用法的一种,主要通过分析游客的个人行为以及其旅游花费来评估消费者剩余,杨净等(2012)运用游憩理论中个人旅行费用法测算了福州市鼓山旅游景区的经济价值。TCIA(旅行费用区间分析法)是将旅行费用法改进后的方法,把旅游者按总消费水平分成若干个区间进行研究。如高悦等(2008)把旅行费用区间分析法应用到评估武汉东湖景点的经济价值中。20世纪90年代以来,条件价值评估法成为旅游景区经济价值测算中的主流方法,且将旅行费用法和条件价值法结合运用到研究地中。最早可以追溯到Ciriacy-Wantrup(1947)对此进行相关论证,而首次用于实践是Davis(1963)。上世纪末,Carson(2000)搜索出的

四十多个国家和地区的条件价值法研究论文多于两千篇。我国这方面的研究,唐大昌(2006)运用 CVM(条件价值法)评估了洞庭湖湿地资源的经济价值。贺征兵等(2008)基于 CVM 对陕西省太白山国家森林公园的经济价值做了具体测算。徐赫(2010)将 TCM(旅行费用法)、CVM 结合,以西湖为例,测算了城市临水用地的经济价值。

在非经济价值评估方面,张键等(2005)运用 AHP(层次分析法)方法,对北京宗教旅游景区做了经济价值测算。朱桂山(2014)运用层次分析法,综合测算了牡丹园植物区风貌价值。冯卫英(2011)综合了 SWOT 分析、AHP 和 TCM、CVM 的方法,对环太湖的茶文化旅游资源做了经济价值评价。针对整体风景经济价值测算研究,方艳(2013)对我国 5A 级旅游景区经济价值进行了测算。

### 2.1.2.3　文化景观保护

蔡晴(2006)根据地域特色,对风貌保护做了研究,认为文化景观的保护应该有历史风貌治理、修缮和自然原生保护管理、维护两部分构成。刘夏蓓(2009)反思三十多年来中国古村落保护研究,认为对古村落的保护应做到在发展中保护和在保护中发展。方尉元(2006)综合可持续发展理论、"新旧分离"理论和有机更新理论,对历史街区文化景观保护与传承做了研究。章小平等(2007)基于旅游环境容量,对四川省九寨沟旅游资源保护提出了解决措施。王云才(2011,2014)基于破碎度理论和景观孤岛化,对传统聚落文化景观的保护做了研究。郭栋桦(2013)将传统聚落景观分为物质和非物质两个方面,结合具体案例对其传承保护做了研究。保继刚(2004,2014)运用质性研究的方法,对传统聚落的景区商业化以及控制做了研究。

## 2.2　普陀山地理概况

普陀山景区地处我国杭州湾南部海域,包括普陀山岛、洛迦山岛、朱家尖岛东部 28.8 平方千米和豁沙山、小洛迦山、小山洞三个无人岛,总陆域面积 41.95 平方千米。本文所研究的范围为普陀山本岛,习惯上称普陀山岛为普陀山,以下研究中均采用此简称。普陀山地理坐标为北纬 29°58′3～30°02′3,东经 122°21′6～122°24′9,西南与沈家门相隔 6.5 千米,南部与朱家尖岛相隔 2.6 千米,东面为广阔的海洋。普陀山呈菱形,南北之间的距离较大,东西较窄,全岛面积约 12.5 平方千米。有"海天佛国""震旦第一佛国"之称。

### 2.2.1　自然地理概况

全岛多为流纹质熔结凝灰岩和花岗岩所覆盖,地势中部高四周低,属侵蚀剥蚀丘陵,整体近乎南北走向,兼有海蚀和海积地形类型,中部佛顶山为全岛之巅,海拔288.2米。气候类型属一定海洋性的亚热带季风气候,冬、夏较长,春、秋较短,常年受季风影响,东南风多于偏北风,天气多变。春季降水量占全年28%～30%。最冷为1月份,平均温度5.5℃,常年日照时数2150.7h,年太阳辐射总量474.4kJ/cm²,全年≥10℃活动积温5009.6℃,无霜期235天。4～5月多海雾,雾天占全年的40%～50%。夏季盛行偏南风,气温上升很快,却不会出现酷热。初夏"梅雨"期,阴雨连绵,降水较多,7～8月晴热少雨。台风是本岛最大的自然灾害,影响周边海域通航,甚至对山上植被、建筑带来破坏性影响。秋季冷空气日趋活跃。偏北风多于偏南风。气温呈波状下降。常"一阵秋雨一阵凉";冬季受大陆冷高压控制,盛行偏北风。全年最冷,但无严寒,月平均气温5℃以上。降水量常占全年的6%～14%。

全山土壤面积占土地总面积比重高达97%以上,按浙江省第二次土壤普查标准,本山土壤大体可分为红壤、潮土、盐土、水稻土4种类型和8个亚类。普陀山岛小,山不高,佛寺多,佛教事务活动频繁,造成山上动物生存环境差,但由于气候条件优越,植被茂盛,森林覆盖率高,小型的兽类及鸟类、昆虫等资源仍较丰富。

### 2.2.2 人文地理概况

早在秦朝时,普陀山便成为道人修炼的场所,秦朝安期生、汉朝梅子真、东晋葛稚川均登山修行[①]。历史上,普陀山名几经更变。春秋时(公元前497—前465年),本山及舟山等岛均为甬东地区,相传西汉时(公元前32年—公元7年),南昌尉梅福到本山修行,从此本山名为梅岑山,宋朝称宝陀山,元朝山名更为补陀洛迦山,明代时根据梵语翻译更名为白华山,明万历三十三年(1605),今普济禅寺名为"护国永寿普陀禅寺",山以寺名,此为普陀山名之始。因其东南海中有洛迦山,又有普陀洛迦之称谓。

普陀山佛教主供观音菩萨,其之所以发展成为闻名海内外的观音道场,主要有以下几点原因:1.印度佛教衰亡及其向中国的流传,这是形成的前提;2.中国各朝代皇帝对佛教的推崇;3.舟山早期观音信仰及普陀山自然地理环境酝酿了观音道场的萌芽;4.古代明州城(今宁波市)的发展以及"海上丝绸之路"的出现,促进了其形成过程;5.诸多灵异传说,对本山能够成为观音道场,起到推波助澜作用。

目前我国学者对观音文化的探讨主要分为以下三个方向:一是观音信仰,最具代表学者是李利安(2008),其著作《观音信仰的渊源与传播》详细论述了观音信仰来龙去脉。此外段友文(1998)、柳和勇(2006)、何昭旭(2013)等也分别对观音信仰做了研究;二是观音形象,这方面的研究涉及观音性别(朱子彦,2000)、造像(曾繁

---

① 普陀山佛教协会编.普陀洛迦山志[M].上海:上海古籍出版社,1999.

燕,2013)及其艺术(王倩 2012)等;三是有关观音佛经研究,如罗华庆(1987)对《观音普门品变》及《观音经变》探讨、郑浩对(2013)两晋南北朝时期《观音普门品》论述。

随着佛教典籍翻译的发展,观音名号也在不断变化。季羡林等(1985)曾对观音名号的梵文做过研究,认为玄奘翻译的观自在正确,光世音、观世音和观世自在都是错误译法,对于目前流行名号"观世音"或"观音",是由于将观音名号的梵文名 Avalokiteśvara 误读为 Avalokitasvara 所致,avalokita 为"观",svara 为"声音",故全名也误译为观世音或观音,Avalokiteśvara 的译名为"观自在"。李利安(2008)对以上观音的两个梵文名做了研究,认为观音的两个梵文名出自于不同的梵文文本并认为观音名号出现在观自在之前。笔者比较赞同后种说法。

关于观世音名号中的"世"字,其他学者进行过论证,日本学者后藤大用(1987)和我国台湾省学者奚淞(2011)认为梵文 Avalokitasvara,可译为"观世音",但郑僧一(1993)则认为该梵文不能翻译成有"世"字的名号。何昭旭(2013)经考证认为:"世"字是译者根据观音的"应有之义"敷衍而成。笔者认为:观音名号与其世俗文化及宗教文化密切相关,之所以将梵文 Avalokitasvara"观音"中加入"世"字,是由于观音世俗文化的影响,认为观音所观之音应为世间的声音,这样才能寻声救世人,这种观音世俗文化渐渐影响到观音宗教文化,在佛经典籍中出现了"观世音"的译名。此外,《辞源》《辞海》认为"观世音"名号因避唐太宗李世民的"世"字,因而简称"观音",但早在唐代之前,佛经翻译的古译阶段(公元 413 年之前)就出现了"观音"名号,相关学者(李利安,2008;于鸿志,1988)亦证实了观世音中"世"字并非因避讳而演变为"观音",但"避讳说"之所以流传到现在,无疑受到观音世俗文化的影响。至于观音的其他名号,如"楼亘""现音""窥音""光世音"等名号,终未能随着佛经翻译阶段的发展而沿用下来。以下主要介绍观音、观世音和观自在的文化内涵。

观音。"观"即"观照""审视"的意思,是一种特殊的观察、知晓、洞悉,是一种宗教意义十分浓厚的感应功夫。"音"于佛教中为"相"的附属,"观音"即包括"相"的理解,也有对"相"深层次中"性"的审视,即"观"分为"内观"和"外观",内观是对"性"审视,外观是对"相"观照(李利安,2008)。从观音文化结构上分析,内观注重于"空",体现的是观音般若智慧,外观则强调"有",是观音慈悲的体现。

观世音。对"观世音"名号词义解释,多从字面解释"观听世间声音的菩萨",即只要众生正在苦难之中,念一下其名号,菩萨便会寻声救苦,使受难者脱离苦海。但很少有学者注重《楞严经》中关于其名号的解释,即以听音方法入三摩地,求取耳根圆通,修得功业。前者的词义解释带有功利性和世俗性,而后者的解释更注重观音宗教文化。

观自在。这个名号为双关语,其显意指观自在菩萨;其深意是指在修行入定时，超越现象界，直观超然者，即可独善其身，不为红尘中俗事所动扰，内心又十分平静安详，并且可广度有缘之人，解救众生之苦，以大觉有情为自己责任的修行大士。

从以上观音名号探究及其词义解释中，可以看出隶属于观音宗教文化的观自在名号，其词义与佛教的般若智慧有着联系，而隶属于观音世俗文化的观世音名号，其词义与佛教的慈悲相关联，而观音的词义中，既有观音宗教文化在内，也包含了观音世俗文化，且与文殊、普贤、地藏三位菩萨名号都统一为两个汉字组成，故这个名号比其他名号更为流行，下文中均采用观音这一名号。观音众多名号，也反映出其在宗教文化与世俗文化中，受到的推崇与爱戴。

## 2.3 普陀山佛教文化景观特征

### 2.3.1 空间特征

普陀山佛寺的空间布局绝非一次有规划的建设活动，而是根据发展的需要，陆续择地兴建的。它和其他地区佛寺的不同之处在于诸多庙宇之间存在着一种整体的联系。历史发展的最终结果，形成了三大佛寺（普济寺、法雨寺和慧济寺）为主，众多庵院建筑相拱卫的总体空间布局。庙宇的这种布局及其内供奉的佛像，构成了循序向上和逐渐加深层次这样一种进香礼佛的方式，结合海岛环境，都极力向"南海观音大士"的道场环境靠拢。其空间特征见表2.1。

表 2.1  空间特征

| 要素 | 指标 | 特征 |
|------|------|------|
| 空间 | 结构 | 依山布寺，寺和连接寺的香道组成庙宇群<br>三大佛寺为核心，辐射出众多庵堂和茅篷<br>庙宇群构成普陀山三大核心区域 |
|  | 形式 | 三大庙宇群内部布局较集中，相互间较分散<br>以香道和宗教关系，来组织空间秩序<br>庙宇空间向心围合，突出宗教主题 |

#### 2.3.1.1 空间结构

普陀山的庙宇建筑群，受普陀山南北狭长、东西较窄的地形限制，普济寺、法雨寺居于山麓，南部前山区的普济寺前对梵山，背靠灵鹫峰，为全山的主要佛寺，中部后山区法雨寺在光熙峰下,锦屏山是其座山[1]。普济寺和法雨寺因地制宜建寺,层层升高,给人以高大、庄严之感受。慧济寺居于北部佛顶山山巅,三大寺的这种布局,不仅营造出了一种庄严、神圣的宗教氛围,也为寺院雨天排水提供了条件。除三大寺外,其余禅院与庵堂在选址和布局上,也都密切结合山地的特殊自然环境和海岛的特定气候条件,以及与主寺的相互关系而定的。在地址选择和平面布局形式上注重因地制宜,不强求一致,故显得自由、活泼和具有多样性的效果。普陀山的总体布局中,依山布寺是它的重要特点。

随着历史发展,构成了以三大寺为主,众多庵院建筑相拱卫的空间结构(赵振武等,1997)。普济寺庙宇群,为前山区核心区域,由于这一区域地势较为平坦,丘陵起伏不大,成为全山重点发展区域,其佛教景观最为密集,是全山宗教、文化、行政、服务的中心。法雨寺庙宇群,为后山区核心区域,该区域以法雨寺为核心,法雨寺主殿(九龙殿)供奉毗卢观音像。该寺的主殿系清康熙三十八年(1699),南京明朝故宫拆迁而建,是国内最高规格的寺院建筑[2]。释迦、药师、弥陀三尊佛像供奉在大雄宝殿内,虽然大雄宝殿不比九龙殿宏伟宽敞,但其所在海拔高于九龙殿,衬托出了大雄宝殿的雄伟可观。中山区内繁华程度远逊于前山区,然而环境却极恬静,别具"深山藏古寺"的意境。慧济寺庙宇群,为佛顶山山区核心区域,慧济寺为其主寺,其主殿大雄宝殿供奉释迦牟尼佛,两侧有二十诸天菩萨作陪衬,营造出了"佛国"气氛,观音则供奉在大雄宝殿东侧的大悲阁内,以此突出心诚登顶,朝拜佛菩萨的主题。

### 2.3.1.2　空间形式

普陀山运用分散和集中相结合的形式,处理三大庙宇群在空间上的关系,且在分散布局中以普陀山宗教上的特殊关系相互串联成为整体,又用香道相链接,形成了"明线"以香道相连接,"暗线"以宗教关系为引线的三大庙宇群。此种布局又反映出以下特征,即独立性、延续性和秩序性。普陀山总体布局必须反映出"朝山进香"这个总目的,使观音形象深刻映在香客心中,以达到宗教的目的。分散的、毫无联系的布局显然是不能达到目的的。而三大寺集中布局则会使香客印象不深,所以普陀山三大寺分立,各寺又赋予不同的宗教内容,加强了朝拜者的秩序性。普陀山为观音道场,欲使香客心理印象深刻化,在相对分散布局的基础上,穿插以禅院、庵堂,给香客心理上的延续,这是宗教目的在空间结构上的反应。

普陀山寺、庵的建筑布局均以主殿为正,居中轴线上,左右以配殿或厢房面向中庭,正中突出主殿的位置,如普济寺和法雨寺以其中轴线正中的圆通宝殿为主体,为烘托大殿的主导地位,于两厢建有配殿形成向心的拱卫,加强了大殿的庄严

---

① 普陀山佛教协会编.普陀洛迦山志[M].上海:上海古籍出版社,1999.

② 普陀山佛教协会编.普陀洛迦山志[M].上海:上海古籍出版社,1999.

肃穆气氛。这种空间形式不仅突出了普陀山宗教主题,更加强了空间的封闭性,为佛寺庙宇营造了一个清幽的环境。

### 2.3.2 建筑特征

普陀山传统建筑隶属于佛教建筑,岛上佛寺庵堂主要分布在东、南山麓。其建筑结构分为非木结构和木结构两种,由于地处我国东南,建筑形式则受到江南园林式建筑格局的影响。因明清时期的两次海禁,普陀山现存的佛寺建筑多为清初海禁解除以后所造。这些建筑主要分为寺庙、庵堂和茅篷三类。三类木结构建筑在等级、规模上都相差甚大,也反映出观音信仰文化中所包含的统治阶级文化、佛教文化和民间文化(陈舟跃,2010)。此外,一些传统建筑也是佛教文化与其他文化相互糅合的产物。如受我国儒家孝文化所影响,在法雨寺九龙殿前的月台上刻有二十四孝故事浮雕,以劝诫世人要与人为善;法雨寺内的天后阁,并不是佛像居所,里面供奉着来自闽南妈祖信仰的"天后",这便是民间的"需求"在封建政治的"协助"下所形成的,也是普陀山佛教文化世俗化的产物。佛教文化在普陀山落地生根后,虽受到其他文化的影响,在某些建筑或者习俗中有一定程度的改变,但其观音文化的本质特征仍继续保持。其建筑特征如表2.2。

**表 2.2　建筑特征**

| 要素 | 指标 | 特征 |
|---|---|---|
| 建筑 | 庙宇屋顶 | 普济寺、法雨寺为黄琉璃瓦<br>慧济寺、庵堂和茅篷为青瓦 |
| | 庙宇面阔 | 普济寺、法雨寺面阔五至七间<br>慧济寺面阔五间<br>庵堂、茅篷面阔三间 |
| | 建筑格局 | 普济寺、法雨寺为宫殿式<br>慧济寺为院落式<br>庵堂、茅篷为三合院或四合院 |
| | 装饰图腾 | 寺庙为龙图腾<br>庵堂为莲花<br>茅篷为福、禄、寿 |

#### 2.3.2.1 寺院

在三类建筑中,佛寺的规模最为气派、制作最为精细。佛教在传入我国之初,就受到历代皇帝的青睐与推崇。普陀山三大佛寺,由统治者恩赐所建的普济、法雨两寺的主要殿宇,采用了寺院建筑的最高规格,重檐歇山,黄琉璃瓦(陈舟跃,

2010)。慧济寺建在佛顶山上,本是一座庵院,在清嘉庆元年(1796)由庵修建成寺,由于受到地形的限制,慧济寺的格局难以扩大,所以继续沿用民居院落式规制,只将主殿升格成面阔五间的单檐歇山顶式。在建筑的装饰图案上,三大佛寺也有讲究,主要以"龙"为主题,以示皇恩浩荡,也突出其等级之高。普陀山三大佛寺的建筑风格在体现佛教文化的同时,更着重突出了封建王朝统治阶级的意志和权力。

#### 2.3.2.2 庵堂

庵堂主要形成在普济、法雨两寺附近,烘托主要寺院的地位。与依附于"官家"文化的寺庙不同,庵堂主要由寺庙出资或者僧众入世化缘筹资所建,从属于寺庙,这是佛教文化的真正体现。在功能上,庵堂又与寺庙保持相对独立的关系。为表示皇权的至高无上,封建王朝时期的庵堂修建规格必须限定为面阔三间、双坡硬山式,青瓦屋面,装饰不能奢华。莲花属于佛教圣物,庵堂内多莲花石刻,进一步表明庵堂建筑代表了纯粹的佛教文化。

#### 2.3.2.3 茅篷

茅篷属于小规模佛教建筑,但建筑底蕴源于本地居民文化。因为舟山民间对观音信仰的热忱,茅篷的建造资金来自民间,其规模和格局形同民居,所用材料并不讲究,建造比较粗糙,保存至今的为数极少。妙音篷为少有的现存茅篷,保存比较完整。舟山民间信仰对象除观音外,也存在其他神祇形象,与寺庙和庵堂相比,茅篷所供的神祇在系统性与严谨性上比较松散,但十分鲜明地反映出当时舟山民间崇奉的广泛性和多样化。

### 2.3.3 环境特征

普陀山面临浩瀚海洋,加之地形奇异,植被繁茂,海天与山岛相互映衬,交融渗透,是佛门比丘参禅修行的清幽之地,从而佛寺大量兴建,历久不衰。其环境特征见表2.3。

#### 2.3.3.1 地形地势

普陀山中部的长岭,将海岛分为东、西两部分。东部和南部山势缓和,植被丰富,且山脚地势平缓,适合依山建舍;西部的山势较为陡峭,山脚平地略为狭窄,且北风凛冽,不宜兴建寺庙。所以岛上佛寺庵堂主要分布在东南山麓一带。大部分建筑的朝向以朝南为主,比如三大佛寺之主殿、梅福庵、福泉庵、积善堂等。但也有些许庵院,结合山海环境,如大乘禅院、紫竹林、悦岭庵等,将主殿朝向东方或东南,取"紫气东来"之祥瑞。

表 2.3   环境特征

| 要素 | 指标 | | 特征 |
|------|------|------|------|
| 环境 | 地形地势 | | 前山区三面环山,地势较为平坦 |
| | | | 后山区三面环山,地势缓慢升高 |
| | | | 佛顶山区地处山巅,空间相对狭小 |
| | 植被 | 庙宇内植被 | 普济寺以古樟为主 |
| | | | 法雨寺多为山茶 |
| | | | 慧济寺多为盆景植物 |
| | | | 常乐庵为古银桂和古金桂 |
| | | | 双泉庵多为芭蕉、银杏、竹等 |
| | | 香道旁植被 | 妙庄严路多为樟林、茶和杜鹃 |
| | | | 善财路旁,古山茶群落广为分布 |
| | | | 香云路多观音竹和黑松 |
| | 庙宇环境 | | 以风水文化为指导,规划布局 |

### 2.3.3.2   植被

中国佛教建筑依景而建,在普陀山主要佛寺庙宇周围,分布着较多的佛教植物。普济寺内古樟树所营造出的宗教氛围甚是绝妙;有曼陀罗花之称的山茶为天花法雨中四大天花之一,与法雨寺的寺名呼应,在法雨寺内分布着大量山茶(杨茹,2011);慧济寺多为盆景植物,为寺院内增添了一份宁静和清幽。此外,常乐庵内"双桂流芳",双泉庵内芭蕉、银杏、竹等植物营造出宁静舒适的氛围。

香道是信众和游客朝山进香的通道,佛教植物在香道上的布置可以让信众和游客置身于大自然之中,感受佛教文化的涵养。妙庄严路是通向普济寺的香道,路旁樟林广为分布,为普济寺内的植被环境穿针引线,也有较多的茶类、杜鹃等植物分布在周围,烘托出浓浓的佛教韵味;大量古山茶群落在冬春季节绽放朵朵红花,如法雨天花般为善财路上增添了一道艳丽的风景线;香云路沿途多山茶、黑松等佛教植物,环境自然清幽(杨茹,2011)。

### 2.3.3.3   庙宇与环境的融合

中国佛寺建筑大多讲究风水之术。普陀山诸多寺庙在选址与建造时,运用风水之术,结合山海环境,将建筑与大海的雄、旷、险和山的秀、幽、静相关联,使得佛教景观的总体景象、单体设计和建筑细节的处理上,与周边山海景色相辉映。

《普陀洛迦新志》卷五中,记述了法雨寺依风水之故,改为东方入寺的原因:"旧入寺者,路从西,地家谓生气东旺,故改于东首①。"这种"门向"的改动,不仅与东南方海洋遥相呼应,而且曲折的步阶增强了空间序列感,更使得香客在心理上有个过渡的过程。《普陀洛迦新志》卷八中,说明了风水林木对庙宇龙脉保护的作用:"后山系寺之来脉,堪舆家,俱言不宜建盖,故常住特买东房基地,与太古堂相易,今留内官生祠外,其余悉载竹木培荫道场。后人永不许违禁建造。其寺后岭路,亦不得仍前往来,踏损龙脉。一应行人,俱从几宝岭下旧路行走。"在普陀山《山中旧归》中,第一条就是必须种植竹木培荫风水。《普陀洛迦新志》载:"凡本寺前后左右山场,不但不可侵渔,且风水攸关,竹木务悠久培荫。斫石取泥,俱所当慎,违者罚摈。"风水一般反对伐树,如树木处于吉利位置,伐去则除吉。而当树木处于不吉利的位置应当砍伐时,应当选择适当时机,渐渐除去,不可一次性砍伐。

### 2.3.4 文化特征

普陀山自建观音道场以来,曾有律宗、禅宗、净土宗在山传法。早期亦有密宗传入,但很快与律宗相融合,即成绝响。清康熙二十九年(1690),临济宗天童寺(今宁波天童寺)密云四世法裔潮音主持普陀山,至此,普陀山建树起普陀佛教临济正宗。其后印光法师专修净土,但并未形成教派。临济宗"以心印心,心心不异"的禅宗主张与观音信仰,都深刻地反映在普陀山佛教文化中,并通过其佛教景观表现出来,其文化特征见表2.4。

表 2.4 文化特征

| 要素 | 指标 | 特征 |
|---|---|---|
| 文化 | 宗教活动 | 具有海岛文化特点的佛教规制 |
| | | 具有海洋文化特色的观音信仰 |
| | 景观命名 | 以佛、法、僧三宝命名 |
| | | 以佛教神物命名 |
| | | 结合山海环境命名 |
| | | 受禅宗心性论影响 |
| | 摩崖石刻 | 礼佛弘法 |
| | | 赞颂景物 |
| | | 地名记事 |
| | 生活元素 | 佛茶文化和素斋 |

---

① 印光大师修订.普陀洛迦新志[M].莆田:福建莆田广化寺.

### 2.3.4.1  宗教活动

《普陀洛迦新志·规制》:"天灾流行,祈求雨泽,向由常住为首,领众诣潮音洞领香"。普陀山祈雨法事到海边领香请圣,与海岛环境有着千丝万缕的联系,且民俗祈雨多至龙王庙,普陀山祈雨则请观音大士。观音跳(眺)、南海观音立像、潮音洞、梵音洞等,都反映出普陀山僧人充分利用海岛自然环境的优势来进行佛教文化的创造。

在观音造像上,普陀山观音像与海洋有着千丝万缕的联系,如法雨寺九龙殿中的海岛观音、紫竹林禅院的白玉观音禅坐海浪之上、梵音洞的鳌鱼观音等。1997年竣工的南海观音立像,更是充分利用雄旷的海洋环境营造出"南海观音"的宗教圣地氛围。

每年鱼汛来临,舟山本地居民多会做法事祈求渔业生产的安全和丰收,宋朝使者出使海外,路经普陀山时,必登山做佛事祈求平安。普陀山四周海面如有事故,亦多会去普陀山做法事。以上法事活动也逐渐演变成当地民俗,使得舟山本地的观音信仰被动地烙上了海洋文化的特色。

观音香会、"普陀山之春"和观音文化节,是普陀山三大旅游节庆日,以观音香会最为庄重。观音香会又称为普陀山三大香会期,分别是农历二月十九观音诞日、六月十九观音成道日和九月十九观音出家日。香会期间,各地信徒及旅游观光者常达2万人左右。"普陀山之春"旅游节以"生态旅游,人文体验,游客互动,百姓同乐"为宗旨,1990年举办第一届起,此后每年阳春三月举办一届,旅游节活动十分丰富,吸引了国内外大批游客。观音文化节是继前两者之后,在2003年举办第一届"观音文化与生命自然"的旅游节庆日,2004年及之后,均用"自在人生,慈悲情怀"为主题,一般在每年的10月—11月举行。三大旅游节庆日,均以观音信仰为依托,将宗教文化与旅游文化完美结合,更好地传播普陀山佛教文化(宋维红,2013)。

### 2.3.4.2  景观命名

普陀山诸多文化景观命名,多出于佛经、佛教传说、佛陀或僧侣名及"慈航普渡"的情怀,其命名方法主要体现了禅宗的心性论特点。这种命名方法,让普陀山的花草树木都蒙上一层佛教色彩,生动地描绘出佛教的理想境界(徐波,2003)。如普济寺取"普济群灵"之意,法雨寺取佛教经典中的"天花法雨";"心"字石取禅宗十六字心传:"教外别传,不立文字。直指人心,见性成佛";达摩峰则是取达摩祖师法名;观音跳、观音洞、紫竹林和南天门等取自传说。景观命名从佛、法、僧到佛教传说、意象,均透露出"见性成佛"的特色。

### 2.3.4.3  摩崖石刻

在千百余年的佛教历史中,常有官绅文士在普陀山的奇岩异石上题字。现存自明、清到现在的摩崖石刻多达 160 余条,主要分为地名记事、赞颂景物与礼佛弘法三类石刻。较为知名的石刻有侯继高的"海天佛国""磐陀石",明朝书法家董其昌书写的"入三摩地"等(刘利娜,2012)。如此多的摩崖石刻,是文人骚客们受佛教文化和山海景色感染所作,给普陀山增添几分人文气氛的同时,本身也具有很高的艺术、科研和考古价值。

### 2.3.4.4　佛茶与素斋

"以茶敬佛"是佛教规制之一。普陀山僧人自唐代起就在寺院附近开辟土地种植茶叶,所有生产活动均由寺僧完成,用来敬佛和待客,故名"佛茶"。禅门认为茶有三德:"坐禅时通夜不眠,满腹时帮助消化,茶且不发。"所以禅宗寺院十分讲究饮茶。普陀山佛茶有着优越的种植环境和严格的采摘、制作和贮藏规范。以佛教文化为内涵的茶艺表演,其基本程序包括:迎宾、净手、焚香、添水、请佛、净盏、点茶、献供、调茶、供佛、敬客、回念和礼毕。普陀山佛茶承载着佛教文化,是中国茶文化与佛教文化相互融合的杰作(苏祝成等,2009)。普陀山佛茶的另一个特征便是在诗词文赋方面。历代不知有多少僧俗文人学士来此朝觐观音,与佛茶结缘,他们爱茶、咏茶、赞茶,借茶写人、叙物、抒情,反映了当时的佛茶生产、加工和饮用场景,抒发了个人的思想情感。

素食和素斋是有区别的,素食是在不杀生的基础上的一种健康、环保、慈悲的生活方式。素斋又有更严格的要求,用斋也是僧人修行生活中的重要功课。本山寺院僧人用斋是不与游客一起的。普陀山上的普济寺、法雨寺、慧济寺、紫竹林四座寺院均有素斋供应,其他饭店也有素食供应,岛上素斋种类较多,大致分为七类:花色类、豆制类、小炒类、汤羹类、腌制类、糕点类和冷拌类。普陀山寺院素斋只是为香客和游客提供方便,并不以营利为目的。

# 2.4　普陀山佛教文化景观形成机制

任何景观总是和其所处的地域紧密相连,受地理环境的地域分异规律制约,地球上不同地区的自然环境和人文环境是千差万别的,由此形成了种类繁多的景观。景观按其属性及形成原因主要是自然景观与人文景观。普陀山佛教文化景观则综合了自然和人文两种景观,其自然景观因佛教文化被赋予宗教色彩,形成了自然与人文双重景观。

## 2.4.1　环境感应机制

### 2.4.1.1　自然地理环境感应

地质地貌条件是自然景观形成的基础和前提,地质地貌条件作为自然环境的重要组成部分,影响到其他自然景观的形成,并对某些人文景观的形成也有一定的影响。陆地上千姿百态的地貌景观,是在地壳运动当中产生的作用力下形成的。地球的内力作用决定着海陆分布、岩浆活动、地势起伏等,对自然景观的类型与形成具有一定的控制作用,自然景观中的山水名胜,不论是峰谷、洞穴,还是河湖、泉瀑,均是在特定的地质作用下出现的,受到多种地质活动的控制。地球上外力作用通过风化、侵蚀、岩溶、搬运、沉积、固结成岩等作用对地貌施加影响,这些外力不断改变、塑造着地表形态。

普陀山上遍布各种浑圆状奇石,著名景点磐陀石即为其中之一,其他奇石如二龟听法石、百步沙师石、扁舟石、水牛石等大都为花岗岩球状风化的产物。花岗岩体分内部相和外部相两种。外部相分布于岛南部,出露在欢喜岭以南至龙沙庵及紫竹林、潮音洞、外猫跳一带,由细粒、斑状钾长花岗岩体组成,细粒结构。内部相分布于岛中部和北部,南天门一带有出露,为中粒钾长花岗岩。基性侵入岩主要为辉绿玢岩,其在普陀山上零星分布,系第三纪喜马拉雅造山运动岩浆活动所致,多呈岩脉形态于钾长花岗岩溶结凝灰岩产出,岩体受地质运动影响,沿节理侵入,分布在善财洞北部沿海地带与飞沙岙南部沿海地带,是浅成相产物。喷出岩多数是呈酸性、中酸性的火山碎屑岩类,在岛东部梵音洞至洛迦洞一带出露,呈深灰色,熔结成岩。结构以细粒为主,斑状次之。本山中部区域龙寿庵周围,花岗岩体上部覆盖有灰黑色晶屑熔结凝灰岩、灰—灰白玻质熔结凝灰岩及凝灰质砂岩等,组成上侏罗统火山碎屑岩沉积。大乘庵、欢喜岭一带,石英、钾长石、普通角闪石、辉石分布成分较多,而安山玢岩,色浅,面积较小,间夹在上述岩石中。

由于地壳运动影响,普陀山多岬角、港湾,湾内沉积物大部分为当地沙砾质,其外主要是长江供应的细粒沉积物。本山周边沿海地带由于水动力的不同,各区域沉积物种类亦不同。东部及北部沿海地带,海水运动较猛烈,涌浪及拍岸浪能影响到沿海地带,沿岸分布着众多砾石滩、沙滩。西部及南部沿海地带,海水运动比较弱,受海水影响地带的堆积物为长江提供的细砂淤泥,在本处形成广阔泥滩。砾滩总长度约 3.23km,大约占本山海岸线长度的 14.3%,分布在本山北部西侧沙岗墩北部海岸和本山东侧飞沙岙南端至千步沙北端附近的岸线,呈带状镶嵌于海湾内。砾石大小粒径不一,岩石来自附近晶屑熔结凝灰岩,花岗岩及断层角砾岩,被涌浪、潮流冲击,互相摩擦成浑圆状、椭圆长轴平行排列于海岸。沙滩总长度 5.17km,约占全山岸线的 22%,主要在水动力较强的海湾内。沙粒自沿岸向海洋颗粒从大至小,潮间带下面便是泥质。因向岸冲流流速大于回流流速,大潮时回流较强,小潮时减弱,两方相对平衡,使就近而来粗碎屑物不能向海远移。据矿物分析:石英含量 44%～70%;长石 15%～30%,颗粒一般呈棱角形,表面新鲜;岩屑含量 8%～20%,个别高达 22%,成分多为花岗岩岩屑。沙滩沉积物来源多属原岩,为就近花岗岩风化剥蚀搬运而来。据沙滩剖面分析,可划成风成砂带、潮上带、潮间带、潮下带等 4 个亚相带,微倾于海,滩面平滑。高潮时受激浪作用,形成纵向沙脊,后部有平行于沙脊的槽沟。沙脊被海浪推动内移变老,新沙脊又产生内移,内移湾内沙脊不再受海水浸淹,形成沙丘群,沙丘又随风吹向山丘,飞沙吞形成即为典型。泥滩总长度 4.2km,占本山岸线的 20%,形成于本山南侧短姑道头到风洞嘴地带。本山西侧风洞嘴到落潮山嘴等一带为海浪、潮流等水动力较小地带,是长江口、浙江省海岸流上漂浮质于波隐区回淤沉淀的粉砂质泥和泥质粉砂组成,黏性很强,水量成分丰富,呈灰黑色。本山周边岬角处,海浪作用猛烈,基岩受侵蚀后被粉碎,构造出各种类别的海蚀地貌。岩基占多数的沿海地带,总长度 9.9km,占本山岸线的 44%,从本山西北到东南依次为茶山、龙头山、金沙山、青鼓山、毛跳山、观音跳山沿岸向海洋凸出的部分和它延伸的岩壁,均为强海浪拍打的海蚀岸,沿岸区域存在部分大块碎石崩积物。海蚀崖、海蚀平台、海蚀穴在本山均有呈现,海蚀崖距离水面大约在 8～13m,海蚀平台宽度不太大且并未接连,部分在高潮时被淹没,低潮位呈现。海蚀崖、海蚀平台,尤其本山北、东两地带较多,海蚀台上岩柱林立。海蚀洞(穴)、海蚀巷道,多在海蚀崖脚处,由海浪作用形成。沿岩石断层或节理抗蚀较弱部位处,从海蚀洞渐渐增大发展成海蚀巷道,梵音洞、潮音洞、观音跳等附近都有典型海蚀洞穴和海蚀巷道。梵音洞、潮音洞等海蚀洞穴由于地壳运动造成岩石破裂——断层或节理,经过长时间风化、海水侵蚀、浪击形成。梵音洞南面火山岩石壁上还可看到断层错开所留痕迹即断层擦痕。潮音洞附近花岗岩体可见与洞穴方向相同的一条条相互平行密集的裂隙,即节理。

佛教自创立以来便与植物有着深厚的渊源。如释迦牟尼在菩提树下静坐成佛、众佛与菩萨多以莲花为座、观音右手持柳枝等。佛教植物多分布在寺院内外与周围,不仅为寺院营造出清幽的环境氛围,也为佛寺增添了几分宗教气息。普陀山滨海植物区系发达,植物种类繁多,植被覆盖率达到 73.4。

针叶林中,马尾松生长在前寺至后寺的东南面山麓。杉木林在小水浪一带山坡分布。湿地松分布在大水浪及码头山坡。阔叶林是普陀山最具海岛特色的植被,其中常绿阔叶林为近期封育形成,生长在佛顶山西南面山麓。香樟林在普济寺、法雨寺附近,其古老郁苍为浙江省少有。蚊母树林广布在慧济寺附近,发育完整,树龄古老,生长高大,林相整齐,为全国罕见。常绿落叶混交林有红楠、枫香、黑松,均分布在佛顶山山坡。落叶阔叶林主要是枫香林,分布于大乘庵一带山麓。沙朴林小块状分布在庙宇附近的山岙、缓坡地带;竹林中,丛生型竹林在前寺山岙中。混生型竹林以四季竹林最多,主要分布在佛顶山东南山麓。灌丛有落叶灌丛和常绿灌丛,其中落叶灌丛包括白檖萌生灌丛、日本野桐萌生灌丛。各类灌丛多分布在落潮山坡及岛两端的海岸陡坡。草丛分为白茅草丛和五节芒草丛,主要在岛的北部山坡。盐生植被为盐地碱蓬盐生草丛,分布在龙沙一带。沙生植被分沙钻苔草、肾叶打碗花、匍匐苦荬菜沙生草丛、假俭草、绢毛飘拂草丛,全生长在千步沙、百步沙沙滩。沼生、水生植被中的沼生植被芦苇群落,生长在盐场内侧空地。水生植被分水生观赏植物分布在司基畈河流中,以及莲群落分布在普济寺莲花池中。木本栽培植被中的经济林面积茶园是"普陀佛茶"的主要产区。防护林种植在千步沙及龙沙住宅区。果园主要为橘园,种植在山脚缓坡地中。草本栽培植被主要为旱地作物群落及蔬菜群落。

### 2.4.1.2 人文地理环境感应

普陀山自唐代起便是古代朝鲜、日本以及东南亚各国航舶出入我国的必经口岸。近现代以来台州、明州(今宁波)、扬州、温州和福州诸商埠的繁荣发展,使得日本、朝鲜和东南亚诸国往来中国的使者、商贾、僧侣等大多经普陀山进入明州(宁波)港。普陀山观音道场的初始也是由于日本僧慧锷来我国修行,由五台山求得观音像,航行至昌国梅岑山(今普陀山)触新罗礁,留观音像于岛上,后建成不肯去观音院。随着普陀山新罗礁、高丽道头等地方的发现和地理范围的确定,确证了普陀山是我国浙江滨海地区去向朝鲜、日本"东亚海上丝绸之路"的重要中转站。

普陀山佛教的兴盛,与历代封建帝王将相对佛教的推崇以及我党的宗教政策有着很重要的关系。从宋朝始,经元、明、清,很多帝王将相的赏赐,都已成为普陀山佛教文化景观中最珍贵的历史文化遗产,其中尤以明朝万历皇帝、清朝康熙、雍正二帝为甚。进入到当代,许多党和国家领导人,如刘少奇、杨尚昆、江泽民、李鹏、朱镕基等,均曾莅临指导工作。

普陀山地处我国东南沿海经济发达地区,背靠长三角城市群,这一地缘优势在为其保障便利交通的同时,也为普陀山提供了广大的旅游市场。近数十年,普陀山开通了往来上海、宁波、福建马尾等多条海上航线,舟山市内航线更是四通八达。1992年普陀山建成环岛公路,形成全山公路网络,同年,普陀山(朱家尖)机场投入使用,相继开通北京、上海、厦门、晋江、南京、香港等十余条航线。普陀山及其周边地区经济的飞速发展,相关基础设施的完善,促进了普陀山佛教文化景观的形成。

## 2.4.2 时间累积机制

在普陀山历史发展过程中,不同的历史时期,有着与之相适应的生产力水平和社会生活方式,形成了许多反映时代特点的佛教景观。

### 2.4.2.1 始兴期

晋太康年间(280—289),信徒们已发现本山(时称梅岑山)天然风光和佛教诸经所记观音圣地相似,不断有人来山求访观音踪迹。唐天宝七年(748),高僧鉴真东渡日本,途经莲花洋,上岛驻足候风,见海市蜃楼。据《普陀山志》和元代《大德昌国州图志》记载,唐宣宗大中元年(847),有梵僧(一说西域僧)来潮音洞前燔十指后,突见观音示现,授予斑斓宝器。因此传普陀山为观音显圣地,至今,潮音洞旁仍有"禁止舍身燃指"石碑。

唐咸通四年(863),日本僧慧锷第三次入唐,到五台山礼佛,至中台精舍,睹观音像容貌端雅,恳求请归其国,至明州(宁波)开元寺登船归国,舟行至梅岑山(普陀山),狂风大作,同行人都很害怕,慧锷夜晚梦见一位出家人对他说:"汝但安吾此山,必令便风相送。"慧锷与众乃把求得的佛像留在潮音洞旁,祷告后归去。本山居民张氏将佛像供奉于宅,称"不肯去观音",这便是普陀山有观音佛像的开始,普陀山成为观音应化道场。至后梁贞明二年(916),张氏在其住宅基础上,建立了普陀山上第一座观音寺院。

#### 2.4.2.2　发展期

宋朝时,普陀山得到统治者支持,普陀山佛教得到迅速发展。宋太祖乾德五年(967),命王贵送香幡到普陀山供奉。神宗元丰三年(1080),王舜封奉皇帝之命出使今朝鲜、韩国,在途中遭遇风波后逢凶化吉,以事上奏,神宗下命修缮"不肯去观音院",赐额"宝陀观音寺"。其时,日本、朝鲜、菲律宾、马来西亚等国来中国朝贡、经商者,均上山拜谒。北宋、南宋年间(1126年前后),外国使臣经普陀山中转,必登山祈祷,亦有外国人留题,颇有文采。南宋绍兴元年(1131),高僧真歇来山,易律为禅,成为普陀山佛教禅宗始祖,本岛居住者受劝化后,全部搬迁,普陀山始成佛国净土。宁宗嘉定三年(1210)八月大风,圆通殿遭破坏,官府拨付银两重新修缮,嘉定七年(1214)殿成,宋宁宗御赐普陀山宝陀寺"圆通宝殿"匾额,建龙章阁藏之并诏示山中各寺,均要供奉观音菩萨。南宋理宗宝庆年间(1225—1227),宝陀寺为江南教院"五山十刹"之一。淳祐八年(1248),制师颜颐仲祈雨有感,布施2万,粮食50石,置长生库,建接待庄,招待来往使臣,奉诏去山僧赋役。

元朝廷深信佛教,每有帝王登基,必要受戒,中央设总制院(后改为宣政院),各路为行宣政院总览事务。元世祖至元十年(1273),宝陀寺住持如智在沈家门深岙(今勾山街道里山)建接待寺。大德二年(1298),遣太监李英来山礼佛,修缮寺院。元统二年(1334),宣让王帖木儿不花捐钞千锭,僧孚中建多宝塔(普陀山三宝之一)。元末,普陀山庙庵、香道设置、佛塔等文化景观趋于完善阶段。

#### 2.4.2.3　停滞与恢复期

明朝崇佛,可东南沿海一带倭寇经常侵扰,使得普陀山遭遇了数次空前灾难。明洪武二十年(1387),信国公汤和以普陀"穷洋多险,易为贼巢"为由,迁岛上僧侣于内地,焚佛寺300余间,将观音像移至宁波栖心寺,重修佛寺,用"补陀"作为寺院名。岛上殿宇所剩无几,僧人数量锐减,此为普陀山经历的第一次灾难。永乐四年(1406),江南释教总裁祖芳住山弘扬禅宗,著《拙逸语录》。天顺年间(1457—1464),四方缁素,纷纷上山,正德十年(1515),住山僧淡斋重建殿宇、方丈殿在潮音洞上。嘉靖六年(1527),河南王捐琉璃瓦3万修缮寺庙,香火渐盛,鲁王又捐资建琉璃殿、梵王宫。

明嘉靖二十六年(1547),倭寇屯据本山,寺庙遭毁,岛上僧侣被迫迁徙,佛教文化景观遭到严重损毁,三十二年(1553),参将刘恩至等灭倭于潮音洞一带。随后将山上寺院拆迁,僧侣迁徙到内地。三十六年(1557),浙直总督胡宗宪拆迁宝陀寺殿宇到宁波招宝山颠。嘉靖四十年(1561),总兵卢镗迁圆通宝殿到宁波招宝山麓,僧真海奉"不肯去观音"西迁,山中梵音虚寂。隆庆二年(1568)、五年(1571),地方官府慑于倭患,又迭禁人民朝山进香,普陀佛教再次衰落。隆庆六年(1572),明所等五僧人越禁上山,重建殿宇,定海(今镇海)把总陈典奉命将其发还原籍,焚毁茅屋,移大小铜佛至招宝山。告示沿海船户不许装运进香人民及游方僧道渡海。五台山僧真松至山,将普陀废状奏闻礼部,得官保学士大宗伯严养斋支持,命郡守吴太恒、总戎刘草堂协理、策划修复殿宇,发给文书,准许住山。明万历年间,地方为防止倭患再起,禁建寺庵,但因帝王崇佛,高僧、名人及信徒仍渡海不绝。万历六年(1578),僧人真表修缮宝陀寺天王殿,八年(1580),湖北一僧人来山创建海潮庵(今法雨寺前身),十四年(1586),神宗颁"赐宝陀寺藏经敕",命张本等人送皇太后赐藏41函、内府藏经637函,观音金像一尊。真表访求天下高僧,在普陀山建庵53处。参将侯继高植阁立本及吴道子的作品,刻成两块观音像碑在宝陀寺。二十四年(1596),浙江督抚以"普陀屹峙洋外,近岛夷",再次勒石云:"除原建屋宇见住僧人,已该定海县查有额在册姑免逐外,自后并不许搬运砖木,增建院舍,广招徒众……其一应游僧到寺,只给三日斋粮,立即下山。"但由于帝王崇佛,四方名僧、高官和香客仍然登山礼佛。万历二十六年(1598)宝陀寺遇火灾,朝廷闻奏后,于翌年命内侍赵永、曹奉补赏《大藏经》678函,《华严经》一部,《诸品经》二部,渗金观音像一尊。万历三十三年(1605),神宗派太监张然等赍帑金两千两,皇太后、嫔妃等施银三千两,到山督造殿宇,同时送《金刚般若经》一部、《妙法莲华经 观世音菩萨普门品》一部,及幡幢等供寺。翌年,新寺建成,赐额"护国永寿普陀禅寺",万历三十四年(1606),赐额"护国镇海禅寺",三十五年(1607),命太监党礼携带银两建普陀、海潮二寺御碑亭。翌年,宁绍参将刘炳文捐资建杨枝庵,重刻"杨枝观音碑"。万历三十七年(1609),命张随携金千两到山斋僧,以五彩织锦龙缎40匹和长幡、经袱等供寺,三十九年(1611),复派张随携带银两斋僧,派党礼等赐镇海禅寺《大藏经》,四十年(1612),遣使赐普陀寺玉带镇山门,释海观撰《玉带记》。明天启七年(1627),崇王由樻捐资重建海潮寺药师殿。明崇祯十四年(1641),命国戚田弘遇,携御香至山祷佛。明代,特别是万历后期,本山佛教走上了迅速恢复之路,始与峨眉山、五台山齐名。

清代初期,海疆不靖,普陀山佛教经历第三次灾难。顺治初,群议普陀迁僧,经宝陀寺住持贯介力求方止。康熙四年(1665)五月,荷兰海盗侵占山寺,劫掠金像、银钵、玉环、锦幡等法器,八年(1669),镇海禅寺毁于寇乱,唯存殿塔顶,十年(1671),徙僧至宁波、慈溪等地,十四年(1675),游民失火,普陀寺焚毁,余庵荒废。清康熙二十三年(1684),弛海禁,僧众归山,二十八年(1689),康熙帝巡视杭州,命相关人员携带银两,登岛重修普陀寺大圆通殿,三十五年(1696)四月,康熙亲写《金刚经》两部,命翰林宋大业分别送普陀、镇海二寺,三十八年(1699)三月,康熙又次南巡杭州,命乾清宫内侍提督顾问行、内务府广储司郎中丁皂保、太监马士恩,登岛修缮寺庵,传旨"山中乃朝廷香火,所有未完之工,以是帑金为之领袖,务令天下臣民共种福田,住持须竭力图成……"御书"普济群灵""潮音洞"额赐普陀寺,书"天花法雨""梵音洞"额赐镇海寺,改普陀禅寺为"普济禅寺",改镇海禅寺为"法雨禅寺",并发金陵(南京)明故宫琉璃瓦 12 万张重建两寺大殿,拆明故宫九龙殿修缮法雨寺圆通殿。自此始,普陀山便是帝王钦定的观音道场。清康熙四十二年(1703),命侍卫翁峨立等赍《心经》一卷、帑金二百两赐前寺,翌年,赐两寺御碑,四十四年(1705),又御书《心经》二部,心经塔一轴赐前寺,《心经》一部、心经塔一轴施后寺,四十八年(1709),派内务府员外郎噶达浑等赍帑金千两到山降香,金幡一对,数珠二串,内造渗金佛三尊,黄蟒袍一袭,银制吉庆阿哥像一尊供前寺,内造珠宝观音像一尊供后寺,命孙文成办理每岁运米 3397 石,供山僧食用。翌年,复赠两寺僧人袈衣、药材等物。清康熙五十七年(1718),免除寺院在朱家尖、顺母涂田产赋税,五十八年(1719),两寺立"恩免普陀钱粮碑"。康熙年间,除帝王舍施外,诸皇子争书匾额、楹联,赐挂普陀山寺院,各地官绅竞相布施,塑佛像,助建庵宇,当时山上除普济、法雨寺外,有庵院 190 处。全盛期,常住僧众达 3000 余人。

清雍正九年(1731),发帑金七万两,命前苏州巡抚王玑督工,重修前后两寺。历时三年建成,奠定两寺现时格局。十二年(1734),赐两寺汉白玉碑各一块,于普济寺前建御碑亭,供雍正御书《普陀普济寺碑文》。清乾隆十六年(1751),帝驾至杭州,赐前寺住持源善紫金衣一袭及珍果等,三十七年(1772),赐五色哈达、鎏金嵌宝曼丹一座,五十八年(1793),佛顶山始建圆通殿,扩庵为寺。清光绪十九年(1893),颁整部《大藏经》赐法雨寺,三十三年(1907),慧济禅寺经文正和尚大力建造,遂成巨刹,至此,慧济禅寺与前寺、后寺齐名,统称普陀山三大寺。

民国初期,至山交通更加便捷,登山敬佛赏玩的人数日增,岛上寺庙绝大多数进行了扩建、修缮,且新盖许多茅篷。民国二年(1913),在僧教育会基础上成立"普陀山佛教会",十三年(1924)三月,蒋介石再带妻陪母来山还愿,参观僧众受戒仪式,二十四年(1935)7 月 18 日定海《舟报》载:"每届夏季香风,游客香客住满寺院……社会经济虽不景气,香客之盛,不减当年。"国民政府下令"整饬普陀山风景区,以吸引游客"。为方便四海登山礼佛者,三大寺和多数庵院均在上海、宁波、台州、定海等地分设"下院"。本山佛教发展渐趋全盛时期,并成为江、浙、沪沿海地区富商消暑赏玩的地方。

抗日战争时期,普陀山被日军侵占,周围海域被封锁,庙宇遭破坏,岛上寺僧再次被迫迁徙,普陀山佛教文化再度受到灾难。抗战胜利后,山上各庙宇年久失修,佛教景观亦没有恢复如初。

1949 年 5 月,国民政府江苏省主席丁治磐率众撤至岛上,驻文昌阁,后转嵊泗枸杞岛。6月,国民党军第一绥靖区司令部驻岛,8月撤离。11月,国民党暂一军一部退至普陀山,指挥部设广福庵,翌年5月15日撤离。

1950年5月19日,普陀山解放,1958年中共中央副主席刘少奇莅山考察,提出建设普陀山为"海岛乐园",但在此期间,由于受"左倾"思想的影响,正常的宗教活动受干扰,使得刚刚有所恢复的佛教事业再次陷入了劫难。1966年秋,"文化大革命"运动波及舟山。11月,"红卫兵"上山进行破除四旧的运动,1.7万尊佛像尽毁,金质、银质佛像或珠宝串成、香木刻成的佛像遭散失、盗窃,宋代以来摩崖石刻和多宝塔浮雕石佛被凿损,三大寺藏经楼所藏历代御赐藏经3.4万余卷大部分被烧,明清两代敕立的汉白玉御碑被砸,仅有三大寺和少数庵堂由驻军看守,幸免破坏。自1958年始,20余年中,全山在"开山吃饭、靠沙用钱"思想鼓动下,毁林垦荒,挖沙损景,许多名胜古迹被毁和废弃。直至1978年拨乱反正,后又实行停耕还林,禁止挖沙装沙,"海天佛国"才逐步恢复生机。

### 2.4.2.4 复兴期

1979年,政府重申宗教政策,这是普陀山佛教文化历经几次磨难后再次走向辉煌的开始。1979年4月,普陀山成立了管理局,立宗教科,管理本山佛教事务,也开始劝僧归山,是年7月,政府救济40万元,重建普济寺、法雨寺、观音洞庵等危房。1980年重设普陀山佛教协会,由原法雨寺方丈妙善担任会长,并开始整修御碑亭、普济寺厢房、文物馆,新盖不肯去观音院。1983年僧尼增至236人,登岛的海内外人士也渐趋增加,普陀山开始走向全面整修之路。1987年,佛教协会开始筹集修建普济寺各殿宇的善款,筹得50万元修缮大圆通殿,当年12月,法雨寺九龙壁建成。1989年6月17日,国务院批准《普陀山风景名胜区总体规划》,1991年10月23日,中共中央总书记江泽民来山指导工作。至1992年底,多数庙宇庵堂和茅篷得到修复,佛教法事活动恢复如初,奠定了普陀山佛教复兴的基础。

1997年8月,普陀山民用机场正式通航运营,1997年10月30日,"海天佛国"标志性建筑南海观音铜像建成并举行盛大佛像开光法会。1999年6月,《普陀秀色》特种邮票发行,12月,普陀讲寺、万佛宝塔两大工程举行奠基仪式。2002年5月,隐秀庵举行开光仪式、普陀山佛教文物馆珍藏清理工作结束。2004年10月,来自中国、美国、法国、日本、俄罗斯、加拿大、巴西、新加坡等15国的24家新闻媒体的世界华文媒体"看浙江·舟山行"记者团一行24人到普陀山采访。2006年4月,成功举办首届世界佛教论坛。2010年,投资5000万元以完善旅游基础设施,改善景区环境。2013年,普陀山对佛顶山挡土墙、飞沙岙至梵音洞游步道、飞沙岙至宝月庵步道等进行了建设。2015年,对百步沙游步道进行改造建设。这一系列的基础设施建设,以及中外媒体的极力宣传,使得普陀山佛教文化事业再次走向辉煌!

### 2.4.3 心理行为机制

岛上流传着众多灵异传说,随着观音道场的形成和发展,传说内容逐渐丰富。元代盛熙明撰《补陀洛迦山传》设"应感祥瑞",记录观音灵现 14 则。清康熙年间编撰《南海普陀山志》设"灵感""示现""经证"三节,专载观音示现传说。民国 13 年(1924),王亨彦撰编《普陀洛迦新志》设"灵异门",载观音灵验传说 67 则,其中有菩萨示现与祈求感应诸说,也载海市蜃楼奇观。1953 年,台湾煮云法师撰《南海普陀山传奇异文录》,辑录传说 76 篇。今人亦编有《普陀山传说》等多种书刊。2008 年6 月,"普陀山观音传说"被国家列入非物质文化遗产名录。根据"显灵"事件出现的时间顺序,罗列如表 2.5。

表 2.5 观音"显灵"事件

| 时间 | 地点 | 人物 | 事件 |
|---|---|---|---|
| 唐大中元年<br>(847) | 潮音洞 | 梵僧 | 燔尽十指,亲见大士说法,授七色宝石。 |
| 唐咸通四年<br>(863) | 莲花洋 | 日本僧慧锷 | 舟行至莲花洋遇风波,夜梦大士相告留像于山便令便风相送,后人称"不肯去观音"。 |
| 北宋乾德五年<br>(967) | 石牛港 | 内侍王贵 | 心不诚,归途满洋铁莲花阻碍,向山叩拜后有白牛食尽莲花,舟方行。 |
| 北宋元丰二年<br>(1079) | 普陀山海面 | 内殿王舜封等 | 舟行至宝陀山,大龟负舟,危甚,众皆望山祝礼,龟没舟行。 |
| 北宋崇宁二年<br>(1103) | 普陀山海面 | 户部侍郎刘逵等 | 舟行至普陀海面,夜黑不知所向,遥叩宝陀,四瞻如昼,望见招宝山,方能登岸。 |
| 南宋绍兴十八年<br>(1148) | 潮音洞 | 余姚尉史浩 | 礼潮音洞,忽见大士现金色身。 |
| 南宋绍兴中 | 潮音洞 | 给事中黄龟年 | 礼拜潮音洞,亲见菩萨现紫金身相。 |
| 南宋隆兴元年<br>(1163) | 选德殿 | 孝宗赵昚 | 御选德殿,梦游普陀。 |
| 南宋绍定三年<br>(1230) | 潮音洞<br>善财岩 | 昌国监胡炜 | 忽见火光,左则月盖长者与童子并立,狮子盘旋。再至善财岩,童子再现。 |
| 南宋淳祐年间<br>(1241—1252) | 潮音洞 | 浙帅颜颐仲 | 连年苦旱,到潮音洞求雨见大士并童子,甘霖立降。 |

| 时间 | 地点 | 人物 | 事件 |
|---|---|---|---|
| 南宋咸淳二年<br>（1266） | 潮音洞<br>善财岩 | 范太尉之子 | 太尉目疾，命子求于潮音洞，汲泉归洗目，即愈。复命子来谢，大士现金身。又往善财洞，童子忽现，菩萨再现。 |
| 元至元十三年<br>（1276） | 潮音洞 | 丞相部<br>帅哈喇歹 | 丞相部下谒洞，杳无所见，张弓射箭。及归时莲花满洋，急返洞悔谢，徐见白衣菩萨及童子。 |
| 大德五年<br>（1301） | 潮音洞<br>善财洞 | 学士张蓬山 | 至潮音洞见大士相，又至善财洞，童子忽现，顶上瑞云中复现大士。 |
| 至大元年<br>（1308） | 普陀山 | 肃政廉访司<br>金事阿里 | 渡海赈饥至普陀山，初见示弥勒，再见观音本相。 |
| 致和元年<br>（1328） | 潮音洞<br>善财洞 | 御史中丞曹立 | 奉旨降香金，谒洞求现。忽见大士现白衣相，次及善财洞，童子素服，大士亦在。 |
| 至正十五年<br>（1355） | 潮音洞 | 天台刘仁本等 | 督漕回，至普陀见大士现身于潮音洞。 |
| 元代 | 普陀山 | 诗人张光弼 | 作佛事，见海岸观音及善财童子。 |
| 明洪武二年<br>（1369） | 潮音洞 | 漕使孔信夫等 | 办官盐于昌国县，经普陀，礼大士于潮音洞，忽见慈相涌光，金色灿烂。 |
| 明洪武十九年<br>（1386） | 普陀山海面 | 信国公汤和 | 汤和平定宁波后，即往普陀欲毁寺，忽有铁莲花涌出海面，只得返航。 |
| 永乐二十一年<br>（1423） | 潮音洞<br>善财岩 | 不详 | 潮音洞现白衣大士、龙王、龙女、长者大人相。 |
| 宣德二年<br>（1427） | 潮音洞 | 不详 | 潮音洞内大士示现阎罗天子，二玉女随之。 |
| 正统二年<br>（1437） | 潮音洞 | 不详 | 大士现宝珠于潮音洞。 |
| 万历二年<br>（1574） | 普陀山海面 | 别传禅师、<br>成都僧翠峰 | 禅师及僧渡海礼大士，云中涌金莲白衣观音。 |
| 万历八年<br>（1580） | 千步沙 | 大智禅师 | 夜课千步沙，见潮水拥一大竹根至。 |
| 万历十八年<br>（1590） | 普陀山 | 郡丞龙德孚 | 夜梦神人传佛旨，夜复梦，返郡印经百部送寺。 |

续表

| 时间 | 地点 | 人物 | 事件 |
|---|---|---|---|
| 万历中 | 江面 | 江阴小吏焦某、楚僧 | 楚僧负六百金往普陀建庵,搭焦某便船,焦窥其金,后暴雨推僧入江得大士相救,焦不安而死。 |
| 万历三十三年(1605) | 潮音洞 | 二大士、普陀僧真一、居士陈载卿 | 潮音洞有二大士,匡坐茅篷,不与众语,僧真一偕居士陈载卿夜至其所。春二月,人皆谒洞,男女堵观之,便道汝辈各安稳去,问我何为,遂不见。 |
| 万历三十五年(1607) | 普陀山 | 长洲尤锡绶妻施氏 | 患膈患,一道姑送药后要其访道姑于南海。是年道姑告知其阳寿将尽,告知及早修行,言讫不见。 |
| 万历三十八年(1610) | 普陀山海面 | 江阴顾山庄长老、行童 | 归经莲花洋,飓风骤作,跳入波心,后夜至庵扣门,告得观音大士相救。 |
| 万历三十九年(1611) | 杭州 | 苏州皋桥张叟与其孙 | 达杭州遇舟行普陀山,其孙告前两艘船上人皆被绳缚手足,乃乘第三船,舟行海上日暮风涛至,前二船复没,张叟之舟无恙。 |
| 万历四十年(1612) | 镇海寺韦驮殿 | 病僧 | 镇海寺韦陀殿火,忽韦驮作声道,"火来也",僧急背韦驮置门外,明日病僧已愈。 |
| 泰昌元年(1620) | 潮音洞 | 宋珏 | 礼潮音洞见景色皆梦中所见。夜复梦白衣大士。 |
| 明季 | 东门玉龙桥 | 徽人汪姓 | 吃斋三年拟登舟往普陀山,忽闻店内失火,依然扬帆而去,及归,四面焦土唯其店独存。 |
| 清顺治六年(1649) | 普陀山 | 阮俊与江西僧某、普陀寺住持等 | 阮俊与僧某欲将明赐藏经载入日本,普陀山住持等哀求无用,行至海中突遇大鱼挡舟,阮悔过,送经普陀山。 |
| 清顺治六年(1649) | 普陀山海面 | 秣陵黄土山人刘某与胞弟 | 与胞弟朝南海愿见菩萨,忽见童男、童女及观音大士。 |
| 康熙三年(1664) | 普陀山 | 众僧 | 众僧见白光如虹,从佛殿顶贯至小珞珈山,白衣大士乘光而度。 |
| 康熙十年(1671) | 普陀山 | 土寇 | 僧内迁,土寇以火熔圆通殿金范大士像,像熔,延烧及殿,贼不得出,焚死者无数。 |
| 康熙十一年(1672) | 普陀山海面 | 宁波水师 | 兵丁盗普陀大士像,及解缆,风浪大作,主将疑而搜之,送还寺中,舟乃获全。 |

| 时间 | 地点 | 人物 | 事件 |
|------|------|------|------|
| 康熙二十三年（1684） | 普陀山 | 江西布客某 | 乘便进香,见四大天王像有一尊颓倒,私念宝像之泥可和药,取少许而去,神昏头疼,见长身天神怒目叱曰何得割我肉,后送泥还寺。 |
| 康熙间 | 普陀山海面 | 广东洋商麦灿宇 | 自东洋回,忽梦巨人索其舟,时值半夜,逆风起,舟欲沉,忽风向转,黎明行至普陀,遂礼拜之。 |
| 康熙年间 | 潮音洞 | 沧州张汉儒 | 至普陀谒大士,一老人问愿见大士否,张答得见大士,死无憾,忽见洞口有金光,大士自石壁出。 |
| 康熙五十年（1711） | 清凉冈 | 知府马柱石 | 到山启建祝禧道场,感大士放金色大圆光。 |
| 乾隆三年（1738） | 法雨寺鼓楼 | 众僧 | 鼓楼火起,风甚猛,将延及水月等楼,忽现神灵示现,风旋向外,诸楼无恙。 |
| 乾隆年间 | 往普陀途中 | 陈君选 | 其子得病,往普陀途中得遇大士指点,月余痊愈。 |
| 嘉庆年间 | 南丰 | 武举章开元 | 习武扑地伤足,梦遇大士,礼拜之,梦醒足愈。 |
| 光绪二十四年（1898） | 普陀山海面 | 香客、船家 | 进香后及回,忽遇大雨,舟不能驶,船主查明一香客盗普陀黄瓦,后抛入海中,舟始行。 |
| 宣统二年（1910） | 天津 | 陈性良之妻 | 孕期得重病,梦遇大士得救,生一子,后登山还愿,捐银 34130 元。 |
| 民国十五年（1926） | 梵音洞 | 印光大师弟子 | 大师弟子朝礼普陀,携相机向梵音洞拍照,洗出照片中惊现济公、护法天王、弥勒,弟子遂请印光法师题词,时了然、德森两法师同在。 |
| 民国三十六年（1947） | 梵音洞 | 章嘉活佛等、普陀山警察陈所长 | 活佛至梵音洞拈香毕,观音示现,随从人员及陈所长皆目睹。 |
| 1997 年 7 月 30 日 | 梵音洞 | 信女刘立俊 | 进山礼佛,儿媳惨遭车祸,手术后昏迷不醒,医生无策,刘一日数次跪梵音洞哀求大士,第三天儿媳醒。众以为若非大士感应,如此重伤,焉能速愈。 |
| 1997 年 10 月 30 日 | 普陀山 | 戒忍法师及众香客 | 南海观音立像开光,法会宣布开始时,莲花洋上空一抹白光射出,佛像万道金光,天空出现大士坐像,持续约 20 分钟。一时轰动海内外。 |

资料来源:作者根据《普陀洛迦山志》(普陀山佛教协会编.上海古籍出版社,1999)整理.

从以上表中内容,可总结出以下几点结论。

第一，在唐咸通四年(8633)，慧锷留观音像于山之前，已有观音"显灵"的传说，说明在普陀山还未正式有观音寺院时，观音"显灵"事件已有出现。正是观音"显灵"事件，促进了普陀山佛教文化景观的形成，而非普陀山成为观音道场后才出现"显灵"事件；第二，"显灵"事件从唐朝始，至近现代均有出现。可见"显灵"事件由来已久，已经成为普陀山一种特殊的佛教文化景观；第三，"显灵"事件多发生在梵音洞、潮音洞、普陀山海面，这既使得普陀山观音信仰与海洋文化相联系，以区别于别地的观音信仰，给普陀山观音信仰烙上很深的海洋印记，也给出海的渔民和出使东亚诸国的使臣以心理上的慰藉；第四，从与"显灵"事件相关的人物分析，任何人，即使不在普陀山，亦能看到观音"显灵"，在危难时得到庇护。即暗示出只要一心向佛，便能得到果报，这是一种很功利性的心理暗示，迎合了世俗人的需要。正是有以上"显灵"事件，使得人们更加相信普陀山是观音道场所在地，促进了普陀山佛教文化景观的形成。

# 2.5　普陀山佛教文化景观价值评价

## 2.5.1　历史文化价值

### 2.5.1.1　佛教文献

普陀山的相关佛教文献主要有历代普陀山志、碑刻、观世音菩萨本迹、本山名僧传记等，这些文献不仅为研究普陀山历史提供了资料，也推动了佛教文化研究，为研究宗教史关键材料。此外历代普陀山志中，涉及许多道教在本山的发展情况，这对研究一般宗教史很有用处。其次，这些资料可以作为一般史料来使用，我们研究某一时期的思想史、文化史、文学史等，都离不开禅宗史料。再次，普陀山作为"海上丝绸之路"的中转站，其佛教文献不仅记述了中外佛教文化交流，也涉及中外经贸往来等。

佛教遗存下大量典籍。仅以汉语文献来说，其中有大批翻译的经、律、论，亦有许多中国佛教徒的撰述。这庞大的文献堆积中包含着极其丰富的历史资料，对研究佛教文化极其重要，其中也保留了不少古印度与中亚的史料，由于当地有关当时的文献短缺，这些史料对于研究古代印度、中亚历史极其珍贵。关于普陀山佛教文献的发掘与整理仍有许多工作待做。随着佛教研究的发展，对佛教文献的科学研究、整理和使用也须加强。做好这方面的工作，对史学研究进展一定会有巨大助益。

### 2.5.1.2　诗文辞赋

唐代以来，文人雅士、学者名流扬帆来游，陶醉于山海之间，迷恋于佛国净土之中,写下众多诗词歌赋和游记散文。据旧志和新采录资料统计,古今诗词歌赋 1420余首,名家散文、游记130余篇,还有大量楹联、匾额等。以下按时间顺序,选录历代名人作品,如表2.6。

表2.6　普陀山历代名家作品

| 作者 | 作品 | 文体 |
|------|------|------|
| 王勃 | 《观音大士赞并序》 | 赋 |
| 苏轼 | 《送冯判官之昌国》 | 诗 |
| 王安石 | 《洛伽题咏》《咏菊》 | 诗 |
| 黄庭坚 | 《闲谈偶记》 | 记叙 |
| 陆游 | 《记九月二十六日夜梦》《海山》 | 记叙、诗 |
| 赵孟頫 | 《游补陀》 | 诗 |
| 屠隆 | 《千步沙》 | 诗 |
| 文徵明 | 《补陀山留题》 | 诗 |
| 侯继高 | 《游补陀洛伽山记》 | 散文 |
| 魏源 | 《普陀观潮行》 | 散文 |
| 康有为 | 《游普陀题》 | 诗 |
| 孙中山 | 《游普陀志奇》 | 散文 |
| 蒋经国 | 《游普陀日记》 | 日记 |
| 郁达夫 | 《游普陀作》 | 诗 |
| 苏步青 | 《普陀山之行书奉妙善方丈雅正》 | 诗 |
| 金庸 | 《赠妙善法师》 | 诗 |
| 郭沫若 | 《访普陀》 | 诗 |
| 丰子恺 | 《重游普陀》 | 诗 |

资料来源:作者根据《普陀洛迦山志》(普陀山佛教协会编.上海古籍出版社,1999)整理.

众多的诗词歌赋,尤其是历代名家作品,不仅扩大了普陀山的影响,其作品本身也具有很高的文学和史学价值。

### 2.5.1.3　佛教哲学

普陀山自建观音道场以来,以禅宗为主,也有律宗、净土宗在山传法。早期亦有密宗传入,但很快与律宗相融合,即成绝响。五代梁贞明至北宋末年,皆以律宗为主。南宋绍兴元年(1131)僧真歇自真州长芦(今江苏仪征市)来山,请郡府奏准朝廷易律为禅,自后禅宗成为全山主要传法教派。至南宋嘉定年间,禅宗临济宗高僧大川等相继主持山事,奠定临济正宗基础。元代禅宗得到持续稳定的发展。隆庆、万历年间佛教复兴,五台山龙树寺高僧真松登岛演绎律义。此时岛上律、禅两宗并存。清康熙二十九年(1690),临济宗天童寺(今宁波天童寺)密云四世法裔潮音主持普陀山,再次易律为禅。至此,建树起普陀佛教临济正宗。在岛上僧人中亦代有专修或兼修净土者。清光绪十九年(1893),净土宗十三代祖师印光法师住进法雨寺,专志净土,在国内佛教界影响极大,但净土宗在岛上未形成教派。

佛教哲学作为宗教学术,其基本倾向是唯心主义和形而上学的,其目的主要是为论证宗教信仰服务,因而它是宗教思想体系的有机组成部分,但其又包含着许多客观真理的部分。中国佛教哲学是作为宗教思想而另成的一个封闭体系,其各宗派都有一定的哲学观点和理论系统,使其逐渐成为中国哲学的一部分,对中国哲学的发展产生了巨大影响。

### 2.5.2　美学价值

民国学者蒋维乔在《普陀山》摄影画册中说:"山与水二者不易并美。以山而兼湖之胜,则推浙之西湖;以山而兼海之胜,当推定海普陀。"普陀山不仅是名扬四海的佛教圣地,更有海天风光之美。

#### 2.5.2.1　佛教文化景观的形象美

(1)佛像

佛教又被称为"像教",偶像崇拜发展为这一宗教的突出特点之一。佛陀在世时,佛教还不存在对造型形象的崇拜,随着后来对佛陀的神化,约在公元前三世纪,才出现了表现佛陀的象征物,如圣树、法轮、佛足迹等浮雕。

普陀山展示观音各种形象的佛像随处可见。最为著名的当为普济寺大圆通殿内的毗卢观音和观音三十二应身,在全国寺院中极为少见。南海观音大厅二楼观音堂内三十三体观音铜像也颇为珍贵。大乘庵内观音诸相正体圣观世音菩萨,左手托未敷莲花,右手做欲开莲花姿势,全身呈金色,极其光耀,另外还有侍于阿弥陀佛时的形象、为释迦牟尼佛胁侍时的形象、佛顶轮王右胁侍时的形象、为主尊时的形象等等,皆为圣观音不同形象于不同场合时示现。千手千眼观音在民间流传甚广,住莲花台,显示观音绝对之神通和悲力。在2005年春节联欢晚会上,中国残疾人艺术团出演的《千手观音》成为最具亮点的节目,深深打动了观众(李蕊,2009)。伴山庵的汉白玉十一面观世音菩萨,以及紫竹林禅院缅甸白玉观音都以其洁白的形象给人以清新脱俗之感。1997年建成的南海观音铜像,成为普陀山又一重要性标志建筑,佛相细目微垂,脸若满月,屹立在海拔50余米的龙湾岗巅,巍峨壮观!

(2)自然景观美

普陀山作为观音道场,其自然景观在无形中被赋予了佛教文化气息,使得各处自然景观在命名时都带有一定的佛教气息,有的直接以佛教文化命名,有的则取自佛教典籍、典故或佛教传说。

前人曾有"普陀十二景""普陀十景""普陀十六景之说"。最初被史料记载者,是明代戏曲家、文学家屠隆诗咏之"普陀十二景":莲洋午渡、钵盂鸿浩、天门清梵、梅湾春晓、盘陀晓月、古洞潮音、千步金沙、静室茶烟、龟潭寒潭、茶山凤雾、香炉翠霭、洛伽灯火。清康熙四十三年(1704),学者裘琏以为旧题未尽切意,重题"普陀十二景":短姑圣迹、佛选名山、两洞潮音、千步金沙、华顶云涛、梅岑仙井、朝阳涌日、盘陀夕照、法华灵洞、光熙雪霁、宝塔闻钟、莲池夜月。至清末民初,在屠隆和裘琏所题中,各取数景:莲洋午渡、短姑圣迹、莲池月夜、宝塔闻钟、梅岑仙井、盘陀夕照、法华灵洞、千步金沙、朝阳涌日、两洞潮音、华顶云涛、洛伽灯火,为"普陀十二景"。以上景观中,莲洋、莲池、钵盂、天门、香炉、洛伽、法华、宝塔等则根据佛教文化意蕴直接命名,而短姑圣迹、佛选名山、古洞潮音等皆取自佛教典籍、典故或佛教传说。

　　磐陀石、海天佛国石、云扶石、心字石、二龟听法石、师石等,这些原本在自然界的石头,或因形象,或因石刻,或因佛教传说被赋予了佛教文化气息,展现出了普陀山佛教景观所特有的美。其中最为独特者为磐陀石,上石面广底锐,为菱形,形似滚卵,下石体大顶尖,把上石顶起。更为惊险者如凌空卓立于海天佛国石上的云扶石,宛若风帆,危而不坠,镌"云扶石"三字。生动形象者如二龟听法石。一叶扁舟石位于圆通庵前,石坡宽广平滑处,似瀑倾谷,上累一石,近睹似菱,远望若舟。

　　(3)摩崖石刻

　　摩崖书法石刻是普陀山著名人文景观,普陀山摩崖石刻除文字石刻外,还有少量佛像图案石刻。这些摩崖石刻不仅具有较高的历史文化价值,其艺术价值也不容否认,为普陀山佛教文化景观增添了一幅亮丽风景。

　　文字石刻中楷、草、篆、隶各体皆有,风格各异。普陀山最大的文字摩崖石刻当属西天门下的心字石,题刻于巨岩上,字高5米,宽7米,字体庞大,字面之上可同时站百人左右,像这般巨大石刻,实属少见。最为人所知者为海天佛国石刻,题刻于普陀山香云路旁巨石上,每字一米见方,周围的云海石刻、别有天地以及上方的云扶石等石刻,都欲渲染出一幅海天佛国景象,今人也因此将普陀山称为"海天佛国"。瀛洲界石刻在普陀山达摩峰巨岩北面,字径1.4米,苍劲遒丽。"入三摩地"石刻在普陀山共有两处,一处在妙庄严路口,据明崇祯年间礼部尚书董其昌书而刻;另一处在慧济寺入口处,为后人临摹所刻。笔法洗练,苍劲有力。

　　图像石刻其雕刻难度远大于文字石刻,故普陀山佛像石刻相对于文字石刻来说,数量较少,但其中不乏精品。较为遗憾的是这些具有很高艺术价值的佛像石刻,多半在"文革"中被毁坏,且一旦被毁坏便是毁灭性的,不可能按原貌修复,仅在海岸孤绝处、偏僻处的一些佛像石刻才幸免于难。梅岑峰西麓弥勒佛坐像,面部慈祥,笑口常开,嘴、鼻、眼清晰可辨,头部和手脚部均在"文革"中遭破坏。善财洞阿弥陀佛圣像,脚踏莲花,妙相庄严。在观音古洞中,共有佛像11尊,雕功颇精细。朝阳古洞洞口岩壁处的佛像,在"文革"中已被毁,而在朝阳古洞的左洞底壁,一副面容慈祥的慈航观音坐像保存完好,高约0.6米。佛像石刻毁坏最严重的地段为玉堂街西侧佛像群,此外妙庄严路南段、潮音洞、说法台石和香云路各有观音菩萨坐像1处,均被毁,残迹可见。

### 2.5.2.2　佛教寺院景观的形式美

佛寺建筑以满足佛教活动为目的,通过殿宇的形象、空间给人们造成一定的印象。普陀山寺院因地制宜地点缀在林间海滨,或居山麓,或居山巅,很自然地和周围景色融为一体。其中普陀山三大寺的寺院景观最为独特、宏伟。

普济寺前是面积约为15亩的莲池,名为海印池,建于明代。池上筑桥三座:永寿桥原名莲花桥,两边栏柱顶雕护天神狮40只,拱边饰螭首4只,单孔石拱,高6米,如虹卧波;中间为平桥,宽3.5米,距水面0.2米,人行其上,如履波间,桥中有一湖心亭,又称八角亭,正对普济寺山门;瑶池桥与永寿桥隔八角亭相望,块石叠砌,单孔石拱,四隅饰龙首,逢雨,水从龙嘴喷出,袅袅如轻烟。三桥形态各异却相互映衬在莲花池中,与远处得多宝塔相互呼应,构成普陀山十二景中的“莲池月夜”。寺院沿中轴线依次筑有正山门、天王殿、大圆通殿、藏经楼、方丈殿等。天王殿后有香樟8株,直径0.8~2米多,植茂盖庭,使得寺院更加古香古色。大圆通殿为普济寺主殿,坐落在一级台阶上,重檐歇山顶,尺度粗壮,屋顶黄色琉璃瓦不仅显示出了其尊贵地位,也起到了很好的装饰作用。居于中轴线上的第四重建筑为藏经殿,为歇山重檐楼阁式建筑,由于沿坡而上的地势抬升作用,使得藏经殿看起来高大得多。其后的景命殿和烟霞馆,由于自身建筑低于藏经殿,且不对外开放,所以无法得知其详细建筑构造。

法雨寺建筑成功根据地形地势,依托山地层层抬高建筑物,创造出极其丰富的建筑空间。全寺沿中轴线布置主要殿堂,依次为天王殿、玉佛殿、圆通殿、万寿御碑殿、大雄宝殿、藏经楼等。天王殿与山门、钟鼓楼,玉佛殿与圆通殿,万寿御碑殿与大雄宝殿,藏经阁与方丈殿等则各据于不同标高的台地上,按照不同的功能,不同的规模,不同的形式,运用广狭、高低、大小不同的台地院落,巧妙地安排各组的建筑。圆通殿与大雄宝殿院落为寺的主要建筑所在院落,比较宽敞适宜。其东西两厢为骑楼与廊屋相围合,从圆通殿两侧一直延伸到大雄宝殿的两厢。并采用跃层布置的手法,或跃一层,或错半层,因地而为。使楼层与上层台地的建筑底层相平并联通,构成建筑空间既延续而又独立的效果,既适应江南多雨季节的需要,又与主体建筑相得益彰以及起到艺术上烘托陪衬的作用,达到整体和谐的效果。

因地制宜是慧济寺总体布局上的极大特点,诸如高差的处理,短轴线的运用等都得到艺术上和技术上的良好效果。其入寺的香道就是个优秀的实例,通过曲直、高下、起伏、明暗等手法,使人们在狭隘、多变的漫长巷道内,产生各种思想上和情绪上的感受。寺的山门面东而设,入山门为十余米见方的前院。此院是南北主轴线的南端,其北向沿轴线依次为:前院、天王殿、正院、大雄宝殿,天王殿为入寺第一座殿宇,硬山顶,由于院落进深小,亦颇有雄伟庄重之感。大雄宝殿为寺之主殿,黄色琉璃瓦歇山顶,屋面陡峻,曲面弧度较大,殿后仅几米处即为山所阻。藏经楼和大悲阁等重要建筑,因受山顶地形限制,与大雄宝殿取横向并列。慧济寺主体院落是以天王殿、大雄宝殿和东西配殿合围成四合院的基本形式,除此外,分别由藏经楼、大悲楼、方丈、僧寮、客寮,以及钟楼等建筑各自组成大小不同的院落,加强了空间延续性,也满足了多种使用的需要。

### 2.5.3　经济价值

旅游业的快速发展,使得旅游资源的经济价值研究越发重要,而旅游资源的游憩价值是其经济价值的重要组成部分,对游憩价值的评估,主要有以下几点意义:一是通过价值评估,能够将景区保护获得的经济价值与为保护该景区付出的成本进行客观比较,避免管理者过多的主观性决策偏差,更加有效的管理与分配景区资源;二为在合资经营或转让旅游资源等方面给予货币化经济价值参考;三是对同一区域,不同类型的景区游憩进行价值评估,可为开发者提供优先开发决策的参考;四是将同一景区,不同年份的游憩价值进行比对,可反映出景区一定时段内的发展情况。

国内外对景区游憩价值评估的方法,主要是旅行费用法(TCM)和条件价值法(CVM),二者的本质区别在于 TCM 为“显性偏好”的直接市场法,CVM 为“陈述性偏好”的假想市场法(王尔大,2012),与 TCM 相比,CVM 具有很强的主观性。国内有些学者(彭文静,2014;李京梅等,2010;蔡银莺等,2008;刘亚萍等,2006)将 TCM 与 CVM 相结合,加总评估或相互佐证评估景区的游憩价值。而具有本质区别的两种方法,是否可以“直接”进行量的相加或对比,有待进一步考证。鉴于上述情况,本文对旅行费用法进行了研究,对其发展、存在问题和模型进行了介绍,并结合传统模型(ITCM 和 ZTCM)和旅行费用区间模型(TCIA),创新性地提出了区域旅行费用区间区域旅行费用区间(ZTCIA)模型。为验证 ZTCIA 模型的合理性,将普陀山作为案例,运用传统模型中的个人旅行费用(ITCM)模型和创建的区域旅行费用区间(ZTCIA)模型,评估了普陀山 2014 年的游憩价值。

#### 2.5.3.1　TCM 方法进展

最早的 TCM 研究要追溯到 1947 年,美国国家公园管理局主任向包括 Hotelling H (1947)在内的多个经济学家询问如何测量国家公园的经济价值问题,解决这一问题的思路,逐渐发展成为当今的 TCM 方法。随后,国外一些学者提出了 TCM 模型并进行了发展,Clawson(1959)最先提出了 ZTCM 模型并进行了完善,其最为重要的缺陷是假设来自同区域的游客具有相同的费用支出,这一假设限制了 ZTCM 的发展。Brown 和 Nawas(1973)于 1973 年,以个体样本为基础提出了 ITCM。与 ZTCM 相比,其模型更具有优越性(Garrod G 等,1999;Maddala G S,1977),且不需进行不切实际的假设,直接根据游客个人信息评估。但加大了现场调查的工作量,也面临一些新的问题。如 Shaw(1992)从经济学角度指出 ITCM

因现场调查时,只选取到访游客而产生的"样本选取偏差"的问题。此外,如选取的研究地游客重游率低,则会因"因变量(旅游次数)离散不足"而无法进行评估,一定程度上限制了 ITCM 在实践中的应用。1968 年,加拿大学者 Pearse(1968)在做一项研究时,以游客的经济收入为标准进行区域划分,推动了 TCIA 的研究。除上述三种模型外,还有一些模型,如 ATCM(高级旅行费用模型,Creel M D 等,1990)、RUM(随机效用模型,Smith V K 等,1986;Bockstael N E 等,1987)、HTCM(内涵旅行费用模型,Brown G 等,1985)等,因操作过于复杂,没能成为主流的研究方法。

国内对旅行费用法的研究,开始于 20 世纪 80 年代(陆鼎煌等,1985)。与国外相比,起步虽晚却有很多创新之处。赵玲等(2009)基于游客所选交通工具,将游客分为火车、长途汽车和自驾车三类,运用改进的 ITCM 评估了大连星海公园的游憩价值,并对 TCM 中的时间机会成本、多目的地等问题做了探讨。肖潇等(2013)以九寨沟景区为例,独创性地将 ITCM 应用到地方依恋的价值评估中。国内外关于 TCM 的最新研究成果——TCIA(旅行费用区间模型),是李巍等(2003)基于 Pearse 的实证研究提出的,该方法避开了传统 TCM 中各方法的不足,虽另辟蹊径,却也有一定的缺陷。郝伟罡等(2007)对 TCIA 做了修正,依据游客与景区距离远近,将旅行费用区间分为两组,解决了半对数模型无法准确评估近距离游客的消费者剩余问题,但文中未涉及 TCIA 的其他不足处(查爱苹等,2010)。对于 TCM 中多目的地费用分成问题,国内外学者做了许多探索,Timo Kuosmanen(2003)提出了三种解决办法,即剔除、组合和分离。张茵等(2004)针对多目的地问题,提出了分区的多目的地 TCM 模型,较好地解决了多目的问题。许丽忠等(2007)结合热力学知识,创新性的提出熵权多目的地 TCM 模型,评估了武夷山景区的游憩价值。Frank(1976)最先提出 TCM 中的时间机会价值并认为其价值应为工资率的 1/3。国外的其他学者如 Willis(1989)和 Chavas(1989)则确定了一个范围,即为工资率的 30%~50%。国内有关时间机会成本价值的研究均采用国外确定的范围。至于 TCM 中的其他问题,如调查时间、替代效应等,我国学者如董雪旺等(2011)和游武等(2013)也进行了探究。

总观国内外旅行费用法研究,至少有三点不足:一是实际应用的研究较多,关于旅行费用法的理论基础研究略显不足;二是仅利用 TCM 评估研究地的游憩价值,极少数学者将 TCM 用到评估游憩价值以外的方面,关于 TCM 的应用范围仅局限在游憩价值方面;三是多数研究者只从经济学角度研究旅行费用法的模型及方程构建,极少以地理学的视角思考区域文化、政策等对模型构建的影响,多学科综合研究 TCM 为今后进一步研究的要点。以下基于第三点不足,从地理学视角研究 TCM,认为仅以费用划分区间的 TCIA 没有考虑到区域文化对游客旅游行为的影响,如 TCIA 假设同一旅行费用区间的游客具有相同的旅游需求,这不太符合实际。结合 ZTCM 模型,假设来自同一区域且在同一费用区间的游客具有相同的旅游需求,创新出 ZTCIA(区域旅行费用区间模型)模型来评估普陀山的游憩价值。

### 2.5.3.2 旅行费用法的评估步骤与模型

(1)个人旅行费用模型(ITCM)

ITCM 通过调查得到旅游者一定时期(通常为一年)内到研究地的次数、游行时间、旅行总消费和社会经济特征等信息,以旅游次数为基准,分析旅行时间、旅行总消费和社会经济特征等与旅游次数的相关性,之后建立以旅游次数为因变量,以与其相关性显著的因子为自变量的回归方程,对方程进行积分,可得到消费者剩余,总的消费者剩余与总的旅行费用相加,即可求得研究地的游憩价值。

$$TC = C_1 + C_2 \qquad \text{(公式 2.1)}$$
$$C_2 = 40\% \times (T_1 + 2 \times T_2) \times (8Y/23) \qquad \text{(公式 2.2)}$$

(公式 2.1)中,$C_1$ 为旅行总消费,包括往返交通费、门票费、食宿娱乐费等;$C_2$ 为时间机会成本。(公式 2.2)中,$T_1$ 为游客的游玩时间;$T_2$ 为到达景区时间;$Y$ 为游客的月收入,按每月工作 23 天,每天工作 8 小时计算游客的小时工资。

$$Q_i = f(TC_i, E_i) \qquad \text{(公式 2.3)}$$

(公式 2.3)中,$Q_i$ 代表样本游客的旅游次数;$TC_i$ 表示样本游客到研究地的旅行总消费;$E_i$ 代表样本游客的社会经济特征。

关于 ITCM 模型回归的方程形式,回归效果较好的主要有两种:线性模型和半对数模型。具体形式如下:

线性模型: $\qquad Q_i = \beta_0 + \beta_1 TC_i + \beta_2 E_i \qquad \text{(公式 2.4)}$

半对数模型: $\qquad \ln Q_i = \beta_0 + \beta_1 TC_i + \beta_1 E_i \qquad \text{(公式 2.5)}$

对模型进行积分,求得消费者剩余,其计算公式为:

$$CS_i = \int_{P0}^{PM} f(TC_i, E_i) \, \mathrm{d}TC \qquad \text{(公式 2.6)}$$

(公式 2.6)中,如模型为线性,$PM$ 是 $TC = 0$ 时的值;如模型为半对数,$PM = \infty$。

根据杨净等(2012)的演算过程,(公式 2.4)的消费者剩余可表达为:

$$CS = -\frac{\bar{Q}_i^2}{2\beta_1} \qquad \text{(公式 2.7)}$$

(公式 2.7)中,$CS$ 为消费者剩余;$\bar{Q}_i$ 为样本游客的平均旅游次数;$\beta_1$ 为 $TC$ 的回归系数。

(2)区域旅行费用模型(ZTCM)

将游客进行区域划分(通常以省、直辖市为标准),根据各区域年末总人口和调查数据计算出各区域的旅游率及游客的旅游总消费,旅游总消费中的小时工资是根据研究区在岗职工的年薪算出。将旅游率与旅游总消费和游客的社会经济特征等进行相关性分析,根据分析结果,以旅游率为因变量,旅游总消费和其他社会经济特征为自变量,构建模型。关于消费者剩余的求法,主要有两种,一是根据回归方程,追加旅行费用,分别求出不同费用下的总旅游人次,以追加费用为自变量,以旅游人次为因变量进行回归,对回归方程进行积分求出总的消费者剩余(张茵等,2004;肖建红等,2011);二是根据回归方程,分别算出各区域追加费用下的旅游人次,分别进行回归后求得各区域消费者剩余,加总得到总消费者剩余(董雪旺等,2012)。这两种求消费者剩余的算法,第二种过于烦琐,第一种被广泛采用。

各区域旅游率的计算公式如下:

$$VR_i = (\frac{w_i}{W_i} \times W_{year})/P_i \qquad (公式\ 2.8)$$

(公式 2.8)中,$VR_i$ 代表 $i$ 区域的旅游率;$w_i$ 为 $i$ 区域到达研究地的实际样本数;$W_i$ 为样本总数;$W_{year}$ 代表研究地的总人次;$P_i$ 代表 $i$ 区域的年末总人口。

以旅游率为因变量,以游客的总消费和社会经济特征为自变量,进行回归,模型如下:

$$VR = f(TC, E) \qquad (公式\ 2.9)$$

(公式 2.9)中,$VR$ 代表旅游率;$TC$ 表示游客的总消费;$E$ 为游客的社会经济特征。

根据(公式 2.9),求出追加旅行费用下相对应的旅游人次,以旅游人次为因变量,以追加费用为自变量,进行回归,对回归方程进行积分求出总消费者剩余,与总旅行费用相加便得到了总游憩价值。

(3)旅行费用区间模型(TCIA)

根据游客的总旅行消费,划分出若干个费用区间,每个费用区间的游客数为 $N_i$,假设具有更高旅行费用的游客在比其费用低的费用区间里是愿意进行旅游的,计这时的游客需求量为 $M_i$,取 $U_i = M_i/M$,其中 $M$ 为样本总数,定义 $U_i$ 为此时 $N$ 个样本中愿意旅行的比例,令 $V_i = U_i$,定义 $V_i$ 为此时单个游客的需求量。以费用区间为自变量,单个游客的需求量为因变量进行回归分析,得到单个游客消费者剩余方程,依次求出所有游客消费者剩余进行加总后得到总的消费者剩余,再与总的旅行费用相加后除以样本总数得出每个游客平均值,将每个游客平均值乘以总游客数便得到了研究地游憩价值。

样本游客的总旅行费用根据(公式 2.1)、(公式 2.2)求得。

以旅行费用区间为自变量,单个游客的需求量为因变量进行回归,其模型如下:

$$V = f(C) \qquad (公式\ 2.10)$$

其中,$V$ 代表单个游客的旅游需求量;$C$ 为旅行费用区间。

根据(公式 2.10),求出单个游客的消费者剩余,加总后得出总的消费者剩余,记为 $SCS$,记总旅行费用为 $STC$,则总游憩价值模型为:

$$RV=[(STC+SCS)/N]\times TN \qquad (公式 2.11)$$

(公式 2.11)中,$RV$ 代表总游憩价值;$STC$ 代表总的旅行费用;$SCS$ 代表总的消费者剩余;$N$ 代表样本总数;$TN$ 代表研究地的总游客数。

(4)区域旅行费用区间模型(ZTCIA)

自 TCIA 提出后,郝伟罡(2007)、谢双玉(2008)和李湘豫(2013)等学者将其运用到实证研究,对其数学本质做了探索,研究表明 TCIA 的适用性比传统 TCM 好。结合 ZTCM 与 TCIA 的各自优势,提出的 ZTCIA 在理论上更具有优越性。具体评估步骤及模型如下:

将调查问卷进行区域划分,根据样本区域内的旅行费用划分各区域费用区间,将各区域旅行费用区间值与此旅行费用下单个游客需求量进行回归,根据回归方程计算样本区域单个消费者剩余,把单个消费者剩余相加得到一个样本区域总消费者剩余后,再将样本区域总消费者剩余和样本区域总旅行费用相加,除以调查获得区域样本数得到区域游憩价值平均值,乘以该区域的旅游人次,得到该区域总的游憩价值,将各个区域总游憩价值相加,便求出了研究地游憩价值。评估步骤如下:

$$X=X_1+X_2+\cdots X_n \qquad (公式 2.12)$$

(公式 2.12)中,$X$ 代表研究地的游憩价值;$X_1$,$X_2$,$X_n$ 代表各区域总的游憩价值;$n$ 代表划分区域的编号,其最大值是最后一个区域编号。

$$X_n=[(TC_n+CS_n)\div A]\times B \qquad (公式 2.13)$$

(公式 2.13)中,$X_n$ 代表某区域;$TC_n$ 代表某区域总旅行费用,根据(公式 2.1)、(公式 2.2)求得;$CS_n$ 代表某区域总消费者剩余;$A$ 代表某区域样本数;$B$ 代表一定时间段内某区域总游客数。

### 2.5.3.3　数据来源

普陀山游憩价值评估的所用数据分为 3 类:(1)基础数据。普陀山 2014 年旅游接待人次为 6255606,其中境外和港澳台旅游人次分别为 44438 和 28337,数据来源于普陀山风景名胜区管委会官方网站。2014 年普陀山各省市旅游人次由普陀山管委会提供。(2)调查数据。经过在宁波大学的预调查,对问卷的结构和具体问题进行了多次修正。根据 Scheaffer(2006)的抽样公式,设定抽样误差为 7%,计算得出所需调查样本为 204 份,实际发放问卷 270 份,剔除 3 份港澳台游客、2 份无效问卷及 20 份多目的地游客后,得到有效问卷 245 份,问卷有效率为 91%。实际调查的具体地点在普陀山普济寺、法雨寺、紫竹林景区和普陀山客运码头。问卷调查时间为 2014 年 12 月 20—21 日和 27—28 日,问卷内容包括游客的社会经济特征、出发地、游玩次数、总消费、旅行时间等(表 2.7)。(3)推算数据。根据普陀山 2014 年的旅游接待人次和普陀山管委会提供的 2014 年普陀山各省市旅游人次

(图 2.1)以及 245 份问卷中杭州、宁波和舟山市游客所占百分比,分别计算出杭州、宁波和舟山市的旅游人次为 449439、724147 和 624171。

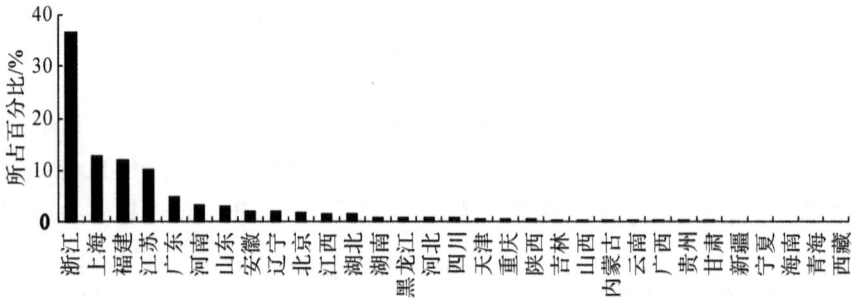

图 2.1　2014 年普陀山各省市旅游人次百分比

### 表 2.7　调查问卷基本信息

| 性别百分比/% | | 游玩次数百分比/% | | 年龄段百分比/% | | 文化程度百分比/% | |
|---|---|---|---|---|---|---|---|
| 男 | 42.9 | 1 次 | 41.6 | 16 岁及以下 | 0.8 | 初中及以下 | 2.9 |
| 女 | 57.1 | 2 次 | 16.7 | 17～25 岁 | 14.2 | 高中/中专 | 39.2 |
| | | 3 次 | 15.5 | 26～35 岁 | 51.8 | 大专 | 23.3 |
| | | 4 次 | 6.5 | 36～45 岁 | 24.1 | 本科 | 16.7 |
| | | 5 次及以上 | 19.7 | 46～60 岁 | 7.8 | 硕士 | 16.3 |
| | | | | 61 岁及以上 | 1.3 | 博士 | 1.6 |

#### 2.5.3.4　价值计算

(1)ITCM 评估结果

通过问卷分析,2014 年普陀山游客的旅游次数在两次及以上的占 58.4%,平均旅游次数为 2.46 次,符合 ITCM 对旅游次数的要求,但本研究中,旅行次数为 1 次的游客占 41.6%,如采用半对数模型,会导致因变量大量 0 值的出现,故选用线性模型进行回归。首先用 SPSS 进行相关性分析,结果见表 2.8。

### 表 2.8　相关性分析

| 变量 | 总旅行费用 | 旅行时间 | 性别 | 年龄 | 收入 | 文化程度 |
|---|---|---|---|---|---|---|
| 相关系数 | −0.132* | −0.175** | −0.048 | 0.211** | 0.133* | −0.021 |
| 显著水平 | 0.039 | 0.006 | 0.454 | 0.001 | 0.037 | 0.747 |

注:** 表示 $T=0.01$ 水平上显著相关;* 表示 $T=0.05$ 水平上显著相关。

由表 2.8 可知,游客的性别、文化程度与旅游次数无相关性。旅游次数与总旅行费用、旅行时间呈显著负相关,说明总旅行费用越高,旅行时间越长,游客的旅游次数越少,这与 TCM 的基本假设一致。收入、年龄与旅行次数呈显著正相关,收入高的人群也往往注重精神层面的培养,而年龄方面,通过 SPSS 整理问卷发现年龄段在 26～35 岁与 36～45 岁的游客人数占总游客人数的 75.9%(表 2.7)。

用 SPSS 进行回归前,很少有学者意识到变量间可能存在共线性这一问题。通过检验,总旅行费用和旅行时间有着严重的共线性问题,这是由于计算总旅行费用时,旅行时间已计算在内。因此在回归时,只把总旅行费用、年龄和收入作为自变量。回归方程如下:

$$Q=1.346-0.010TC+0.407A+0.986Y \qquad (公式 2.14)$$

其中,$Q$ 为旅游次数;$TC$ 为总旅行费用;$A$ 为年龄;$Y$ 为收入。

根据(公式 2.7),可求出普陀山 2014 年游客的人均消费者剩余为:

$$CS=-\frac{\hat{Q}_i^2}{2\beta_1}=-\frac{2.46^2}{2(-0.010)}=302.58(元) \qquad (公式 2.15)$$

由于样本调查者均排除港澳台与境外游客,故在计算总游憩价值时,应用除港澳台与境外游客后的旅游人次,为 6182831 人次。通过 SPSS 分析得出,2014 年普陀山游客的个人平均旅行费用为 1876.79 元。故 2014 年普陀山总游憩价值为:

$$(1876.79+302.58)\times6182831\approx134.75(亿) \qquad (公式 2.16)$$

(2)ZTCIA 评估结果

将全国划分为华北、华中、华南、西南、西北、东北和华东七个区域,考虑到华东区域中浙江省和上海市的游客较多(图 2.1),故将上海、杭州、宁波及舟山市分别划分为一个区域,其余划分为另一区域(表 2.9)。各区域的个人总旅行费用根据(公式 2.1)、(公式 2.2)算出。现以宁波市为例,将 29 个样本的旅行费用归到 15 个旅行费用区间中(表 2.10),宁波市 2014 年普陀山旅游人次为 724147。以旅行费用区间为自变量,单个游客需求量为因变量,进行回归,得到回归方程如下:

$$V=41.93-5.74\times\lg C_i \qquad (公式 2.17)$$

根据回归方程,将宁波市各样本消费者剩余求出,加总得到样本总消费者剩余为:5074.91(元)。

根据公式 2.(14)求得 2014 年宁波市的区域游憩价值为:

$$X=[(TC+CS)\div A]\times B=[(20657.13+5074.91)\div 29]\times 724147\approx6.43(亿)$$

$$\qquad (公式 2.18)$$

根据上述步骤与模型,分别求出其他区域的回归方程与游憩价值(表 2.11)。将宁波市游憩价值与其他区域的游憩价值相加,得到 2014 年普陀山游憩价值为135.95 亿。

表 2.9 区域划分

| 区域 | 样本数/个 | 样本区域总旅行费用/元 | 旅游人次/人次 |
|---|---|---|---|
| 上海 | 51 | 69733.83 | 785220 |
| 杭州 | 18 | 22489.86 | 449439 |
| 宁波 | 29 | 20657.13 | 724147 |
| 舟山 | 25 | 9046.40 | 624171 |
| 华东其他省市 | 40 | 95676.95 | 2051673 |
| 华北 | 12 | 34599.94 | 234947 |
| 华中 | 22 | 47419.41 | 594788 |
| 华南 | 13 | 40153.97 | 320890 |
| 西北 | 10 | 36858.78 | 72959 |
| 西南 | 14 | 41057.22 | 117472 |
| 东北 | 11 | 56580.38 | 207125 |
| 合计 | 245 | | 6182831 |

表 2.10 宁波市样本分段结果

| $[C_i, C_{i+1}]$/元 | $N_i$ | $M_i$ | $U_i$/% | $V_i$ |
|---|---|---|---|---|
| 250～300 | 2 | 29 | 100.00 | 1.00 |
| 301～450 | 3 | 27 | 93.10 | 0.93 |
| 451～500 | 5 | 24 | 82.76 | 0.83 |
| 501～550 | 3 | 19 | 65.52 | 0.66 |
| 551～600 | 1 | 16 | 55.17 | 0.55 |
| 601～650 | 2 | 15 | 51.72 | 0.52 |
| 651～700 | 1 | 13 | 44.83 | 0.45 |
| 701～750 | 2 | 12 | 41.38 | 0.41 |
| 751～800 | 2 | 10 | 34.48 | 0.34 |
| 801～850 | 1 | 8 | 27.59 | 0.28 |
| 851～1000 | 2 | 7 | 24.14 | 0.24 |
| 1001～1200 | 2 | 5 | 17.24 | 0.17 |
| 1201～1500 | 1 | 3 | 10.34 | 0.10 |
| 1501～1600 | 1 | 2 | 6.90 | 0.07 |
| 1601～1750 | 1 | 1 | 3.45 | 0.03 |

表 2.11　其他区域回归方程与游憩价值

| 区域 | 模型 | 游憩价值/万元 |
|---|---|---|
| 上海 | $V=254.12+0.129\ln C$ | 145705.05 |
| 杭州 | $V=102.01+533.43/C$ | 69101.12 |
| 舟山 | $V=12.38+0.691C+0.981C^2$ | 27479.95 |
| 华东其他省市 | $V=73.34+120.45/C$ | 537990.05 |
| 华北 | $V=41.87+61.08C+1.13C^2+0.16C^3$ | 90444.52 |
| 华中 | $V=76.69+0.43\ln C$ | 89056.17 |
| 华南 | $V=90.13+48.12/C$ | 148456.64 |
| 西北 | $V=78.06+14.13/C$ | 38438.25 |
| 西南 | $V=49.11+34.79/C$ | 53618.86 |
| 东北 | $V=134.95+0.143\ln C$ | 94865.53 |
| 合计 | | 1295156.14 |

#### 2.5.3.5　结果分析

本文的两种模型中,都没将旅游景区的替代性和目的地质量纳入到回归模型,是基于普陀山作为观音道场的不可替代性以及其独特的"佛国"风貌。虽然多目的游客所占比重极小,但剔除多目的游客的做法可能会使结果产生一定偏差,而由于调查数据的限制,未将境外与港澳台游客计算在内,使得两种模型的计算结果偏小于实际值。

ITCM 与 ZTCIA 相比,ITCM 将游客的社会经济特征纳入到回归方程中,但 ZTCIA 对样本游客的处理上优于 ITCM,究竟哪种模型的评估结果更接近于实际值,很难做出定论。从评估步骤上看,两种模型存在一定的互补性,故本章将两种评估结果的平均值 135.35 亿,作为普陀山 2014 年的游憩价值。

## 2.6　普陀山佛教文化景观的保护及发展

### 2.6.1　保护原则

#### 2.6.1.1　分区保护与分级保护相结合原则

针对普陀山具体情况,制定六类分区:特殊景观区、史迹保存区、景观风貌保护区、生态保育区、游览服务区和一般控制区。

(1)特殊景观区

指一经破坏后没有方法复原,并具有较高美学、科学研究价值的独特天然风光分布区域,该地带要禁止各种建设活动。属于本区的范围包括:千步沙、百步沙区域。

(2)史迹保存区

指为保护有价值的史前遗迹、史后文化遗址和有价值的古代或近代史迹而划定的区域。属于本区的范围主要包括本山寺院、庵堂等。

(3)景观风貌保护区

普陀山曾遭遇过数次大范围的灾难,其现有文物保护单位还较少,但经过历史积累形成的人文景观风貌成为普陀山珍贵的景观资源。属于本区的地段为主要香路。

(4)生态保育区

指具有很好的生态环境、生物适宜生存的地带。功能是为了保护普陀山生物多样性、促进普陀山生态均衡,为本山佛教文化景观提供较好的自然条件。生态保育区应该禁止无关人员游览。属于本区的地段为:茶山、雪浪山、锦屏山等。

(5)游览服务区

指景观价值虽然不高但却拥有很好的自然风光,适宜承办游憩活动及举行休息、娱乐等活动的地带。服务区分为服务基地、一级中心、二级中心和服务点。属于本区的地段为:一级中心:龙沙小区;二级中心:龙湾、香云路口;服务点:佛顶山、磐陀石等区域。

(6)一般控制区

指拥有资源开发使用的缓冲性质地带,指先前的农业用地、村落及特殊用地等,即普陀山内除上述所有区域以外的地带。

根据保护区与佛教文化景观关联度,将上述六级保护区划为四个等级保护,实行分级保护(表2.12):

**表2.12 保护区分级划分**

| 保护等级 | 保护范围 |
| --- | --- |
| 核心保护 | 史迹保存区、景观风貌保护区 |
| 一级保护 | 特殊景观区、生态保育区 |
| 二级保护 | 游览服务区 |
| 三级保护 | 一般控制区 |

### 2.6.1.2 协调发展原则

协调发展,即包括空间上积极开发普陀山周边风景名胜区游览服务基地,促进普陀金三角(普陀金三角主要指"海天佛国"普陀山、"沙雕故乡"朱家尖、"金庸笔下"桃花岛和"东方渔都"沈家门等景区)进一步发展,实现资源优势互补,也包括时间上分流普陀山游客、香客,充分利用普陀山佛教文化景观的价值,解决普陀山淡季资源严重浪费的情况。

### 2.6.1.3 可持续性原则

随着普陀山佛教文化事业的发展,近五年来普陀山的接待人次也在逐年增长(图 2.2)。考虑到普陀山佛教文化事业基本进入成熟期,香客、游客数量已经接近景区的适宜容量,故应该考虑适当限制游客量过度增长,以防止游客量突破适宜容量而对风景区保护带来影响。

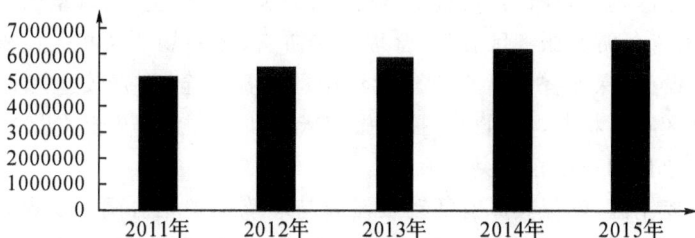

图 2.2　近五年来普陀山的接待人次

## 2.6.2　发展措施

### 2.6.2.1　因区制宜的实施整体性保护及发展

史迹保护区要注意佛教文化景观原真性维护,要求寺院使用先前香舍做好接待,坚决限制寺院旅宿床铺的增加,严禁在寺院中增加接待设施的范围。此外,需拆迁寺院周边,尤以核心保护区中的三大寺为重点,破坏佛教景观风貌的餐馆,严格管理寺院周边的商店,严禁移动型商铺在寺院周围摆摊。三大寺附近的环境应该和寺院气息相协调,避免出现经营性广告及其他和佛教不相关的设施。筹集多方资金,修缮寺庵建筑,保存原有佛教文化景观的历史风貌。

景观风貌保护区,全面评价景观资源,做到保护与开发统一、资源可持续发展原则,结合景区资源的特征,进行风景布局及开发;计算出各区域的环境容量;合理举办游玩观赏活动和布局相关设施;健全公共安全的保护设施,保证来山者在各种活动中的人身安全,财产安全和医疗可达性等;依据景区现实状况,不同程度控制旅宿规模及本山交通和有关设施的设置,严禁安排和保护地带空气、水源、噪声、固体垃圾物等环境不相协调的建筑和设施;实行实时监控保护地带的水质和噪声,且按规定时间做好检查和治理工作,制定出治理措施后要严格实施。

特殊景观区为普陀山的历史文化价值奠定了自然环境基底,绝妙的自然景观、绝美独特的自然环境更能够吸引人们的目光,要严禁破坏百步沙及千步沙的天然地貌的活动,加强这一地区卫生管理和生态保护,恰当保留服务点,如饮料供应点等。积极开发与其相关的自然、人文景观,如海上日出、海上游乐园、观光游艇等。

在生态保育区，保护森林资源和存在其中的自然动植物，做到避免各种形式的人为破坏。该地带要恰当布置一定的步行观赏路线及相关的保护性设施。认真做好防火的相关工作，必要时设立防火隔离带，设立火警监控哨。在防火的关键时期（11月—次年4月），要增强巡查工作，关注森林病虫害的预防治理，同时对边缘地带生长不好的林地，依据立地条件分析，有计划地进行培育，注重树种间的配合种植以促进本地带地带性常绿阔叶林的培育。

游览服务区，整体评价景区资源，做到保护和开发相统一、风景区可持续性发展的原则，测算各游览服务区容量，合理安排游赏、休憩场所及相关设施。健全公共安全保障设施，保证登山者在赏玩活动中的人身安全，财产安全和医疗可达性等。依据景区实际状况，不同程度控制旅宿床位和公共交通及相关设施的建立，严禁布置与该地带的环境相冲突的项目。

在一般控制区，确保其原有活动及设施与环境保护相协调。指导其发展加快旅游业的生产活动。可安排与其性质及容量相一致的游客、香客接待服务设施，也要注意限制其范围和内容。禁止有污染环境及非佛教景观发展需要的建筑在本山建设，促发各相关单位监管的积极性，做好相应法规，确定责、权、利。

### 2.6.2.2　促进区域协调发展，加快普陀金三角一体化建设

普陀金三角中，普陀山居于核心地位，其在全国的影响要远超出其他区域，这就使得普陀山在区域发展中形成了"绝对超级体"，影响了其他区域发展。今后开拓的重点应在稳固普陀山现有宗教观光市场的基础上，逐步向大力开发朱家尖休闲度假市场、桃花岛影视文化市场和沈家门海鲜市场等方向转移，形成"吃在沈家门、住在朱家尖、玩在桃花岛、心在普陀山"的一体化模式；此外，普陀山因佛教文化而发展起来的旅游业，在旅游旺季时，香客和游客众多，资源紧缺，物价虚高，严重影响着人们心中的海天佛国形象。而在淡季时，资源严重浪费。因此协调旅游淡、旺季的问题，也是目前急需解决的问题，可以再适当降低普陀山淡季票价，以缓解淡、旺季间的接待差值，但也应注意在刺激接待人次的同时，需保证自然环境不被破坏；政策支持除普陀山外其他区域的发展，一定程度上可降低普陀山的接待量，加快普陀旅游金三角的一体化进程。

### 2.6.2.3　加强自然环境保护，严格控制岛上人数

不仅要注意登山者对自然环境的压力及破坏，还要减少普陀山常住人口，把本山北方地带居民点逐渐搬向朱家尖、沈家门和龙沙小区，降低生活废水及废弃物的排放量，将大大有益于生态环境的保护及自然恢复；着重开发以朱家尖岛大洞岙为核心的风景名胜区游览服务基地，实现普陀山及朱家尖岛资源优势互补，此为解决普陀山环境保护及社会经济健康发展的必经之路；对于已经存在人为因素干扰的地带，质量、品位呈下降趋势的景观资源，为能够达到可持续发展的目标，划出一定规模的环境修复区，在治理期间通过采取一定措施，尽快恢复佛教景观资源的原

貌,如将绿缘山庄、中信普陀大酒店等迁往朱家尖,原建筑就地拆除,恢复原貌;积极保护现有植被资源,如普陀山的古香樟林、古蚊母树林、普陀鹅耳枥、古银杏、古罗汉松群;各有关单位应对登岛人员进行自然环境保护的教育,可在普陀山正山门前设置宣传点或建立大型荧屏播放环境保护的行为。

#### 2.6.2.4　保护佛教文化

普陀山作为观音道场,其佛教文化的核心是观音文化,在普陀山佛教文化景观中,处处都能感受到观音文化的影响,因此保护观音文化便成为保护普陀山佛教文化的重中之重。

在普陀山佛教协会中,设立专门研究观音文化的机构,进一步揭示观音文化的真谛,将其运用到今后的佛教文化景观建设中,使普陀山佛教文化景观能够与时俱进;政府出台相关政策支持普陀山观音文化的发展;扩大观音文化节的影响,开设多种形式的活动。此外僧侣自身也是一种特殊的佛教文化景观,僧侣应加强自身修为,更好地传承和传播普陀山佛教文化。

# 2.7　结　语

## 2.7.1　主要结论

普陀山作为我国四大菩萨道场之一,其景观特征又明显不同于其他三个,以"海天佛国"的形象展现在世人面前,吸引了大批国内外人士前来登山游玩、上香。本书以普陀山佛教文化景观作为研究对象,首先分析了景观的核心要素,即观音文化,根据以往研究,结合实地调查,得出了普陀山作为观音道场的原因;随后从佛教文化景观的空间结构和形式特征、寺院与装饰的建筑特征、植被等环境特征以及宗教活动、景观命名和摩崖石刻等文化特征四方面做了细致研究,得出其寺院布局与规划、建筑特征和周围环境特征及文化特征中具有很深的海洋文化烙印;在分析其文化景观形成机制时,分为环境感应机制、时间累积机制和心理行为机制三个大的方面,环境感应机制具体细分为自然环境和人文环境,得出自然和人文环境是形成普陀山佛教文化景观的基础。在时间累积机制中,根据史料记载不同时期其发展的状况,划分为始兴期、发展期、停滞与恢复期和复兴期。心理行为机制方面,则根据有关观音神话传说的详细内容,重点描述了观音"显灵"说,并认为其对普陀山佛教文化景观形成起到了重要促进作用;关于普陀山价值研究,分为历史文化价值、美学价值和经济价值三方面,以定性描述的方法研究了历史文化价值、美学价值,用传统游憩价值模型和定量化的计算出其经济价值;最后根据普陀山佛教文化景观状况,提出了保护原则和保护措施。具体结论如下:

### 2.7.1.1　普陀山观音道场的形成

在佛教文化还未传进此山时,道教文化在岛上已经出现,随着时间的推移,最终佛教文化景观占据了主导地位。最早为秦朝安期生来山炼丹,如今的仙人井相传为其炼丹处。此外还有著名道教人物梅福,普陀山又名梅岑山,便与他有关,现今梅福庵相传为其结茅隐修处,梅福庵内的灵佑洞又名炼丹洞,洞中塑有梅福像。东晋道教葛洪曾游历此山,今普济寺的葛洪井相传便是葛洪炼丹所开。除上述外,普陀山还有一些地名亦能反映出道教文化的存在,如会仙峰、长生庵等。但道教因其只顾自身炼丹成仙,长生不老,不求解脱众生之苦,而普陀山渔民则需要一位大慈大悲的守护神,故道教未能在普陀山传播开来。普陀山亦有"东海龙王"信仰,如今法华洞妙善纪念堂后面仍存东海龙王、龟丞相、蟹将军等形象雕塑,舟山地方志中也记载了舟山"三大龙王",由于"龙王"具有不稳定性,偶尔兴风作浪,故也未在普陀山广为流传。观音文化在岛上扎根,其原因主要有以下几点:印度佛教衰亡及其向我国传播,这是普陀山观音道场形成的大背景,也是前提;中国历代帝王对佛教的推崇,钦定普陀山为观音道场,是其形成的政治条件;普陀山自然地理环境及舟山早期观音信仰酝酿了观音道场萌芽,为普陀山观音道场形成提供自然和人文环境;古代明州城(今宁波市)的发展以及"海上丝绸之路"出现,促进了其形成过程;普陀山诸多灵异传说,对普陀山观音道场的形成,起到推波助澜的效果。

### 2.7.1.2　独特的海天佛国景观特征

普陀山寺院布局,非一次性、大规模、有计划的建设活动,最终形成现在的因山据景布寺和依寺组成三大建筑群的寺院布局总特征,是遵循了一定的布局手法:因地制宜,在单个寺院建造时,注意靠山建寺,依据山势走向逐渐抬升寺院建筑,寺院外部注意与海景、山景相配合,内部则用高大植被渲染古老意境。在寺院群体建造时,根据全山地形地势和当地盛行风向,使得全山大多数寺院布局在普陀山的东部和南部,在全山中形成三大寺院建筑群;点线结合,三大建筑群之间有三条主要香道相连,香道上运用植被、摩崖石刻等烘托宗教氛围,使人登岸即有步入"梵境"之感,也给香客、游客在进入寺院前一个心理上的过渡。香道的存在也使得三大寺院建筑群之间相互联系,形成一个整体;藏导结合,寺院选址讲究"深山藏古寺",普陀山三大寺中,普济寺和法雨寺均居于山麓围合处,其他寺院也多背靠山,前面林或海,较为独特者为佛顶山慧济寺,寺院很少在山顶选址,慧济寺虽选在山顶,但位于山坳处,仍然体现出藏的思想。普陀山寺院前的步道,多曲径通幽,注重引导香客、游客缓缓进入山寺。

普陀山佛教文化深受海洋文化影响,无论是佛教的法务活动,如求雨、请圣等,还是在观音造像上,如南海观音、鳌鱼观音等,都体现出了海洋文化的特色。此外随着普陀山旅游业的发展,旅游文化对佛教文化也产生了一定的冲击,使得佛教文化景观中,呈现出世俗化、商业化的特征,严重影响着佛国原真风貌。

### 2.7.1.3　佛教文化景观的形成机制

普陀山自身的海岛自然环境,孕育出了其独特的海天风光,沙滩、山林、奇岩怪石等都为佛教文化景观的形成提供了自然本底价值。千百年来,文化的积累,经济社会的发展,使得普陀山佛教文化越发具有魅力;各个时期的文化差异,通过时间累积,会聚于普陀山佛教文化景观中,增添了其文化底蕴;心理行为机制对普陀山佛教文化景观的形成具有重要影响,为其景观形成提供了现实可能性。

### 2.7.1.4　佛教文化景观的重要价值

普陀山历史悠久,风景独特。本书将其价值分为三个大的方面进行研究:历史文化价值、美学价值和经济价值。其中历史文化价值和美学价值采用定性的方法研究,其众多的佛教文献不仅体现出其文化的悠久性,更为我们研究普陀山历史乃至对外联系上,提供了弥足珍贵的史实资料。众多的诗文辞赋,也是历代文人骚客受其景观感染,有感而发,这些诗文辞赋扩大了普陀山的知名度,本身也具有一定的文学和史学价值;美学价值中,佛像的造型、自然景观的形象和象形美、寺院景观和摩崖石刻等,都给登山者以视觉上的冲击;经济价值的计算,本书以游憩价值理论为依据,采用传统模型和创新模型,计算出其经济价值为135.35亿元。

### 2.7.1.5　佛教文化景观的保护

鉴于普陀山佛教文化景观的重要价值和其文化景观现状,本书提出了分区保护与分级保护相结合原则,将普陀山分为六大保护区并按照各区重要程度,将六大保护区分为四个等级进行保护,分别是核心保护、一级、二级、三级级别保护。而普陀山佛教文化景观所属区域,被列入核心保护和一级保护加以重点保护;在实地调查和问卷调查过程中,发现普陀山资源在淡季时存在严重过剩情况,要解决此种情况,只单独依赖普陀山自身施行相关措施远远不够,甚至可能会加大淡旺季的资源使用差异,要积极协调与周边景区的发展;随着登山人员的逐年增长,给普陀山环境也带来了巨大的压力,因此需注意可持续性发展。

在具体保护措施中,因根据各个区的实际情况,实行因区制宜的整体性保护,处于核心和一级保护等级下的区域,以保护景观原真性为主,拆除与景观风貌不相符合的建筑,在未来规划中,以佛教文化为指导进行景观建设,此外还需注意生态保护。在二级保护与三级保护区,注重环境卫生的保持,建筑设施的功能上以满足旅游需求为主,但也要注意与佛教文化景观相协调;在解决资源时间分配不均方面,应协调好周围岛屿的相关功能,加快完成普陀"金三角"一体化建设;普陀山的土地面积、资源等决定了其所能容纳的人口数量,不仅要控制登山人数,还要逐步迁出岛上原有居民,实现可持续性发展;普陀山佛教文化景观的核心在于佛教文化,应进一步加大对其佛教文化的保护力度,出台相关法律法规,此外还需加强僧人的佛教文化修为,使得佛教文化能得到传承。

### 2.7.2　研究特色与创新

在前人基础上,本文综合研究了普陀山佛教文化景观,在对其形成机制的研究中,提出了心理行为机制对普陀山佛教文化景观形成的重要作用。对其经济价值的研究,则利用游憩价值理论,根据现有模型,创新性地提出了 ZTCIA 模型。具体的研究特色与创新如下。

#### 2.7.2.1　普陀山佛教文化景观的综合研究

以往研究普陀山的文献中,很少有学者进行综合研究。本文首先对普陀山佛教文化景观进行了自然与人文环境两方面的概况介绍,从空间特征、环境特征、建筑特征和文化特征四方面分析了景观特征,随后对其景观的形成做了形成机制的研究,从景观价值中的历史文化价值、美学价值和经济价值三方面做了研究,基于以上研究探讨了普陀山佛教文化景观的保护措施。本研究对全面认识和保护普陀山佛教文化景观有着重大的意义。

#### 2.7.2.2　心理行为机制对景观形成的促进作用

普陀山作为观音道场,每年三大香会节,全国各地成千上万的香客,不辞辛苦地上山拜观音,参与各种佛事活动,景象蔚为壮观。这种人文景观的背后,必然是有着强大的精神支柱——对观音的信仰。观音传说有着悠久的历史,观音名号也随之传遍千家万户,成为佛教菩萨中最有名气的一位。本书整理了《普陀洛迦山志》中有关观音"显灵"传说的故事,总结了这些"显灵"传说的特点。其次观音法门较容易习得,对信仰者的知识文化水平要求不高。最后佛教在中国发展过程中,迷信化也随之产生,对信仰者的心理有着较大的影响。基于以上因素对信仰者心理行为的影响,得出其对普陀山佛教文化景观形成的促进作用。

#### 2.7.2.3　创新出 ZTCIA 模型评估其景观经济价值

根据以往游憩价值模型,结合普陀山实际情况,采用传统模型中的 ITCM 模型与创新出的 ZTCIA 模型两种方法计算普陀山 2014 年的游憩价值,分别得到134.75 亿元和 135.95 亿元。两种结果相差不大,为确定一个具体值,本书采用了二者的平均值 135.35 亿元作为普陀山 2014 年的游憩价值。同时该项研究也丰富了游憩价值的模型构建。

### 2.7.3　需进一步研究的问题

景观研究是文化地理学研究,乃至整个人文地理学研究的重点领域之一,然而普陀山佛教文化景观体系庞大,非一朝一夕之功,应努力在将来的研究工作中加大研讨力度。

#### 2.7.3.1　普陀山佛教文化景观的文化情感价值

关于文化情感货币化价值评测,很少有学者涉猎此领域。普陀山作为观音道场,香客们对其具有很深的情感,这一点在做问卷调查时,作者深有感受,此外由于普陀山独特的海天风光,游客们大多流连忘返。在研究之初,本欲将此种特殊的情感进行定量化的经济表达,在调查问卷上,也设计了有关文化情感方面的问题,但最终未找到合适的理论和方法指导,使得此项研究不得不先搁置一段时间。如将文化情感价值进行定性的描述,则过于空洞。故后续研究中,应根据一定的理论支撑,运用适当的方法,将此种特殊的价值表达出来。

### 2.7.3.2　普陀山佛教寺院的风水文化

风水文化是我国的传统文化,是我国古代劳动人民从人地关系的经验中总结而来的,千百年来深刻影响着人们的生产和生活。在后来的发展过程中,风水文化被注入了许多封建迷信,使之精华与糟粕并存。

《普陀洛伽山志》中记载了许多寺院风水建设,如第三章中所说的普济寺"风水林"和法雨寺因风水之故而改山门朝向,但山志中也仅仅是记载,并未详细说明原因,给研究带来了很多不便之处。若用风水中理气派知识来解释,会显得不够科学,如用风水中形势派解释,则还是过于表面,因作者能力有限,也无法尽知其中奥妙。如何正确、合理地描述普陀山寺院风水,还需要以后进一步的研究。

# 参考文献

[1] 赵荣,王恩涌,张小林,等. 人文地理学[M]. 北京:高等教育出版社,2006.

[2] 普陀山佛教协会编. 普陀洛迦山志[M]. 上海:上海古籍出版社,1999.

[3] LANA SIMPSON et al. Fuel resource utilisation in landscapes of settlement [J]. Journal of Archaeological Science,2003(30):1401-1420.

[4] PETER G JOHANSEN. Site maintenance practices and settlement social organization in Iron Age Karnataka, India: Inferring settlement places and landscape from surface distributions of ceramic assemblage attributes [J]. Journal of Anthropological Archaeology, 2010 ( 29 ): 432-454.

[5] VEERLE VAN EETVELDE, MARC ANTROP. The significance of landscape reliczones in relation to soil conditions,settlement pattern and territories in Flanders[J]. Landscape and Urban Planning,2005(70): 127-141.

[6] MICHAEL BUZZELLI. From Little Britain to Little Italy: an urban ethnic landsacpe study in Toronto[J]. Journal of Historical Geography, 2001,4(27):573-587.

[7] ZECHMEISTERA H, SCHMITZBERGERA I. The influence of land-use practices and economics on plant species richness in meadows[J]. Biological Conservation,2003(114): 165-177.

[8] WILLIAM P STEWART, DEREK LIEBERT, KEVIN W LARKIN. Community identities as visions for landscape change[J]. Landscape and Urban Planning,2004(69): 315-334.

[9] LISE SAUGERES. The cultural representation of the farming landscape: masculinity,power and nature[J]. Journal of rural studies, 2002(18): 373-384.

[10] CHRISTINA VON HAAREN. Landscape planning facing the challenge of the development of cultural landscapes[J]. Landscape and Urban Planning,2002(60): 73-80.

[11] RALF BUCKLEY, CLAUDIA OLLENBURG. Cultural landscape in Mongolian tourism[J]. Annual of Tourism Research,2008(1): 47-61.

[12] SCHMITZ F, SANCHEZ A, ARANZABAL I. Influence of management regimes of adjacent land uses on the woody plant richness of hedgerows in Spanish cultural landscapes [ J ]. Biological Conservation,2007(35): 542-554.

[13] A. LAUSCH, F. HERXOG. Applicability of landscape metrics for the monitoring of landscape change: issues of scale, resolution and interpretability[J]. Ecological Indicators,2002(2): 3-15.

[14] 杨宇亮,张丹明,党安荣,等.村落文化景观形成机制的时空特征探讨——以诺邓村为例[J].中国园林,2013(3):60-65.

[15] 朱普选.宗教文化景观产生的环境背景——以青海石经墙与山西云岗石窟为例[J].青海民族大学学报(社会科学版),2011,37(2):5-9.

[16] 王连胜.普陀山佛教名山形成原因新探[J].浙江国际海运职业技术学院学报,2005(3):32-41.

[17] 吴晓辉.风景名胜区文化景观变迁之解读[D].上海:同济大学,2006.

[18] 刘养浩.山西宗教文化景观论[J].山西大学学报(哲学社会科学版),1997(2):34-37.

[19] 郭华.基于地学视角的河南省文化景观研究[D].西安:陕西师范大学,2008.

[20] 李奋.新疆宗教文化生态现状研究[D].北京:中央民族大学,2010.

[21] 李悦铮,俞金国,付鸿志.我国区域宗教文化景观及其旅游开发[J].人文地理,2003,18(3):60-63.

[22] 张为为.佛教文化在法门寺景观规划设计中的应用研究[D]。咸阳:西北农林科技大学,2013.

[23] 丁兆光,傅德亮.论佛寺园林空间构成——以普陀山普济寺、法雨寺、慧济寺为例[J].浙江林业科技,2006,26(6):14-18.

[24] 张朝阳.当代我国汉传佛寺庭院景观设计研究[D].大连:大连工业大学,2012.

[25] 释见证.佛教题材展览规划与效能探析[D].上海:复旦大学,2011.

[26] 吴楚材,邓金阳.张家界国家森林公园游憩效益经济评价的研究[J].林业科学,1992,28(5):18-23.

[27] 孙根年,孙建平.秦岭北坡森林公园游憩价值测评[J].陕西师范大学学报(自然科学版),2004,32(1):116-120.

[28] 谢贤政,马中.应用旅行费用法来评估黄山风景区游憩价值[J].资源科学,2006,28(3):128-135.

[29] 韩宏,马明呈.对北山国家森林公园进行游憩价值经济性评价[J].西北林学院学报,2009,24(1):208-211.

[30] 焦树林,马思思.基于 TCM 的贵州花溪水利风景进行游憩价值评[J].水利科技与经济,2012,18(8):6-11.

[31] 杨净.基于 ITCM 的游憩价值评估——以鼓山风景名胜区为例[J].福建师范大学学报(自然科学版),2012.28(5):89-94.

[32] 高悦等.用改进的旅行费用法评估东湖风景区的游憩价值[J].中国集体经济,2008(4):72-73.

[33] CIRIACY-WANTRUP S V. Capital returns from soil-conservation practices[J]. Journal of Farm Economics,1947(29): 1181-1196.

[34] DAVIS R K. Recreation planning as an economic problem[J]. Natural Resourees Journal,1963(3): 239-249.

[35] CARSON R T. Contingent Valuation:A user's guide. Environmental Sciences and Technology,2000,34: 1413-1418.

[36] 庄大昌.基于 CVM 的洞庭湖湿地资源非使用价值评估[J].地域研究与开发,2006,25(2):105-109.

[37] 贺征兵,吉文丽.基于 CVM 的景观游憩价值评估研究——以太白山国家森林公园为例[J].西北林学院学报,2008,23(5):213-217.

[38] 徐赫.基于 CVM 与 TCM 的城市滨水空间游憩价值评估对比——以西湖为例[D].杭州:浙江大学,2010.

[39] 张键,李长青.北京宗教文化旅游资源评价研究[J].首都师范大学学报(自然科学版),2005,26(3):91-94.

[40] 朱桂山.牡丹园牡丹文化景观评价研究[D].泰安:山东农业大学,2014.

[41] 冯卫英.茶文化旅游资源研究——以环太湖地区为例[D].南京:南京农业大学,2011.

[42] 方艳.中国5A级风景名胜区景观价值评价方法及应用[D].重庆交通大学,2013.

[43] 蔡晴.基于地域的文化景观保护[D].南京:东南大学,2006.

[44] 刘夏蓓.传统社会结构与文化景观保护——三十年来我国古村落保护反思[J].西北师大学报(社会科学版),2009,46(2):118-122.

[45] 方尉元.历史街区文化景观保护与传承初探[D].北京:北京林业大学,2006.

[46] 章小平,朱忠福.九寨沟景区旅游环境容量研究[J].旅游学刊,2007,22(9):50-57.

[47] 王云才.基于景观破碎度分析的传统地域文化景观保护模式——以浙江诸暨市直埠镇为例[J].地理研究,2011,30(1):10-22.

[48] 王云才.基于景观孤岛化分析的传统地域文化景观保护模式——以江苏苏州市甪直镇为例[J].地理研究,2014,33(1):143-156.

[49] 郭栋桦.传统乡村文化景观传承保护研究——以清苑县冉庄村为例[D].保定:河北农业大学,2013.

[50] 保继刚.历史城镇的旅游商业化研究[J].地理学报,2004,59(3):427-436.

[51] 保继刚.历史村镇的旅游商业化控制研究[J].地理学报,2014,69(2):268-277.

[52] 李利安.观音信仰的渊源与传播[M].北京:宗教文化出版社,2008.

[53] 段友文.观音信仰成因论[J].山西师大学报(社会科学版),1998,25(2):14-18.

[54] 柳和勇.舟山观音信仰的海洋文化特色[J].上海大学学报(社会科学版),2006,13(4):53-57.

[55] 何昭旭.民国时期的观音信仰研究[D].济南:山东师范大学,2013.

[56] 朱子彦.论观音变性与儒释文化的融合[J].上海大学学报(社会科学版),2000,7(1):24-29.

[57] 曾繁燕.大足石刻观音造像世俗化图像学研究[D].重庆:西南大学,2013.

[58] 王倩.大足石刻观音造像艺术研究[D].青岛:青岛大学,2012.

[59] 罗华庆.敦煌艺术中的《观音普门品变》和《观音经变》[J].敦煌研究,1987(3):49-61.

[60] 郑浩. 两晋南北朝时期《普门品》的流传与影响[D]. 西安:西北大学,2013.

[61] [唐]玄奘述、辩机撰. 大唐西域记校注[M]. 季羡林等校注. 北京:中华书局,1985:289.

[62] [日]后藤大用. 观世音菩萨本事[M]. 黄佳馨,译. 中国台湾:天华出版社,1987.

[63] 奚淞. 三十三堂札记[M]. 沈阳:辽宁教育出版社,2011.

[64] 郑僧一. 观音:半个亚洲的信仰[M]. 中国台湾:慧炬出版社,1993.

[65] 于鸿志."观音"略语考实[J]. 辽宁师范大学学报(社科版),1988(6):61-63,71.

[66] 赵振武,丁承朴. 普陀山古建筑[M]. 北京:中国建筑工业出版社,1997.

[67] 陈舟跃. 普陀山传统建筑及其文化意义[J]. 浙江海洋学院学报(人文科学版),2010,27(4):51-56.

[68] 杨茹. 普陀山佛教植物的应用现状与发展建议[D]. 临安:浙江农林大学,2011.

[69] 印光大师修订. 普陀洛迦新志[M]. 莆田:福建莆田广化寺.

[70] 宋维红. 普陀山(海天佛国)/中华美好山川[M]. 长春:吉林出版集团,2013期.

[71] 徐波. 普陀山自然景观名的佛教文化特色与蕴涵[J]. 佛学研究,2003,129-133.

[72] 刘利娜. 普陀山观音文化旅游的产品创新研究[D]. 郑州:郑州大学,2012.

[73] 苏祝成,姚武,马莉. 普陀山佛茶[M]. 上海:上海文化出版社,2009.

[74] 李蕊. 春节联欢晚会思想政治教育形式变迁研究[D]. 天津:南开大学,2009.

[75] 王尔大,李作志,赵玲. 非市场旅游资源经济价值评价的理论与方法[M]. 北京:科学出版社,2012.

[76] 彭文静,姚顺波,冯颖. 基于 TCIA 与 CVM 的游憩资源价值评估——以太白山国家森林公园为例[J]. 经济地理,2014,34(9):186-192.

[77] 李京梅,刘铁鹰. 基于旅行费用法和意愿调查法的青岛滨海游憩资源价值评估[J]. 旅游科学,2010,24(4):49-59.

[78] 蔡银莺,陈莹,任艳胜,等. 都市休闲农业中农地的非市场价值估算[J]. 资源科学,2008,30(2):305-312.

[79] 刘亚萍,潘晓芳,钟秋平,等. 生态旅游区自然环境的游憩价值——运用条件价值评价法和旅行费用法对武陵源风景区进行实证分析[J]. 生态

学报,2006,26(11):3765-3774.

[80] HOTELLING H. The economics of public recreation[R]. Washington: The Prewitt Report,National Parks Service,1947.

[81] CLAWSON M. Methods of Measuring the Demand for and value of outdoor recreation [M]. Washington: Resources for the Future, Inc.,1959.

[82] BROWN W G,NAWAS F. Impact of aggregation on the estimation of outdoor recreation demand functions [J]. American Journal of Agricultural Economics,1973,55(2):246-249.

[83] GARROD G,WILLIS K G. Economic Valuation of the Environment: Methods and Case Studies[M].Cheltenham: Edward Elgar,1999.

[84] MADDALA G S. Econometrics [M]. New York: McGraw-Hill Press,1977.

[85] SHAW W D. Searching for the opportunity cost of an individual's time [J]. Land Economics,1992,68:107-115.

[86] PEARSE P H. A New Approach to the Evaluation of No-priced Recreational Resources[J]. Land Economics,1968,44:87-99.

[87] CREEL M D, LOOMIS J B. Theoretical and empirical advantages of truncated count data estimators for analysis of Dee Hunting in California[J]. American Journal of Agricultural Economics,1990,72 (2):434-441.

[88] SMITH V K, KAORU Y. Modeling recreation demand within a random utility framework [J]. Economics Letters, 1986, 22 (4): 395-399.

[89] BOCKSTAEL N E, HANEMANN W M, KLING C L. Estimating the value of water quality improvements in a recreational demand framework[J]. Water Resources Research,1987,23(5):951-960.

[90] BROWN G, MENDELSOHN R. The hedonic travel cost method[J]. The review of economics and statistics,1984,66(3):427-433.

[91] 陆鼎煌,吴章文.张家界国家森林公园效益的研究[J].中南林学院学报, 1985,5(2):160-170.

[92] 赵玲,王尔大,苗翠翠.ITCM 在我国游憩价值评估中的应用及改进[J]. 旅游学刊,2009,24(3):63-69.

[93] 肖潇,张捷,卢俊宇,等.基于 ITCM 的旅游者地方依恋价值评估——以 九寨沟风景区为例[J].地理研究,2013,32(3):570-579.

[94] 李巍,李文军.用改进的旅行费用法评估九寨沟的游憩价值[J].北京大学学报(自然科学版),2003,39(4):548-555.

[95] 郝伟罡,李畅游,张生,等.自然保护区游憩价值评估的分组旅行费用区间分析法[J].旅游学刊,2007,22(7):23-28.

[96] 查爱苹,邱洁威,姜红.旅行费用法若干问题研究[J].旅游学刊,2010,25(1):32-37.

[97] TIMO K, ELEONORA N, JUSTUS W. Does ignoring multidestination trips in the travel cost method cause a systematic bias [J]. The Australian Journal of Agricultural and Resource Economics,2003,48(4): 629-651.

[98] 张茵,蔡运龙.基于分区的多目的地 TCM 模型及其在游憩资源价值评估中的应用——以九寨沟自然保护区为例[J].自然资源学报,2004,19(5):651-661.

[99] 许丽忠,张江山,王菲凤,等.熵权多目的地 TCM 模型及其在游憩资源旅游价值评估中的应用——以武夷山风景区为例[J].自然资源学报,2007,22(1):28-36.

[100] FRANK J C. Value of time in recreation benefit studies[J]. Land Economics,1976,52: 32-41.

[101] WILLIS K G, BENSON J F. Recreational values of forests[J]. Forestry,1989,62(2): 93-109.

[102] CHAVAS, JEAN-PAUL, John S, et al. On the commodity value of Travel time in recreational activities[J]. Applied Economics,1989,21(6): 711-722.

[103] 董雪旺,张捷,章锦河.旅行费用法在旅游资源价值评估中的若干问题述评[J].自然资源学报,2011,26(11):1983-1997.

[104] 游武,许丽忠,张江山.游憩价值 TCM 评估的概念偏差分析[J].福建农林大学学报(自然科学版),2013,42(1):80-85.

[105] 肖建红,于庆东,刘康,等.海岛旅游地生态安全与可持续发展评估——以舟山群岛为例[J].地理学报,2011,66(6):842-852.

[106] 董雪旺,张捷,蔡永寿,等.基于旅行费用法的九寨沟旅游资源游憩价值评估[J].地域研究与开发,2012,31(5):78-84.

[107] 谢双玉,訾瑞昭,许英杰,等.旅行费用区间分析法与分区旅行费用法的比较及应用[J].旅游学刊,2008,23(2):41-45.

[108] 李湘豫,陈玉兴,梁留科,等.开封大相国寺游憩价值 TCIA 分析[J].地域研究与开发,2013,32(2):145-147,153.

[109] SCHEAFFER R L，WILLIAM M，LYMAN O. Elementary Survey Sampling(the 6th Edition)[M]. Southbank，Vic：Thomson brooks/Cole,2006：48-74.

# 3　桃花岛地名文化景观

　　海岛由于其独特的区位条件,对中国建设海洋经济强国具有重要意义。本章节试图关注以往研究中比较欠缺的海岛地区的地名文化景观。海岛作为独立的自然地理单元,对其研究突破了大陆上以行政区划为界的局限。同时,研究小区域更易于挖掘地名文化景观背后的内涵。海岛远离大陆,地名有其独特的区域特征和文化内涵。

## 3.1　研究区概况与研究综述

### 3.1.1　研究区概况

　　桃花岛是舟山群岛大岛之一,位于舟山群岛东南部。北濒沈家门、普陀山、朱家尖,西与宁波隔海相望,东临东海渔场,南与虾峙岛相对。与大陆最近距离9.2千米。西北—东南走向,岛体中部稍宽,东部和西部较窄,东西长约11.7千米,南北最宽处约6.1千米,总面积40.4平方千米。

　　岛上中南部属海岛丘陵地形,北部属海积平原,主峰安期峰是舟山群岛最高峰(539.7m),气候属具有海洋性特点的亚热带季风气候。岛上植被覆盖率高,达75%,并有许多珍贵树种花木,素有"海岛植物园"之称。桃花岛,古称"白云山",依宋乾道《四明图经》所载,因安期生"醉墨洒山石上,遂成桃花纹",故石称"桃花石",岛称"桃花岛"。自宋至明洪武十九年,归昌国县安期乡,清康熙初年建安期乡桃花庄,光绪年间属定海安期乡,后几经更改,为如今的普陀区桃花镇。

　　桃花岛风景资源丰富,岛上按山、海、沙、石、礁、岩、洞、花、林、鸟、寺、庙、庵、天象奇观、神话传说、军事遗迹、摩崖碑刻、历史纪念地等自然、人文景观、景物分布。1993年被列为浙江省第三批省级风景名胜区;1996年《鸦片战争》在桃花岛拍摄,之后相关旅游活动逐渐开展,随之渔家乐等住宿、餐饮等设施开始增加,2001年建设"射雕影视城",同年《射雕英雄传》在岛上拍摄;2007年被国家旅游局认定为4A级景区。目前,桃花岛对外开放景区有:安期峰景区、桃花峪景区、大佛岩景区和塔湾金沙景区。

### 3.1.2　研究综述

#### 3.1.2.1　地名文化景观

地名是人赋予特定空间位置上自然或人文地理实体的专有名称(中国大百科全书总编辑委员会《地理学》编辑委员会,1992),并且既反映历史时期和现阶段自然地理环境特征,又记录诸如社会变迁、经济生产、军事活动等纷繁的文化景观信息(陈晨等,2014)。文化景观是文化地理研究的主要课题之一(王恩涌,1989),地名作为其有机组成部分,亦受到国内外众多关注。在国外,Jett(1997)以印第安部落锡安峡谷和清利大峡谷地区为例,对其地名与环境和人们生活观念的关系进行研究;Sousa(2010)等将湿地地名用于指示西班牙西南部气候变化的研究。在国内,传统的地名研究主要运用定性方法。文朋陵和许建国(1998)运用数理统计方法对江苏村镇地名进行研究;姚静等(2009)利用统计方法和空间分析手段研究了河南省地名景观特征和区划;胡鹤年和张力仁(2013)用统计方法研究了陕西政区地名的演变状况、分析其特征和形成机制。目前国内对地名的研究还集中在民族地区和城市,研究区也主要是县级及其以上行政区。

#### 3.1.2.2　旅游地名文化景观

旅游地名是地名的新兴构成部分,在旅游发展背景下产生。文朋陵和晓畅(1999)认为旅游地名包括旅游的城市名,游览的景区、景点名,旅游饭店、宾馆等一类地名,并分析了旅游地名的实用、知识和审美功能,其对"旅游地名"研究进行了较早的探索。目前,从地理学视角将"旅游地名"作为对象进行研究的成果尚不多见,主要有李静(2012)和黎皓青(2012)分别研究了中国旅游景区景点中自然景素和人文景素的命名状况。其他关于旅游和地名两者关联的研究中,较有代表性的有涉及旅游城市地名变更研究(柴海燕,2000)、景区对地名应用分析(朱昌春,2002)、地名旅游价值探讨(韩晓时,2010)。在已有的研究中,更偏向于定性的描述,定量方法运用较少。

## 3.2　历史时期(清末)桃花岛地名文化景观分析

### 3.2.1　资料来源与地名统计分类

#### 3.2.1.1　资料来源

本研究中所需地名来源于《定海厅志》中的"桃花山"地图,该志为清光绪年间(1871—1908)史致训等编纂,刊于1884年,现由上海古籍出版社出版,即本研究中提取的是清末时期桃花岛地名。该书中,许多地名为编纂者实地考察所得,资料翔实。桃花岛区域虽小,但书中所呈现地名十分丰富,资料罕见。在地名提取中,参考了《浙江省普陀县地名志》(普陀县地名办公室编,1986),并将"桃花山"地图中的地名的繁体化为简体。研究者本人于 2014 年 12 月 30 日至 2015 年 1 月 1 日和 2015 年 5 月 27 日至 5 月 29 日两次在桃花岛做实地考察,对部分地名起源进行了访谈,并搜集了部分纸质资料。

### 3.2.1.2  地名统计分类

在《定海厅志》的"桃花山"地图上共有地名 105 个(含周边部分岛屿、礁石),仅有 1 对为相同地名,依据现在桃花岛图,标示出清末桃花岛地名位置(图 3.1)。由于年代久远,部分字迹模糊难以辨认,其中 6 个地名不能识别其代表地物状况;8 个地名有部分字未识别,但可以辨认其代表地物的情况,不影响研究结果。故舟山桃花岛的有效地名为 99 个。按自然类地名和人文类地名对其进行分类,地名数分别为 55 和 44。桃花岛地名包含地理要素分类(表 3.1)。

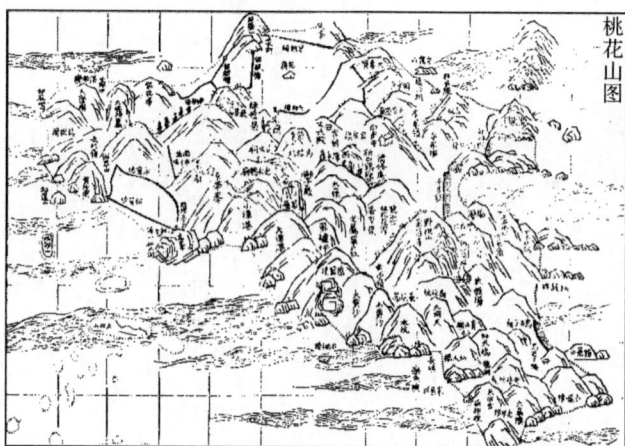

图 3.1  清末桃花山图

(1)自然类地名

自然类地名占总地名的 55.6%,多于人文类地名(表 3.1)。其中"岭""山"地名最多,"礁""岩""峰""沙""湾"其次,"涧""洋"等最少。各类地名出现频次较低,这与地名总数少有关,但在一定程度上反映出清末桃花岛自然类地名通名为:"岭""山""礁""岩""峰""沙""湾"。在这些地名通名中,"岭""山""岩""峰"表征山脉,占自然类地名 58.2%;"礁""沙""湾"具有海岛地貌特点,占自然类地名 18.2%。

（2）人文类地名

人文类地名占桃花岛总地名 44.4%，少于自然类地名（表 3.1）。在人文类地名中，"隩"类地名最多，其次为"坑""塘""庙""港""寺""宫"，最少的为"祠""庵"等地名。故，可成为桃花岛地名通名的为："隩""坑""塘""庙""港""寺""宫"。在人文类地名通名中，聚落类地名"隩""坑"，占人文类地名比重最大，为 38.6%；其次为"庙""寺""宫"宗教类地名，占人文类地名 22.7%；"塘"代表水利工程，占人文类地名 13.6%；最小比重为海岛交通类地名"港"，占人文类地名 6.8%。

表 3.1　桃花岛地名包含地理要素分类

| 自然类地名 | 数量 | 人文类地名 | 数量 |
| --- | --- | --- | --- |
| 岭 | 16 | 隩 | 11 |
| 山 | 8 | 坑 | 6 |
| 礁 | 4 | 塘 | 6 |
| 岩 | 4 | 庙 | 5 |
| 峰 | 4 | 港 | 3 |
| 沙 | 3 | 寺 | 3 |
| 湾 | 3 | 宫 | 2 |
| 涧 | 1 | 祠 | 1 |
| 洋 | 1 | 庵 | 1 |
| 潭 | 1 | 殿 | 1 |
| 顶 | 1 | 田 | 1 |
| 洞 | 1 | 坞 | 1 |
| 桥 | 1 | 门 | 1 |
| 石 | 1 | 场 | 1 |
| 嘴 | 1 | 埠 | 1 |
| 坪 | 1 | | |
| 浦 | 1 | | |
| 头 | 1 | | |
| 屿 | 1 | | |
| 其他 | 1 | | |

## 3.2.2　桃花岛地名文化景观特征

### 3.2.2.1　表征自然环境

桃花岛为海岛丘陵地形，山脉伸向全岛。这与自然类地名通名中多"岭""山"

"岩""峰"相一致,而且山脉类地名占自然类地名的60.0%,占桃花岛总地名33.3%,在清末桃花岛地名中所占比重最大(表3.1)。同时,人文类地名中,聚落类通名"隩",如今在桃花岛地图上标为"岙"。"岙"在浙江省地名中使用普遍,是山间平地的意思(刘美娟,2012)。另一个聚落类通名"坑",从字面意思理解是地面凹下去的地方。"隩"和"坑"在人文类地名中占38.6%,在桃花岛总地名中占17.2%,也能很好说明清末时桃花岛地貌特征。通过以上分析,可以发现能够表征桃花岛丘陵地形的地名占总地名的50.5%,是桃花岛地名中的第一大类地名,即有略多于一半的地名均可表征清末桃花岛海岛丘陵地形的特征。

桃花岛作为海岛,其自然类地名通名"礁""沙""湾",以及"洋""浦""屿"(表3.1),这些地名占自然类地名的23.6%,在自然类地名中仅次于山脉类地名,其具有明显的海岛环境特征。除此之外,在人文类地名中能反映海岛环境的地名通名,像:"塘""港",以及"坞""门""埠",这类地名占人文类地名的27.3%,在人文类地名中占有较大比重,也是表征海岛环境的重要组成部分。能够表现桃花岛海岛环境的地名占总地名的25.3%,是清末桃花岛中的第二大类地名,其地位表明地名能够显著表现桃花岛的海岛环境。

在91个完全识别的地名中,提取地名生物要素(部分地名为多要素构成)(表3.2)。清末,桃花岛关于地名生物类要素共26个,其中地名动物类要素15个,植物类11个。动物类中,"龙"出现频次最高,但为神话中的动物,"鹧鸪""鸡""老鼠""米鱼""马"是当地存在的动物,与当地环境相一致;"白鹤""白雀""老鹰""狮子"在地名中出现可能与移民的知识构成有关("白鹤""白雀"存在于桃花岛宗教地名),"鹿"存在于军事地名中,可能与"权利"内涵相关,这些地名一定程度上与

**表3.2　地名生物要素分类**

| 类别 | 要素 | 数量 | 类别 | 要素 | 数量 |
|---|---|---|---|---|---|
| 动物 | 龙 | 3 | 植物 | 桃花 | 2 |
| | 鹧鸪 | 2 | | 花 | 2 |
| | 白鹤 | 2 | | 箬 | 1 |
| | 鸡 | 1 | | 韭菜 | 1 |
| | 老鼠 | 1 | | 茶 | 1 |
| | 老鹰 | 1 | | 稻 | 1 |
| | 米鱼 | 1 | | 香草 | 1 |
| | 狮子 | 1 | | 剑草 | 1 |
| | 马 | 1 | | 枣 | 1 |
| | 白雀 | 1 | | | |
| | 鹿 | 1 | | | |

注:桃花与桃花岛地名本身有关,故将"桃花"和"花"分别列出。

当地自然环境关联较小。植物类中,"桃花"和"花"的出现频次最高,"桃花"与桃花岛本身地名的来源有关,即与"桃花纹"相关,"花"与当地多珍贵花木相一致,"箬"是一种竹子,"箬""韭菜""茶""稻""香草""剑草""枣"基本与桃花岛北亚热带海洋性季风气候类型相符合,其中桃花岛的佛茶比较出名。

### 3.2.2.2　反映海岛文化

地名不仅能够反映区域的地理环境,同时也是研究区域文化的重要媒介。围垦筑塘在舟山群岛具有悠久的历史,康熙、乾隆年间以后,大量人口迁入舟山群岛,包括桃花岛,围垦工程不断迅速发展。至清末光绪二十六年(1900),修筑海塘258条(王建富,2013)。在清末桃花岛地名中,海塘类地名6个(表3.3),占人文类地名的13.6%,较好地反映清代海岛的围垦筑塘文化,是当时人地关系的重要例证。与此同时,还有一部分地名表征海岛港口文化,如:"港""湾""门""埠",以及自然类地名中的"老埠头岭",其占总地名的8.1%。这些反应海岛港口文化的地名也是桃花岛地名的重要组成部分,一定程度上也证明了当时桃花岛航运的重要地位。

具有明显海岛特色信仰的宗教文化,也构成了桃花岛的海岛文化。在识别的清末桃花岛地名中,具有海岛特色的宗教信仰类地名有:"天后宫""龙王宫""义火祠""龙洞""桃花龙潭""米鱼洋",占宗教信仰类地名的26.1%(表3.3)。"天后宫"反映的是中国海洋(海岛)信仰的妈祖文化,妈祖是渔民的保护神。舟山群岛的妈祖文化是由福建渔民传播开来(汤力维,2013),一定程度上促进了文化交流和融合。"龙王宫""龙洞""桃花龙潭""米鱼洋"是中国沿海龙王信仰的最好印证,然而桃花岛特别之处在于其居民信仰的是"小龙女",即女龙信仰文化,岛上部分地名与"小龙女"相关。"义火祠"可能与漕运有关,客死异乡的漕运水手交由义火祠收容,故清末该"祠"的存在,除了印证特殊的民间信仰文化之外,也证明了当时桃花岛也是漕运的重要节点。

**表 3.3　宗教类地名分类**

| 类别 | 地名 |
| --- | --- |
| 宗教地名 | 义火祠、白雀寺、老白鹤庙、新白鹤庙、龙王宫、茅山庙、青山庙、圣岩寺、清修庵、天后宫、财神殿、前寺 |
| 宗教相关地名 | 宫前、宫前岭、龙洞、桃花龙潭、大佛头岩、仙人洞、仙人桥、仙人山、仙人石、米鱼洋、庙后坑 |

在清末桃花岛地图上,存在3个地名反映了当时的海防文化,其为:鹿教场、老白鹤庙、新白鹤庙。虽然所占比重很小,但海防已对地名产生影响,足以表明桃花岛海防具有一定的重要性,印证了历史时期外来者对中国沿海的侵扰,如:明代的倭寇。"鹿教场",字面理解可能为当时海防的军事驻地,反映桃花岛上有驻兵保护居民。"老白鹤庙"和"新白鹤庙"是为了纪念抗倭英雄而修建的。这些都较好地表

征了桃花岛的海防文化。

### 3.2.2.3　反映宗教文化

海岛宗教信仰习俗是海岛文化特征的重要表现之一(彭静,2006),海岛地名是研究宗教信仰习俗的重要工具。海岛宗教文化是海岛文化的重要组成部分,本研究将宗教文化单独作为一部分进行研究,主要是考虑到宗教信仰类地名在桃花岛地名中数量较多(表3.3),比重较大(占23.2%),是桃花岛的第三大类地名,并且接近第二大类地名(海岛环境类地名,25.3%)。并且,桃花岛地名所反映出的宗教文化多元。故对其单独研究具有重要意义。

宗教地名所反映的,除了上节所说的妈祖信仰、龙女信仰,还有佛教信仰、道教信仰以及当地的民间信仰。关于"天后宫""龙王宫""义火祠""龙洞""桃花龙潭""米鱼洋"不再赘述。"白雀寺""清修庵"与佛教观音信仰相关,据说"白雀寺"为观世音菩萨的出家之地,"清修庵"为观音代修庵,普陀山是观音的道场,如此观音信仰文化将桃花岛和普陀山联系在一起,构成独特的佛教文化线路。观音信仰文化在舟山顺利传播和繁荣,与海岛自然条件,与大海有密切联系,在历史时期人们面对无法理解的大海,需要有超凡的力量来保佑,于是具有大慈大悲德能的观音菩萨正好符合舟山岛民的期盼(柳和勇,2006)。与佛教信仰有关的地名还有:圣岩寺、前寺、大佛头岩,其中圣岩寺据记载最初为道教场所,与"安期生"传说相关,后改为佛教场所。道教信仰地名,"财神殿"表明桃花岛具有道教信仰文化,除此之外,还有前文提到的"圣岩寺"由道教场所改为佛教场所。从道教信仰的相关地名,一定程度也反映了道教并没有像佛教信仰和民间信仰那样繁盛,或与海岛自然环境有关。其余的,如"老白鹤庙""新白鹤庙""茅山庙""青山庙""庙后坑"均为普通当地民间信仰,是当地居民对信仰的补充和丰富。另外,如:仙人洞、仙人桥、仙人山、仙人石,未能具体考证;"宫前",有说法为"天后宫"的前方,但在清末桃花岛地名附近并未有相关地名,有待进一步考证。

段义孚在《逃避主义》一书中讲到:文化是想象的产物……,想象是我们逃避的唯一方式(段义孚,2005)。宗教或许正是人类面对现实"不安全感"的状况下,所想象出的逃避现实,追求"安全感"的产物。海岛复杂的地理环境,居民更需要各种各样的、丰富的宗教信仰来"逃避"现实。桃花岛地名所呈现出来的多元的宗教文化,也是理解清末人地关系的重要途径。

### 3.2.2.4　其他文化

地名的多寡,受比例尺、制图主体选取等因素的影响。在清末桃花岛地图中,部分地名数量较少,所占比重极小,但在一定程度上也可反映当时的文化。桃花岛的佛茶如今较为出名,其中"小茶园岭"印证了其茶种植的悠久历史,增加了其文化内涵,反映了当时的农耕文化和茶文化。同时,"稻蓬山"也印证了农耕文化。桃花岛既具有大陆移民带来的农耕文化,又具有海洋特色的鱼文化,是大陆和海洋的文化交流和融合区。

舟山在明清两代,被两次海禁。移民文化在桃花岛地名中也有印证,如"青山庙""庙后坑"。"青山庙"是纪念海禁期间以及海禁后,给渔民和大陆迁移来的居民提供帮助的青山夫子,"庙后坑"因其方位得名。除这两个地名外,前面所提到的其他宗教信仰类地名也可印证移民文化。

### 3.2.3　桃花岛地名文化景观形成机制

#### 3.2.3.1　自然条件机制

地名是人类在区域开发中对环境的认知。地形是自然环境最基本的构成要素,没有大的地质事件,短时间内地形不会发生巨大的变化(朴汉培,2014)。前面已经提到桃花岛为海岛丘陵地形,山脉伸向全岛。这就造成在自然地名中,多用"山""岭"等命名。聚落的选址极为严格,首要考虑地形因素影响,故在清末桃花岛地名中多用"隩"来命名聚落。桃花岛作为海岛,具有一般的海洋环境,造成有"沙""礁"等海洋特色的地名出现。

桃花岛的气候类型为海洋性亚热带季风气候区,水热条件好,植被种类丰富。岛上的佛茶、兰花等较为出名,农业方面具有种植水稻的自然条件,这就导致了地名中出现和"茶""香草"(据笔者实地调查,香草即为兰花)、"稻""花"等植物相关的地名。除此之外,岛上的动物名也是人们命名地名的重要来源。

#### 3.2.3.2　社会历史机制

桃花岛地名的形成是人类活动的结果。据记载,桃花岛的由来与安期生有关,这在清末的桃花岛地名中有所体现。在明朝之前,已有沿海居民迁移到舟山群岛上生活,明、清两次海禁之后,大批来自宁波、象山、台州等沿海地区的居民迁移到桃花岛以及舟山其他地区进行定居并进行开发,促进了桃花岛地名的增加。在当地定居的人们根据对当地的开发与已有的知识构成,对当地的地理要素进行命名,出现了"塘""田""港"等地名。移民也促使了一些宗教信仰地名的出现,如福建渔民的移民,把妈祖信仰带到了当地,出现了地名"天后宫"。

#### 3.2.3.3　精神信仰机制

历史时期,人们对精神信仰的需求促使桃花岛出现了一系列精神信仰的地名,并且在桃花岛由于精神信仰机制形成的地名数量较多。"龙"既是华夏文化的重要组成部分,又是中国沿海地区的主要信仰。与海洋信仰相关的"龙"和"观音",出现了相应的一些地名,如:"白雀寺""龙王宫"等。桃花岛对"龙"的信仰为"龙女",当地有与"龙女"相关的地名,比如:"龙洞""龙潭"等。除此之外,当地的普通民间信仰也造成了一些地名的出现,如:"茅山庙""青山庙"等。

### 3.2.4　小结

清末舟山桃花地名数据库建立后,按自然类地名和人文类地名对其进行分类,利用数理统计和描述相结合的方法进行分析,结果表明:

清末桃花岛自然类地名通名为"岭""山""礁""岩""峰""沙""湾",人文类地名通名"陕""坑""塘""庙""港""寺""宫";这些通名对现在桃花岛开发中的地名规划有重要的参考意义,避免地名命名受主体影响造成紊乱。

反映海岛丘陵地形是第一大类地名,反映海岛环境是第二大类地名,反映宗教信仰是第三大类地名;这印证了地名是反映区域自然和文化的重要载体,一定程度上可以看到当时的地名文化景观状况,也较好地体现了当时的人地关系。

地名文化景观特征表征了自然环境、海岛文化、宗教文化以及其他文化。了解清末时期桃花岛地名文化景观所反映的文化,除了了解当时的状况外,还有利于现在的继承与发展,尤其是在当下海岛旅游业快速发展的背景下,不仅有利于营造良好的海岛旅游业环境,更可以进一步开发相应的旅游资源。

清末桃花岛地名文化景观的形成机制主要为:自然条件、社会历史和精神信仰,较好地了解桃花岛地名文化景观的形成过程,对研究其他地区的地名文化景观形成机制具有借鉴意义。

本研究还比较基础,对地名景观文化内涵挖掘的深度可能还不够。研究中采用数理统计和描述的方法,在空间方面略显不足,随后将结合 GIS 技术,以期更加科学合理地表达区域地名文化景观。研究所采用历史时期的地图,地名数量偏少,质量较差,所反映的清末桃花岛地名景观还不够全面。

## 3.3　桃花岛旅游地名文化景观分析

### 3.3.1　分类体系与资料统计

#### 3.3.1.1　分类体系

本研究依据地名的概念、功能,综合文朋陵(1998)的旅游地名概念和《旅游地理学》中有关"旅游地""旅游资源"以及"旅游交通"等相关知识(保继刚,2010),对"旅游地名"进行进一步研究,建立旅游地名文化景观分类体系(图 3.2)。旅游交通地名文化景观中景区内和景区间道路主要指连接车站与景区、景区与景区的公路、游步道,以及景区内部的公路、游步道,或其他为旅游服务的道路。旅游地客运站除了火车站、汽车站,还包括水运码头和飞机场。

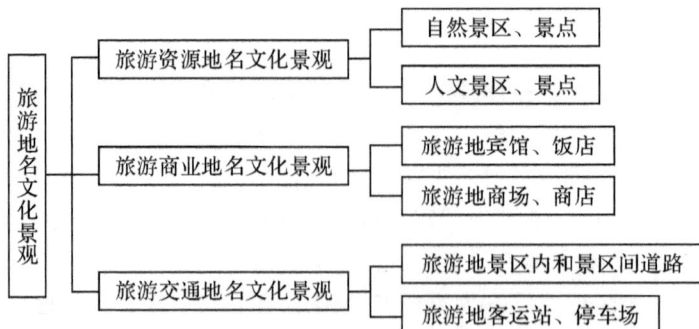

图 3.2    旅游地名文化景观分类体系

### 3.3.1.2    资料统计

旅游地名资料主要来源于《浙江舟山群岛新区地图集》(2014)、桃花岛风景旅游管委会、舟山地名网。除此之外，笔者 2014 年 12 月 30 日至 2015 年 1 月 1 日和 2015 年 5 月 27 日至 29 日在桃花岛实地调查了大量旅游地名资料及相关背景知识。结合实地情况，本研究针对目前已经对游客开放的景区(安期峰景区、桃花峪景区、大佛岩景区和塔湾金沙景区)及相关旅游地名资料，未开放景区不在本研究范围。依据收集资料整理出桃花岛旅游地名 192 个，主要为旅游资源地名和旅游商业地名，分别约占 46.88% 和 48.96%(表 3.4)。旅游交通地名较少的原因在于现有资料中仅有沟通各景区主要干道和旅游地客运码头地名，停车场及景区内道路未统计。另外，考虑到当地商店很少，且没有典型性，不会影响分析结果，故旅游商业地名中主要为宾馆地名、饭店地名以及少量旅游纪念品商店地名。

表 3.4    桃花岛旅游地名文化景观分类

| 名称 | 类别 | 数量 |
| --- | --- | --- |
| 旅游资源地名 | 景区地名 | 4 |
| | 自然景点地名 | 31 |
| | 人文景点地名 | 55 |
| 旅游商业地名 | 饭店地名 | 9 |
| | 宾馆地名 | 83 |
| | 纪念品商店地名 | 2 |
| 旅游交通地名 | 客运站地名 | 2 |
| | 道路地名 | 6 |

### 3.3.2　桃花岛旅游地名文化景观特征分析

#### 3.3.2.1　地理要素分析

根据人文地理要素和自然地理要素分类,对桃花岛 192 个旅游地名文化景观中的地理要素进行统计(表 3.5)。单个旅游地名文化景观由多个地理要素构成,因此地理要素统计结果势必多于旅游地名文化景观数量。旅游资源地名文化景观中所包含地理要素种类多于旅游商业地名,这在一定程度上表明当地旅游资源的丰富度。而旅游交通地名文化景观数量较少,不做对比分析。地理要素数量的多寡反映人们对地理环境的倚重(王荣,2014)。旅游资源地名和旅游商业地名中,自然地理要素种类均多于人文地理要素,分别占各自种类总数的 59.26% 和 67.74%,均高于半数。桃花岛旅游地名文化景观倚重于自然地理要素。

**表 3.5　桃花岛旅游地名文化景观包含地理要素分类**

| 地名文化景观 | 类型 | 地理要素(数量/个) |
|---|---|---|
| 旅游资源地名 | 人文地理 | 亭(4),庄、山庄(4),园(3),台(3),寺(3),阁(2),塔(2),桥(2),居(2),楼(1),帐(1),船埠(1),庵(1),街(1),房(1),墓(1),门(1),屋(1),堂(1),廊(1),宫(1),栈道(1) |
| | 自然地理 | 石(8),龙(7),桃花(7),洞(5),海(5),潭(4),天(3),沙、沙滩(3),岩(3),峰(3),山(2),岛(2),溪(2),洌(2),云(2),湖(2),龟(2),雕(2),薰衣草(2),壁(1),水(1),潮(1),谷(1),雨(1),峪(1),湾(1),池(1),玉兔(1),白雀(1),莲花(1),香草(1),花(1) |
| 旅游商业地名 | 人文地理 | 庄、山庄(20),宾馆(20),苑(12),园(10),客栈(3),酒家(2),房(1),居(1),榭(1),茶社(1) |
| | 自然地理 | 海(19),沙、沙滩(8),桃(8),龙(7),桃花(6),湾(4),天(3),云(3),岛(3),阳光、日(2),潮(1),溪(1),涛(1),月(1),风(1),谷(1),雀(1),海豚(1),凤凰(1),茅草(1) |
| 旅游交通地名 | 人文地理 | 码头(3),路(4) |
| | 自然地理 | 桃(2),沙(2) |

注:根据桃、桃花、花在地名中所指含义差异分开统计

桃花岛旅游地名文化景观包含主要地理要素(频次≥5)中最多的为:"庄、山庄"(24)、"海"(24)、"宾馆"(20),其次为:"龙""园""桃花""沙、沙滩""苑""桃",较少的包括:"石""天""洞""湾""云""岛"(图 3.3)。旅游地名作为旅游地旅游资源的重要组成部分,应当结合当地的地方性和特色,与当地旅游文化相协调。在频次

最多一组的地理要素中,"庄、山庄"和"宾馆"为食宿业地名通名,但"宾馆"作为一般性通名与桃花岛所塑造的旅游文化不一致,影响游客对桃花岛旅游资源的整体印象;"海"地理要素与海岛自然环境相协调。其余两组地理要素中,体现海洋文化的"龙",反映海岛环境的"沙、沙滩""石""天""洞""湾""云""岛",具有休闲环境的"园""苑",以及带有桃花岛特色"桃花""桃",这些地理要素有助于塑造整体的旅游文化氛围。这表明,桃花岛旅游地名文化景观包含的主要地理要素能较好地与当地旅游文化环境相匹配。

桃花岛旅游地名文化景观中包含人物最多的为文学虚构人物(表 3.6),这些人物来自金庸武侠小说《射雕英雄传》,这与桃花镇在营造旅游景观时借助金庸小说中的"桃花岛"形象有关。其次,为宗教信仰人物和当地居民。桃花镇在旅游开发中,除了借助金庸文化作品,另外也注重对当地文化资源的发掘。观音是南海观世音菩萨,传说在桃花岛白雀寺出家,后将普陀山作为道场,是较为典型的佛教文化;安期是安期生,据说安期生曾隐居桃花岛,在宋代《四明图经》和清代《定海厅志》均有记载,代表着道教文化;龙王在桃花岛实为"龙女",是当地民间信仰,也是海洋文化重要组成。旅游地名中包含当地居民的姓名或名,不具有旅游特色。

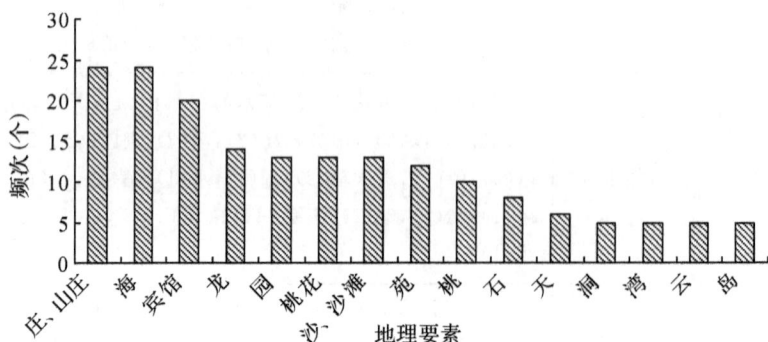

图 3.3　桃花岛旅游地名包含主要地理要素图

**表 3.6　桃花岛旅游地名包含人物要素分类**

| 来源 | 人物 |
| --- | --- |
| 文学虚构 | 黄药师(东邪)、南帝、冯氏、黄蓉(蓉儿)、伯通、杨铁心 |
| 宗教信仰 | 观音、龙王、龙女、安期 |
| 文化名人 | 金庸 |
| 当地居民 | 晓梅、蒋佳、晓辉、阿海 |

### 3.3.2.2　空间结构分析

桃花岛旅游地名文化景观主要分布在西北部、东北部和东部,呈现"西北—东南"走向的带状分布。旅游地名集中在大佛岩景区、桃花镇政府所在地以及塔湾金沙景区、安期峰景区和桃花峪景区所集中构成的区域,三点基本在同一条线上,而这条线即是由茅沙线、公前路、公乌线三条旅游交通地名文化景观组成。桃花镇政府所在地既位于该带状地带的几何中心,又是全岛的政治、经济、交通中心,是桃花岛旅游地名文化景观发展的支撑点;其西北端的旅游地名文化景观虽然在量上不占优势,却是桃花岛旅游形象塑造的主要构成而在其东南端开发较早,旅游地名分布广且丰富,以彰显当地文化为主。除此之外,两个码头地名文化景观和码头路、桃源东路、桃源中路、公前路、茅沙线等五条道路地名文化景观构成一个"东北—西南"走向的条带,但并不是旅游地名文化景观的主要分布区,是次一级条带。因此,桃花岛旅游地名文化景观呈"十"字结构,且"西北—东南"走向为主轴。

桃花岛旅游地名文化景观中,旅游商业地名主要集中分布在塔湾,约占总旅游商业地名的56.38%,多于半数。塔湾地处3个景区的中心地带,市场丰富;沿岸为桃花岛最大的沙滩"千步沙",环境优美;重要的公乌线公路经过,交通便捷。这一系列区位优势造就了旅游商业地名密布。另外约37.23%布局在桃花镇政府所在地的主要街道两侧,该地区是全岛的政治、经济、交通中心。由此可知,旅游商业地名布局依附于旅游资源地名和旅游交通地名。

### 3.3.2.3 功能分析

"桃花岛"古称"白云山",据传后因安期生典故改称"桃花山",又因我国海图多在《八省沿海图》基础上发展起来,一些大的海岛逐渐改以"岛"为通名(王建富,2014),故现称"桃花岛"。金庸在1958年创作的小说《射雕英雄传》中塑造了世外桃源形象的"桃花岛",后桃花镇政府将小说中"桃花岛"化"无形"为"有形",建设了"桃花峪"景区和"射雕影视城",知名度得到提高。目前,桃花镇、普陀区以及舟山相关的官方网站对桃花岛的宣传主题突出:"金庸笔下""侠骨柔情"(表3.7),另外从2004年开始举办"金庸侠侣爱情文化节",无形中游客会将舟山桃花岛和小说中"桃花岛"结合在一起,使"桃花岛"由作为自然地理实体的普通海岛地名发展为一种"符号资本"。

表3.7 主要官方网站对"桃花岛"形象的宣传主题

| 网站名称 | 网址 | 宣传主题 |
| --- | --- | --- |
| 桃花岛旅游网站 | http://www.taohuadao.com.cn/ | 侠骨柔情桃花岛——金庸笔下的浪漫爱情之地 |
| 桃花镇政府网站 | http://www.taohuadao.gov.cn/ | 金庸笔下,侠骨柔情桃花岛 |
| 舟山旅游网站 | http://3d.zstour.gov.cn/ | 金庸笔下桃花岛 |
| 普陀区政府网站 | http://www.zjputuo.gov.cn/ | 金庸笔下桃花岛 |

在旅游发展背景下,随着旅游开发强度增大,旅游地名文化景观因新增或变更导致数量骤增。新增旅游地名可以增加旅游地地名的丰富度和多样性,可以将本

地的文化和特色展现给游客,提高当地的知名度,促进经济发展。在桃花岛旅游开发中,新增了大量旅游地名,尤其以大佛岩景区和桃花峪景区最为显著,营造了桃花岛的"侠骨""爱情"旅游文化氛围,提高了知名度。但在新增旅游地名中,要注意结合当地特色和文化,应与当地环境相协调。同时,旅游的开发也使部分老地名得到变更,使其具有指示地物的一般功能外,还增加了旅游功能和营造旅游氛围功能,而且变得文雅,如桃花岛的"泥螺峇水库"在旅游开发后改为"散花湖","老鹰石"改为"神雕石"(表3.8)。虽然,变更地名带来众多好处,但有时也会对传统地名造成冲击,部分老地名是当地文化的符号,一旦不加区别变更,将失去这些无形资产,如将"龙女峰"改为"弹指峰"。"龙女"是桃花岛比较独特的"龙"信仰,是反映海岛人地关系的直接证据,也是研究海洋文化的活化石。因此,对于地名的变更,需要衡量其原地名价值,对具有特殊意义的地名进行有效的保护和继承。

表3.8　旅游开发后桃花岛部分地名文化景观变更状况

| 现名 | 原名 |
| --- | --- |
| 散花湖 | 泥螺峇水库 |
| 神雕石 | 老鹰石 |
| 弹指峰 | 龙女峰 |

### 3.3.3　小结

本研究依据建立的旅游地名文化景观分类体系,对桃花岛旅游地名文化景观进行分析,主要得出以下结论:

在旅游地名文化景观包含地理要素方面,桃花岛旅游地名文化景观倚重于自然地理要素,对人文地理要素方面的挖掘不够深入,这是在以后旅游开发方面需要注意的问题。桃花岛旅游地名文化景观包含的主要地理要素,虽然存在对某些要素的滥用,但还是注重对本地环境和优势的利用,能较好地与当地旅游文化环境相协调。在包含的人物要素中,较多借助金庸小说中的虚构人物。

桃花岛旅游地名文化景观的空间分布以"西北—东南"走向的条带为核心轴,以"东北—西南"走向的条带为次要轴,其空间结构呈"十"字型,桃花镇政府所在地为轴的支撑点。旅游商业地名文化景观依赖于旅游资源文化空间和旅游交通文化空间,主要分布在桃花镇政府所在地且布局在主干街道两侧,以及3个景区交汇的中心地带塔湾,在布局上也主要沿主要公路干道分布。

从功能上讲,随着旅游开发的深入,借助金庸小说化"无形"为"有形",塑造桃花岛"爱情""武侠"旅游形象,实际上"桃花岛"在一定程度上成为"符号资本"。桃花岛新增旅游地名文化景观,有助于其营造小说中"桃花岛"的氛围,提高桃花岛的知名度。在桃花岛老地名变更时,不应一味迎合旅游发展,须注意对老地名文化的保护和传承。

本节建立了旅游地名文化景观分类体系,但只是做了初步的尝试,需要进一步细化和完善。另外,在地理要素分类上可能比较粗,深化分类有助于信息的深度挖掘。

# 参考文献

[1] 中国大百科全书总编辑委员会《地理学》编辑委员会. 中国大百科全书. 地理学·地名条[Z]. 北京:中国大百科全书出版社,1992.

[2] 陈晨,修春亮,陈伟,等. 基于 GIS 的北京地名文化景观空间分布特征及其成因[J]. 地理科学,2014,04:420-429.

[3] 王恩涌. 文化地理学导论[M]. 北京:高等教育出版社,1989.

[4] JETT, S. C. Place-naming, environment, and perception among the Canyon de Chelly Navajo of Arizona[J]. Professional Geographer, 1997, 49 (4): 481-493.

[5] SOUSA, A. GARCIÍA-MURILLO, P. SAHIN, S. Wetland place names as indicators of manifestations of recent climate change in SW Spain (Doñana Natural Park) [J]. Climatic Change, 2010, 100 (3): 525-557.

[6] 文朋陵,许建国. 数理统计方法在地名研究中的应用——以江苏村镇命名类型区域划分为例[J]. 南京师大学报(自然科学版),1998,04:116-120.

[7] 姚静,李爽,许丹海,等. 河南省地名景观特征与区划研究[J]. 河南大学学报(自然科学版),2009,06:607-612.

[8] 胡鹤年,张力仁. 陕西政区地名文化景观研究[J]. 地域研究与开发,2013,01:170-174.

[9] 文朋陵,晓畅. 旅游地名的功能分析[J]. 中国地名,1999,04:14-15.

[10] 李静. 中国旅游景区景点中自然景素的命名研究[D]. 临汾:山西师范大学,2012.

[11] 黎皓青. 中国旅游景区景点中人文景素的命名研究[D]. 临汾:山西师范大学,2012.

[12] 柴海燕. 风景旅游城市地名变更现象透析[J]. 地域研究与开发,2000,19(02):82-85.

[13] 朱昌春. 地名在风景名胜区的应用[J]. 旅游学刊,2002,17(06):19-22.

[14] 韩晓时. 地名传说的旅游价值[J]. 中国地名,2010,09:51-52.

［15］刘美娟.浙江省地名疑难字研究［M］.北京：中国社会科学出版社,2012.

［16］王建富.舟山群岛滩涂海域围垦及海岛变迁历史概述［J］.中国地名,
　　　2013,11:63-65.

［17］汤力维.妈祖信仰在舟山群岛的传播、分布与意义［D］舟山：浙江海洋学
　　　院,2013.

［18］彭静,朱竑.海岛文化研究进展及展望［J］.人文地理,2006,02:99-103.

［19］柳和勇.舟山观音信仰的海洋文化特色［J］.上海大学学报（社会科学
　　　版）,2006,04:53-57.

［20］段义孚.逃避主义［M］.周尚意,张春梅,译.石家庄：河北教育出版
　　　社,2005.

［21］朴汉培.延边地区地名文化景观研究——以康熙年间至建国前为主［D］.
　　　延边：延边大学,2014.

［22］保继刚,楚义芳.旅游地理学［M］.北京：高等教育出版社,2010.

［23］王荣,吴宏岐,何彤慧.基于聚落地名的渑池县人地关系状况研究［J］.地
　　　域研究与开发,2014,33(01):153-157.

［24］王建富.浅谈古人对海岛通名的认识［J］.中国地名,2014,01:45-47.

# 4　桃花岛旅游文化景观的类型与分布

海岛的发展是21世纪世界关注的重要议题。《小岛屿发展中国家可持续发展行动纲领》要求各国采取切实的行动措施,加强对岛屿资源开发的管理,为岛屿的可持续发展提供根本的保障。在"蓝色经济"发展背景下,海岛作为海洋的重要构成,是海洋经济的重要发生地。加强对海岛经济文化的研究,既有利于保护海岛文化,同时也可以为海岛经济持续发展提供动力。旅游业已经成为发展最快的产业,旅游开发的痕迹普遍存在。海岛以其优势的阳光、沙滩等海岛资源成为旅游者理想的旅游目的地。海岛发展旅游业,有利于克服其自身地形狭小、与外界隔绝和资源缺乏等不利条件的限制,对振兴海岛地区经济,提高岛民收入,打破以渔业为主题产业的单一经济模式,使海岛地区经济走向可持续发展之路起到积极作用。海岛文化景观作为文化景观的类型之一,具有指示海岛文化内涵和海岛人地关系的功能。海岛由于特殊的地缘区位,所形成的文化景观拥有许多自身的特色,有必要系统地对其进行研究。海岛旅游文化景观属于海岛、旅游和文化景观三者的交叉。本章构建了海岛旅游文化景观分类体系,并提出了相应的分类依据和判识标准,同时,以舟山桃花岛为案例进行实证研究,建立了桃花岛旅游文化景观的分类体系,分析其空间结构特征及关联因素。

## 4.1　旅游文化景观研究评述

### 4.1.1　国外研究

国外关于文化景观和旅游结合方面的研究起步早,成果丰富。在旅游者对文化景观的感知方面,Beza(2010)以珠穆朗玛峰沿线的10处景观为例,采用语义差异量表分析平均等级、照片相关性和被测者对观察的意象感知,来研究外来旅游者和当地居民对研究对象景观的美学价值感知。随之,Javier(2011)依据旅游者表现的视角分析旅游对文化景观演变的承受力。

在旅游发展背景下,以旅游视角对文化景观进行开发和保护是较为常见的方法。这样既利于当地文化的继承和发展,同时能够带动当地经济发展。Vervloet(2005)等探讨了传统的军事防御设施如何经过参与性的旅游规划设计得到活化,并以此来表明在以后的传统文化景观发展中可以通过规划设计的发展方式加强对传统文化的保护。Joshua(2005)以德国文化旅游目的地罗腾堡为案例地,研究了第二次世界大战后该地区凭借旅游实现保护的问题,并且分析了建筑重建和形象重建过程中的相关文化保护政策。Buckley 等(2008)根据对蒙古的研究,认为蒙古可以依靠当地文化景观构建富有特色的蒙古民族文化旅游产品,以促进蒙古旅游业的发展。

　　旅游对物质文化景观和非物质文化景观均会产生消极和积极的影响。White(1974)研究了旅游对旅游地语言变迁影响的 3 种方式,认为旅游的发展同化作用大大影响了旅游地语言的稳定性,随着本地语言使用的减少会影响原有的社会模式,进而影响当地的社会、文化一体化。Butler(1980)对苏格兰的斯凯岛研究表明旅游致使当地的土著语言逐渐被外来旅游者的语言所替代。Kairel(1982)等通过分析旅游的社会文化影响,从旅游者、旅游吸引物、接待设施、社区债务、市场营销、支持政策和方式等 7 个方面研究乡村文化景观旅游化的过程。Marks(1996)以坦桑尼亚的桑给巴尔岛石头城为例,研究发展旅游带来当地商业过度繁荣,进而对当地传统的地域文化景观造成消极影响。Medina(2003)研究了旅游影响所带来的文化商业化现象,以及是如何影响玛雅遗址附近玛雅古村的传统风貌。Hannes(2005)分析了影响乡村景观变迁的各种影响因素,指出旅游、城市化、边缘化给传统乡村地域文化景观带来巨大的变化。Gelbman(2010)通过对影响边境旅游吸引力因素的研究,发现文化景观因其独特的文化性成为吸引旅游者的主要动力。

### 4.1.2　国内研究

　　文化景观研究引入国内后,与旅游结合的研究起步较晚。通过对中国知网核心期刊的文献梳理发现,国内在文化景观旅游方面的研究主要表现在以下 3 个方面:

#### 4.1.2.1　文化景观的旅游开发与保护

　　国内对文化景观旅游方面的应用研究较多,突出表现为通过旅游对文化景观进行开发和保护。冯健等(2000)对徐州汉文化景观结构的地域整合进行了分析,并提出其对旅游开发的重要意义。郑伯红等(2002)在分析上海苏州河沿岸文化景观带功能潜力的基础上提出了 5 点沿岸文化景观带的旅游开发设想。刘忠伟等(2002)利用景观生态学的理论和方法,以绍兴市为例研究区域文化景观的旅游可持续开发,包含 3 个层面:文化景观单元开发、格局构建与功能维护、宏观生态管理。李悦铮等(2003)认为宗教文化景观具有特殊神秘的特性,正是这种特性可以吸引旅游者;分析宗教与文化景观的关系、国内宗教的区域特征,并主张进行区域宗教研究、开展宗教旅游、深挖宗教文化内涵、设计开发宗教旅游项目,保护宗教文化旅游资源、构建协调的文化景观,解放思想、协调关系搞好宗教旅游开发。刘庆友等(2005)分析庐山的旅游环境容量和旅游资源承载力后,认为庐山文化景观旅游开发尚存在发展空间,可实施相应战略措施实现其旅游可持续发展。张成渝(2011)认为生态博物馆和乡村旅游是当前村落文化景观保护和发展的两种模式,分析比较两种模式理念与实践,结果梭嘎生态博物馆呈现阶段性"失败"、巴拉河乡村旅游表现为阶段性"成功"。李飞(2011)基于乡村文化景观的乡村性和遗产性的二元属性,提出了3种以乡村旅游促进文化景观保护发展的模式,分别为:生态博物馆、乡村大舞台和景观嘉年华。王超(2012)以重庆市为例,研究发现城市化是文化景观失忆的根源,认为预防文化景观失忆好的办法是开发城市旅游、发展旅游文化。梁国昭(2013)分析了广州漱珠涌历史文化景观的"昨日与今日",提出通过建设一个集休闲、娱乐、美食、购物、旅游于一体的漱珠涌历史文化旅游区来重现当地的历史文化风貌。

在硕博学位论文方面,较有代表性的有:许忠秋(2008)探讨了文化景观保护和旅游开发的关系,在分析恩施地区文化景观的基础上,主张对恩施的文化景观进行旅游保护性开发;车亮亮(2012)以大连旅顺太阳沟历史文化街区为例,对文化景观的形成特征、演化机理、协调保护和旅游开发进行系统的研究,很好地阐释了为什么保护、如何保护、如何开发利用三个方面的问题;邢冬梅(2013)研究了甘肃临夏回族八坊文化景观的旅游开发优势、劣势、机遇和挑战,并进一步对八坊文化景观旅游开发展开全面研究、对旅游开发提出对策和建议;庞二莎(2014)全面分析了大连城市文化景观,以文化景观价值评价为依据确定了其旅游开发布局时序及开发策略。

### 4.1.2.2 旅游对文化景观的影响

在旅游影响方面,语言景观往往是较易受到旅游影响的非物质文化景观,潘秋玲(2005)从文化地理视角研究了旅游对西安语言文化景观的影响,影响表现为当地方言的淡化、外来方言的渗入及外语的影响。唐雪琼等(2009)以云南藏区 R 村为例,认为旅游通过对当地社区文化的影响造成藏族生态文化景观的变迁,并需要通过规划、经营管理及社区多个层面的关注来实现藏族生态文化景观的重构。

张海霞(2007)研究了旅游对平遥古城文化景观的影响,在物质文化景观方面古城的形态未发生变化、建筑景观得到恢复、土地利用景观发生变化,在非物质文化景观方面负面影响不明显,并未对原有的社会模式和文化特征产生冲击。宋威(2011)以桂北两个处于不同旅游发展阶段的民族村落为例,通过相关分析和因子分析方法,研究旅游对民族村落文化景观变迁的影响,并分析了影响文化景观变迁的 7 个驱动力。陈东芝(2012)采用问卷调查和深度访谈的方法分析旅游对桂北的5 个代表性民族村寨文化景观演变的影响,结果发现旅游发展水平越高对文化景观演变的影响程度越高。

#### 4.1.2.3　文化景观旅游的感知

在文化景观旅游的感知方面,国内虽然研究薄弱,但也渐渐出现了一些成果。蔡晓梅等(2007)用抽样调查的方法研究外来旅游者对广州饮食文化景观形象的感知状况,研究发现饮食次于购物、偏爱传统美食和饮食习俗、总体对参观表示满意、对广州饮食的多元化特征印象深刻。尹寿兵(2007)将古村落文化景观分为地域文化、村落建筑和特色艺术 3 类,以安徽宏村古村落为案例地,采用问卷方法具体研究了不同群体对 7 种典型文化景观的感知差异。吴卫(2011)运用访谈方法分析旅游者对大连城市文化景观的认知,并从城市精神、城市性格和市井民情 3 个层面探讨了旅游者对大连地方性的认知。叶妍君(2013)运用数字高程模型对清西陵旅游地的文化景观进行语义感知度的实证研究,为旅游地文化景观定量描述提供了思路,促使定量分析文化景观感知的可行性提高。

### 4.1.3　研究不足和展望

文化景观与旅游结合方面的研究,国外起步早,研究内容丰富,研究方法多采用质性方法,实地探知文化景观的旅游开发、保护、感知、影响等各个领域。国内起步较晚,并且较多处于应用状况,比如如何对文化景观进行旅游开发和保护,对基础研究等方面探讨较少。在研究方法方面,国内定性描述方法较多,定量多采用景观生态学的方法。另外,国内在研究区域方面,以往更多关注大陆地区,尤其民族地区和农村地区,对海岛地区关注较少。基于以上分析,本研究在整理前人研究成果的基础上,试图探讨旅游文化景观内涵,并尝试构建海岛旅游文化景观的分类依据和分类系统,并依据所构建系统选择桃花岛进行案例分析。在研究方法中,尝试将海岛旅游文化景观以点要素作为研究对象,将空间分析方法应用到研究中,更能有效直观了解海岛旅游文化景观的空间结构及发展状况。

## 4.2　海岛旅游文化景观分类系统

### 4.2.1　概念界定

#### 4.2.1.1　文化景观

1925 年美国地理学家 Sauer(1925)在《景观的形态》中指出文化景观是任何特定时期内形成的构成某一地域特征的自然与人文因素的综合体,随后 1927 年在《文化地理的新近发展》中将文化景观定义为附加在自然景观之上的各种人类活动形态。Wager 和 Mikesell(1962)将文化景观看成是一个特定的人类团体之间相互作用的综合的和特征性的产品,体现了特定的文化偏好和潜力以及一个特定的自然环境,是历代自然演化和人类活动的结果。波格丹诺夫(1964)认为文化景观是人类积极有目的地参与而形成的景观,改造了的文化景观是在非对抗性人类集团所掌握的高度科学基础上,人类有意识改变的景观。Deblij(1986)文化景观的定义是包括人类对自然景观的所有可辨认出的改变,包括对地球表面及生物圈的种种改变。1992年联合国教科文组织世界遗产委员会第16届年会定义文化景观是人类社会和聚落随着时间在自然环境提供的自然限制和机会以及延续的社会、经济和文化力量(外在的或内在的)影响下的有形证据,必须具有杰出的普遍价值并成为某一地理区域、文化特征的代表,同时将其纳入《世界遗产名录》。中国现代人文地理学家李旭旦(1984)认为文化景观是地球表面文化现象的复合体,它反映一个地区的地理特征。王恩涌(1989)认为文化景观是居住在其土地上的人的集团,为满足某种实际需要,利用自然界提供的材料,有意识地在自然景观之上叠加了自己所创造的景观。

综上所述,关于文化景观的定义,都强调人类的主体作用对自然环境的改造,文化景观是自然和人文的综合体。目前,国内比较认同王恩涌对文化景观的解释。本研究基于王恩涌对文化景观的定义出发,同时认为文化景观是过去或现在人文活动的结果。

### 4.2.1.2　旅游文化景观

旅游文化景观是文化景观的组成之一,是在旅游快速发展背景下文化景观旅游化的结果。目前学界对旅游文化景观概念的界定尚未达成一致。曹学文和韩燕平(2007)认为旅游文化景观是人类为了满足人们旅游观光的需要,在自然景观之上叠加人类活动的结果而形成的文化景观。任劲劲(2011)将旅游文化景观理解为为了旅游的需要,借助各种因素,包括空间因素、传播媒介以及各种非人因素,将人类作用力施加于文化景观之上,创造出适合旅游发展的新型文化景观。冯淑华和田逢军(2011)在《旅游地理学》一书中认为旅游文化景观是文化景观旅游发展的诠释,是人们从旅游角度对一定区域的文化景观加以集中开发和利用而形成的。葛绪锋和张晓萍(2013)从符号学理论出发,认为旅游文化景观涉及"符号"意义,在一定的历史时期内,受当时社群、旅游企业、政府部门以及旅游者群体共同影响而形成的,经由符号的"能指"和"所指"功能,能够满足旅游者"符号"体验和旅游地"符号"营销。胡晓容等(2015)将旅游文化景观定义为旅游者和旅游经营者在旅游消费或经营服务过程中,为满足旅游者某些旅游需要而对自然环境和元文化施加影响的结果,是一种具有符号意义的旅游文化现象综合体。

通过对旅游文化景观概念的梳理发现,其存在的作用是为了满足旅游的需要,即旅游文化景观是旅游发展的产物。旅游文化景观的形成中,旅游者、旅游经营者、政府、居民等群体是作为其改造形成的主体而存在,客体是区域自然因素或人文因素,其形成过程包括对现有文化景观的改造和对自然景观叠加人文因素后形成的新文化景观(图 4.1)。

因此,本研究认为旅游文化景观是在旅游背景下,为了满足旅游需要,由旅游者、旅游经营者、政府、居民等相关群体参与,对区域自然要素和人文要素集中开发和利用而形成的自然、文化综合体。

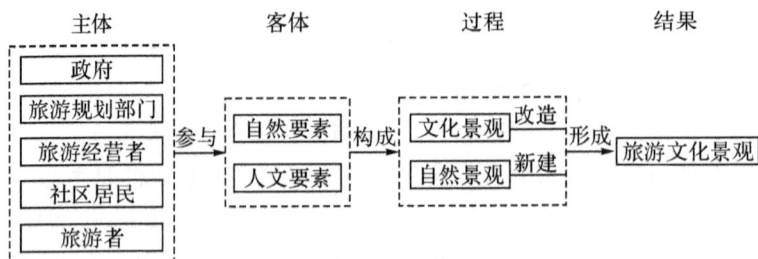

图 4.1　旅游文化景观形成图

### 4.2.2　分类系统综述

分类是研究的基本工作,是一种思想,也是一种方法,是对复杂多样事物做梳理工作,许多研究都是从分类开始做起的(唐晓峰,2012)。旅游文化景观依然是文化景观的一种,并且参与到旅游的整个过程。因此了解现有的关于文化景观、旅游资源的分类对海岛旅游文化景观分类具有重要的借鉴意义。

#### 4.2.2.1　文化景观分类

旅游文化景观属于文化景观的范畴,研究现有文化景观的分类方法对旅游文化景观分类具有重要的借鉴意义。自文化景观提出后,学者就不断探索对其分类的研究。文化景观分类,在实际应用中存在很多难以操作的问题,因此人们往往根据自己的实际需要,提出相应的划分标准和分类系统(2011)。世界遗产委员会于1992 年依据《实施世界遗产保护的操作导则》将文化景观分为人类有意设计和创造的景观、有机进化的景观以及关联性景观 3 个主要类别。美国国家公园管理局将文化景观分为 4 类:历史场所、历史景观、历史乡土景观、文化人类学景观(吴祥艳等,2004)。中国比较流行的是根据可视性把文化景观分为:物质文化景观和非物质文化景观。其他分类方法,如从人口密集程度、就业构成、建筑物密集程度等方面出发将其分为农村聚落景观、人口景观、政治景观、语言景观、宗教景观、建筑景观、流行文化景观、城市景观等较具体的类型(汤茂林等,1998)。除此之外,赵荣(1995)将文化景观分为:种族与人口、聚落景观、农业景观与工业景观、语言景观、宗教景观、民间文化与流行文化景观、自然景观。周尚意等(2004)按照文化要素分类将文化景观分为:认知类文化景观(语言、哲学、科学思想、教育等)、规范类文化景观(道德、信仰、法律等)、艺术类文化景观(文学、美术、音乐、喜剧、建筑中的美学部分等）、器用类文化景观（生产工具、衣食住行的器具以及制造这些工具和器具的技术等）、社会类文化景观（制度、机构、风俗习惯等）。

综上所述，不同研究者基于自身研究的需要有不同的分类方法，仅以物质文化景观和非物质文化景观来分类，在实际的研究中可能并不具有可操作性。因为，物质文化景观和非物质文化景观很难找出明显的界限，非物质文化景观往往以物质形式呈现出来，而物质文化景观常有非物质内涵。故在对旅游文化景观分类的借鉴方面，不应依从可视化视角分类，应该依据旅游文化景观自身特点出发，构建出在实际研究中切实有效的分类体系。

### 4.2.2.2  旅游资源分类

并非所有的文化景观都是旅游文化景观，仅指参与旅游活动的部分，而同样参与旅游活动过程的旅游资源势必对旅游文化景观分类具有借鉴意义。目前，关于旅游资源分类主要依据资源的客体属性、科学属性、发育背景、开发状态以及可持续利用潜力等（表 4.1）。其中，按照旅游资源属性分类较为典型的是郭来喜等 2000 年在《中国旅游资源普查规范》（试行稿）基础上，分成的自然、人文、服务 3 个景系、10 个景类和 98 个景型；另外，2003 年中国科学院地理科学与资源研究所和国家旅游局规划发展与财务司编的《旅游资源分类、调查与评价》，该分类标准将中国旅游资源分为地文景观、水域风光、生物景观、天象与气候景观、遗址遗迹、建筑与设施、旅游商品、人文活动等 8 个主类、31 个亚类和 155 个基本类型。

表 4.1  旅游资源主要分类方法（郭来喜等，2000）

| 分类依据 | 类型 |
| --- | --- |
| 客体属性 | 非物质性旅游资源 |
| | 物质与非物质共融性旅游资源 |
| 科学属性 | 自然景观旅游资源 |
| | 人文景观旅游资源 |
| | 服务性旅游资源 |
| 发育背景 | 天然赋存性旅游资源 |
| | 人工创造性旅游资源 |
| | 复合性旅游资源 |
| 开发状态 | 已开发旅游资源 |
| | 待开发旅游资源 |
| | 潜在旅游资源 |
| 可持续利用潜力 | 再生性旅游资源 |
| | 不可再生性旅游资源 |

### 4.2.2.3　旅游文化景观分类

目前对旅游文化景观分类的研究还相对较少。曹学文和韩燕平(2007)将旅游文化景观分为物质文化和非物质文化两部分,主要包括自然景观、聚落景观、宗教景观、宗族与人口、农业与工业景观、传统文化与流行文化景观。胡晓容等(2015)同样将旅游文化景观主要分为物质形态和非物质形态,与曹学文等不同的是物质形态的包括旅游饮食文化景观、旅游住宿文化景观、旅游交通文化景观、旅游购物文化景观、旅游景区文化景观和旅游娱乐文化景观等,非物质形态包含形态旅游文化景观、制度旅游文化景观、精神旅游文化景观等。冯淑华和田逢军(2011)在《旅游地理学》一书中从旅游文化景观要素和旅游者对文化的观照出发,将旅游文化景观分为:城市文化景观、民俗文化景观、宗教文化景观、艺术文化景观、山水民居文化景观、历史文化景观、民族文化景观等。综上所述,目前关于旅游文化景观的分类基本参照传统文化景观的物质和非物质分类方法。

## 4.2.3　海岛旅游文化景观分类系统构建

海岛在国家标准《海洋学术语　海洋地质学》(GB/T8190-2000)中定义为散布于海洋中面积不小于 $500m^2$ 的小块陆地。海岛独特的区位条件,受不同时期科技发展水平、交通条件、社会稳定程度、与大陆的距离、原生土著文化的反馈等人文和自然因素的影响,在接受大陆文化的传播过程中,由于海洋的割裂造就了与大陆迥然不同的特点(2006)。在这样特殊的自然和文化环境中,产生了独特的海岛文化景观。随着旅游的发展,促使部分原有海岛文化景观旅游化以及适应旅游发展的新海岛文化景观得以产生。海岛旅游以其丰富的海岛旅游文化景观吸引着大量游客,其文化景观的独特性和丰富性也是其他旅游地无法比拟的。面对复杂且丰富的海岛旅游文化景观,对其进行系统的分类,有助于更好地开展进一步研究。

### 4.2.3.1　海岛旅游文化景观分类依据

海岛旅游文化景观可以看作为海岛、旅游与文化景观三者的融合,三者有各自的内涵和特点(图 4.2)。在分类中需要依据这三者的条件,找到其交汇区。

(1)旅游研究的需要

文化景观很难绝对地分为物质文化景观和非物质文化景观,一般非物质文化景观常需要一定的物质形态来体现,而物质文化景观都体现着非物质文化的内涵(周尚意等,2004)。除此之外,海岛旅游文化景观是在旅游发展背景下形成的,并参与到整个旅游过程中,为了研究的实际需要,故本研究并没有按照流行的根据物质和非物质进行分类,而是借鉴了旅游资源和旅游类型等相关的分类方法。比较典型的旅游资源分类方法是郭来喜等(2000)的自然、人文和服务 3 分法,这可以作为海岛旅游文化景观一级分类的依据,同时郭来喜等分类中的"景型"对海岛旅游文化景观的具体景观选取具有重要参考。作为旅游类型之一的文化旅游,其包括历史文化旅游、民俗文化旅游、宗教文化旅游、建筑文化旅游、饮食文化旅游以及节庆文化旅游等(卢璐,2008),这些正好有对应的旅游文化景观。因此文化旅游的分类可以为海岛旅游文化景观分类提供借鉴。旅游六要素包括"行、住、食、游、购、娱"(国家旅游局,1991),在二级分类指标选取时具有重要的参考意义,突出旅游的特色。在这样的分类框架下,可以更为细致清楚地了解旅游发展中对文化景观的开发利用情况。

(2)海岛地域的限定

文化景观具有地域性的特点,在不同的地域,受当地自然和人文因素的综合影响,会形成具有地域差异的文化景观,如城市文化景观、乡村文化景观等。在海岛自身的自然和人文机制下,会形成与大陆地区不同的景观。海岛旅游资源包括山海天象、海湾沙滩、山石形胜、海珍特产等自然旅游资源和历史古迹、宗教文化、建筑工程和渔乡风情等人文旅游资源,在这样的资源优势下对应地形成了强烈的海洋韵味和海陆兼备的景观特色(黄仰松,1995)。很多具有海岛特色的景观是其他地区所不具有的,如山海景观等,了解海岛旅游资源的内涵和海岛自身的优势,突出海岛的地域特色,这也是海岛旅游文化景观的重要依据。

(3)文化景观为基础

除了考虑到海岛旅游文化景观的旅游和地域制约外,依据其本质来讲仍然属于文化景观,在分类时需要依据比较合适的文化景观分类方法。文化景观是人有意识的叠加在自然上的创造物,在人类开发过程中,对自然施加影响会形成各种各样的文化景观。在构建海岛旅游文化景观分类系统时,尤其在建立二级分类指标的时候,依然要从常规的文化景观基本类型中选取。海岛旅游文化景观不能脱离文化景观这个基础而存在,虽然研究者依据自身的需要从不同的角度形成了多种多样的分类方法,尚未达成一致,但依然可以从中选出与旅游结合相适宜的分类方法。在旅游开发过程中,为了便于旅游者感知地方文化,往往将地方历史文化进行可视化建设,历史、民俗、艺术等文化景观会被开发成以物质形态的方式呈现,如建设文化走廊、文学虚拟景观现实化等。同时,旅游发展的背景下,必然导致当地建筑、宗教、产业生产等文化景观的旅游化。综合来说,从文化要素视角出发的文化景观,分为宗教景观、建筑景观、语言景观等具体景观类型(李悦铮等,2010),这与旅游开发的资源要素具有契合性。因此,可以参照文化景观的文化要素视角分类方法,构建出合适的二级指标体系。海岛文化景观作为海洋文化景观的一种类型,李加林等(2011)关于海洋文化景观分类系统的研究成果,也为海岛旅游文化景观分类提供了借鉴。

#### 4.2.3.2　海岛旅游文化景观分类系统

海岛旅游文化景观分类是进一步开展海岛旅游文化景观研究的基础性工作。开发文化景观作为旅游吸引物现已成为世界各地通行做法(周永博等,2010),也成

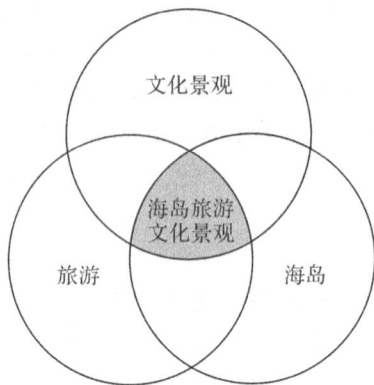

图 4.2　海岛旅游文化景观结构图

为海岛文化景观保护的重要方向。海岛旅游文化景观既是重要的旅游资源,也是海洋文化景观的重要组成部分。文化景观很难绝对地分为物质文化景观和非物质文化景观,一般非物质文化景观常需要一定的物质形态来体现,而物质文化景观都体现着非物质文化的内涵(周尚意等,2004),如海岛宗教文化景观,其宗教场所属于物质文化景观,而其宗教信仰属于非物质文化景观。因此,本研究并没有从物质形态和非物质形态进行分类,而是基于旅游研究和海岛地域特色的实际需要出发,参考国内外学者关于旅游资源(郭来喜等,2000)、海洋文化景观(李加林等,2011)、旅游文化景观(胡晓荣等,2015)、文化景观(赵荣,1995)分类系统的研究成果,将海岛旅游文化景观分为 3 种景观类,即海岛旅游自然—文化景观(A)、海岛旅游人文—文化景观(B)、海岛旅游服务关联性文化景观(C),二级分为 15 种景观型,以及三级各自相对应的具体景观,构建出海岛旅游文化景观分类系统(表 4.2)。

(1)海岛旅游自然—文化景观(A)

海岛旅游自然—文化景观是指海岛自然要素受人类作用影响形成的,仍以自然要素形态呈现的文化景观,目的是满足旅游的需要,形成方式为改造和设计建造为主,如赋予文化内涵的奇石、佛光、人工湖泊、动植物园等。结合海岛资源的特点,该部分分为山海(A1)、水体(A2)、生物(A3)、气象(A4)4 个景观型,这些自然要素也是海岛旅游开发中常见的景观。将自然—文化景观单独分出,可以了解在海岛文化景观旅游化中对海岛自然景观的开发利用状况。

(2)海岛旅游人文—文化景观(B)

海岛旅游人文—文化景观是人类在自然基础上的人工建造物,包括物质和精神层面,受人类活动影响较为深刻,主要以人文状态存在且自然痕迹较小。其依然是在旅游发展背景下产生的,方式主要有两种:原有文化景观的改造、旅游需要的新建文化景观,如,对历史遗迹、传统街区、古建筑、风俗等的改造,主题公园、博物

表 4.2 海岛旅游文化景观分类系统

| 景观类 | 景观型 | 具体景观 |
|---|---|---|
| 海岛旅游自然—文化景观(A) | 山海文化景观(A1) | 具有人文内涵的海岛山脉(A1-1)、峡谷(A1-2)、岩石(A1-3)、海蚀地貌(A1-4)、海岸(A1-5)、海湾(A1-6) |
| | 水体文化景观(A2) | 具有人文内涵的海岛河流(A2-1)、湖泊(A2-2)、瀑布(A2-3)、泉(A2-4) |
| | 生物文化景观(A3) | 具有人文内涵的植物(A3-1)、动物(A3-2)景观 |
| | 气象文化景观(A4) | 具有人文内涵的海岛气候(A4-1)、气象景观(A4-2) |
| 海岛旅游人文—文化景观(B) | 历史文化景观(B1) | 贝丘文化遗址(B1-1)、古港口(B1-2)、海防遗迹(B1-3)、海堤(海塘)(B1-4)、古桥(B1-5)、古塔(B1-6)、古亭(B1-7)、文化线路(B1-8)、海岛博物馆(B1-9)、展览馆(B1-10)、历史纪念地(B1-11)、革命纪念地(B1-12)、历史民居(B1-13)、海岛历史文化名城(B1-14)、海岛历史文化街区(B1-15)、海岛传统村镇(B1-16)、渔村(B1-17) |
| | 节庆民俗文化景观(B2) | 海岛旅游节庆活动(B2-1)、文化节庆活动(B2-2)、商贸节庆活动(B2-3)、体育赛事活动(B2-4)、礼仪习俗(B2-5)、信俗(B2-6)、传统庙会节庆(B2-7)、民间服饰(B2-8)、民族风情(B2-9) |
| | 文学艺术文化景观(B3) | 雕塑(B3-1)、石刻(B3-2)、人造景观(B3-3)、文学旅游景观(B3-4)、旅游艺术表演(B3-5) |
| | 宗教文化景观(B4) | 海岛宗教信仰场所(B4-1)、民间信仰场所(B4-2) |
| | 产业文化景观(B5) | 海岛工业(B5-1)、海岛农业(B5-2)、渔业生产地(B5-3) |
| | 娱乐文化景观(B6) | 海岛主题公园(B6-1)、海岛休闲游乐场所(B6-2)、海岛文化活动场所(B6-3)、海岛旅游景区(B6-4) |
| 海岛旅游服务关联性文化景观(C) | 购物文化景观(C1) | 海鲜特产(C1-1)、旅游纪念品(C1-2) |
| | 地名文化景观(C2) | 旅游景区(C2-1)、景点(C2-2)、住宿(C2-3)、交通(C2-4)地名 |
| | 交通文化景观(C3) | 海岛客运码头(C3-1)、汽车客运站(C3-2)、火车站(C3-3)、机场(C3-4)、公路(C3-5)、游步道(C3-6) |
| | 住宿文化景观(C4) | 海岛旅游宾馆(C4-1)、农家乐(C4-2)、渔家乐(C4-3)、旅游地产(C4-4) |
| | 饮食文化景观(C5) | 海鲜美食(C5-1)、其他旅游美食(C5-2) |

馆等的建设。人文—文化景观受人类影响深刻,也是最为典型的文化景观,类型复杂丰富,因此该部分分类也是最多的。主要分为:历史(B1)、节庆民俗(B2)、文学

艺术(B3)、宗教(B4)、产业(B5)、娱乐(B6),共 6 个景观型,这样分类可以了解到海岛文化景观旅游化过程中对当地历史文化的开发状况,以及现代旅游文化的利用状况。

(3)海岛旅游服务关联性文化景观(C)

海岛旅游服务关联性文化景观在旅游活动中主要起着媒介的作用,是指为旅游活动得以顺利进行而改造和建设的设施性文化景观,如:客运站、道路、餐饮、住宿等设施景观。可以分为购物(C1)、地名(C2)、交通(C3)、住宿(C4)、饮食(C5)等 5 类景观型,这些与旅游服务有极强的关联性。其中旅游地名对旅游地内部各文化景观具有指示功能,且好的旅游地名可以塑造旅游地良好的旅游形象和旅游氛围,并且本身也是文化景观,可以看出其对旅游活动有无形的服务关联性,故在该部分也将旅游地名单独列出。该部分这样的分类利于了解海岛旅游发展中服务配套设施等的文化景观的发展状况。

### 4.2.3.3　海岛旅游文化景观基本类型判识标准

本研究认为旅游文化景观是旅游背景下,为了满足旅游需要,由旅游者、旅游经营者、政府、居民等相关群体参与,对区域自然要素和人文要素集中开发和利用而形成的自然、文化综合体。关于海岛旅游文化景观要素的判识,可以参考本研究对旅游文化景观的定义。依据定义主要总结出以下判识标准:

(1)主要功能

文化景观的功能会随着时代的变化而发生变化。海岛旅游文化景观开发的目的是参与旅游经济活动,是否参与旅游过程、具备旅游经济功能是判定海岛文化景观为海岛旅游文化景观的重要标志,即并非所有的海岛文化景观都是海岛旅游文化景观。在现阶段,虽然属于文化景观,但尚未进入旅游者视野、未形成旅游经济功能,不属于该范畴。如海岛中存在的贝丘文化遗址,现在更多的是历史文化功能等,受开发等条件的限制并未参与旅游过程,起码在现阶段不属于海岛旅游文化景观范围。在旅游发展背景下,文化景观功能性发生变化,旅游经济功能强化已成为普遍现象。在景区的开发中,为了增加旅游吸引力,丰富景区的旅游景观,一种方式是将当地富有文化色彩的自然景观加以开发或将独特的自然景观赋以文化内涵,另一种方式依据当地文化或外来文化建造新的景观,这两种方式的目的就是实现旅游功能,因此形成的文化景观均属于旅游文化景观。

(2)参与主体

文化景观是居住在土地上人的集团,为满足某种实际需要,利用自然界提供的材料,有意识地在自然景观之上叠加了自己所创造的景观(王恩涌,1989),强调人类作用对文化景观的形成。海岛旅游文化景观是由旅游者、旅游经营者、政府、居民等相关群体参与集中开发和利用的结果。海岛地形复杂,自然条件约束较大,虽然部分旅游资源质量较高,但处于待开发状况且尚未进入旅游者视野,仍然处于自然状态,亦即受人类活动影响不明显,故并不是海岛旅游文化景观。旅游者、旅游经营者、政府、居民等相关群体的参与可以看作是海岛旅游文化景观形成至关重要的环节,是海岛旅游文化景观形成的主体。

## 4.3　桃花岛旅游文化景观的地理基础

### 4.3.1　自然地理基础

文化景观存在于地表,并占据了一定的地理空间,由自然因素和人文因素两大部分组成。因此,文化景观中的自然因素是文化景观建立和发展的基础(周尚意等,2004)。地质地貌、气候水文、生物等各种自然因素成为文化景观形成极其重要的自然地理基础。

#### 4.3.1.1　地质地貌

桃花岛位于华南褶皱区,浙闽沿海中生代构造火山岩带东北端(中国城市规划设计院,2006),原系浙东北丘陵山地的一部分,地质构造形成于燕山晚期,在全新世海侵过程中陷入海中。桃花岛火山岩系广布,除层状火山沉积岩外,基岩整体性好,其中喷出岩的火山酸性熔岩分布在岛西部,山地分布主要为火山碎屑岩;侵入岩主要为出露的钾长花岗岩,分布在岛的南半部(《中国海岛志》编纂委员会,2014)。

地形以海岛丘陵为主,低山丘陵占全岛面积74.6%,平地面积占25.4%;山脉主要分布在中南部,其中安期峰海拔544.7m,为舟山群岛第一高峰(《中国海岛志》编纂委员会,2014)。安期峰周围的山脉,东南部有半截山、尖峰山,西北部有大岗墩、麦山尖、大岭山,北部有裂山(普陀县地名办公室,1986)。除此之外,在岛西北部比较典型的山脉有大佛头等。岛的北部为海积平原,也是桃花岛居民的主要聚集地,西北面为港湾平原(中国城市规划设计院,2006),除此之外中部的塔湾和东南端的乌石子有小块平地分布。桃花岛海岸以基岩海岸为主,全岛海岸线长54.3km,其中基岩海岸35.6km,主要分布在南北部;人工岸线16.1km,主要以北半部为主;沙砾岸线2.6km,在中部东岸(《中国海岛志》编纂委员会,2014)。

"桃花石"是桃花岛著名的景观,岛名也源于此,而桃花石的形成与其地质条件密切相关。桃花岛的主体由多节理、多缝隙的花岗岩构成,地表水从岩石裂缝中下渗,经年累月,铁、锰等黑色矿物质沉淀在以钾长石为主要成分的浅红色花岗岩上,就形成了花朵或树枝状的图案(王建富,2014),当地赋以安期生"尝以醉墨泼山石,遂成桃花纹"的传说,增加了文化内涵。作为舟山群岛最高峰的安期峰以及周围的众多山脉,再加上以基岩为主的海岸线,多海蚀地貌发育,形成了独特的海岛山海景观,这些都成为良好的旅游资源,是形成桃花岛旅游文化景观的重要自然基础。

### 4.3.1.2　气候水文

桃花岛受海洋影响明显,属亚热带季风海洋性气候区。由于海陆热容量的显著差异,形成了独特的海岛气候,表现为四季分明、冬暖夏凉、雨量偏少、台风频繁、年日温差小、夏季最热月推迟至8月、积雪稀少等(李根有等,1989)。桃花岛古称"白云山",由于在这样的气候条件下,夏季安期峰被云雾笼罩,如仙境一般,当地居民在环境感知状况下,产生了安期生等传说故事。海洋性显著的气候条件,较为适宜人类生产生活。明清两次海禁展复后,均有浙江沿海地区的渔民来此生产生活。在适宜的气候条件中,历史上迁居至此的移民随着对当地的开发,创造了众多的文化景观,塑造积淀了当地的历史文化内涵,这些都成为现今桃花岛宝贵的财富。同时,季风性的气候条件下,也促成了当地繁茂多样的生物环境。

当地的亚热带季风海洋型气候,这有助于岛上水体的形成。但拘于海岛面积狭小且中南部多山脉,这造成全岛无较长河流,形成了岛南部山高源短,均为天然山溪型河流,呈放射状由安期峰向四周分布,坡度大,流量季节性变化大;在岛的北部,河流有天然与人工共同作用形成,坡度小,河岸平直,流量季节性变化小(《中国海岛志》编纂委员会,2014)。海岛南部的这些山溪型河流,易于形成瀑布景观,被当地人赋以各种民间传说。虽然为亚热带季风海洋型气候,但作为海岛面积较小,淡水河流不多,常出现淡水短缺的问题。为了解决该问题,岛上居民修建了许多人工水库,如泥螺岙水库、老庙水库等。

### 4.3.1.3　生物状况

生物包括植物和动物。桃花岛处于海洋性亚热带季风气候区,水热条件相对较好,是浙江省植物资源比较丰富的岛屿之一,素有"海岛植物王国"之称。全岛有植被地域面积3059.3hm²,植被覆盖率75.8%,岛中、南部山腹以下,尤其是山坑土层较厚,水分充足,适宜林木生长;东北部和西北部蚂蟥山、火烧山、大石头等山腰及一些小山丘植被较好。桃花岛的经济林地主要有柑橘、兰花、水仙花和茶叶(《中国海岛志》编纂委员会,2014)。其中以茶园最具特色,是"普陀佛茶"的主要产地,知名度较高;普陀水仙,又称"观音水仙",在塔湾村附近建有普陀水仙精品示范园;兰花,在当地也称"香草",以岛中部小潭岗海岛植物保护区为上品。其他,如桃林,随着桃花岛金庸武侠爱情旅游形象的塑造之后,与之相应的在岛上种植桃林,以与金庸武侠文学中的"桃花岛"形象相契合。繁茂的植被条件,营造出桃花岛整体郁郁葱葱、神秘的海岛环境氛围,并且部分植物也被开发为旅游文化景观。

作为海岛的优势动物资源当属各种鱼类、虾类等海鲜资源。当地较为丰富的有鲥鱼、带鱼、龙头鱼、中国毛虾、青鳞鱼、虾姑、鼓虾等(《中国海岛志》编纂委员会,2014),在这样优势的海鲜资源背景下,形成了当地旅游中的海鲜美食和海鲜特产,与之相应的是海鲜旅游饮食文化景观和旅游购物文化景观的出现。另外,桃花岛较有历史文化底蕴的当属鲵鱼,当地俗称"米鱼",并有与"米鱼"联系紧密的米鱼洋村地名,这些与"桃花龙女"信仰相关联,丰富了当地的文化内涵。

### 4.3.2　人文地理基础

#### 4.3.2.1　历史沿革

据民间传说,桃花岛古称"白云山",因终年白云绕山的景象给周围渔民留下深刻印象,故以景为名(王建富,2014),具体情况无法考证。最早关于桃花岛文字记载当属宋乾道《四明图经》,载:"桃花山,在县东南一百二十里,老相传,安期生学道炼丹于此,尝以醉墨洒于山石上,遂成桃花纹,奇形异状,宛若天然,人多取之,以为珍玩,故山号桃花。"随后,在宋《四明志·昌国》、元大德《昌国州图志》、清康熙《定海县志》、清光绪《定海厅志》、民国《定海县志》都有类似记载,并在当地民间也流传较广(普陀县地名办公室,1986)。在清光绪《定海厅志》中,存在一幅"桃花山图",这也是历史时期唯一一幅有详细地名信息的桃花岛地图,地名多达百余,可以通过地名比较详细地看到清末桃花岛开发的状况。由以上分析可知,桃花岛最晚在宋代已有人在岛上活动,伴随的是对海岛的开发。小山头遗址于1984年在桃花岛客浦村被发现,文化层厚度0.7m,内有红烧土坯,出土有釜、罐及硬纹陶片等。据考证,其属春秋战国时代遗址,表明在春秋战国时期即有先民在此活动(《中国海岛志》编纂委员会,2014)。

在宋代时,岛上建桃花庄,名气渐增,并且岛上的寺院、碑塔等人文景观和金沙、碧海等山海风光融合一体,因而吸引了一些文人墨客来此赏景、赋诗。宋代文学家苏东坡在《送冯判官至昌国》诗中有云:"兰山摇动秀山舞,小白桃花半吞吐。"诗中"桃花"指的即是桃花岛。清康熙年间的定海知县缪燧在《桃花山》中写道:"年年春风吹,不见华盈野。彭泽纪桃源,幽趣我心焉。"诗中缪燧将桃花山比作是东晋陶渊明笔下的桃源山。除此之外,道光年间著名学者朱绪更是认为桃花岛的风景可与武陵媲美,并题《桃花山》诗:"墨痕趁醉洒桃花,石上斑纹烂若霞。浪说武陵春色好,不曾来此泛仙槎。"(中国城市规划设计院,2006)

桃花岛作为舟山群岛的第7大岛,具有悠久的开发历史。在这长期的历史文化传承中,桃花岛沉淀了丰富的文化资源,也塑造了多样的海岛文化景观。在这样的历史文化基础下,开发文化景观作为旅游文化景观,既具有资源优势,同时客观上也能够弘扬当地的海岛文化。

#### 4.3.2.2　文化资源

海岛文化是海洋文化的一部分,桃花岛文化资源伴随着移民开始。在历史时期,对桃花岛的开发过程中,由于对自然界信息的不完全了解,海岛居民与大陆居民表现较为一致,在海岛人地关系中出于对海洋环境的恐惧,而转向对宗教信仰的依赖。桃花岛信仰呈现多元化,有以"安期生"为代表的道教信仰,"观世音菩萨"为代表的佛教信仰,"桃花龙女"为代表的龙信仰,除此之外,还有妈祖信仰和其他的一些民间神祇信仰。民间神祇信仰中新、老白鹤庙供奉为本土抗倭志士,青山庙供奉的是为海禁期间及展复后为桃花岛移民做出过重要贡献的"青山夫子"(普陀区桃花镇人民政府,2008)。在清光绪"桃花山图"中,信仰类地名寺、庙、庵、宫、祠等共12个,比如圣岩寺、白雀寺、清修庵、龙王(凰)宫等(图4.3)。据实地调查,不论重修或重建,现在绝大多数信仰场所仍然存在。桃花岛的信仰呈现多元化,既有一般性的宗教信仰,又有海洋特色的地方民间信仰,成为现有宝贵的信仰文化资源,形成了丰富的宗教文化景观。

在民俗文化方面,桃花岛为半农半渔,故其产生了丰富的渔业、农业生产习俗,产生了大量生产的渔谣、民谚。渔业生产习俗基本与舟山群岛整体呈现一致,在农业生产习俗方面具有自己的特色,如历史悠久的"稻花会"。稻花会,现称"桃花会",是桃花岛民间传统的迎神赛会活动,相传始于明朝。稻花会取传统文化中"秋报"之意,在农历初秋七月举行。旧时稻花会每年举办一次,每次历时三日,1948年为举办的最后一次。后于1995年恢复民俗活动时,民间以"桃花会"复出(《中国海岛志》编纂委员会,2014),至2015年已举办4次,规模盛大,历届均吸引大量游客前来参观。半农半渔的桃花岛渔业与农业习俗兼有,形成了多样化的文化景观。

在文学艺术方面,桃花岛既有当地流传久远的民间传说,又是金庸武侠文学"桃花岛"故事的发生地。在民间流传最为广泛的主要有安期生、桃花龙女、观世音菩萨等传说。据晋皇甫谧《高士传》记载:"安期生者,琅琊人也,……,卖药海边,老而不仕,时人谓之千岁公。"在岛上,与安期生相关的传说众多,包括"桃花石"的形成,"桃花岛"名称的来源便与安期生"墨洒于山石上,遂成桃花纹"有关,还有如安期洞遗迹等。桃花龙女,当地也称为"小龙女",传说生在郭巨,后洗澡现其龙身被发现,飞至桃花岛修炼。在岛上与桃花岛龙女相关的传说众多,如米鱼洋、龙洞、龙潭等,以及供奉她的"龙凰宫"。关于观世音菩萨的传说,最出名的为"火烧白雀寺",民间传说观世音菩萨在白雀寺出家,当地所传的"观音经"记载了其出家的故事,还有其他的一些传说,如"含羞观音"等,已开发为旅游景点。当然除了这些民间流传的传说外,同时也是金庸武侠文学中"桃花岛"故事的发生地。"桃花岛"在《射雕英雄传》和《神雕侠侣》中均有出现,是金庸武侠文学中"黄药师""黄蓉""郭靖"等人物的重要活动地,这为舟山桃花岛旅游开发提供了重要的文化素材,现已依据武侠文学中"桃花岛"的状况建设了"桃花寨""射雕英雄传旅游影视城"景区,《射雕英雄传》等多部金庸武侠影视作品在此取景拍摄,开发了众多金庸武侠文学景观。

作为海岛,桃花岛也具有浓厚的海防文化,是清时浙东北沿海抗倭要地之一。桃花岛自古为海上丝绸之路与中国海上贸易要道,岛西北的大石头作为地文航海时期的海上路标,在公元6世纪已传入欧亚沿海国家(《中国海岛志》编纂委员会,2014)。

### 4.3.2.3 旅游发展

桃花岛旅游资源丰富、开发较早,与普陀山、朱家尖、沈家门组成舟山"旅游金三角"。早在 1991 年已经开始着手组织专家对旅游资源进行普查,如今旅游业已成为主导产业。桃花岛在 1993 年 3 月被列为省级风景名胜区,正式开展旅游活动大致在 1997 年左右(表 4.3)。随着旅游基础设施日益完善和景区景点开发建设步伐的不断加快,2001 年开始,先后成功拍摄了《射雕英雄传》、《天龙八部》、《神雕侠侣》、《鹿鼎记》、《倚天屠龙记》等多部金庸武侠影视剧。连续举办了三届金庸武侠文化节和四届侠侣爱情文化节,金庸武侠文化旅游的开发使桃花岛的旅游知名度不断提高。2007 年被国家旅游局认定为 4A 级景区,成功创建成为首批省级旅游强镇、省级生态旅游区、省三星级乡村旅游点。全岛共开发有 5 大旅游景区,即桃花峪景区、大佛岩景区(射雕英雄传旅游城)、安期峰景区、塔湾金沙景区和桃花港风景带,其中桃花峪景区、大佛岩景区(射雕英雄传旅游城)、安期峰景区、塔湾金沙景区开发较为完善,旅游者较多;桃花港风景带距离较远,且目前并未有旅游公交通行,较为不便,前去游览的旅游者较少。在食宿方面,根据实地调查,桃花岛共有大小宾馆、渔家乐 88 家。为规范对塔湾渔家客栈的管理,镇党委、政府还引导成立了塔湾渔家乐协会。

**表 4.3　桃花岛旅游发展历程**

| 重要事件 | 时间 |
|---|---|
| 《关于桃花岛旅游资源考察评估纪要》 | 1991 年 |
| 《桃花岛风景旅游资源调查报告》 | 1992 年 |
| 被列为浙江省第三批省级风景名胜区、编制完成桃花岛风景名胜区总体规划 | 1993 年 |
| 建造定海城墙、城楼,拍摄电影《鸦片战争》 | 1996 年 |
| 修复"定海城",开展旅游活动 | 1997 年 |
| 建设白雀寺"观音奉殿"、桃花峪景区的桃花寨休闲村建设完成 | 2000 年 |
| 建设完成射雕英雄传旅游影视城、拍摄电视剧《射雕英雄传》 | 2001 年 |
| 组建桃花湾旅游开发公司 | 2002 年 |
| 安期峰景区环山公路基本完成 | 2003 年 |
| 安期峰景区建设基本完成 | 2003—2004 年 |
| 举办首届金庸武侠文化节 | 2004 年 |
| 《桃花岛风景名胜区总体规划(2006—2020)》 | 2006 年 |
| 国家 AAAA 级景区 | 2007 年 |
| 开始举办金庸侠侣爱情文化节 | 2009 年 |
| 举办首届桃缘相思情赏花会 | 2015 年 |

资料来源:桃花岛风景名胜区总体规划(2006-2020);桃花岛旅游网站(http://www.taohuadao.com.cn/)

根据普陀区旅游局以及桃花岛景区旅游管委会提供的统计数据(图 4.3),在游客量方面呈现持续增长趋势。1997—2000 年游客量由 8 万人增长到 13.61 万人,由于基数小,年平均增长率约 19.38%,人数保持在 10 万左右,表明桃花岛旅游发展处于较低水平;2001—2008 年游客量由 17.99 万人上升到 90.15 万人,年平均增长率约 25.93%,逐渐进入快速发展时期。这是由于 2001 年射雕英雄传旅游影视城的建设和《射雕英雄传》等电视剧的拍摄,当年就吸引了大批游客,桃花岛的知名度得到提高。2009 年开始年游客量高于 100 万人,2009—2014 年 5 年间游客量增加了近 101.26 万人,年平均增长约 20 万人,游客量持续增长且维持在一个较高水平。

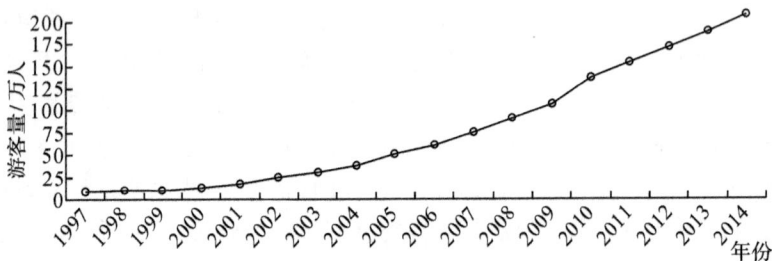

图 4.3　1997—2014 年桃花岛游客量

在旅游门票收入方面,普陀区旅游局收集了 2006 年至 2014 年的数据。旅游门票收入仅是旅游收入的组成部分之一,与门票价格和游客量相关,现桃花岛收门票的景区主要有 4 个,单个景区价格基本保持在 50 元左右。在门票收入方面,2006—2014 年保持持续增长趋势(图 4.4),相应同期的游客量也处于快速发展阶段。2006—2014 年门票收入由 845.6 万元增长到 3573.72 万元,8 年间增加了近 2728.12 万元,年均增长量约 341.02 万元,年平均增长率约 19.74%。由此可以看出,桃花岛作为金庸武侠文学旅游地,基本呈现良好发展趋势。

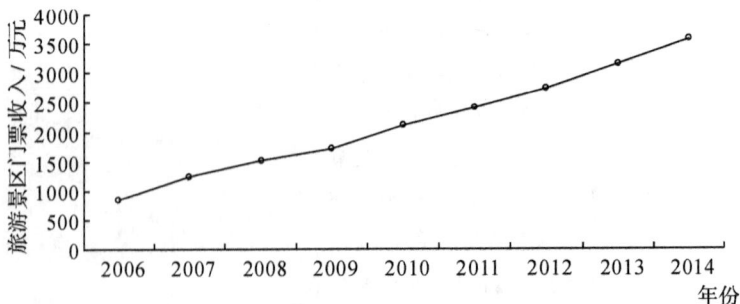

图 4.4　2006—2014 年桃花岛旅游景区门票收入

# 4.4　桃花岛旅游文化景观特征分析

## 4.4.1　桃花岛旅游文化景观分类系统

### 4.4.1.1　数据来源

桃花岛旅游文化景观数据主要来源于研究者于 2014—2015 年 3 次在桃花岛的实地调研、观察,桃花镇旅游办公室,桃花镇文化站,《中国海岛志(浙江卷第二册)》旅游游记文本和照片,桃花岛旅游官方网站(http://www.taohuadao.com.cn/)。

### 4.4.1.2　分类系统构建

依据海岛旅游文化景观内涵和基本类型判识标准,构建桃花岛旅游文化景观分类系统。在实地调研、访谈以及其他途径获得的桃花岛旅游文化景观数据中,可以发现桃花岛在现有的旅游文化景观中缺少气象和产业旅游文化景观,目前共 13 大类,景观种类丰富多样(表 4.4)。

**表 4.4　桃花岛旅游文化景观分类系统**

| 景观类 | 景观型 | 具体景观 |
|---|---|---|
| 海岛旅游自然—文化景观 | 山海文化景观 | 姐妹石、和尚石、玉兔下山、安期石峰、祭天台、观音望海、神龟望海、千岛之巅、炼珠洞、含羞观音、海龟巡岸、东海神珠、龙珠滩、神雕石、碧海潮生、弹指峰、狮子伏海、一线天、清音洞、大佛岩、千步大沙、明镜湖、乌石砾滩、观音佛壁、穿壁洞、仙人桥、唐僧师徒渡海礁、龙洞、磨盘峰 |
| | 水体文化景观 | 莲花池、龙潭、红蚯潭、红蚯飞瀑、龙女洞、桃花溪、龙女沐浴、觞水、桃花潭、龙洞、散花湖、石岗潭 |
| | 生物文化景观 | 竹径逸园、桃花园、茶园、法国薰衣草、灰姑娘薰衣草、香草谷、桃缘相思林、普陀水仙精品示范园 |
| 海岛旅游人文—文化景观 | 历史文化景观 | 安期生文化纪念馆、安期生隐居故址、千年梅树桩、乌石子、米鱼洋、鸳鸪门 |
| | 节庆民俗文化景观 | 桃花会、桃花岛金庸侠侣爱情文化节、桃缘相思情赏花会 |

续表

| 景观类 | 景观型 | 具体景观 |
|---|---|---|
| 海岛旅游人文—文化景观 | 文学艺术文化景观 | 金牛戏水、八羊听瀑、黄药师雕像、桃花诗涧、心字石、桃花岛石、海岛第一山、别有洞天、桃花石(桃花峪景区)、桃花石(安期峰景区)、八卦亭、黄药师山庄、试剑亭、九阴白骨洞、积翠亭(桃花峪景区)、牛家村、神雕英雄传旅游城门、曲三酒家、杨铁心家、金庸文化园、蒙古大帐、东邪船埠、临安街、临安酒家、"比武招亲"、八卦厅、黄蓉房、冯氏墓、黄药师庄、归云庄、八卦书屋、八角亭、佛堂、观澜厅、养生堂、水榭、五湖居、听雨居、京城广场、积翠亭(大佛岩景区)、南帝寺、定海城、紫丘桥、莲心桥、悬壁栈道、金麟宝塔(万安塔)、玉溪长廊、祭天台 |
| | 宗教文化景观 | 白雀寺、圣岩寺、龙凰宫、龙女阁、观音阁、新白鹤庙、顶首庵、炼丹洞、钟楼 |
| | 娱乐文化景观 | 金沙浴场、怡乐园、跨越龙潭、塔湾金沙景区、安期峰景区、桃花峪景区、大佛岩景区、桃花港风景带 |
| 海岛旅游服务关联性文化景观 | 购物文化景观 | 主要有海鲜特产、贝壳沙雕工艺品、普陀佛茶、桃花石、桃花饼 |
| | 地名文化景观 | 旅游地名文化景观包括除节庆、民俗外的其他旅游文化景观地名 |
| | 交通文化景观 | 茅草屋码头、沙岙车渡码头、桃花直升机场、茅沙线、茅乌线、沙乌线、稻乌线、后贤路、景区内游步道为木质板道路和石质板道路 |
| | 住宿文化景观 | 桃源人家、桃源坊、江湖会所、桃园大酒店、桃林饭店、舒鑫酒店、碧海山庄、桃缘阁、锦华楼宾馆、清风小庄、幽雅宾馆、众逸宾馆、静雅小庄、桃花坞客栈、桃花苑宾馆、桃云宾馆、东邪小庄、渔一味假日酒店、海韵之星酒店、得月楼、蒋佳小苑、桃盛、络源驿站、桃花小庄、新天叁庄、农家小院、木林戈庄园、桃花格宾馆、桃新饭店、庆泰旅馆、茅草岙旅馆、千岛客栈、海乐酒家、海泰山庄、望海山庄、海悦园、雀来缘、闻涛苑、宝华海贝大酒店、天涯阁、蓉儿宾馆、海棠苑、海轩雅居、海豚家园、海盛苑(阿立家菜馆)、海悦山庄、姚佳家园、安期山庄、龙溪山庄、阳光家园、碧海家园、老客缘、凤凰小庄、姐妹家园、观日小庄、红房子、倾心雅庄、沙滩客栈、沙滩苑、碧海金沙苑、小龙女客栈、海滩苑、天龙山庄、金沙湾迎宾山庄、金沙苑、海声家园、滨之缘、海蓝蓝山庄、阿拉家园、三味生活别院、夕苑、龙云山庄、沙滩海边人家、嵩林园、东海湾宾馆、金沙宾馆、海景苑、听潮小庄、欣苑宾馆、安期谷山庄、雅静海庄、兴源宾馆、海湾浪琴、老客缘宾馆、龙苑山庄、晓梅家园、海滩人家、渔家一号客栈、宝华海贝沙滩 |
| | 饮食文化景观 | 海鲜美食、金庸武侠文学美食 |

### 4.4.2　桃花岛旅游文化景观基本类型计量特征

#### 4.4.2.1　文化景观基本类型整体分析

桃花岛旅游文化景观型共分 13 类,为了更好地了解基本类型特征的整体状况,根据类型比重进行定量评价。关于交通文化景观数量统计,因景区内游步道繁多复杂,故游步道数量不在统计范围;海岛旅游地名文化景观几乎包含了其他文化景观类型的地名,因此其数量接近于所有旅游文化景观类型总数,不加入该部分分析;另外购物、饮食文化景观在统计口径上与其他景观型不一致,在数量上进行比较没有实际意义,故本部分仅对其余的 10 种旅游文化景观进行计算分析。公式如下:

$$W_i = T_i \bigg/ \sum_{i=1}^{n} T_i \qquad \text{(公式 4.1)}$$

式中,$T_i$ 代表第 $i$ 种海岛旅游文化景观的数量,$W_i$ 代表第 $i$ 种海岛旅游文化景观所占的比重,$i=1,2,\cdots,10$。

在桃花岛旅游文化景观的 10 种基本类型中,住宿、文学艺术、山海文化景观比重最高,分别占 0.4018、0.2192、0.1324;比重最低的两个分别占 0.0274、0.0041,为历史文化景观和节庆民俗文化景观(表 4.5),其他的 5 种类型旅游文化景观均比重较低且基本相差不大(介于 0.0350~0.0550 之间)。仅从旅游文化景观基本类型数量比重来说,住宿文化景观占有绝对优势,甚至大于第 2、3 名文学和山海文化景观之和。这也在情理之中,海岛以海水为屏障形成一个独立的自然地理单元,交通具有一定的制约性,造成大量的旅游者可能会在岛上过夜,并且桃花岛高级宾馆不多,多为小型渔家乐,这就是致使住宿文化景观在数量上较多的原因。文学艺术文化景观与山海文化景观相比,前者接近后者的 2 倍,文学艺术文化景观比重较高的原因在于其内部构成中金庸武侠文学景观数量多,这也与桃花岛旅游发展中以"爱情""武侠"文学旅游地的定位有关。山海文化景观是海岛旅游文化景观的特色构成的,文化景观旅游化过程中不可能脱离自然而开展,其较高的比重正是说明其借助于自身海岛独特环境的优势进行旅游开发。节庆民俗、历史作为文化要素,成为现在文化旅游开发的对象,会受到区域自身历史文化资源的影响,并且比一般性的物质实体景观开发难度要大,其比重小仅在一定程度上说明旅游经济中节庆民俗、历史资源的丰富度还需要加强。

**表 4.5　桃花岛旅游文化景观基本类型比重状况**

| 基本类型 | $T_i$ | $W_i$ |
| --- | --- | --- |
| 住宿文化景观 | 88 | 0.4018 |
| 文学艺术文化景观 | 48 | 0.2192 |

续表

| 基本类型 | $T_i$ | $W_i$ |
|---|---|---|
| 山海文化景观 | 29 | 0.1324 |
| 水体文化景观 | 12 | 0.0548 |
| 宗教文化景观 | 9 | 0.0411 |
| 生物文化景观 | 8 | 0.0365 |
| 娱乐文化景观 | 8 | 0.0365 |
| 交通文化景观 | 8 | 0.0365 |
| 历史文化景观 | 6 | 0.0274 |
| 节庆民俗文化景观 | 3 | 0.0137 |

### 4.4.2.2 自然、人文、服务关联性文化景观计量特征分析

桃花岛旅游文化景观包括旅游自然—文化景观、旅游人文—文化景观以及服务关联性文化景观。为了更好地了解这三者的比重关系以及各自内部的结构,构建比重模型,公式如下:

$$W_j = T_j \bigg/ \sum_{j=1}^{n} T_j , \quad W_k = T_k \bigg/ \sum_{j=1}^{n} T_k \qquad (公式 4.2)$$

式中,$T_j$、$T_k$ 分别代表第 $j$、$k$ 种海岛旅游文化景观型和类的数量,$T_j$、$W_k$ 代表第 $j$、$k$ 种海岛旅游文化景观型和类的比重,$j=1,2,\cdots10,k=1,2,3$。

在桃花岛旅游文化景观的 3 种景观类中,旅游服务关联性文化景观比重最高(0.4384),旅游人文—文化景观比重次之(0.3379),旅游自然—文化景观比重最低(0.2237),三者近似呈现为方差为 0.1 的等差数列(表 4.6)。旅游服务关联性文化景观在旅游地中主要起着媒体中介的作用,为旅游活动得以顺利进行提供基础服务和保障,数量上比重高在一定程度上表明桃花岛在旅游基础服务方面相对较好。旅游人文—文化景观略高于自然—文化景观,在旅游开发中对人文要素的利用在数量上要稍多于自然要素,换言之,在桃花岛旅游文化景观形成中,对自身自然要素利用稍有欠缺。造成这种现象的原因可能与桃花岛"生态岛"建设、"保护优先"的开发理念和原则有关,故对自然要素的开发改造稍弱。当然,这与文化景观的内涵和海岛旅游文化景观类型划分和判识也会有一定关系。而现代旅游的发展,景区普遍偏向于建设各种仿古建筑等人造景观,这就造成了人文—文化景观数量偏多。当然关于仿古建筑是否有必要的问题,要具体看是否与当地文化环境相协调、是否能够起到象征和弘扬地方文化的作用等。

在 3 个景观类各自对应的景观型方面,旅游服务关联性文化景观所包含的住宿文化景观占有绝对优势,而交通文化景观比重极小,当然这与交通文化景观相关部门没有统计景区内部游步道有关,就现在此种权重结构来看,住宿文化景观对桃

花岛服务关联性文化景观比重贡献极大（表 4.6）。在旅游人文—文化景观中，文学艺术文化景观对该景观类贡献最大（0.6486），贡献最小的同样也是在基本类型总体数量特征中比重最小的节庆民俗景观。作为旅游人文—文化景观中比重最大的文学艺术文化景观，通过观察其内部具体景观可以知道金庸武侠文学景观占绝对优势，而本土文学艺术开发的景观较少；另外，宗教、历史文化景观比重小，这两种景观可以代表桃花岛本土的传统文化，表明旅游开展中对本土文化资源利用不足，没有起到很好的彰显地方文化的作用。对于旅游自然—文化景观而言，虽然其在三者中整体比重较小，但在其对应的景观型比重构成可以看出，其在旅游文化景观的形成中，比较注重对自己海岛资源优势的利用，像山海文化景观（0.5918），这是区别于大陆地区旅游文化景观的显著特征。

**表 4.6  桃花岛旅游自然、人文、服务关联性文化景观比重**

| 景观类 | 景观型 | $T_k$ | $W_k$ | $T_j$ | $W_j$ |
|---|---|---|---|---|---|
| 旅游自然—文化景观 | 山海文化景观 | 49 | 0.2237 | 29 | 0.5918 |
| | 水体文化景观 | | | 12 | 0.2449 |
| | 生物文化景观 | | | 8 | 0.1633 |
| 旅游人文—文化景观 | 文学艺术文化景观 | 74 | 0.3379 | 48 | 0.6486 |
| | 宗教文化景观 | | | 9 | 0.1216 |
| | 娱乐文化景观 | | | 8 | 0.1081 |
| | 历史文化景观 | | | 6 | 0.0811 |
| | 节庆民俗文化景观 | | | 3 | 0.0405 |
| 旅游服务关联性文化景观 | 住宿文化景观 | 96 | 0.4384 | 88 | 0.9167 |
| | 交通文化景观 | | | 8 | 0.0833 |

## 4.4.3  桃花岛旅游文化景观基本类型内涵特征

### 4.4.3.1  旅游自然—文化景观

海岛旅游自然—文化景观是指海岛自然要素受人类活动影响形成的仍以自然要素形态呈现的文化景观，目的是满足旅游的需要，形成方式为改造和设计建造为主。桃花岛旅游自然—文化景观包含 3 种景观型，主要分为：山海文化景观、水体文化景观、生物文化景观。

（1）山海文化景观

山海景观是海岛独特的旅游资源，将其开发为旅游文化景观，具有大陆所没有的资源优势。桃花岛是舟山群岛第 7 大岛屿，具有舟山群岛第一高峰安期峰、舟山群岛第一深水港桃花港、东南沿海第一大石大佛岩、舟山群岛第二大沙滩塔湾千步沙,这些都构成了桃花岛独优势的山海景观。桃花岛旅游山海文化景观多为因海蚀作用而形成的象形景观,并和当地的宗教信仰、民间信仰、民间传说相叠加。据当地流传的《观音经》中传颂着观世音菩萨在桃花岛白雀寺出家的故事,因此桃花岛存在许多与观音菩萨相关的传说,这在现有的山海文化景观中也有体现,如含羞观音、观音望海、观音佛壁等。宋乾道《四明图经》中记载:"桃花山,在县东南一百二十里,老相传,安期生学道炼丹于此……"相应的在桃花岛的旅游山海文化景观中,有以安期生传说相关的山海文化景观,如清音洞、安期石峰等。在桃花岛的民间信仰中,具有代表性的是"桃花龙女"信仰,为当地所特有。桃花龙女信仰从古流传至今,与此相应的山海文化景观中存在着桃花龙女的传说,如炼珠洞、龙洞、东海神珠(图4.5(b))等。除此之外,还有一些当地口耳相传的民间传说,均与当地的山海景观相结合,以物化的形式呈现出来,增加了当地自然景观的人文气息,如磨盘峰、和尚石、玉兔下山等,在旅游开发过程中得以旅游化。桃花岛与金庸武侠文学中的"桃花岛"不谋而合,据金庸本人所说,舟山桃花岛正是其《射雕英雄传》和《神雕侠侣》小说中的原型。在旅游发展背景下,桃花岛积极借助金庸的武侠文学进行旅游开发,武侠文学的物化过程中也借助了当地的山海景观,赋予其武侠文学内涵,使其成为现实的武侠文学景观,如碧海潮生、一线天、弹指峰(图4.5(a))等。

(a) 弹指峰　　　　　　　　　　(b) 东海神珠

图 4.5　桃花岛旅游山海文化景观代表

(2)水体文化景观

海岛旅游水体文化景观主要是指海岛上的淡水水体,不包括海岛的沿海咸水水体。水与人类生产生活关系极大,当许多自然、人文现象和难题未能科学解释时,有关水神的崇拜便应运而生(许桂灵,2009),这在桃花岛也并不例外。桃花龙女信仰,不仅体现在山海文化景观中,许多关于桃花龙女的传说和水体相结合,也体现在水体文化景观中,如龙女洞、龙潭、红蚯潭。在旅游开发时,形成富有龙女信仰文化的桃花岛旅游水体文化景观,既有利于丰富当地的旅游景观,促进旅游发展,同时可以增强地方认同和地方文化的宣传和保护,而且也是研究海岛信仰文化和人地关系的重要例证。水一直认为是景观设计的灵魂,桃花岛还有一些旅游水体文化景观是利用现代旅游文化,为了配合旅游发展而开发的水体文化景观,部分存在借助金庸武侠文学的痕迹,如散花湖。除此之外,石缸潭据说是桃花岛古代渔民腌制大黄鱼、乌贼和海蜇等海鲜的石水缸,遗留至今废弃成石缸潭。

（3）生物文化景观

旅游生物文化景观包括动物和植物景观,但在目前桃花岛旅游生物文化景观中仅有植物文化景观。从提取的桃花岛旅游生物文化景观的具体表现中,大体可以分为二类,一为岛上具有种植历史的植物,一为旅游开发后引进植物。茶园、香草谷是桃花岛的本土景观,桃花岛所产的普陀佛茶具有很高的知名度,被定为浙江省名茶之一。据清康熙《定海县志》载:"茶产桃花山者佳。"可见其具有悠久的历史和较高的知名度。香草为兰花,为当地所产,在清光绪《定海厅志》的桃花山图中有"香草岭"这一地名(图3.3)。除此之外,其他的旅游生物文化景观,是在现代旅游背景下所营造的文化景观,以营造桃花岛"浪漫""爱情"的符号色彩,如法国薰衣草、桃缘相思林等。

### 4.4.3.2　旅游人文—文化景观

海岛旅游人文—文化景观是人类在自然基础上的人工建造物,包括物质和精神层面,受人类活动影响较为深刻,主要以人文状态存在,且自然痕迹较小。其依然是在旅游发展背景下产生的,方式主要有两种:原有文化景观的改造,旅游需要的新建文化景观。主要分为5种景观型,分别为:历史文化景观、节庆民俗文化景观、文学艺术文化景观、宗教文化景观、娱乐文化景观。

（1）历史文化景观

海岛旅游历史文化景观主要包括贝丘文化遗址、古港口、海防遗迹、海堤(海塘)、古桥、古塔、古亭、文化线路、海岛博物馆、展览馆、历史纪念地、革命纪念地、历史民居、历史街区等。在桃花岛考古中,发现有小山头遗址,位于客浦村,占地面积约2000m²,文化厚约0.7m,属于春秋战国时代遗址(《中国海岛志》编纂委员会,2014)。但在目前并未开发为旅游文化景观,故未将其统计在内。历史纪念地方面,清乾隆十七年,日本气仙沼市商船"春日丸"海上遇险,后被桃花岛渔民救起,船长等13人在曾白雀寺休养一个月。1997年,日本气仙沼市市长还专程访问了桃花岛(《中国海岛志》编纂委员会,2014)。白雀寺作为"春日丸"事件的见证地,因此增加了历史文化内涵。另外有两处弘扬安期生文化的景观:安期生文化纪念馆、安期生隐居故址。

在桃花岛旅游历史文化景观中,关于传统村落的主要有米鱼洋村、乌石子村(图4.6)、鹁鸪门村,是当地具有一定历史的渔村,其本身及周边旅游资源成为旅游者驻足的景观。米鱼洋是著名的历史渔村,位于桃花岛南端,1992年之前为对峙乡政府驻地,因附近海域盛产鮸鱼得名,建筑多为20世纪80年代建造的二层楼房,村民大多在 1992 年以后迁徙至桃花镇居住,原村仅有少量老年人居住,附近旅游资源丰富,以海蚀洞、崖最为出名(《中国海岛志》编纂委员会,2014)。乌石子,因存在有乌石砾滩得名,位于桃花岛东南端,曾是一个渔业生产的重要泊船岙口,渔业曾兴盛一时。建筑多为依山朝海而建的二层楼房,据笔者调查得到该村房屋建筑多为 20 世纪七八十年代所建,后渔业衰落,大部分居民迁徙至他处,仅留少数老年人,现在该村有两家渔家乐供游客居住。鹁鸪门位于桃花岛东北部,其居民多为清朝第二次海禁展复之后从宁波镇海一带迁徙而来,是著名的渔村,村旁有 1996 年为拍摄电影《鸦片战争》而仿建的定海城。目前,桃花岛旅游历史文化景观并不是很多,开发程度也略显不足,对于这些具有一定历史且风景优美的渔村,可以考虑开发民宿,建设旅游度假渔村。

图 4.6　乌石子村

(2)节庆民俗文化景观

桃花岛旅游节庆民俗文化景观在现代旅游节庆方面主要有桃花岛金庸侠侣爱情文化节(图 4.7(a))、桃缘相思情赏花会,其中以金庸侠侣爱情文化节最为盛大。旅游节庆是旅游发展的新业态,不仅有助于促进旅游的发展,同时也可以塑造旅游地的良好旅游形象。2001 年射雕英雄传旅游影视城建设成功,同年电视剧《射雕英雄传》在岛上拍摄,随之桃花岛借助金庸武侠文学发展旅游,于 2004 年举办了首届金庸武侠文化节,将旅游和武侠文化相结合,紧接着 2006 年和 2008 年又举办了两届。2009 年,桃花岛将武侠文化、旅游和爱情相结合,举办了桃花岛金庸侠侣爱情文化节,随后在 2010 年、2011 年、2013 年、2015 年举办了桃花岛金庸侠侣爱情文化节,目前共举办五届。桃花岛金庸侠侣爱情文化节,是桃花岛依据自身优势开发的比较有特色的旅游文化景观。同时为了突出爱情岛的形象以吸引旅游者,在 2015 年举办了首届桃缘相思情赏花会。

依据实地调查,目前桃花岛旅游节庆民俗文化景观中的传统节庆为桃花会(图

4.7(b))。"桃花会"原名"稻花会",为桃花岛传统的民间迎神赛会活动(王冰,2006)。"稻花会"始于明朝,源于海岛居民对茅山庙茅山神的信仰,据民国《定海县志》载:"在七月间……桃花岛则赛稻花会,各庄往观者颇众。""稻花会"在桃花岛每年举办一次,1948年最后一次举办后退出历史舞台。1995年"稻花会"复出,更名为"桃花会"(普陀区桃花镇人民政府,2008)。目前,"桃花会"已举办四次,分别为1995年、2002年、2005年和2011年,根据笔者调查所得,将于2016年举办第五次"桃花会"。"桃花会"由桃花镇民间自发组织,镇政府和民间密切配合。每次举办,参与的不仅有桃花岛人,还有周边的六横、虾峙、登步、蚂蚁岛等地居民也都组队前来,其辐射范围包括浙江、江苏、上海、福建等省市,2002年举办的"桃花会",出会队伍逾1500人,观众达30000余人(王冰,2006)。目前,"桃花会"已被列为舟山市第二批非物质文化遗产目录。

在桃花岛的节庆民俗方面,虽然数量较少,但既有结合金庸武侠文学的现代旅游节庆,又有传统节庆的继承,具有一定的特色。

(a) 金庸侠侣爱情文化节          (b) 桃花会

图4.7  桃花岛旅游节庆民俗文化景观代表(桃花镇文化站提供)

(3)文学艺术文化景观

旅游文学艺术文化景观主要包括雕塑、石刻、人造景观、文学旅游景观和旅游艺术表演等。在桃花岛的文学艺术文化景观中,以文学旅游景观占绝大部分,其中78.95%的建筑景观以金庸武侠文学为原型而建,如牛家村、临安街(图4.8(a)),其余的要么是和信仰有关联性的仿古建筑,要么是一般旅游观赏性建筑。2001年桃花镇政府在大陆版《射雕英雄传》剧组选择拍摄地时,积极响应建设了射雕影视城,得到剧组肯定,金庸亲自题写了"射雕英雄传旅游城",并于当年9月举行《射雕英雄传》开机仪式。自此,桃花岛借助金庸武侠文学,知名度得到极大提高,旅游得以迅速发展。并且在原有的桃花峪景区也开始营造金庸武侠文学为主题的桃花寨景区。现以金庸武侠文学为主题的射雕英雄传旅游城景区和桃花寨景区是桃花岛的主要发展方向,是其"爱情武侠"定位的主要型塑区。舟山桃花岛已经符号化,绝大部分旅游者皆因其金庸武侠文学的形象慕名而来。

除此之外，还有少部分是旅游开发的需要以营造景观满足旅游者，新建造的人造景观附加以民间故事，丰富人造景观的文化内涵，如金牛戏水、八羊听瀑。桃花岛因桃花石而得名，与桃花并无关系，这可能与外地旅游者对桃花岛的地理想象有所差别，但这并不影响对桃花岛金庸武侠文学"爱情"岛形象的塑造，反而增加了桃花岛历史文化内涵，宣传了地方文化。在旅游发展中，特意将桃花石（图 4.8（b））开发呈现出来，以供旅游者观赏和了解。安期峰顶的石刻"别有洞天"为清康熙三十二年定海县令缪燧访到华山时所书，丰富了桃花岛的旅游文化内涵。桃花诗涧、心字石为一般性现代旅游开发的石刻文化景观。当然在桃花岛其他地方也有较多石刻景观，只是以其主要特征进行分类，所以并没有归于此类当中。

(a)"临安街"一隅　　　　　　(b)桃花石

图 4.8　桃花岛文学艺术文化景观代表

（4）宗教文化景观

依据分类系统，桃花岛旅游宗教文化景观主要包括海岛宗教信仰场所、民间信仰场所。宗教作为旅游的依托载体和活动平台，表现出鲜明的外在特色，这与一般的商务旅游、观光旅游、文化旅游有着显著的区别，宗教与旅游有着天然的密切联系（张桥贵等，2008）。就其目前桃花岛的旅游宗教文化景观，主要涵盖佛教、道教、龙信仰和其他民间信仰。桃花岛作为佛教四大菩萨之一的观音菩萨出家修行之地，拥有得天独厚的佛教文化旅游资源（张群，2006）。在南朝梁代陶弘景著的《真灵位业图》中列在第三左位的"北极真人"安期生曾在桃花岛隐居（王建富，2014），使桃花岛拥有独特的道教文化旅游资源。而当地的桃花龙女信仰与其他地方的龙信仰又大为不同。再加上其他的地方信仰，这些因素都使桃花岛拥有全面的、立体的宗教信仰旅游资源。

（5）娱乐文化景观

传统旅游基本要素包括吃、住、行、游、购、娱，娱乐是六要素之一。目前就桃花岛旅游娱乐文化景观来看，缺乏多样化和丰富度。在景区内部，主要以静待景观为主,表现形式单一,缺乏娱乐方式的深度挖掘。既然桃花岛旅游塑造以金庸武侠文学中"桃花岛"的形象,那么可以深度开发设计与金庸武侠文学相关联的娱乐体验方式。另外,桃花岛质量较好的沙滩有三个:千步沙、乌石砾滩以及定海城前的沙滩,但目前开发较完善的只有千步沙。作为海岛,阳光、沙滩是重要的旅游资源,可以借助其开发娱乐项目,塑造娱乐文化景观。随着观光旅游向度假旅游转变,更应该借助自身优势,加强对旅游娱乐活动的丰富度和深度的挖掘,以增强其吸引力。

### 4.4.3.3　旅游服务关联性文化景观

海岛旅游服务关联性文化景观在旅游活动中主要起着媒介的作用,是指为旅游活动得以顺利进行而改造和建设的设施性文化景观。主要包括购物文化景观、地名文化景观、交通文化景观、住宿文化景观、饮食文化景观。

（1）购物文化景观

桃花岛现有三个旅游特产商店,主要依靠将具有海岛特色的海鲜特产、贝壳、沙雕等工艺品(图4.9),以及桃花岛小白瓜、有机茶、桃花石等当地农副产品简单的加工后进行出售。除此之外,还有旅游背景下开发的桃花饼、观音松塔、莲花佛饼、文化衫等较为初级的产品,以及一些与金庸武侠文学相关联的副产品。就目前来说,现有的旅游特产开发层次还比较浅,许多产品与其他海岛旅游地雷同,虽然也有对当地特产资源的发掘,但是缺乏包装,如当地具有历史文化内涵的"桃花石",就精美程度和纪念价值上还比较欠缺。将桃花岛的旅游特色金庸武侠文学的周边产品进行深度开发,再加上对本地文化的符号化,将其理念设计到旅游纪念品中应该是一个可以提升的方向。

（2）地名文化景观

旅游地名文化景观包括除节庆民俗外的其他旅游文化景观地名。旅游地名文化景观在一定程度上可以衡量出旅游开发的程度,其内涵也会影响到整个旅游地的旅游形象和氛围。桃花岛旅游地名文化景观是在旅游发展背景下产生的,一部分来源于原有的地名文化景观,如宗教地名文化景观;一部分受旅游景观营造的影响进行了变更,如泥螺岙水库更名为散花湖、龙女峰更名为弹指峰;除此之外,大量旅游文化景观的开发也相应地出现了许多新增旅游地名文化景观,如射雕英雄传旅游城建设了大量旅游建筑文化景观,也催生了大量旅游地名文化景观。桃花岛旅游地名文化景观的塑造,使之符号化,旅游者产生的旅游动机大多受桃花岛的"武侠""爱情"符号影响。

（3）交通文化景观

旅游交通文化景观是旅游基础设施文化景观,是旅游活动开展的基本保障。桃花岛现有的旅游交通文化景观主要有三种:水运,是连接外界与海岛旅游地的基本路径;公路,沟通岛上各景观;空运,在旅游的背景下,促成了直升机场的建设。据笔者调研了解,茅草屋客运码头为了迎合旅游发展的需要,于2005年左右建设

图 4.9　桃花岛旅游购物文化景观

了新的站房,表现为仿古建筑风格,利于营造桃花岛的旅游氛围。从码头通向桃花镇及各景区道路,大多为旅游开发之后硬化改造或新建,主要改造或新建了茅沙线、茅乌线、沙乌线、稻乌线、后贤路,建成了环岛公路,便利了岛上居民以及旅游者出行。景区内游步道主要为木质板道路和石质板道路。

(4)住宿文化景观

根据实地调查,桃花岛旅游住宿已有 88 家,主要以本地居民经营的渔家乐、农家乐为主(图 4.10(a)),也有少量外来公司投资的宾馆(图 4.10(b))。根据实地调查访谈,在旅游开发之前,桃花岛已存在住宿文化景观,主要在码头和桃花镇,主要服务对象为本地渔民、船厂工人。旅游开发后,尤其是 2001 年《射雕英雄传》的拍摄,吸引了大量旅游者,也催生了更多住宿文化景观的产生。经营者主要为本地居民且年龄较大,旅游住宿文化景观主要是改造自己的房屋,少部分为新建。建筑风格以现代一般性建筑风格为主,主要为 2 层楼房,并没有特色。据当地旅游管理部门负责人介绍,由于这些经营者年纪都较大,并不能接受由旅游管理部门提供的具有旅游特色建筑风格的设计方案,管理部门也试图通过给予补助加以引导,但效果并不明显。外来公司投资的宾馆主要分布在桃花镇政府所在地,装修较好,多以 3

～4层为主。有一处旅游地产景观,装修设计较好、规模较大,但入住率低。桃花岛休闲旅游同整个旅游发展的大背景一样,并不发达,这可能是造成旅游地产在当地不景气的原因之一。针对目前旅游住宿文化景观的状况,需要进一步开发具有海岛特色建筑风格的住宿且向民宿方向发展,这可能是一个较好的发展方向。

(a) 龙头坑村"渔家乐"　　　　　　(b) 桃花苑宾馆

图 4.10　桃花岛住宿文化景观代表

(5)饮食文化景观

饮食文化景观在海岛往往有特色性,靠海吃海,海岛凭借其区位条件,拥有便利的捕捞海产资源条件,这些正好形成了海岛独特的饮食文化景观。桃花岛具有丰富的海产资源,有黄鱼、带鱼、鲳鱼、墨斗鱼、海蟹、花蛤、条纹虾等,其饮食也主要以海鲜为主,比较富有海岛特色。同时,桃花岛不仅借助金庸武侠文学开发旅游,而且也开发出了与金庸武侠文学景观相关的美食,如荷叶叫花鸡、二十四桥明月夜、玉笛谁家听落梅、好逑汤等。在桃花岛上,各食宿店皆能提供海鲜美食,这对桃花岛的旅游属于优势的文化景观;而对于金庸武侠文学美食,仅存在于个别地方,普及程度较低。

# 4.5　桃花岛旅游文化景观空间格局分析

## 4.5.1　整体空间格局分析

利用 ArcGIS10.0 的核密度分析(Kernel Density)对桃花岛旅游文化景观进行处理,经测试设定搜索半径为500m。依据空间分布来看,桃花岛旅游文化景观主要分布在岛的西北部、北部和中东部,大体沿交通线布局。经核密度工具处理,分布呈现多中心,表现为一级中心 1 个,二级中心 3 个,更次一级中心 1 个。核密度最高值在靠近滨海的塔湾附近,最高核密度值达到 171.95 个/千米$^2$,呈现高度的富集;二级核密度中心,分别在大佛岩景区、桃花寨景区和桃花镇区,3 个中心基本在一条线上;三级中心只有 1 个,位于安期峰景区的南门附近。这样的核密度布局结构,呈现为棱形结构,即中间大,两端小。桃花岛旅游文化景观布局的集中区位趋向于多个景区的集散地,且靠近海岛环境优美的海滨位置;次一级区位分布在单个景区所在地,或者是旅游地的经济、交通、政治中心,联系较为便捷。针对整个桃花岛旅游文化景观现在的布局状况来看,分布呈现为多中心,但其资源丰富的东南部和南部地区亟待进一步开发。

### 4.5.2　旅游自然、人文、服务关联性文化景观空间格局分析

在建立的桃花岛旅游文化景观数据库中,旅游自然、人文、服务关联性文化景观数量分别为 49、74、103 个。运用核密度工具,对 3 种基本类型进行处理。旅游自然、人文文化景观是旅游吸引物的主要构成,分析桃花岛现有自然、人文文化景观的核密度状况,对未来开发、布局具有重要意义。

桃花岛旅游自然—文化景观,核密度布局主要呈现 1 个一级中心,核密度值高达 36.46 个/千米$^2$,位于岛中东部的桃花寨景区,其自然—文化景观所代表的是桃花龙女文化、观音信仰文化和金庸武侠文学文化;2 个次一级中心,位于安期峰景区的两个核心区:东海龙苑景区、安期圣境景区,分别以桃花龙女文化和安期生文化为主。3 个核心呈现三角形,且集中布局在岛的中东地区,也表明桃花岛旅游开发对自然要素的依赖主要集中在中东部,换言之旅游对岛上其他地区的自然要素影响较小。

旅游人文—文化景观虽呈现多级中心,但一级中心核密度值 76.56 个/千米$^2$,远远大于剩余的其他核密度中心区,甚至是旅游自然—人文文化景观一级中心核密度值的 2 倍之多。高核密度中心主要分布在岛西北部的大佛岩景区的射雕影视旅游城,其余的低级核密度中心在安期峰景区的东海龙苑以及桃花峪景区的桃花寨。形成此种现象的原因在于射雕影视旅游城以金庸武侠文学景观为主的人文—文化景观数量多、集中度高,即在旅游开发中人文—文化景观的塑造凸显金庸武侠文学。同时说明,其在岛西北的旅游开发中对人文—文化景观较为倚重,其在该地区占有主导地位。

桃花岛旅游服务关联性文化景观的空间格局表现出与前两者截然不同的核密度结构,结构简单,表现出一级中心和次级中心各 1 个,分别布局在 3 个景区集散地且地处海滨的龙头坑村和具有交通枢纽位置优势的桃花镇区。一级核密度区分布的区位优势在于,其前方为塔湾金沙景区,海湾地形且有舟山第二大沙滩,条件优越;背靠安期峰景区,旁侧还有桃花峪景区;其布局的资源和交通指向性明显。旅游服务关联性文化景观是旅游服务的重要构成,主要部分为住宿和餐饮,桃花镇区作为旅游地中心,位于各旅游景区的交通枢纽位置,其便捷的交通、经济条件,成为服务关联性文化景观布局的原因。并且可以看出,旅游服务关联性文化景观并

不会在单一景区周围形成核密度区,也可能是桃花岛大佛岩景区和桃花峪景区旅游深度不够,旅游者无须花太多时间细细品味。桃花岛具有优美的海岛环境、独特风味的渔村,度假旅游的发展,可能会逐渐改变现有旅游服务关联性文化景观的核密度结构。

从核密度集中分布的空间格局而言,旅游人文—文化景观布局的集中性最高,旅游服务关联性文化景观次之,旅游自然—文化景观布局集中性较小;从核密度绝对数值来看,旅游服务关联性文化景观核密度值最大,旅游人文—文化景观次之,旅游自然—文化景观最小。这是因为人文、服务关联性文化景观受人类影响深刻,可以决策规划进行集中布局,而旅游自然—文化景观相比较而言受自然要素影响大。旅游自然—文化景观主要布局在岛的中东部,人文—文化景观集中布局在西北部,服务关联性文化景观分布在中东部和北区。

## 4.6 桃花岛旅游文化景观空间格局的关联因素分析

根据实地调研情况,利用百度地图 API 工具查找桃花岛旅游文化景观的坐标点(X,Y),建立桃花岛旅游文化景观数据库。由于旅游设计性文化景观中的节庆民俗文化景观对桃花岛微观区域而言,并不存在确定的地理坐标点,故不包含在内;旅游地名文化景观的地理坐标与其对应实地景观相同,不再重复计算;旅游关联性文化景观中现状交通文化景观也无法以点坐标表示,也不包含在数据库范围。除此之外,为了更好地分析桃花岛旅游文化景观空间特征,将购物、饮食文化景观所属的商店或餐饮店作为其对应坐标点加入分析。桃花岛矢量边界图、交通图地理坐标设定为 WGS 84,桃花岛 DEM 高程图分辨率为 30m。

### 4.6.1 自然要素、聚落要素

旅游文化景观的空间布局必然会受社会经济和自然环境的影响。本研究选取桃花岛的主要山脉(主峰)和水体(陆上水域)作为自然要素的构成;自然村、行政村、社区作为聚落要素构成。依据 ArcGIS10.0 的标准差椭圆(Standard Ellipse)工具对桃花岛旅游文化景观与自然、聚落要素进行处理。

桃花岛旅游自然、人文、服务关联性文化景观的差异性,分析三者各自与聚落、自然要素的空间关联十分有必要。三者与自然、聚落要素的关系,表现出截然不同的效果。就其空间分布来说,旅游服务关联性文化景观主要分布在岛的东部地区,展布范围最小(长轴 2.517km,短轴 0.590km)(表 4.7),即塔湾和桃花镇政府所在地附近;另外两个景观类,主要分布在北部、中部和东部,未覆盖到西北和东南部。由于受地域制约,旅游自然、人文—文化景观在空间方向上呈现"西北—东南"走向,但程度略有差异,旅游服务关联性文化景观偏转与前两者差异较大。从扁率来看,自然—文化景观、人文—文化景观、服务关联性文化景观、自然要素、聚落要素分别约为:0.479、0.283、0.234、0.488、0.544,服务关联性、人文—文化景观方向性最为显著,自然—文化景观方向性比前两者稍弱,自然、聚落要素方向性比 3 种景观类都弱,且后者更明显。在偏转角度方面,3 种景观类与自然、聚落要素相比,服务关联性文化景观与自然要素的偏转角度相差最大(约 20.645°),自然—文化景观与聚落要素偏转角度差距次之(约 15.294°),偏转角度相距最小的是人文—文化景观和自然要素(约 5.816°)。自然—文化景观与自然、聚落要素标准差椭圆以展布区域、扁率、偏转角度综合对比来看,与自然要素空间关联更大一点,这也与其自身受自然资源分布状况制约有关。同样在展布区域、扁率、偏转角度将人文—文化景观、服务关联性文化景观分别与聚落、自然要素标准差椭圆对比,前者与自然要素空间关联较强,后者与聚落要素空间关联较大。景区多为综合性景区,旅游开发时进行人文—文化景观布局也多会考虑该地区的自然资源状况,所以在一定程度上旅游人文—文化景观会受自然因素影响;相比较而言桃花岛的聚落形成都在旅游开发之前,如果在聚落内或紧邻地区建设人文—文化景观会受到用地等因素制约,所以一般而言不会与聚落分布有太强的关联性。旅游服务关联性文化景观的特点,决定了其要布局在距聚落分布较近的区域,此类景观也多是在聚落内、附近新建或改成形成。

表 4.7　桃花岛旅游文化景观类与聚落、自然要素标准差椭圆参数

| 空间要素 | 质心坐标 | 长轴/km | 短轴/km | 旋转角度/° |
|---|---|---|---|---|
| 自然—文化景观 | 122.286°E,29.811°N | 3.894 | 1.864 | 120.774 |
| 人文—文化景观 | 122.270°E,29.823°N | 5.072 | 1.435 | 124.254 |
| 服务关联性文化景观 | 122.285°E,29.821°N | 2.517 | 0.590 | 150.715 |
| 自然要素 | 122.276°E,29.815°N | 4.254 | 2.074 | 130.070 |
| 聚落要素 | 122.277°E,29.821°N | 4.680 | 2.548 | 136.068 |

### 4.6.2　高程

运用桃花岛 30m 分辨率的 DEM 图,通过 ArcGIS10.0 重分类(Reclassification)工具,根据桃花岛高程的特点,将桃花岛地形分为 100m 以下、100~200m、200~300m、300~400m、400~500m、500~600m,共 6 段。桃花岛大部分地区处于100m 以下,100~600m 范围较小,主要分布在中部、南部和东南部;500m 以上范围仅存在于安期峰附近,且坡度较大,安期峰海拔约 544.7m,为舟山群岛第一高峰。桃花岛绝大部分旅游文化景观布局在 100m 以下区域,且均距海滨较近,尤其沿塔湾的海湾分布较为明显;100~400m 之间分布最少;400~600m 区间比 100~

400m 区间的数量稍多,且仅布局在安期峰。在沿海以及海岛地区,100m 以下为人类生产、生活的集中区,表明桃花岛的文化旅游景观与人类生产、生活区基本一致。距海近的低缓地区是桃花岛旅游布局的重点,而对 100m 以上的区域涉及相对较少。地势稍高的地区旅游开发难度较大且危险系数较高,而地势最高的地区附近受宗教或山海资源优势影响,往往也会有少量布局。

通过对旅游自然、人文、服务关联性文化景观高程分布差异分析,旅游服务关联性文化景观更容易受高程影响,几乎全部分布在 100m 以下地区。因为其主要是住宿和餐饮,受高程制约大,在地势高、坡度大的地区施工难度大,更重要的是客源会受到制约。旅游自然、人文—文化景观的主体部分也均在 100m 以下,300m以上区域有少量分布且极为集中。人文—文化景观与自然—文化景观相比,300m以上地区布局数量更少,其各自布局的成因也略有差异,前者多与宗教相关,后者受山海资源影响。安期峰是舟山群岛第一高峰且宗教旅游资源丰富,大佛岩是东南沿海第一大石且也作为宗教符号,这些也致使桃花岛部分旅游自然—人文—文化景观在高于 300m 的地形上分布。

### 4.6.3 路径依赖

旅游地道路,这里主要指公路,是旅游文化景观的一部分,又与旅游起着相辅相成的作用。公路是旅游发展的基础设施,促进旅游发展,同时旅游的发展也迫使公路的建设布局。以桃花岛旅游文化景观为研究对象,考察其对公路的依赖状况。利用 ArcGIS10.0 中的 Buffer 工具,以桃花岛公路为中心线,以 350m 为半径,做缓冲区图。桃花岛约有 76.99% 的旅游文化景观布局在离公路 350m 的范围以内,说明旅游文化景观对公路存在着较大的路径依赖,换言之通过公路到达各旅游文化景观已经达到相对便捷的程度。通过统计计算发现 99.03% 的旅游服务关联性文化景观布局在公路的 350m 范围以内,公路是桃花岛旅游服务关联性文化景观绝对的依赖路径,一方面公路便捷促进旅游服务关联性文化景观发展,另一面旅游服务关联性文化景观也会促进公路的建设,具有相辅相成的作用,这与实地的调查状况也较为一致。旅游服务关联性文化景观主要为旅游服务设施,其自然需要有便捷的交通。而桃花岛自然、人文—文化景观布局在缓冲区内的比重分别仅有51.02%、63.51%,既低于旅游服务关联性文化景观,也低于总体水平(76.99%)。造成该种现象的原因,可能是因为旅游自然、人文—文化景观布局在景区内,而景区的建设会考虑景观具有优势的地区,该地区受地形、资源等因素的影响,未必一定会沿公路布局,只要尽可能保证旅游者在公路下车之后能够较好的步行到景区即可,且保证景区内游步道状况。

# 4.7　结论与讨论

## 4.7.1　结论

本章节在界定海岛旅游文化景观内涵和分类系统的基础上,构建桃花岛旅游文化景观分类系统,利用百度地图 API 工具查找桃花岛旅游文化景观坐标点,建立桃花岛旅游文化景观地理坐标数据库。运用定性描述和空间分析方法,分析桃花岛旅游文化景观的计量特征、内涵特征以及关联要素。

(1)旅游自然—文化景观就内涵分析而言多与宗教信仰、民间信仰、民间传说相结合,在数量上虽然比重最小,但对具有海岛特色的山海文化景观较倚重。将海岛特色的景观赋予当地的信仰和传说,无形的非物质文化得以有形化,既丰富了当地旅游的内容,又提高了旅游资源的文化性,客观上向旅游者宣扬了当地的文化软实力。

(2)旅游人文—文化景观在内涵上呈现出以金庸武侠文学为主,数量比重方面高于旅游自然—文化景观,且其内部构成中,以金庸武侠文学景观为主的文学艺术文化景观比重最大。桃花岛无论自然资源和文化资源在舟山群体中均不具有绝对优势,沙滩特色不及朱家尖、佛教文化不及普陀山。在这样的背景下,桃花岛将金庸武侠文学"桃花岛"现实化,是旅游开发中适时借助外力促进旅游发展比较典型的代表,尤其对旅游资源缺乏优势的地区具有借鉴意义。但在对金庸武侠文学旅游开发的文化景观塑造方面的丰富度和深度上还亟待进一步提高。

(3)旅游服务关联性文化景观内涵方面具有一定的本土和海岛特色,数量比重最大,且以住宿文化景观为主,渔村必然是当地的特色。桃花岛住宿等文化景观对渔村的利用开发方面严重不足,一方面受当地旅游开发阶段影响,另外也与该类景观塑造的旅游经营者主观价值判断有关,随着度假旅游的发展,对现有废弃渔村的民宿开发是一个发展方向。在桃花岛旅游发展中,对空白或薄弱区域根据资源优势适当开发,进一步合理布局,提高全岛开发的普及型,向"全域旅游"迈进。

(4)桃花岛旅游文化景观的关联因素较多,就选择的因素分析来看,旅游自然—文化景观、人文—文化景观与自然要素空间关联较大,而服务关联性文化景观与聚落要素空间关联较大。多布局在景区内的旅游自然—文化景观,人文—文化景观更多要考量自然景观特色,并且也有用地的考虑;而桃花岛以住宿为主的服务关联性文化景观的塑造者主要为当地的社区居民,由于财力有限等因素多对自己原有住宅的改造或新建,而这些必然布局在原有的聚落中。地形对不同文化景观的影响程度不同,旅游文化景观绝大部分分布在 100m 以下的滨海平原低地,其中,旅游服务关联性文化景观受地形制约最大,几乎全部布局在 100m 以下,而旅游自然、人文—文化景观虽主体在 100m 以下，但由于受山海资源及宗教影响，在 300m 以上也有少量分布。桃花岛旅游文化景观对交通具有很强的依赖性，依赖最大的为旅游服务关联性文化景观，近乎 99% 的布局在距公路 350m 以内的范围，而旅游自然、人文—文化景观依赖度相对较小，尤其自然—文化景观最小。就桃花岛旅游地内部的交通系统而言，较为完善和便利。

### 4.7.2 讨论

(1)本章试图构建海岛旅游文化景观分类系统，突出旅游特性和海岛特色，丰富了文化景观和海岛旅游的研究体系。但体系还比较基础，需要在不断的实际研究中，进一步完善各层次文化景观类型指标的选取以及其所属具体景观的范围。不同海岛可能会存在自身发展中的特色，可以在实际运用中根据所研究海岛特点改进分类体系。除此之外，在分类依据方面可能需要进一步提升理论高度。

(2)空间统计方法的分析对象是地理实体坐标点，也就是说将海岛旅游文化景观看作地理实体点，而在微观区域层面缺乏具体地理坐标的文化景观无法分析其空间状况，如节庆风俗在微观区域并没有确定的地理坐标。针对桃花岛而言，缺少地理坐标点的文化景观数量较少，所以并不会影响分析结构。如果对于在该方面数量较多的海岛，可以增加其他方法以弥补不足。

(3)人文地理学的"文化转向"之后，偏向于重视不同主体对地理对象的不同认知，更多考量人的因素。本章节将定性方法和定量方法相结合，虽然在定性描述中主要基于实地观察和访谈，但在运用中并没有突出当地主体对文化景观旅游化认知的考量。可以将扎根理论等质性方法运用到具体研究中，这是以后进一步研究的一个重要方向。

# 参考文献

[1] BEZA B B. The aesthetic value of a mountain landscape: A study of the Mt. Everest Trek[J]. Landscape and Urban Planning, 2010, 97(04): 306-317.

[2] JAVIER C. Tourism, landscape change and critical thresholds[J]. Annals of Tourism Research, 2011, 38(01): 313-316.

[3] VERVLOET J A J, NIJMAN J H, SOMSEN A J. Planning for the future: Towards a sustainable design and land use of an ancient flooded military defence line[J]. Landscape and Urban Planning, 2005, 70(02): 153-163.

[4] JOSHUA H. Rebuilding the Middle Ages after the Second World War: The cultural politics of reconstruct—tion in Rothenburg ob der Tauber, Germany[J]. Journal of Historical Geography, 2005, 31(01): 94-112.

[5] BUCKLEY R, OLLENBURG C, ZHONG L. Cultural Landscape in Mongolian Tourism[J]. Annals of Tourism Research, 2008, 35(01): 47-61.

[6] WHITE P. The Social Impact of Tourism on Host Communities: A Study of Language Change in Switzer-land[R]. School of Geography, Oxford University, 1974: 9.

[7] BUTLER R W. The Concept of a Tourism Area Cycle of Evolution: Implications for Management of Reso-urces[J]. Canadian Geographer, 1980, 24(01): 5-12.

[8] KAIREL H G, Kariel P E. Socio-cultural impacts of tourism: An example from the Austria Alps[J]. Geogra-fiska Annaler Series B (Human Geography), 1982, 64(01): 1-16.

[9] MARKS R. Conservation and community: The contradictions and ambiguities of tourism in the Stone Town of Zanzibar[J]. Habitat International, 1996, 20(02): 265-278.

[10] MEDINA L K. Commoditizing culture: Tourism and Maya Identity [J]. Annals of Tourism Research, 2003, 30(02): 353-368.

[11] HANNES P, STAFFAN H, MARC A, et al. Rural Landscapes: Past processes and future strategies[J]. Landscape and Urban Planning, 2005, 70(1-2): 3-8.

[12] GELBMAN A, TIMOTHY D J. Border complexity, tourism and international exclaves: A case study[J]. Annals of Tourism Research, 2010, 6(02): 1-22.

[13] 冯健,张小林,金其铭.文化景观结构的地域整合与旅游开发——以徐州汉文化景观为例[J].人文地理,2000,15(01):23-27.

[14] 郑伯红,汤建中.都市河流沿岸旅游文化景观带功能开发——以上海苏州河为例[J].旅游科学,2002,16(01):32-35.

[15] 刘忠伟,王仰麟,彭建,等.区域文化景观旅游持续开发的景观生态视角——以绍兴市为例[J].北京大学学报(自然科学版),2002,38(06):801-808.

[16] 李悦铮,俞金国,付鸿志.我国区域宗教文化景观及其旅游开发[J].人文地理,2003,18(03):60-63.

[17] 刘庆友,杨达源,任黎秀,等.庐山文化景观可持续发展研究[J].东南大学学报(哲学社会科学版),2005,07(01):78-81.

[18] 张成渝.村落文化景观保护与可持续发展的两种实践——解读生态博物馆和乡村旅游[J].同济大学学报(社会科学版),2011,22(03):35-44.

[19] 李飞.基于乡村文化景观二元属性的保护模式研究[J].地域研究与开发,2011,30(04):85-88.

[20] 王超,王志章.城市旅游文化景观失忆的对策研究——以重庆市为例[J].四川师范大学学报(社会科学版),2012,39(05):116-123.

[21] 梁国昭.广州漱珠涌历史文化景观与旅游开发[J].热带地理,2013,33(03):341-348.

[22] 许忠秋.恩施地区文化景观保护性旅游开发研究[D].武汉:华中科技大学,2008.

[23] 车亮亮.近代城市历史文化街区文化景观保护与旅游开发研究[D].大连:辽宁师范大学,2012.

[24] 邢冬梅.民族历史街区文化景观与旅游开发研究[D].大连:辽宁师范大学,2013.

[25] 庞二莎.大连城市文化景观价值评价与旅游开发[D].大连:辽宁师范大学,2014.

[26] 潘秋玲.旅游开发对语言文化景观的影响效应研究——以西安为例[J].旅游学刊,2005,20(06):19-25.

[27] 唐雪琼,薛熙明,王浩.旅游影响下的生态文化景观变迁和重构——基于云南藏区R村的研究[J].学术探索,2009(03):66-71.

[28] 张海霞.平遥古城旅游开发与文化景观变化研究[D].西安:陕西师范大学,2007.

[29] 宋威.旅游背景下桂北民族村落文化景观演变机理研究——以龙脊金竹壮寨和金坑大寨为例[D].桂林:桂林理工大学,2011.

[30] 陈东芝.旅游背景下不同族群村寨文化景观演变研究[D].桂林:桂林理工大学,2012.

[31] 蔡晓梅,赖正均.旅游者对广州饮食文化景观形象感知的实证研究[J].人文地理,2007,22(01):63-66.

[32] 尹寿兵.古村落旅游者文化景观感知分析及对策研究[D].芜湖:安徽师范大学,2007.

[33] 吴卫.游客视角的文化景观与地方性认知研究[D].大连:东北财经大学,2011.

[34] 叶妍君.基于数字高程模型的旅游地文化景观语义感知分析[D].石家

庄：河北师范大学,2013.

[35] SAUER C O. The Morphology of Landscape[J]. University of California Publications in Geography, 1925, 02(02):46.

[36] SAUER C O. Recent Development in Culture Geography[C] // HAYESEC. Recent Development in the Social Sciences. New York: Lippincott, 1927.

[36] WAGNER P L, Mikesell M W. Readings in Cultural Geography[M]. Chicago: University of Chicago Press, 1962.

[38] ИМ 查别林. 景观学的一些问题[C]//景观概念和景观学的一般问题. 北京：商务出版社,1964.

[39] DEBLIJ H J, MULLER P O. Human Geography: Culture, Society and Space[M]. New York: John Wiley and Sons, 1986.

[40] UNESCO World Heritage Center. Operational guidelines for the implementation of the World Heritage Convention[R]. 1994,13-14.

[41] 李旭旦. 中国大百科全书·地理学：人文地理学[M]. 北京：中国大百科全书出版社,1984.

[42] 王恩涌. 文化地理学导论[M]. 北京：高等教育出版社,1989.

[43] 曹学文,韩燕平. 旅游文化景观的构成及特点[N]. 中国旅游报,2007,01,29(007).

[44] 任劲劲. 国外文化景观旅游研究综述[J]. 四川烹饪高等专科学校学报,2011(05):50-54.

[45] 冯淑华,田逢军. 旅游地理学[M]. 武汉：华中科技大学出版社,2011.

[46] 葛绪锋,张晓萍. 基于符号学理论的旅游文化景观的符号营销——以昆明市五华区为例[J]. 旅游研究,2013,05(03):39-42.

[47] 胡晓容,郑达贤,梁娟. 试论旅游文化景观及其构建——以秦皇岛市为例[J]. 海南师范大学学报（自然科学版）,2015,28(03):316-320.

[48] 唐晓峰. 文化地理学释义——大学讲课录[M]. 北京：学苑出版社,2012.

[49] 胡海胜. 文化景观变迁理论与实证研究[M]. 北京：北京林业出版社,2011.

[50] UNESCO World Heritage Centre. Operational Guidelines for the Implementation of the World Heritage Convention [R]. World Heritage Centre, 2008.

[51] 吴祥艳,付军. 美国历史景观保护理论和实践浅析[J]. 中国园林,2004,20(03):72-76.

[52] 汤茂林,金其铭. 文化景观研究的历史和发展趋向[J]. 人文地理,1998,

13(02):45-49.

[53] 赵荣.论文化景观的判识及其研究[J].西北大学学报(自然科学版),
1995,25(06):723-726.

[54] 周尚意,孔翔,朱竑.文化地理学[M].北京:高等教育出版社,2004.

[55] 郭来喜,吴必虎,刘锋,等.中国旅游资源分类系统与类型评价[J].地理
学报,2000,03:294-301.

[56] 彭静,朱竑.海岛文化研究进展及展望[J].人文地理,2006,21(02):
99-103.

[57] 卢璐.文化旅游创新后发优势[M].长沙:湖南人民出版社,2008.

[58] 国家旅游局.中国旅游年鉴[M].北京:中国旅游出版社,1991.

[59] 黄仰松.我国海岛的旅游资源[J].资源开发与市场,1995,11(06):
284-287.

[60] 李悦铮,李雪鹏,张志宏.试论城市文化景观的演化与构建——以大连市
为例[J].辽宁师范大学学报(社会科学版),2010,33(05):14-19.

[61] 李加林,王杰.浙江海洋文化景观[M].北京:海洋出版社,2011.

[62] 周永博,沈敏,余子萍,等.吴文化旅游景观"史诗式"主题公园开发[J].
经济地理,2010,30(11):1926-1931.

[63] 《中国海岛志》编纂委员会.中国海岛志(浙江卷 第二册 舟山群岛南部)
[M].北京:海洋出版社,2014.

[64] 中国城市规划设计院.桃花岛风景名胜区总体规划(2006—2020)[G].
普陀区桃花镇人民政府,2006.

[65] 普陀县地名办公室.浙江省普陀县地名志[M].普陀县地名办公
室,1986.

[66] 王建富.舟山群岛史话[M].杭州:浙江古籍出版社,2014.

[67] 李根有,周世良,张若蕙,等.浙江舟山桃花岛的天然植被类型[J].浙江
林学院学报,1989,06(03):24-35.

[68] 普陀区桃花镇人民政府.浙江省非物质文化遗产普查(舟山市普陀区桃
花镇集成卷)[M].普陀区桃花镇人民政府,2008.

[69] 王冰.桃花会[J].海中洲文学杂志(桃花岛专号),2006(06):43-46.

[70] 许桂灵.广州水文化景观及其意义[J].热带地理,2009,29(02):
182-187.

[71] 张桥贵,孙浩然.宗教旅游的类型、特点和开发[J].世界宗教研究,2008
(04):128-139.

[72] 张群,黄定根.佛教文化旅游资源的开发与重塑[J].商业时代,2006
(35):83-84.

# 5  舟山市主题公园发展的问题与对策

主题公园作为现代旅游资源的一个重要补充和现代旅游产品中的一个重要类型，正以其独特的差异文化体验性和多样化的主题娱乐性，成为体验旅游的核心载体和区域旅游发展的关键吸引物。自 1952 年世界上第一个微缩景观——荷兰的"马都洛丹"问世以来，主题公园迅速风靡全球，1955 年美国加州洛杉矶的迪士尼乐园建成开放，作为世界上第一座真正意义上的主题公园，一经问世，轰动全球。两个人造景观都在当时取得了巨大的经济效益和社会效益。目前，全球大型主题公园已达百个，在世界旅游业发展中发挥着重要影响。中国主题公园以深圳"锦绣中华"为起点，历经 30 年的发展中，经过了增长、兴盛、衰落、复苏的曲折过程，目前进入品牌化、规模化的理性、成熟发展阶段。新时期，如何整合区域旅游资源特色，构建区域文化特征鲜明、主题类型突出、科技创新独特、凸显文化内涵和娱乐功能的主题公园是地区发展的新挑战。舟山群岛是中国最大的群岛，也是中国首个以海洋经济为主题的国家级经济新区，同时也是国家旅游局确定的海洋旅游综合改革试验区、国家旅游综合改革试点城市。舟山群岛旅游资源丰富，是中国东部著名的海岛旅游胜地，2000 年以来，其海洋旅游快速发展，游客接待量和旅游总收入分别以 15.4％和 25.2％的速度快速增长，但主题公园业发展滞后。本章从舟山主题公园发展的现状出发，结合全国主题公园发展的宏观环境，根据 Andrews(1971) 提出的 SWOT 分析法，对舟山发展主题公园的内部优劣条件及外部的机遇和挑战进行详细分析。并根据实地考察射雕影视城的发展现况，剖析其发展过程中存在的问题，就其具体问题和今后发展主题公园提出了相应的建议。

## 5.1  主题公园研究概述

旅游业是世界经济中持续稳步发展的综合性产业。当前，经济全球化和世界经济一体化深入发展，世界旅游业更是进入了高速发展的黄金时期。主题公园作为当代旅游业中成长较快的一种旅游资源，是当代旅游业发展的主要内容之一，也是未来旅游业发展的重点。世界旅游组织将主题公园旅游、生态旅游与文化旅游并列为 21 世纪的三大新兴旅游消费增长点(马勇,2006)。主题公园自 20 世纪 50 年代兴起发展至今，已有五六十年的发展历史，经过几十年的演进更替，正逐渐成为旅游业不可或缺的支柱性业态。

### 5.1.1　主题公园概念辨识

自主题公园发展以来,业内人士和诸多相关行业学者从不同角度对主题公园进行了大量的研究。由于主题公园是一个不断创新的文化产品,其表现形式一直在演变,因此概念界定问题一直是国内外学术界争论的焦点。尤其是随着体验经济时代的到来,各种休闲娱乐设施功能的趋同,使得区别主题公园与一般的城市公园、休闲度假中心、宫馆展览等景区的界限变得更为困难(董观志,2005)。目前,主题公园在国内外没有普遍承认的观点和概念。梳理主题公园行业国内外权威企业及相关学者的研究概念,整理如表5.1所示。

由表5.1可知,尽管各学者及相关部门从不同的角度对主题公园的概念做了评述,但不难发现主题公园概念之中应有的题中之意:(1)它是一种人造的旅游资源,且具有经营性质的旅游吸引物。(2)它是围绕着一个或几个特定的主题建造。(3)它是为了满足旅游者多样化休闲旅游需求的娱乐场所。基于上述这些共同特性,笔者认为,主题公园是为适应旅游者多样化休闲娱乐需求,以市场商业运营为主导,围绕特定的主题,采用现代科技、文化等多种设置方式,集诸多娱乐、休闲和服务接待设施于一体的人为建造的现代旅游空间。

表 5.1　主题公园概念一览表

| | 研究机构或研究学者 | 主题公园概念 | 关键词 |
|---|---|---|---|
| 国外 | 美国国家娱乐公园历史协会(NAPHA) | 它是乘骑设施、吸引物、表演和建筑围绕一个或一组主题而建的娱乐公园。 | 吸引物、娱乐、主题 |
| | 美国"主题公园在线"(TPO) | 这样一个公园,它通常面积较大,拥有一个或多个主题区域,区域内设有表明主题的乘骑设施和吸引物。 | 面积大、吸引物、主题 |
| | 美国马里奥特(Marriott)公司 | 以特定的主题或历史区域为导向,将具有连续性的服装和建筑结合起来,利用娱乐和商品提升幻想氛围的家庭娱乐综合体(Fyall,2005)。 | 主题、娱乐 |

**续表**

| 研究机构或研究学者 | | 主题公园概念 | 关键词 |
|---|---|---|---|
| 国内 | 保继刚 | 主题公园是一种人造旅游资源,它着重于特别的构想,围绕着一个或几个主题创造一系列有特别的环境和气氛的项目吸引旅游者(保继刚,1994)。 | 主题、人造资源 |
| | 楼嘉军 | 主题公园是现代旅游业在旅游资源的开发过程中所孕育产生的新的旅游吸引物,是根据一个特定的主题,采用现代化的科学技术和多层次空间活动的设置方式、集诸多娱乐内容、休闲要素和服务接待设施于一体的现代旅游目的地(楼嘉军,1998)。 | 主题、科技、娱乐 |
| | 董观志 | 旅游主题公园是为了满足旅游者多样化休闲娱乐需求和选择而建造的一种具有创意性游园线索和策划性活动方式的现代旅游目的地形态(董观志,2000)。 | 休闲、游乐 |
| | 国家发展改革委 | 主题公园是指以营利为目的建的,占地、投资达到一定规模,实行封闭管理,具有一个或多个特定文化旅游主题,为游客有偿提供休闲体验、文化娱乐产品或服务项目的园区(国家发展改革委员会,2013)。 | 营利、规模、主题 |

## 5.1.2　主题公园特征

　　主题公园相比于传统的旅游景点(自然旅游景点和人文旅游景点)和旅游度假、市政公园等类的景点有着明显的差异,主要体现在以下几点(表5.2):

**表5.2　主题公园特征**

| 主题公园特征 | 表现 |
|---|---|
| 强烈的独特性和普遍的适宜性(李永文,2005) | ①强烈的个性是主题公园成功的必要前提。运营成功的主题公园都有各自鲜明的主题特色,以区别于同类形式产品的独特形象,也为自己创造有利的市场空间。<br>②作为大众娱乐休闲的新型旅游空间,其主题形象能满足不同年龄、不同文化、不同职业层次的游客的心理、娱乐需要,具有普遍的大众化和适宜性。 |

| 主题公园特征 | 表现 |
|---|---|
| 高投资高风险的商业性 | ①主题公园需要一定的规模性和丰富的娱乐内容来吸引游客,因此,投资数额一般都比较大,另外在主题公园运营时,维护和增添新项目是一笔不小的支出。同时作为一种新型旅游形式,具有较高的风险性。<br>②不同于一般的公益性的公园或场馆,主题公园是以盈利为目的的旅游产品,其由经济实体投资、主导开发和经营管理,是现代商业公园的典型。受市场综合因素的影响,其经营具有一定的风险性。 |
| 产品精致化,表现手段高科技化 | ①主题公园设计切忌粗制滥造,草率上马,精心的构思和精致的施工才能保证其内涵的体现和主题的凸显,同时加上优质的服务,才能带来最佳的经济效益。<br>②新时代,为满足旅游者涉新猎奇的需求,以高科技体验及独特主题为特色的主题公园逐渐兴起。其运用各种高科技手段,把存在于人们脑海中的幻想主题变成可以体验和感受的现实,营造出公园的游乐氛围。 |
| 明显的生命周期性 | 主题公园旅游作为一种旅游产品,与自然和人文类的旅游资源相比,其游客重游率低和可模仿重建性高,生命周期一般较短。在经过了前期的探查阶段和参与阶段后,旅游产品吸引力难免下降,发展停滞或遇到瓶颈期,而创新是其延长生命周期的关键。 |
| 区域效益的广泛性(王文娟,2010) | ①合理配置区域资源。主题公园集现代科技、休闲娱乐、文化特色等诸多要素于一体,通过主题公园的营造,对主题公园所在地区现有的旅游资源,从不同时间阶段、空间尺度和用途之间进行合理配置。<br>②促进全新产业链发展。通过建设主题公园,能够带动诸如交通、住宿、餐饮、纪念品、房地产、创意产业等不同产业体系的发展。从而促进当地物流、信息流、资金流、商品流的运转,使区域更具有活力和竞争力。<br>③区域社会经济综合发展。通过旅游乘数效应带来区域经济的联动发展,缓解或解决旅游地就业压力;同时借助开发主题公园,也能够树立本地区良好的旅游形象,提高以本地城市为中心的区域竞争力,促进地区之间的经济和文化交流。 |

### 5.1.3　主题公园类型

主题公园发展至今,已经形成了种类繁多、规模各异、特色鲜明、范围广泛、影响深远的旅游目的地类型。关于主题公园的分类,国内外不同领域的专家学者从不同角度对其提出了不同见解,但截至目前,国内外尚无一个全面规范的分类体系。因此,根据文献梳理和研究需要,整理以下几种分类标准(表 5.3,表 5.4,表 5.5):

(1)按照规模划分

**表 5.3　国内外主题公园等级划分**

|  | 等级 | 投资规模/亿美元 | 占地大小/英亩 |
|---|---|---|---|
| 国外 | 大型主题公园 | 0.8~1 | 200 |
|  | 中型主题公园 | 0.3~0.8 | 100~200 |
|  | 小微型主题公园 | 0.1~0.3 | 100 |
| 国内 | 特大型主题公园 | 50 | 2000 |
|  | 大型主题公园 | >15<50 | >600<2000 |
|  | 中小型主题公园 | >2<15 | >200<600 |

(2)按照吸引范围划分

**表 5.4　基于吸引范围的主题公园类型划分**

| 类型 | 项目数量 | 游客停留时间/h | 吸引市场半径/km² | 代表 |
|---|---|---|---|---|
| 目的地级主题公园 | >55 | ≥24 | 转乘旅游者超过50% | 美国迪士尼 |
| 区域级主题公园 | 35~50 | 4~8 | 转乘旅游者超过25% | 深圳华侨城 |
| 城市级主题公园 | 25~35 | 2~6 | 95%是城市居民 | 华强方特系列 |
| 社区级主题公园 | 多变,比较小 | 1 | 周边社区居民 | 华侨的麦鲁小城 |

资料来源:Clave,2007,有调整。

(3)按照主题公园内容划分

**表 5.5　基于主题内容的主题公园类型划分**

| 类型 | 特点 | 代表 |
|---|---|---|
| 名胜微缩类 | 将世界各地的名胜古迹、建筑、风景按照一定的比例缩小,以微缩景观的形式整体展现当地的风貌。 | 深圳的锦绣中华公园<br>北京的世界公园 |

续表

| 类型 | 特点 | 代表 |
|---|---|---|
| 综合游乐类 | 融现代多样器械娱乐和多种科技于一身,包含多个主题于一体,为游客提供新鲜、刺激的游乐体验。 | 芜湖方特主题公园<br>深圳欢乐谷 |
| 历史文化类 | 主要以中华历史文化为背景,再现某个历史背景或以某部名著为主题建设。 | 大话西游影视主题公园<br>北京大观园 |
| 科技博览类 | 主要指前期以科技展览或园艺展示及商业活动为主的博览会,后期发展为集休闲旅游、拓展知识为主的旅游目的地。 | 烟台农业科技博览园<br>郑州绿博园 |
| 民俗风情类 | 主要以各民族的民俗文化主题建设、以体验各民俗风情为特点。 | 云南民俗文化村<br>喀什市西山民族风情园 |

（4）按照主题公园所在位置划分。可分为城市旅游主题公园、城郊旅游主题公园、乡村旅游主题公园、海滨旅游主题公园、交通干线沿线主题公园等。

（5）按照投资主体来划分。在我国可划分为国有旅游主题公园、集体旅游主题公园、合资旅游主题公园、外商独资旅游主题公园、私有旅游主题公园等。

除了上述几种主流类型划分法,还有依据客源市场、依据经营管理方式、依据旅游体验类型、依据主题活动类型等等划分方法。划分角度不同,得出的结论也不同。

### 5.1.4　主题公园发展历程

#### 5.1.4.1　国外主题公园发展历程

主题公园发展至今,在国际上,已形成其独特的发展理念和完善的规模体系,欧美几大较为成熟的主题公园品牌引领着世界主题公园的发展动向。欧洲孕育了传统意义的主题公园,起初是以促进商贸活动为目的的集市杂耍;随着手工业的发展,商贸活动的改变,进而演化成专门的户外游乐场;工业革命推动着大机器时代的到来,机械游乐器具出现;一战、二战期间,资本主义国家经历了世界恐慌、经济大萧条,休闲娱乐业受到冲击,许多游乐场被迫关闭;二战后,经济逐渐恢复,生活方式多样,主题公园成为一种新的旅游概念。1950年荷兰夫妇为纪念儿子建设的微缩景观"马都洛丹"为主题公园发展提供一种新素材;美国洛杉矶建立起第一个现代意义的主题公园后,以主题公园为代表的娱乐业得到广泛发展,从规模到技术水平和文化含量上都有了较大突破,这一时期,美国成为其引领者和主导者。20世纪七八十年代,亚洲、东南亚国家主题公园也得到相应发展(邹统钎,2008)。具体演变过程如图 5.1。

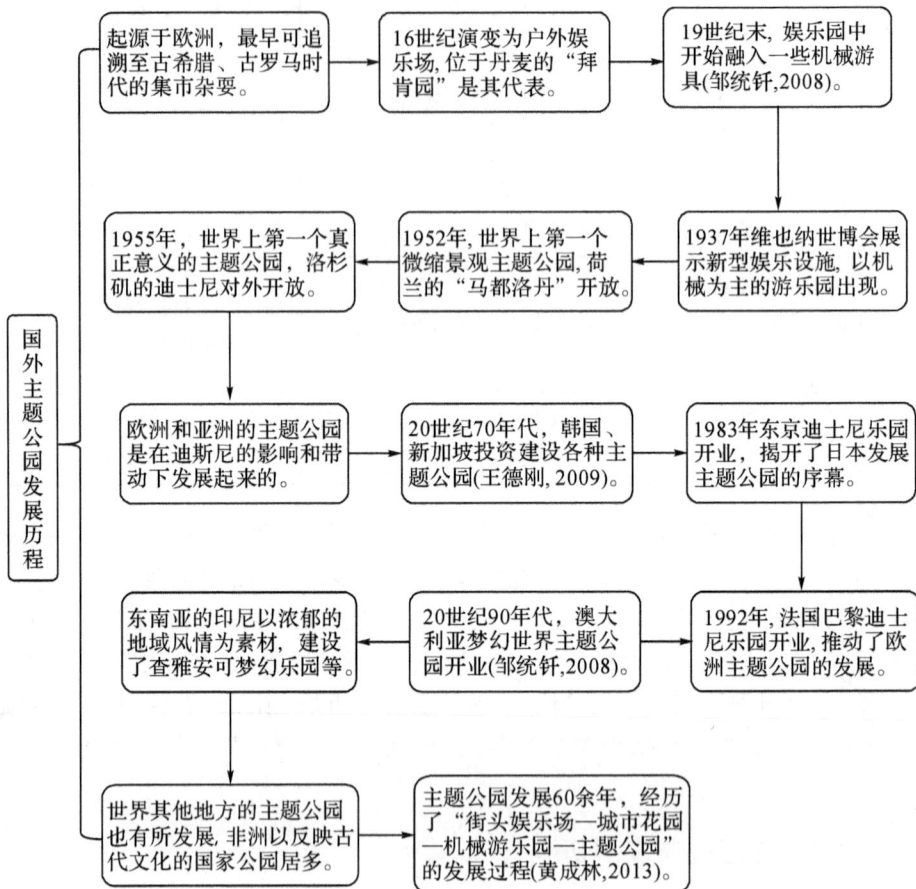

图 5.1　国外主题公园发展历程

### 5.1.4.2　国内主题公园发展历程

中国主题公园起步较晚,经历了从传统的庙会、集市式的游乐场所到机械式游乐场所,然后,再到主题公园的一个过渡历程。我国香港和台湾地区是主题公园建设比较早的地区:早在 1977 年,香港就建立了海洋公园;1983 年,亚哥花园的建立标志着台湾主题公园的诞生;随后,台湾地区相继建造了"小人国"(1984)、九族文化村(1986)、剑湖山乐园(1990)等(邹统钎,2008)。1989 年深圳"锦绣中华"正式建成并开园,标志着我国的主题公园进入到成长时期,至今已近 30 个年头,并且不断有新的个性鲜明的主题公园在投资兴建和开园接纳旅游者。纵观我国主题公园的发展,大致经历了以下几个发展阶段(图 5.2)。

萌芽阶段(1982—1988)：影视游乐园和机械游乐园

```
┌─────────────────────┐         ┌─────────────────────┐
│ 1983年的广东中山长江 │         │ 这一时期的游乐园，  │
│ 乐园是中国第一个机械 │         │ 范围小，主题不突出， │
│ 游乐公园，1983年建成 │────────▶│ 技术含量低，随着时  │
│ 北京大观园，1984年建 │         │ 代发展，大多数由于  │
│ 成河北省正定县荣国府，│         │ 体制、经营等问题，  │
│ 拉开了人造景观序幕。 │         │ 惨淡经营或者关门停业 │
│                     │         │ (黄成林,2013)。      │
└─────────────────────┘         └─────────────────────┘
```

诞生和成长阶段 (1989—1994)：文化游乐园

```
┌─────────────────────┐         ┌─────────────────────┐
│ 第一个阶段以"锦绣中  │         │ 此阶段，主题公园的  │
│ 华""水族馆"等人造    │         │ 建设水平大大提升。  │
│ 景观为造园载体，朴拙 │         │ 首先其开发投资是经过 │
│ 而简单。第二阶段以"人│────────▶│ 专家严密论证的；其次 │
│ 造景观+民俗表演"式为 │         │ 编制发展规划，对客源 │
│ 造园载体，形式仿真， │         │ 市场进行了准确的预测 │
│ 内容丰富。           │         │ 和定位；其三，市场 等 │
│                     │         │ 综合因素的作用(邹统铖,│
│                     │         │ 2008)。              │
└─────────────────────┘         └─────────────────────┘
```

大发展阶段(1995—2004)：科技游乐型主题公园

```
┌─────────────────────┐         ┌─────────────────────┐
│ 20世纪中后期，全国掀 │         │ 此阶段，主题公园的  │
│ 起了主题公园建设热潮；│         │ 知识性、参与性、娱乐 │
│ 1997，华侨城控股有限 │         │ 性和科技性方面取得新 │
│ 公司在深圳证券交易所 │────────▶│ 进展。其主题鲜明，  │
│ 成功上市，标志着中国 │         │ 个性突出，提升了游乐 │
│ 主题公园开始构建资本 │         │ 活动的参与性，提高了 │
│ 运作平台。           │         │ 游客的重游率。      │
└─────────────────────┘         └─────────────────────┘
```

品牌化阶段(2005年至今)

```
┌─────────────────────┐         ┌─────────────────────┐
│ 2005年香港迪斯尼乐园 │         │ 此时期，国际跨国企业 │
│ 开业，标志着中国主题 │         │ 旅游市场本土化竞争， │
│ 公园产业全球化时代的 │         │ 我国主题公园的连锁品 │
│ 来临。华侨和华强集团 │────────▶│ 牌开始锋芒初露，主题 │
│ 加大了其在全国的布局，│         │ 公园产业已经从零散发 │
│ 逐步走上规模发展的道 │         │ 展阶段进入品牌经营时 │
│ 路。                 │         │ 代(黄成林,2013)。    │
└─────────────────────┘         └─────────────────────┘
```

中国主题公园发展历程

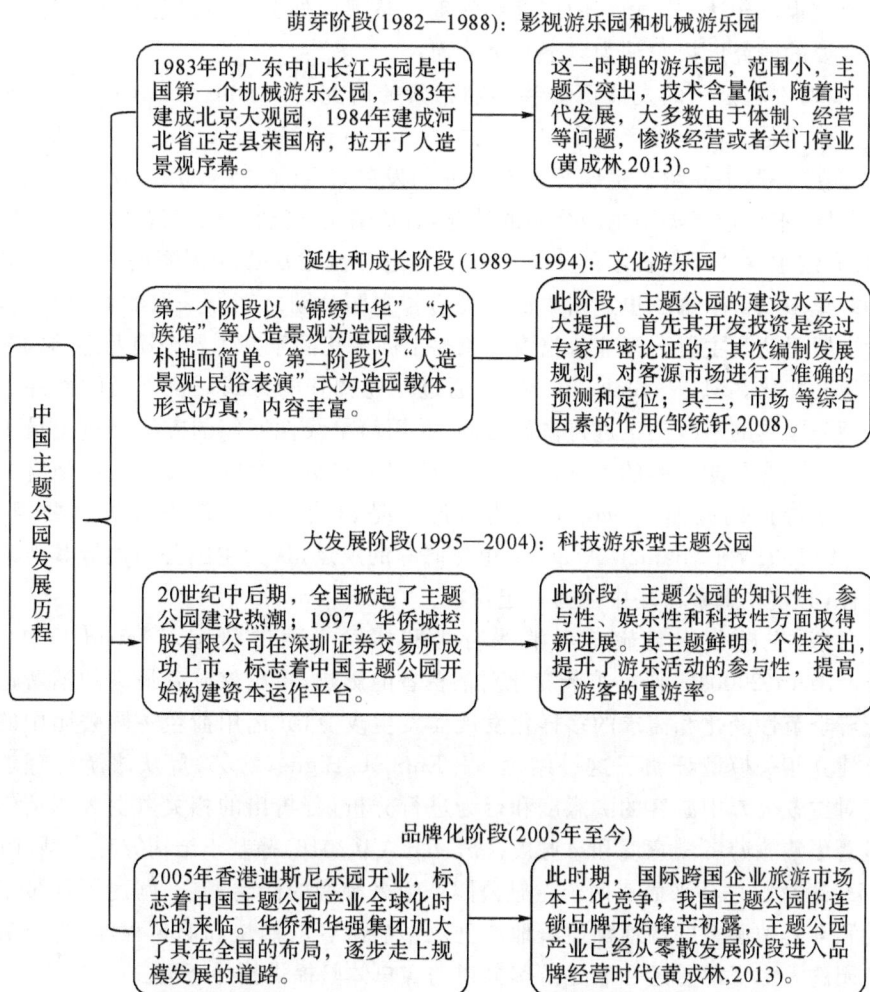

图 5.2 中国主题公园发展历程

## 5.2 主题公园研究综述

### 5.2.1 国外研究进展

欧美国家的主题公园起步早、发展快，因而对这一领域的研究无论是在理论上还是在实践上都非常成熟，他们成功地将主题公园概念带到了世界各地，对主题公园的研究也已经达到了相当的广度和深度。整理国外关于主题公园研究的文献，将其主要的研究成果归纳为以下几个方面：

（1）对主题公园的发展历史和影响因素的研究。SusanG·Davis（1996）阐述了主题公园是一种全球产业和文化形式，Ann Church 和 John Brown（1993）在《主题公园在欧洲》中介绍了主题公园在欧洲的发展，Richard Lyon（1987）在《主题公园在美国》中梳理了美国主题公园的情况，石琦肇士、音哲丸（1991）的《主题公园在日本》介绍主题公园在日本的发展状况。主题公园发展影响因素的研究，Bradley（1999）集中探讨了佛罗里达州中部与周边各主题公园之间所采取的竞争战略，并认为佛罗里达州主题公园业价格竞争策略上的变化源于其主题公园业态结构和市场环境的变化。M Wagenheim（2008）通过问卷调查的方式对位于美国南部的一座主题公园内的一线员工进行调研访问，并用简单线性回归的方法分析了员工的满意度与顾客导向之间的关系，最后提出改善一线员工之间的关系将更加有利于实施顾客导向的战略。Geogre 认为重游率是影响主题公园发展的主要因素。Braun B（1991）和 Miaman A（2003）也持同样的观点，认为主题公园也像其他耐用品一样，必须在重游市场中占有一定份额。

（2）对主题公园与旅游者消费行为和体验方面的研究。Astrid D A M. Kemperman（2000）等研究季节变化对消费者的影响，指出旅游者最终的消费选择会随着季节性变化和需求的多样化发展而发生改变，并运用荷兰主题公园中的数据且建立相关模型证明了这一结论。J. Ennque. Bigné（2005）等从旅游心理学的角度对主题公园中游客的满意度和行为进行分析，分析出的相关数据表明情感认知显著影响旅游者满意度和忠诚度。Faizan Ali（2016）等基于结构方程模型（PLS-SEM），通过收集马来西亚两个主题公园 292 名游客的问卷调查，阐述了与员工的互动和与其他游客的沟通都显著地迪士尼影响游客的愉快和满足程度，为今后主题公园的人力资源管理和满足游客愉悦的客户体验提供指导意见。

（3）对主题公园营销管理的研究。Kevin. K. F. Wong（1999）分析了主题公园市场营销中的战略性主题，认为现在的旅游业激发游客兴趣的是特定的主题氛围而非具体的气候和风景，试图探讨找到一个具有典型性的主题公园并研究游客选择的主题类型与游客游览动机之间的关系。Greg Richards（2001）通过分析在中国、佛罗里达和荷兰的不同类型的中国特色主题公园，总结出在竞争激烈的全球旅游中，景区符号和国家形象是提升其竞争力的关键。Bradley M. Brown and Mark D. Soskin（2000）在《主题公园竞争战略》中指出，处于成熟阶段的主题公园应该关注如何让降低成本、扩大收益的方向。

（4）对主题公园与区域经济发展关系的研究。Peter Dybedal（2000）选取挪威的 4 个主题公园作为研究对象，分析主题公园对发展边远地区旅游业的作用，详细描述和分析了选取主题公园的游客结构、主题活动特征和主要功能，并总结出成功的主题公园能给当地经济的发展带来显著的贡献。Mega Suria Hashim(2013)探讨了迪士尼主题公园作为一种旅游产品成功跨越文化边界,并认为迪士尼代表美国文化向全球扩散。Modregof(2000)等人通过对巴黎 Disney 的分析,认为主题公园是代表美国文化强势的最新冲击波。结合其他同类文献可以看出国外主题公园的影响研究侧重于社会文化方面。

此外,国外对于社区参与主题公园的建设、主题公园线路设计、主题公园主题创新和产品开发、游客满意度等方面也有比较深入的研究。从国外研究成果可以看出,国外主题公园的研究范围更为广阔;从宏观的景区规划、营销管理到微观的游客心理和体验,视角更加多样。总体来看,国外主题公园研究理论趋于成熟。

### 5.2.2 国内研究进展

国内学术界对主题公园的研究始于 20 世纪 90 年代初,至今已有 20 多年,纵观国内主题公园研究成果,大致可分为三个阶段:第一阶段以概念导入、发展概况研究为主;第二阶段以经验总结、方法创新为主;第三阶段以全方位多角度深入研究为主。

第一阶段(1994—1997 年):概念导入和发展概况的研究。20 世纪 90 年代主题公园在我国处于建设初期,学术界对其的研究成果很少,很多研究主题公园的论文中,主题公园都是以"人造景观"的定义出现(董观志,2006)。保继刚(1994)在回顾国内外主题公园发展历程的基础上,提炼了主题公园的概念和特点,以深圳、珠海的实际案例分析了主题公园布局的影响因素,为兴建主题公园提供了理论依据。王新民(1994)从主题公园的环境、经济、社会效益出发,以城市化的角度分析了环太平洋的大型港口城市地区建设主题公园的必要性,指出主题公园建设是工业化城市转向服务性后工业化城市的标志。李海瑞和王兴斌(1995)从客源市场、景区规划、经营管理和人员结构四个方面总结了深圳华侨城 3 个主题公园的成功因素,提出了成功发展主题公园应吸收的经验和忠告。保继刚(1997)认为影响主题公园发展的因素有:客源市场、交通条件、区域经济发展水平、城市旅游感知形象、空间集聚和竞争以及决策者行为等,只有各方协调,主题公园开发才会成功。此时主题公园的研究处于初期阶段,学术研究成果表现出文献较少,方法上描述分析多,内容上分散的特点。

第二阶段(1998—2005 年):经验总结、方法创新为主。20 世纪末至 21 世纪初,学术界面对国内主题公园纷纷上马又纷纷落马的现象,学者们对主题公园的研究逐渐深入起来。楼嘉军(1998)客观评价主题公园的积极作用,指出其对区域经济影响非常大,但同时也存在综合配置功能不齐全、主题单一等问题。董观志(1999)通过实地调查,分析了华侨城主题公园客源市场的基本特征,提出了华侨城旅游经营模式的创新途径。进入 2000 年,董观志(2000)出版了《旅游主题公园管理原理与实务》一书,其系统的理论观点和操作实务受到学术界广泛关注,促使主题公园成为专门的学术研究领域。保继刚(2000)分别就武汉、珠三角的资源和经济发展状况,对其主题公园发展现状做了 SWOT 分析,以香港迪士尼(2001)为实际案例分析主题公园为珠三角经济、文化和旅游业带来的深刻影响。张玲(2001)总结了广州市主题公园存在着精品少、价格高、定位不明、选址不当等问题,提出了加强主题形象策划、完善旅游配套设施、开拓学生和家庭市场、调整内部经营机制等建议。金波和李鸾莉(2001,2003)运用可持续发展理论分别对世博园和华侨城进行了分析,提出了可持续发展的基本策略。马勇和王春雷(2004)在重构主题公园持续发展的影响因子系统的基础上,分析了未来一段时期内主题公园竞争的焦点,进而提出了现代主题公园竞争的六个努力方向,以期指导国内主题公园建立和维持长久的竞争优势。深层反思成为这一时期的特色,研究内容拓展到开发规划、影响因素、运营管理、可持续发展等方面。

第三阶段(2006—2015 年):全面深入研究为主。2005 年香港迪士尼的开业,掀起 21 世纪主题公园建设浪潮。此后国内主题公园的建设在数量和投资规模上都有了大规模的提高,主题公园成为旅游业中经济创收的强劲动力,学者们也抓住这一契机,加大了对主题公园的全面深入研究,形成新的研究焦点。吴必虎(2006)基于国家 A 级景区的主题景区,总结出主题景区由娱乐性转向休闲性、由低收益转向高收益的发展规律,并预测其未来发展将出现空间集聚、市场导向型分布和类型多样化三大趋势。董观志和李立志(2006)总结了近十年主题公园研究的演进路径,从中找出国内主题公园研究内容的变迁规律,指出未来国内主题公园的研究要通过多学科渗透来加强对具有可持续性和可操作性问题的建设性研究。李春生(2007)总结出我国主题公园的发展现状表现为由移植和模仿的单一主题结构向多元主题结构及综合化方向发展等特征,改革创新是保持我国主题公园生命力的关键。体验经济时代背景下,肖轶楠和夏沫(2008)从体验的视角入手,着重探讨主题公园体验过程的创造和体验价值的创新,为我国主题公园的经营与发展寻找一些借鉴。李雪松、唐德荣(2009)从体验旅游视角,研究得出影响游客到主题公园旅游意愿的因素受到主题特征、旅游产品及物有所值等方面的显著影响,并提出了主题公园旅游的相关政策建议。孙平(2010)等总结中国主题公园近 20 年的发展历程,指出主题公园只有在丰厚的文化内涵和更高的游客体验价值基础上强化自身品牌的构建和发展,才能保证主题公园经营的可持续发展。梁增贤等(2012),以深圳华侨城为例,选取黄金周之间的旅游流数据,归纳出了不同类型的主题公园黄金周内峰值日的一般规律。辛欣(2013)等以清明上河园为研究对象,通过对游客进行旅游项目重要性和满意度的感知调查,分析出清明上河园旅游项目优化的四种类型,有针对性地提出文化主题公园旅游项目优化策略。吴义宏(2014)等对影响主题公园游客拥挤感知的关键性因素进行了评价和讨论,从游客对园内的拥挤期望出发,提出了提高游客满意度的建议。2015 年 11 月,由中山大学与中国港中旅集团公司共同主办中国主题公园发展高峰论坛在中山大学举行。来自主题公园学术界、企业界等众多嘉宾出席会议,对中国主题公园目前发展现状进行了回顾、反思,并指出今后发展方向。此阶段主题公园研究主要表现为研究成果数量大幅度增加,突出的特点是对游客感知的研究和所在区域发展的研究升温。

此外,国内学术界从园林设计、景观规划的角度对主题公园的发展做了相关研究,还有文章探讨与主题公园相关的问题,包括客源市场空间结构预测、游客心理特征、旅游体验质量、游客承载量、城市建设主题公园适宜性评价体系等。综上所述,国内已多角度、全方位对主题公园做了研究,也取得了不少研究成果。

## 5.3 舟山市主题公园发展的背景与现状

### 5.3.1 主题公园发展背景

#### 5.3.1.1 旅游业发展新时期

旅游业是世界上成长最快的产业之一,而主题公园作为现代旅游业中成长较快的品牌资源,正以它独有的文化内涵、丰富的科技含量和强大的娱乐功能,吸引着众多游客流连忘返,同时也以超额的利润,集聚了无数的投资者(黄成林,2013)。当今,随着经济全球化和世界经济一体化的深入发展,世界旅游业更是进入了快速发展的黄金时代。其对一个国家和地区的经济社会发展全局具有重要战略意义,正成为经济发展新常态下的新增长点。改革开放 30 多年来,我国旅游业从无到有,从小到大,从弱到强,已发展成为国民经济的重要产业和推动世界旅游发展的重要力量。2016 年,国家发改委等 24 个部门出台《关于促进消费带动转型升级的行动方案》,对休闲旅游、乡村旅游、主题旅游、全域旅游等旅游业态给予明确积极的支持。新发布的"十三五"规划,指出我国旅游业将继续处于黄金发展期,以新业态引领旅游发展新常态,开发新产品、新业态,全方位系统性升级和改革,将为新时期的旅游产业供给侧结构性改革提供巨大机遇,也是激发旅游市场活力的巨大动力。旅游全行业重视旅游供给侧创新,促进消费转型,推动消费升级,从而推动中国的旅游社会进入到新时期,在此过程中,旅游发展空间得以延伸,旅游产品体系得以拓展,游客体验内涵得以丰富,旅游业满足市场需求的能力得以提高。

#### 5.3.1.2 大众旅游时代的到来

随着改革开放的深入和我国经济持续良好的发展,旅游已经从少数人的奢侈品发展为大众化的消费,成为人民群众日常生活的重要内容。国内旅游从 1984 年约 2 亿人次到 2015 年的 40 亿人次,增长了 20 倍。国民人均出游从 1984 年的 0.2

次到 2015 年的 2.98 次,增长了 15 倍。李克强总理在 2016 年的政府工作报告中指出"落实带薪休假制度,规范旅游市场秩序,迎接正在兴起的大众旅游时代"。大众旅游时代的到来,使得旅游业界必须考虑大众旅游需求的多样化、个性化发展态势,提供新型产品、形成新的业态。世界旅游组织研究表明,当人均 GDP 达到 2000 美元时,旅游将获得快速发展;当人均 GDP 达到 3000 美元时,旅游需求出现爆发性增长;当人均 GDP 达到 5000 美元时,步入成熟的度假旅游经济时代,休闲需求和消费能力日益增强并出现多元化趋势。2015 年,我国人均 GDP 达到 8000 美元左右,按照世界银行标准,我国已经属于中等高收入的经济体,城镇居民的生活质量逐渐改善,人们在平凡的生活和繁忙的工作中更加追求精神层面的发展,社会生活方式也正在发生深刻的变化;在相对较为充裕的经济条件下,参加旅游休闲活动已经成为居民全面发展的重要内容。中国步入消费升级黄金时代。

### 5.3.1.3　主题公园发展新阶段

世界上最早的主题公园是 1952 年荷兰的马都拉夫妇为纪念在二次世界大战中牺牲的独生子,而兴建了一个微缩了荷兰 120 处风景名胜的公园,开创了世界微缩景区的先河。现代意义上的主题公园,则始于 1955 年沃特·迪士尼在美国加利福尼亚州兴建的世界上第一个现代大型主题公园——"迪士尼乐园"。我国主题公园的发展深受外国主题公园影响,真正意义上的主题公园起步于 20 世纪 80 年代末,以华侨城在 1989 年打造的"锦绣中华"为标志,中国的主题公园开启了其发展之路,建设了一批人造景观为载体,静态观赏为主的主题公园。20 世纪末,国内主题公园掀起建设热潮,但普遍呈现出"一年兴,二年盛,三年衰,四年败"的短生命周期特征,建设一度陷入僵局。2002 年,在深圳华侨城召开以"主题公园走向何方"为主题的 21 世纪中国主题公园发展论坛,与会专家对主题公园发展状况进行了反思,对其发展持乐观态度。直到 2009 年,国务院颁布的《文化产业振兴规划》就将文化产业上升为国家战略性产业,明确提出要"加快建设具有自主知识产权、科技含量高、富有中国文化特色的主题公园"。主题公园经济快速崛起成为一种新型旅游业态,主题公园建设进入全面进阶阶段;2013 年,国家发改委等 12 个部门联合发布《关于规范主题公园发展的若干意见》,对开发主题公园和主题公园的界定进行了明确规范;2014 年,《国务院关于促进旅游业改革发展的若干意见》中提出要推动旅游产品向观光、休闲、度假并重转变,满足多样化、多层次的旅游消费需求。2016 年,随着文化产业被列入"十三五"规划中的"国民经济支柱性产业",主题公园游乐作为文化旅游产业中的重要一环,步入黄金时代。

## 5.3.2　舟山市主题公园发展现状

舟山作为中国第一大群岛以及第一个以群岛建市的城市,旅游业发展之初,由于特殊的地理位置,其交通条件在一定程度上阻碍了旅游业的发展。2006 年,宁波舟山港合并开启了港口经济发展新时代;杭州湾跨海大桥和舟山跨海大桥依次通车宣告着舟山进入大桥时代;2011年,舟山群岛新区的设立为舟山经济的发展注入新的活力。种种优惠政策,经济发展势头促进了当地以海岛旅游资源、海洋旅游文化为特点的旅游业的发展。但作为旅游产业高级化和城市发展水平象征的主题公园发展平平,较其他城市略显落后。根据舟山旅游网站提供的旅游景点信息、网络资料搜集以及途牛、携程等旅游网上关于舟山主题公园的信息,最后整理统计出舟山当前的主题公园。发现整体上主题公园业发展起步晚,发展缓慢,规模小,类型少,主要依赖自然景观以及器械游乐场为主,处于主题公园发展的萌芽阶段。目前舟山主题公园领域探索开发出的主要形态有:一是影视主题类,以影视创作为契机,最初由影视拍摄而出名,吸引游客游览,后逐渐发展为集影视拍摄、休闲、旅游为一体的影视主题旅游地;二是具有舟山地域文化特色的主题乐园类;三是综合生态农业区内的水上游乐主题乐园(表5.6)。

**表5.6 舟山市主题公园开发情况一览表**

| 类型 | 产品特征 | 主题公园名称 | 所在县区 | 开业时间/年.月 | 占地面积/m² | 投资金额/万元 |
|---|---|---|---|---|---|---|
| 影视主题公园 | 围绕某文学作品提供剧组拍摄影视剧而建立的模拟场景,也可供休闲游憩。 | 射雕英雄影视城 | 普陀区桃花镇桃花岛 | 2002.11 | $2.5 \times 10^6$ | 2000 |
| 现代游乐类 | 融现代器械娱乐与各种主题文化于一体,为游客提供动感、时尚、激情的休闲娱乐体验。 | 秀山岛海钓主题公园 | 岱山县秀山岛 | — | — | — |
| | | 秀山岛滑泥主题公园 | 岱山县秀山岛 | 2006 | $2.7 \times 10^5$ | $1 \times 10^5$ |
| | | 舟山欢乐水世界乐园 | 定海区体育路 | 2013 | $8 \times 10^3$ | — |
| 历史文化类 | 以某著名历史事件为背景建设,供后人参观、缅怀。 | 舟山鸦片战争遗址公园 | 定海区晓峰岭 | 1997 | $1.2 \times 10^5$ | — |
| 海洋景观类 | 以海岛特色景观为主体,集观赏、体验、科普于一体。 | 岱山岛盐主题公园 | 岱山岛岱西镇 | 2014 | | |
| 现代农业主题游乐园 | 以种植为特色的农业生态园为依托建立起来的主题游乐园。 | 伊甸园游乐场 | 定海区岑港镇 | | $1.3 \times 10^5$ | — |
| | | 林家村水上乐园 | 岱西镇林家村 | 2012.9 | $1.1 \times 10^4$ | 300 |

资料来源:通过相关文献资料自行整理。

### 5.3.2.1　已建成的主题公园

射雕英雄传旅游城。舟山的桃花岛射雕影视城是浙江唯一的海岛影视主题旅游地,占地2.5平方公里。2001年,为拍摄内地版《射雕英雄传》,经《射雕英雄传》剧组设计并由宁波华东物资城市场建设开发有限公司投资兴建了此城,金庸题写了城名。射雕影视城整体建筑充满了宋代风格且艺术精湛,巧妙结合了山、岩、洞、水、林自然景观,并以其天然唯美的海域风情吸引着各大剧组的到来。2002年11月,内地版《天龙八部》也在此拍摄。射雕城因此成为集影视拍摄、旅游、休闲、娱乐为一体的有一定知名度的影视旅游城。在2007年第十届上海国际电影节上,舟山又成为电影节唯一指定旅游城市,当年的旅游收入超过2.2亿元,增加了舟山在国内的知名度(朱晓辉,2007)。

秀山岛滑泥主题公园。秀山岛滑泥主题公园是目前中国首个以泥为主题的公园,位于山清水秀的秀山岛西北端,园内自然景色十分优美,经国内权威单位——中国科学院上海生命科学研究院检测表明,园内滩涂海泥中含有多种对人体有益的维生素、氨基酸、矿物质和微量元素,具有保健、护肤、杀菌等功效,因此受到越来越多崇尚自然,爱好运动,追求健康之士的青睐。园中以"泥"为主题设有滑泥运动区和泥疗休闲度假区两类区域,分为大、中、小三个级别。除了设有风帆滑泥、木桶滑泥、泥竞技比赛、现代泥瘦身、滩涂拾贝、赶海等吸引游客的主题参与项目外,还有专门的指导教练和滑泥表演队等。其主题突出、内容丰富、活动新颖、体感奇特。主题公园的设计将自然与艺术和谐统一,为人们提供了一个集旅游度假、休闲、疗养、科学教育、文化于一体的娱乐场所。

秀山海钓主题公园。秀山海钓公园坐落在秀山东部海滨游憩区,在九子沙滩与三礁沙滩中间,环境条件非常优越,有良好的气候条件,独特的海岛原生态系统,清洁的大气,洁净的水体,宁静的环境。区域内沙滩色泽金黄,海水湛蓝,礁石林立,千姿百态,山林翠绿。近海资源较为丰富,有鲳鱼、鳓鱼、石斑鱼、虎头鱼等各种经济鱼类近百种。公园既可近海垂钓,又可远眺海景风光,欣赏海蚀景观。秀山岛海钓主题公园内基础设施完备,是市民休闲娱乐的好去处。

舟山欢乐水世界乐园。舟山欢乐水世界乐园是舟山第一家真正意义上的水上乐园,占地8000平方米,位于舟山市定海区体育路体育馆内,于2016年6月30日隆重开业。乐园最大的特点是以"水为核心"的动感乐园,园内引进了国内外最先进、最具游玩特点的水上乐园游玩设备,有7个不同规格的游泳池,分为儿童戏水区、激情冲浪区、大型滑梯组群区、梦幻水寨区、休闲泳池区、漂流区、陆地游乐项目区、风情美食区、休闲水吧区、服务管理区等区域,各个区域分布合理,游玩空间相得益彰。是一个适合各种人群游玩的大型水上动感主题乐园。

岱山岛盐主题公园。岱山岛盐主题公园是岱山县2014年新开发的一个特色主题公园,位于岱山岛岱西镇万亩盐场内。岱山制盐传统源远流长,距今已有

1200 年的历史，岱盐以其色白、晶匀、质好、味鲜而成为贡品，有"贡盐"之称。岱山岛盐主题公园左靠双合石壁景区，南濒广阔的海洋和大面积的滩涂，并有万亩盐场作背景，组成一幅蓝天碧海、万亩银滩的美丽图画。建成后的休闲园区是集养殖、休闲、娱乐、运动、科技、养生保健为一体的岱山最大的综合性休闲园区。

舟山林家村水上乐园。水上乐园位于岱西镇林家村，紧邻桃树湾农庄和生态公园，环境优美，交通便利。项目占地面积 12 亩，总投资 300 万元，内设水上竞技区、水上游玩区、野餐烧烤区、休憩长廊、亲水平台垂钓区等。乐园正好位于岱西镇桃树湾葡萄基地，游客们在游玩水上乐园的同时，也可以通过葡萄采摘体验农家的生活乐趣。水上竞技区占地面积 1538 平方米，分成人区和儿童区，建有五级荡绳飞渡、滚筒浮桥、水上浮萍、八角浮桶等 18 项水上游乐设施。整个园区依山傍水，风景怡人，布局合理，设施完备，将成为夏日岛城一道独具特色的风景线。

### 5.3.2.2　在建和拟建的主题公园

舟山市目前在建和拟建的主题公园主要有朱家尖海洋主题公园、海洋科技主题公园和舟山儿童乐园（表 5.7）。

2016 年新年伊始，大连海昌集团朱家尖海洋主题公园考察组一行，对普陀山—朱家尖功能区进行了考察。考察团就舟山旅游的游客总量、人员构成、文旅项目营收等相关情况进行了解，考察了朱家尖海洋主题公园的项目选址位置及周边环境，对朱家尖大青山、观音文化苑等项目进行了深入探讨。6 月中旬，在宁波举行的第十八届中国浙江投资商贸洽谈会上，舟山海洋旅游综合主题公园成功签约，海洋主题公园计划投资 50 亿，选址松帽尖区块，紧临慈航广场，与普陀山隔海相望，以海洋主题公园、休闲养生会馆、特色度假酒店为主体，建成的主题公园将是集海洋主题娱乐、健康养生、度假休闲、特色商业于一体的高端旅游项目。

2016 年 2 月初，计划总投资 1.84 亿元的舟山市科技公园通过规划方案审查。该项目南面临海，西至体育路，东至茶山浦河，北与海洋科学城相连接。景观用地面积 154758.7 平方米，总建筑面积约 1990 平方米，绿地面积 118930.8 平方米，停车泊位数 63 个。公园规划正在做进一步优化完善，争取尽早动工。公园建成后将和百里滨海大道、海洋科学城、新城体育馆和体育场等建筑和设施相融成景，并通过寓教于乐的形式解读海洋科技文化知识，为市民和游客提供充满趣味的休闲体验，推动海洋科技发展。

从 2011 年确定要在舟山群岛新城建设舟山儿童公园之后，前后历时 5 年，经过方案修改、选址风波等，终于在 2016 年 6 月底确定建设方案。舟山新城儿童公园位于鼓吹山南侧，南侧紧邻港岛路，港岛路西接新城大道，是新城北部重要的东西走向城市主干道。公园将按照小朋友的喜好和舟山海洋海岛特色，划分出 6 大主题板块，分别为"梦之集市""梦之入口""湛蓝之城""绿影山谷""奇幻仙踪"和"使命启航"。儿童公园还将根据游乐项目功能设定功能规划分区。主要包括 7 大功能分区,分别为旱地戏水区、无动力设备区、南广场及东广场区、生态游乐区、动感游乐区以及滨水休闲带。新城儿童公园是继定海公园和东港儿童游乐场后,舟山规划建设的最大儿童游乐园。

表 5.7　当前部分规划或在建主题公园一览表

| 类型 | 产品特征 | 主题公园名称 | 所在县区 | 占地/m² | 启动时间 | 投资金额/亿元 |
|------|---------|------------|---------|---------|---------|-------------|
| 现代游乐类 | 融现代器械娱乐与各种主题文化于一体,为游客提供动感、时尚、激情的休闲娱乐体验。 | 海洋主题公园 | 普陀区朱家尖 | $1.5 \times 10^7$ | 2016 | 50 |
| | | 海洋科技主题公园 | 定海区 | $15.5 \times 10^5$ | 2016.3 | 1.84 |
| | | 舟山儿童乐园 | 定海区临城新区 | $1 \times 10^5$ | 2016.9 | 10 |

资料来源:通过相关文献资料自行整理

## 5.4　舟山市主题公园发展的 SWOT 分析

SWOT 分析法是战略管理中环境分析的常用方法,由美国哈佛大学教授Andrews(1971)提出,用来将企业内部的优势因素(Strengths)和劣势因素(Weakness),外部的机会因素(Opportunities)和威胁因素(Threats)进行实习调查,并罗列分析,运用系统分析思想得出一定的结论,这种方法目前也广泛运用于区域的发展过程中(图 5.3)。通过研究舟山内部条件的优劣,客观分析外部环境带来的机遇和挑战,对舟山所处旅游时代背景有较为全面的认识。以便能够更好

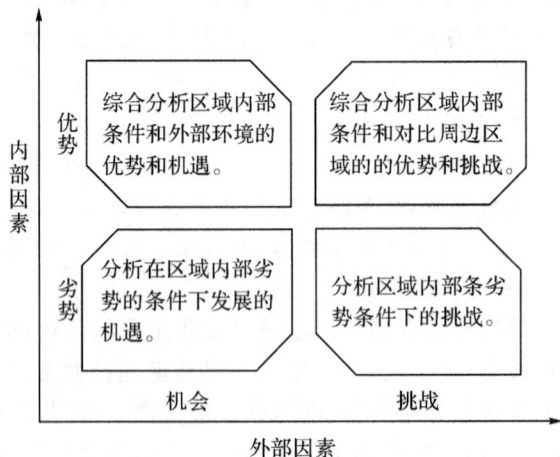

图 5.3　SWOT 矩阵分析图

地因势利导,利用舟山独特的海洋资源,发挥其海洋优势,发展独具特色的海洋旅游产品。

### 5.4.1　舟山发展主题公园的优势

#### 5.4.1.1　优越的区位环境

当今世界海洋旅游的两大热点,一是赤道热带,二是区位优势明显的海岛。作为中国第一大群岛的舟山便属于后者。舟山是浙江省海洋旅游的核心区,地处我国东南沿海"黄金海岸"与长江"黄金水道"的交汇点,杭州湾外缘的东海洋面上,背靠上海、杭州、宁波等大中城市群和长江三角洲等辽阔腹地,面向太平洋,具有较强的地缘优势,是长江流域和长江三角洲对外开放的海上门户和通道,与亚太新兴港口城市呈扇形辐射之势,地理位置十分优越。舟山港湾众多,航道纵横,水深浪平,是中国优良的天然深水港之一。丰富的港湾资源,给当地旅游业带来了深远的影响,不仅为海洋休闲旅游提供便利;还可以加强港口建设与航线的开通,为舟山带来国内外大量客源。渔业、港口业、航运交通业与旅游业之间存在着共同的载体——海洋,这些都是有着良好发展前景的海洋休闲旅游的重要组成部分,任何一种产业的发展都会带动和促进其他产业的发展。渔业开发和港口建设带动了舟山旅游业的发展而同时旅游业的发展也刺激了舟山渔业的发展,相互协调,共同促进。舟山群岛海域辽阔,岛屿错综,地处北亚热带,整个群岛季风显著,冬暖夏凉,温和湿润,光照充足,空气自然净化能力强,温差变化小,气候宜人。是典型的海洋性季风气候区,全年的旅游舒适时间长,非常适合休闲体验型旅游产品的开发。优越的地理位置、丰富的港口条件、舒适的气候资源是舟山发展主题公园不可或缺以及不可取代的优势。

#### 5.4.1.2　快捷的交通环境

交通业的发达快捷与否,是旅游业发达的一个基本保障。长三角内一系列区域性交通基础设施建设优化了运输网,对城市的区域空间结构带来了极大的影响,形成了交通便利的交通网络。2010年舟山正式跨入了大桥时代,杭州湾跨海大桥的通车,大大缩短了杭州、上海等浙北地区与宁波舟山等地的连接,不仅道路方便了许多,时间上也大大缩短了;不仅加强了双方的联系,而且促使更多的游客产生了前来舟山旅游的动机。舟山跨海大桥的通车,彻底改变了舟山人轮渡出入的方式。舟山从此告别了孤悬海上的历史,与大陆连为一体。大桥经济时代的到来,给舟山的观光休闲旅游带来了新的刺激。同时,普陀旅游集散中心等7个游客集散中心投入使用,舟山群岛国际邮轮码头开港运营,成为全国第六、全省首个国际邮轮码头,中航幸福航空水上飞机落户舟山,普陀旅游巴士观光顺利开通,朱家尖西岙码头、蜞蚣峙客运码头扩容改造等旅游交通提升工程全面完成。这些交通设施为舟山市发展海洋旅游提供了良好的保障。得到了交通的快捷和便利,使浙北的游客周末就可以开着私家车,3小时内穿越杭州湾跨海大桥和舟山跨海大桥,到达舟山,在沈家门吃上新鲜的海鲜,上普陀山参拜观音,到岛上体验渔家乐。

### 5.4.1.3 独特的旅游资源

舟山是我国唯一的以群岛组成的海上城市,岛礁众多,星罗棋布,大大小小1390个岛屿分布在2.22万平方公里的东海洋面上,约相当于中国海岛总数的20%,为我国第四大岛。拥有独特的海岛风光,宝贵的普陀山佛教观音文化,还拥有传统的鱼乡民俗文化与深厚的历史文化积淀,使其旅游资源集海岛自然风光和海洋文化、佛教文化于一体,旅游资源丰富多样,类型齐全,数量众多。已经开发和建设的佛教文化、山海文化、渔俗文化、金庸武侠文化等各类景观1000余处,其中拥有"海天佛国"普陀山和"列岛晴沙"嵊泗两个国家级旅游风景名胜区,"东海蓬莱"岱山和"金庸笔下"桃花岛两个省级旅游风景名胜区,以及唯一位于海岛的省级历史文化名城——定海。经过20多年的发展建设,舟山除传统的自然观光旅游外,还开发出了空中览胜、海滨探险、海上竞技、海洋科普等充满海洋海岛特色的旅游项目。其中最具代表性的旅游节庆活动有:国内首创的每年一届"中国舟山国际沙雕节"、普陀山南海观音节、舟山海鲜美食节、国际海钓节、国际航海大赛等。所开发旅游景点在25个国家级海岸带风景名胜区中所占比重为8%(陈展之,2009),形成了能满足不同旅游需求的大众海钓游、海鲜美食游、度假会展游、海洋文化游、群岛海上游、岛村渔家游、禅修体验游、佛教文化游八大系列特色海洋旅游产品。丰富的海岛资源和深厚的文化底蕴,正是发展海洋主题公园的独特优势。

## 5.4.2 舟山发展主题公园的劣势

### 5.4.2.1 起步较晚,发展缓慢

舟山岛内传统景区多数属于资源依赖型,单纯的观光游览,内容较为单一。虽然舟山旅游业起步较早、发展迅速,但主题公园业的发展相比其他地区却有着滞后性。国内主题公园业发展从改革开放后的萌芽,20世纪90年代初期的诞生与成长,到90年代末至21世纪初的大发展,再到2005年至今的品牌化阶段,经历了观望、高潮以及高潮退却后的理性,积累了丰富的经验和多样化的创新。不同于全国主题公园的发展历程,纵观舟山主题公园业,真正意义上的主题公园始于2001年射雕影视基地的建设,拍摄内地版《射雕英雄传》,2002年11月,内地版《天龙八部》也在此拍摄。射雕城因此成为集影视拍摄、旅游、休闲、娱乐为一体的有一定知名度的影视主题旅游地,引起了一段时间的影视旅游热潮。此后,舟山也开发建设了大洋岛海泥乐园、伊甸园游乐场、舟山欢乐水世界乐园等小型游乐场,但大都存在主题单一、产品单调、动态参与不足、基础设施滞后等问题,发展平平。

### 5.4.2.2　旅游产业化程度不高,旅游专业人才匮乏

主题公园作为一种特殊的旅游目的地,投资大,风险高,其成功运转需要旅游行业各个系统的密切配合。目前,舟山旅游企业"小、弱、散"特征明显,旅游产品组合设计能力不强,旅游产品只停留在观光游览为基础的产品开发上,度假、休闲、主题、参与性产品较少,且受海岛自然环境制约,旅游季节性强。舟山海洋旅游的发展和管理中,旅游从业人员总体素质欠佳,海洋旅游人力资源严重匮乏。导致产业化程度不高,市场竞争力缺乏。一些部门的行政人员以及旅游从业人员素质参差不齐,海洋旅游的专业管理人才紧缺,高级管理人才更是匮乏。对旅游人力资源的培养严重落后于海洋经济的快速发展。同时,科技水平低下也是制约浙江海洋旅游可持续发展的重要因素。目前,舟山在这两方面都比较薄弱,海洋旅游的科技化、信息化和现代化都比较落后,旅游环境的监测与保护也缺乏先进的科学技术手段,目前仍多为传统的人工方法,效率低下;科技旅游资源开发和科技旅游线路、品牌的培育等不到位,代表海洋旅游开发前沿的深水观光游艇、水上观光电梯等高科技海洋休闲旅游产品在舟山还有待开发。

### 5.4.2.3　旅游配套设施滞后,综合接待能力低

舟山位于海岛之上,远离经济发达的大都市,本身经济发展就比较落后,而且我国的海洋旅游业起步也相对较晚,所以基础设施都比较薄弱。另外海岛与外界的交通基本靠海上运输,这使得旅行的行程受天气状况影响较大,一旦遇到大风大雾就得停航,而对于那些远离大陆的岛屿,乘船颠簸时间较长,游客感到疲惫不堪,这就使海洋休闲旅游脱离了休闲度假的基本意义,舟山的海上交通一直是旅游发展的瓶颈问题。杭州湾跨海大桥和舟山跨海大桥的通车,加强了舟山与外界的联系,提升了舟山的可进入性。但随着旅游市场需求的不断提高,游客不仅希望有安全、快捷的交通,更希望有舒适、标准化的服务环境。同时,还要求开辟旅游专船、旅游包船以及适合目前一部分高消费水平的海上游轮。这是舟山在旅游交通一体化、航线开辟等市场准入方面需要寻求体制上的突破(郭旭,2012)。

## 5.4.3　舟山发展主题公园的机遇

### 5.4.3.1　繁荣的旅游市场

舟山作为全国著名的旅游城市,改革开放以后,旅游业发展缓慢。直到进入21世纪,岛上建立了射雕英雄影视城,吸引了大批游客前来观光,促进了舟山旅游基础设施和管理服务的发展,开辟了一大批影视旅游项目,加速了旅游业的发展步伐。2000年以来旅游接待人次保持年均15%左右的增幅。旅游者中,国内游客占绝对多数,海外旅游者在游客总数中的比例一直徘徊在0.5%～1.5%之间。长三角地区人口众多,消费能力在全国处于前列,是浙沪旅游成熟持久的消费市场。舟

山北临东方大都会上海,南与新兴港口城市宁波相邻,背靠长江三角洲庞大城市群,区域经济发达,人均收入高,出游率也很高。因此,长三角是目前舟山旅游的最主要的客源地(郭旭,2012)。江浙沪游客约占 3/4,游客多属于观光旅游者,佛教信众的宗教朝拜也占一定的比重;团队占主导地位。游客主要集中在普陀山、沈家门、朱家尖、桃花岛普陀区旅游"金三角"地区,其次是定海(张同宽,2009)。"十二五"期间,舟山市旅游业总收入从"十一五"末的 201.2 亿元增加到"十二五"末的 552 亿元,年均增长 22.4%,高于全国全省平均水平。2016 国际海岛旅游大会发布了《世界海岛旅游发展报告(2016)》,报告显示,过去 5 年,海岛游国际游客人数平均增长超过 5%,通过比较,《报告》认为,舟山群岛是当前中国海岛旅游发展最好的地区之一,旅游业已经成为舟山名副其实的支柱产业。2014 年,舟山市全年接待国内外游客共 3876 万人次,比上年增长 14.1%;全年实现旅游总收入 552 亿元,增长 15.7%,相当于全市 GDP 的 50.4%。从浙江旅游发展的格局看,2014年,舟山接待游客总人次占浙江全省的 7.24%,旅游总收入占浙江全省的 7.73%,与往年相比有明显提升。舟山旅游业良好的发展趋势使其客源市场优势进一步凸现。

### 5.4.3.2 良好的政策环境

政府支持是旅游产业得以发展的根本保障。近年来,舟山市政府出台了加快推进海岛旅游目的地建设的实施意见,提出了把舟山建设成为海洋旅游强市的目标,推动旅游业逐渐成为经济建设的主要产业。2013 年,舟山群岛定海国际旅游度假区获省政府批准成立。度假区位于定海东南部,项目总陆域面积 38.3 万平方公里,计划总投资 200 亿元,经过几年开发,度假区内已经形成舟山鸦片战争主题公园、凤凰休闲度假酒店等项目,所有建设预计 2020 年基本建成。建成后将实现年接待游客量 250 万人次以上,旅游年收入 50 亿元,增加就业机会 5 万余个。"十三五"期间,舟山市明确提出全面实施海岛旅游和佛教文化旅游"两轮驱动",打造国际著名的海岛休闲旅游目的地和世界一流的佛教文化旅游胜地,把旅游业培育成舟山国民经济的主导产业,为新区建设发展做出更大贡献。舟山市政府在全市旅游发展大会上,公布《关于加快海岛休闲旅游目的地建设实施意见(征求意见稿)》中指出,未来五年,舟山市在旅游业上将投资 500 亿元,重大项目共有 58 项,主要涉及大型的海洋游乐园、综合度假区、商贸旅游区、健康养生、海岛民宿等。同时,《浙江省文化产业发展规划(2010—2015)》将舟山设定为海洋文化创意特色中心,重点引导文化创意、文化旅游、沙滩运动、影视服务、主题旅游等行业。此外,舟山市各县都将产业发展政策向旅游产业方向倾斜,为旅游产业发展创造了良好的条件,舟山旅游产业进入了前所未有的大发展阶段(郭旭,2012)。

### 5.4.3.3 休闲旅游发展的时代背景提供机遇

随着我国经济的持续发展,人们收入水平的提高,以及我国休假制度的调整,居民的闲暇时间逐渐增加,休闲旅游越来越受到人们的重视。休闲时代的到来,使人们对休闲产品的需求不断升级,主题公园作为集观赏、运动、教育、娱乐、休闲等多种功能的旅游产品,满足游客放松、娱乐、参与等多方面的需求,其价值更加凸显,需求更加显著。同时,国内主题公园经过近30年的发展,从探索阶段进入到转型升级和品牌化阶段,从以前的单一的、行政的开发转向多元化的、市场化的开发上来,运用改造、提升、创新的手段来搞好主题公园建设,这是对舟山发展主题公园建设的一个强大的机遇(俞静,2012)。此外,主题公园属于人造景观,相对于传统景区而言,最大的优势在于对自然旅游资源的依赖性小或无依赖性,因而其多无明显的季节性差异,可以平衡旅游淡旺季的问题,当前很多传统景区扩增了小型游乐园、滑雪场,以满足游客日益增长的休闲需求(李晓丽,2014)。

### 5.4.4  舟山发展主题公园的挑战

#### 5.4.4.1  宏观环境限制

尽管当前乃至未来相当一段时间内主题公园业仍旧是旅游行业发展的大趋势之一。但由于主题公园建设需要投入大量资金、占用广大土地、牵动若干行业,一旦投资失败影响巨大。加上国内主题公园建设数额持续增长,在主题公园建设中也存在着盲目投资、低水平重复建设,模仿抄袭多、自主创新少、文化内涵不足,设施和服务质量差、运营管理水平低、生命周期短暂等突出问题。2011年国家发展与改革委员会(以下简称"国家发改委")牵头下发《关于叫停各地自建主题公园》的通知。2011年9月29日,由中华人民共和国国家质量监督检验检疫总局和中国国家标准化管理委员会发布了《主题公园服务规范》(以下简称《规范》)。该《规范》由常州中华恐龙园有限公司和常州市标准化协会负责起草,于2011年12月1日起实施。这是中国主题公园业界的第一个国家标准,填补了国内旅游标准的空白,对今后主题公园的发展具有指导意义。《规范》对主题公园进行了界定,区别了主题公园与传统意义上的游乐园和一般景区服务的不同功能特性和形态。同时《规范》从主题场景、服务提供、安全与应急、投诉处理与满意度测评等方面,对主题公园提出了规范性要求,并对游客中心、售票检票、游乐项目、主题文化展示、文艺演出、购物餐饮、游览交通、寄存停车、卫生环境、网络信息等十大类服务内容进行了详细规定。2013年,《关于规范主题公园发展的若干意见》(以下简称《意见》)正式出台,该《意见》明确提出了主题公园发展的总体要求,对主题公园以及特大型、大型、中小型主题公园做了严格的界定,并规定新建、扩建项目必须严格履行相应的核准程序。《意见》还对主题公园的选址、土地利用管理、建设运营监管、创新发展等方面提出了具体要求。因此,国家宏观政策的限制必定会对舟山主题公园业的开发建设产生一定影响。

### 5.4.4.2　区域竞争激烈

舟山背靠经济发达的沪、杭、甬等大中城市群和长三角等辽阔腹地。在拥有广阔的客源市场的同时，也面临着长三角地区主题公园的激烈竞争。目前，主题公园在国内形成明显集聚区的主要有珠三角、长三角、京津冀等城市群。长三角地区拥有苏州乐园、无锡影视城、芜湖方特欢乐世界、上海欢乐谷等众多主题公园，它们在辐射区域、市场形象上，势必存在着客源市场份额的争夺。尤其是2016年6月16日上海迪士尼乐园的开业对本土主题公园行业是一个新的冲击，在游客兴奋的同时，本土主题公园业也在思考通过何种方式增强自己的竞争力（周其楼，2010）。与此同时西部与中部及东北地区也纷纷引进资金，建立起各个地方的主题公园，产业的门槛进一步被抬高，产业垄断已经形成。临近城市之间已经形成一种你追我赶的发展态势，稍微不小心慢人一步便意味着落后。因此，舟山在今后建设主题公园的过程中，如何通过本身的创新，克服这种体制的障碍，加快融入长三角地区，提高竞争力，提高国际合作水平，将是其发展面临的重要挑战。

### 5.4.4.3　游客体验要求不断提高

21世纪无疑是体验经济的时代，旅游行业因其体验的本质走在体验经济的前列。随着中国经济不断发展，中国旅游者的旅游目的和方式也在发生着巨大变化，现在的旅游者在积累了大量的旅游经验之后，旅游消费日趋理性，已经不再满足于传统的观光旅游产品，他们对旅游产品的要求越来越高，尤其是对旅游产品的参与性和互动体验性尤为看中，对旅游服务业提出了更多的个性化要求。在国外，大众观光旅游占总体旅游比例的30%，休闲和特色旅游占70%以上。如今，旅游者越来越青睐于在旅游过程中寻求一种难忘的经历，对旅游体验的需求也越来越高。在旅游体验时代，旅游业的发展趋势是以游客需求为中心，提供个性化的体验型旅游产品，进而为游客创造旅游体验。主题公园作为一种集观赏、休闲、娱乐等多种体验为一体的专项旅游目的地，传统的静态景观欣赏已经不能满足游客的需求，公园必须给游客提供个性化的旅游体验，不断更新换代旅游项目，只有让游客在主题公园中得到了快乐和难忘的体验，才能真正提高游客的满意度，从而不断地吸引游客。这也是新时期，主题公园建设面临的新的挑战。

# 5.5　舟山市主题公园发展的个案研究
## ——桃花岛射雕影视旅游城的问题与对策

## 5.5.1　桃花岛旅游概况

桃花岛（图5.4，图5.5）以岛建镇，位于舟山群岛东南部。与"海天佛国"普陀山、"沙雕故乡"朱家尖隔海相望,地理位置优越,海上交通便利。每年旅游黄金季节,岛上游客熙熙攘攘。2008年桃花岛被国家旅游局评定为国家4A级旅游景区。

桃花岛古称白云山,因山顶常年云雾缭绕而得名。后先秦隐士安期生为避战乱在岛上修道炼丹,临别时泼洒醉墨于山石间,遂成桃花纹,从此岛上开采出来的石头呈现栩栩如生的桃花纹,故石称桃花石,山号桃花山,岛曰桃花岛。

桃花美景过去并不为旅游者熟知。岛上悠悠高山,礁奇石怪,碧海金沙,幽幽溪洞,山花烂漫,岗峦密布,山势起伏,林木葱翠,风光旖旎,植被覆盖率75%以上,有"海岛植物园"之称。树木花卉资源十分丰富,素有"海上植物园"之美名。树木有73种、356个品种,其中属于国家自然保护范围的珍稀树种达数十种,如毛红椿、普陀樟、全绿叶冬青等,还有水仙、杜鹃、黄杨、兰花等名贵花卉。桃花岛上的水仙与兰花。是岛上的"土特产",尤其是水仙花,名列中国3大水仙之一,远销日本等国家和我国香港地区。

图5.4　桃花岛客运中心

1993年3月,桃花岛被评为浙江省省级风景名胜区,共分有塔湾金沙、安期峰、桃花峪、大佛岩、悬鹁鸪岛和桃花港6大景区,拥有金沙日出、金龙吐珠、大佛夕照等12大景观,东海神珠、弹指峰、清音洞和东海渔村等60余个景点。2001年,《射雕英雄传》剧组设计并在桃花岛的散花峰投资兴建了射雕英雄传影视城(图5.6),金庸题写了城名。射雕影视城是我国唯一一座海岛影视基地旅游城,整体建筑呈宋代风格且艺术精湛,巧妙结合了山、岩、洞、水、林自然景观,主要包括黄药师山庄、牛家村、东邪船埠、归云庄、八卦书屋、黄蓉房、冯氏墓、临安街、京城广场、南帝庙、清音洞、大佛岩、听雨居等景点。拍摄《射雕英雄传》之后,桃花岛名声大噪,许多国内外游客纷至沓来,其中不少游客是影视剧迷,因着桃花岛而来一探究竟;也有是金庸武侠迷,想来桃花岛领略武侠风情。2002年11月,内地版《天龙八部》也在此拍摄。射雕城因此成为集影视拍摄、旅游、休闲、娱乐为一体的有一定知名度的影视旅游地。

图 5.5  "桃花岛"石刻          图 5.6  射雕影视城景区大门

### 5.5.2  射雕影视城发展存在的问题

射雕城开发以后，以其独特的影视主题、武侠魅力，吸引了海内外大批游客，促进了整个桃花岛旅游行业的发展。桃花岛各景区 2001 年接待游客为 13.50 万人次，旅游收入达 2.8 亿元，2014 年接待游客 207.73 万人次，比上年同期增长 10.4%，实现旅游总收入 7.5 亿元，同比增长 11%，均创历史新高，快速增长态势明显（朱晓辉，2007）。从整个旅游市场来看，伴随着射雕影视城二期工程的建设和项目的增加，其旅游市场也处于快速发展阶段，但同时也出现一些问题。如：市场吸引力有限，游客到访后失望较多，重游率较小，投资回收较慢，主要是因为在旅游城开发上存在以下问题：

第一，静态观光为主，动态参与不足。21 世纪无疑是体验经济的时代，旅游行业因其体验的本质走在体验经济的前列。现在的旅游者在积累了大量的旅游经验之后，已经不再满足于传统的观光旅游产品，并且开始追求更高层次的以体验为目的的旅游。影视主题公园旅游作为一种专项旅游，不仅仅只为游客提供景观体验，更重要的还应有表演节目欣赏体验。游客在游览过程中，越来越期望能亲身体验影视剧的拍摄、制作过程。然而，射雕城目前开发的项目主要是传统的陈列式观光，如射雕英雄故事发生地牛家村（图 5.7），复原了宋代特色的村落风貌，但只能静态的参观，缺乏参与性的项目活动设置；充满故事场景的清音洞一线天，是老顽童周伯通被困十五年的地方，目前只是作为一个自然景点游览，缺少对故事场景的深入挖掘，没有互动参与项目；京城广场当年穆念慈比武招亲的戏台（图 5.8），只有在特殊几日比武招亲的活动中，游客能够一览武士比武风采，但并无参与项目；其余大部分时段内，处于观光游览状态。其他一些景点虽然简单设计了一些参与性的活动，但更多的只是立牌简单表明此地拍摄剧目、参演明星、导演等情况，仅限于图片展示，不能使旅游者有身临其境之感，难以满足旅游者重现荧屏经典一幕的愿望。这种游览方式降低了游客的兴趣与质量，也减少了影视主题公园的收入，不利于持续发展。

图 5.7　牛家村

图 5.8　京城广场

　　第二，影视特色不突出，项目较为单调。表现在影视剧拍摄时没有很好的活动策划，如临安街(图 5.9)，拍摄日的时候，会根据需要，展现宋朝的繁华市井，但游客只是围观现场，没有其他活动；无拍摄活动时，影视城又不能适时推出与影视相关的游览、参与项目，无影视服装道具可供游客参与，无影视拍摄条件让游客过一把影视瘾，对于影视拍摄的知识和特技制作的内幕也无从考究，游客只能通过看一些剧照来聊以自慰(图 5.10)。另外缺少影视拍摄相关的表演，表演形式包括大型实景演出、电影特技特效的表演、电影片段表演、情景剧、小品、魔术、杂技、舞蹈、歌唱、皮影戏等。这些节目演出在很大程度上能够为景区体验增色不少。为此，射雕影视城首先应该结合城内的具体拍摄场景，做好相应的活动策划，在不同时间段设计相应的活动项目，项目尽量营造一种氛围、制造一种环境、设计一种场景、完成一个过程，用好的氛围去牢牢吸引顾客，使其频频回头，营造一种令人流连忘返的氛围。通过活动策划，也就是事件营销强化消费者体验。在具体的体验场景和"舞台"设计基础上，根据主题线索设计体验"剧情"，策划各种活动项目，打造一个高享受的体验过程，具体的形式可以有景点表演、舞台演出、节庆活动等形式，在影视主题公园中就可以利用场景恢复进行影视剧的表演。

　　第三，文化内涵不深，科技含量低。射雕城的主要景点中，大佛岩和清音洞一线天都是属于自然旅游景点，其他如八卦书屋、黄药师庄等是依据原著内容和影视需要人工建造的人文自然景观。其中每一个景点都有其独特之处，一处景点就是一个故事。如：黄药师庄(图 5.11)是东邪黄药师颐养天年，习武练剑之所，山庄四周山坡绿树掩映，依山傍水，红楼画阁，屋内竹箫、棋设，卧室有爱妻挂像，无不体现黄药师精于五行、爱妻之情，这样一个意境幽雅的地方，发生了几代人的恩怨情仇；京城广场是杨铁心携义女穆念慈比武招亲之处；归云庄是太湖群雄之首陆乘风修身养性之所(图 5.12),当年他师从黄药师,因陈、梅二人偷情盗经殃及众弟子,被震断脚筋后逐出桃花岛。十八年后师徒重逢,又发生了一段曲折离奇的故事……这些武侠文化特色正是射雕影视城的文化核心所在,也是影视主题项目开发的前提,但影视城在武侠文化上的挖掘不深。单调的建筑布局,空荡荡的临安大街,使游客无法感受到武侠文化氛围,更无法参与到当时的故事情节中。射雕城只是对南宋历史空间和时间通过建筑场景进行简单再现,而忽视了对这一历史时空背后所蕴含的文化氛围的营造,结果只能达到"形似而神不似"的水平。影视城对于科技的利用更是少之又少,然而,实际上影视主题园是一个非日常的舞台化世界,必须能融参与性、观赏性、娱乐性于一体,满足人们多层次的需求,这有赖于高科技的大量应用。此外,射雕城旅游产品仅是以建筑场景观光为主,对于其内部现有的影视旅游资源、水体资源、海岛资源、武侠文化资源等都没有充分利用,缺乏休闲娱乐、动态参与、影视特色等旅游产品,产品过于单一,难以形成持续的市场吸引力。

图 5.9　临安街

图 5.10　《射雕》剧照展览室

图 5.11　黄药师庄

图 5.12　归云庄

### 5.5.3　射雕影视城发展的对策

射雕影视城在性质上属于影视主题公园,而主题公园的核心在于文化,宗旨在于娱乐。从近几年全国影视城的经营情况来看,一个不注入新生景点的影视城,一般效益低、寿命短。通过国内其他学者相关论文的研究发现,产业程度低,自我更新能力弱,是这些影视城生命力低下的症结所在。自无锡"唐城"之后,国内陆续冒出了近4000家人造景观,大多昙花一现,有的甚至未曾营业就烟消云散(孙静波,2006)。而横店影视城自1996年拍摄《鸦片战争》以后,正式对外开放,经过二十年的发展,依然经久不衰,并一步一步发展成为了全球规模最大的影视拍摄基地和全国最大的影视旅游主题公园,坐拥总资产30多亿元,集众多之最于一身:最大规模的影视城,最大规模的影视景点,最大规模的室内摄影棚,拍摄电影、电视最多的影视城等。这些成就,一方面与东阳市不断推进文化产业全域化,扩大影视旅游业范围的政策密切相关,另一方面也与横店影视城不断开拓,建立新景点关系密切。因此,射雕影视城应该以塑造影视特色为主题,以深挖文化内涵为动力,提升影视旅游文化内涵。提升影视旅游的文化内涵,一方面要有好的影视作品推出,通过影视作品的启示,恢复和营造人文历史或有纪念意义的文化氛围。另一方面,要大力开发有文化内涵的影视旅游产品。要特别重视与影视剧相关的旅游产品多层次、多侧面、多渠道的开发(徐铭,2013)。影视旅游产品在开发时要充分考虑影视旅游者的动机、个性特征等,结合影视故事情节规划精品旅游线路。以高科技为依托,打造独特的武侠文化之旅,在此基础上利用其海岛地理优势和民俗风情开展丰富多彩的参与型旅游项目,提高旅游产品的层次。

根据射雕影视城的自身特点,可以从武侠文化、影视文化、海岛文化、休闲渔业文化和水上娱乐五个方面着重开发。

(1)注重文化内涵的挖掘,深入塑造武侠文化之旅。武侠文化旅游项目是射雕影视城发展的重点,为使游客在进入射雕城后能真实体验到神秘的宋代武侠文化氛,应进一步增加古装表演及参与性节目。具体来说可以增加以下项目:重现牛家村曲三酒店,以古装打扮的店小二、酒字旗、绍兴黄酒、大块牛肉、凉拌小菜来吸引游客;在临安街上恢复古商铺面貌,所有商贩一律着宋装吸引游客;定时进行古代公子哥"逗蟋蟀""张员外家彩楼抛绣球招婿""穆姑娘比武招亲"等游客参与性节目以再现南宋民风与武侠情节;策划"忽必烈大帐议事""华山论剑"等大型活动。

(2)增加影视旅游项目,增强影视主题形象。为了突出影视旅游的特色,可搭建简易摄影棚,购置服装道具,重现拍摄现场,电视播放有关电影特技的讲解片,以满足游客对迷幻的武侠动作的好奇;针对游客希望体验影视剧拍摄过程的心理,可以在影视城内策划拍摄一些短剧,完全起用游客做主角参与拍摄,然后及时制成VCR让游客带回家去慢慢回味,利用影视城明星云集的优势,借助各个剧组的影响力定期召开新闻发布会,策划游客与明星的互动环节,以满足游客尤其是年轻游客的追星梦想。

(3)丰富旅游产品类型,开发海岛观光、休闲渔业游。影视城位于桃花岛大佛岩下,因此,可以开发系列海岛观光项目:一是"佛顶览胜"项目,可以开辟生态登山路线,山路上尽量保持山野原貌;二是另辟蹊径,在向导的带领下开展特色探险登山游。二期工程影视城将开发蚂蚁岛,可以据此开展"当一天渔民活动"项目:游客租用渔船在渔民指导下"出海"打鱼,晚上住渔民旅馆品尝自己捕获的海鲜,享受世外桃源生活。

(4)充分利用现有资源,增加水上娱乐活动。射雕城内的散花湖水面较大且平静清澈,可以开展多种水上娱乐项目,如打造"五月花船",在船头进行仿宋歌舞表演;购置双桨式小船和独木舟,游客可以在专人指导下划船游玩,开展划船比赛、游泳比赛等参与性活动。增设水上食府项目,提供休闲食品饮料等。

# 5.6　舟山市发展主题公园的原则及建议

## 5.6.1　发展主题公园的原则

主题公园的项目开发要在一定的原则指导下进行,这样能提高对主题公园创建工作的有效性。因此,既要遵守可持续发展的原则,又要遵守整体优化、科技支撑、安全体验、市场需求导向及多样性等原则。

要坚持可持续发展为原则。首先,从产品类型上来说,主题公园提供的旅游项目主要是资源依托型产品,其对海洋旅游、人文、环境、社会等资源具有很强的依附性。因此,舟山主题公园特色产品的开发要保持与海洋旅游、民俗、文化资源、社会效益、生态环境的和谐统一,形成良性循环的可持续发展;要深入挖掘深层次的海洋旅游文化和内涵展示给旅游者,提升其文化品位;要选择那些与可持续发展原则相协调的旅游形式,以及各种能够保证中期和长期可持续发展的旅游形式。

要实现园区的整体优化、组合为原则。这一原则要求把舟山建设主题公园项目的存在形式作为一项系统工程来考虑和规划,对主题公园及其内部各个组成部分、区域要素进行统筹安排,整合旅游资源,调和、优化园区旅游项目结构,使各类海洋文化旅游资源和其被开发出的各种功能相互协调一致;同时也要协调宏观和微观之间的关系,既要与相关的部门和行业协调,又要衔接好海洋文化旅游资源的数量、质量、特点、空间布局、项目的选取、目标消费者等各个方面,实现整体的最优化的组合和利用。

要运用高科技支撑为原则。在项目开发过程中要注入现代科学技术元素和含量,将会促成其园区旅游产品的不断创新和优化,使园区的软环境、硬环境得到灵活管理和正常安全运行。运用高科技手段确保园区内海洋旅游文化资源的开发、展示和体验;如借助视频、视听、触觉系统等现代技术手段,开发电子冲浪、驾驶帆船、电子潜泳等。运用高、新科技不断完善园区基础设施和旅游服务体系,完善管理体制等等。

要建立安全体验的原则。在舟山海洋主题公园项目开发上,有一部分是海上体验项目,有一定的安全风险性,旅游者对海上项目的体验经历没有像专业队的经验那样丰富和老成,容易发生危险,旅客主要以体验式的为主,在项目设计开发上,要做足安全因素,在具体施行中要做好安全保护工作。因此,要做好主题公园专业人员的培养和使用。

要以海洋文化为特色,市场需求为导向的原则。园区的开发要以海洋文化为特色,市场需求为导向,立足于现有的海洋文化资源、人文、环境等条件的基础上,实行准确而细化的客源市场定位;以满足旅游市场需要为导向,去发现、挖掘、评价、筛选和开发海洋文化旅游资源,设计、制作和组合海洋文化旅游的产品,推向旅游市场进而引导市场、开拓市场。只有这样,旅游产品开发才具有规范性、科学性、可操作性。此外,主题公园应与旅游目的地的佛教文化、影视文化、美食文化、休闲渔家乐等旅游景区景点保持互补,在人力资源、管理效率上,相邻各景区景点可广泛合作;在客源流动上,促成各景区景点相互间的互动。

要以多层次、多样性为原则。多样性原则的存在对确保主题公园景区景点的稳定、缓冲旅游活动对于环境的干扰及提高旅游项目参与性、观赏性、体验性、康体性、刺激性等方面具有重要的作用。因此,在开发主题公园项目时,要设计出一系列供旅游者参与、观赏、体验、刺激的海洋文化旅游项目,让游客在感受浓郁的海洋风情、认识渊源的海洋文化的同时,可以体验竞赛刺激、开阔胸襟、陶冶性情、享受健身快乐。

### 5.6.2 发展主题公园的建议

据世界旅游组织预测,2020 年中国将成为世界第一大旅游目的地,每年将吸引国际游客 1.4 亿人次。美国经济研究事务所的研究人员说,中国的主题公园"每年至少有 1 亿人次的潜力尚未开发"。这个市场空白点是主题公园的发展的机会(王颖,2012)。主题公园是一种特殊产业,需要前期巨大投资和后续长期维护,区域经济发展水平对其有着直接性的影响,近年来,舟山经济发展迅速,旅游业发展迅猛,2014 年,舟山市国内生产总值为 1015.567 亿元,全年接待国内外游客共 3876 万人次,比上年增长 14.1%;全年实现旅游总收入 552 亿元,增长 15.7%,相当于全市 GDP 的 50.4%。2014 年星级客房数量为 4430 间,旅行社有 92 家,旅游服务接待设施不断增多,质量不断提高。发达的经济和广阔的旅游市场为舟山发展主题公园提供了经济保障,如何把主题公园建设好,并保持持久的市场竞争力,仍需要从以下几个方面入手。

(1)明确主题,突出特色。2009 年国务院颁布的《文化产业振兴规划》也特别提到"要加快建设具有自主知识产权、高科技含量、富有中国文化特色的主题公园"。这可以说是对于主题公园以明确的政策指导。在发展"主题公园"这一文化产业时应该立足三个定位：一是具有高科技含量，二是具有自主知识产权，三是弘扬中华民族文化。如何利用舟山特有的佛教文化、山海文化、渔俗文化、金庸武侠文化等海岛文化，发展具有地方文化特色的主题公园，是舟山本土主题公园发展的根本路径。

（2）增强持续创新能力。创新是有风险的，尤其是在国内文化产业整体创新能力不强的情况下，一旦出现一个成功的范例，就会出现因袭模仿者，照搬照抄者。在这样的现实下，对于文化产品提出了更高的要求，不仅需要创意，更需要持久的创新能力，才能持续对消费者产生吸引力。深圳华强方特是国内第一家出口大型文化科技主题乐园的企业，其拥有完备的市场运营产业链和产品设计、制作体系。方特企业为避免雷同，不断强化自身创造能力，其文化内容产品和服务涉及范围广、形式独特，拥有大量的自由知识产权。目前全国十余个城市有方特旗下主题公园，其主题内容会根据当地特点加以创新，因此方特不会因地方的变化而失去它的吸引力。所以要推进主题公园自主创新、持续创新的能力，加快主题公园产品的转型和升级。

（3）打造完整产业链。国内大多主题公园在发展模式上采取了"主题公园＋地产"的方式，如，方特公园是属于华强旅游城整个项目的组成部分，除了公园之外，还有商业地产和依托公园的商品房开发，但是其相关的产业链和衍生产品还不够完善。以迪士尼为例，迪士尼产业链经营模式和盈利模式被称为"轮次收入"模式，又被称为"利润乘数"模式。迪士尼第一轮开发的是动画制作，票房加上发行、销售拷贝解决成本回收问题。第二轮是国际建设迪士尼乐园，吸引大量游客游玩消费。第三轮是品牌产品授权和连锁经营。遍布全球的授权专卖商店，加上迪士尼动画形象专有权的使用与出让、品牌产品的生产和销售以及相关书刊、音乐乃至游戏产品的出版发行等占到迪士尼 40％ 的盈利。因此，地区在发展主题公园的时候，应该从迪士尼的经营模式上吸取经验，将娱乐、餐饮、商业、地产、创意产业等诸多因素注入主题公园的整个建设过程中，以形成完整的主题公园产业链，使主题公园成为一个地区经济发展的拉动点，最终形成以主题公园为核心，其他产业为支撑的综合性旅游区。

伴随着各地不断兴起建设主题公园的热潮，如何建设好主题公园是必须认真探讨的课题。要想建设一个成功的主题公园，必须在项目立项之前做好相关的市场调研和项目策划，针对不同地域的特点选取相应的主题，融入源源不断的创意，并辅以相应的配套产业和衍生产品的深入，使每一个新建的主题公园都能够健康有序地发展建设起来，并为其所在城市提供经济发展的新契机。

# 参考文献

[1] 马勇,李玺.旅游规划与开发[M].北京:高等教育出版社,2006.

[2] 董观志.主题公园发展的战略性趋势研究[J].人文地理,2005(02):43-46.

[3] [英]法伊奥(Fyall,A)等主编,郭英之译,旅游吸引物管理:新的方向.大连:东北财经大学出版社,2005,4,27.

[4] 保继刚.大型主题公园布局初步研究[J].地理研究.1994(3):83-89.

[5] 董观志.旅游主题公园管理与实务[M].广州:广东旅游出版社,2000.

[6] 江苏人民政府.省政府办公厅转发国家发展改革委等部门关于规范主题公园发展若干意见的通知[Z].江苏省人民政府公报,2013,14:34-36.

[7] 邹统钎.旅游景区开发与管理[M].北京:清华大学出版社,2008:87-88.

[8] 王德刚,何佳梅,贾衍菊.旅游区开发与管理[M].北京:清华大学出版社,2009:132.

[9] 黄成林,刘云霞,王娟.旅游地景观变迁研究[M].芜湖:安徽师范大学出版社,2013:314-318.

[10] 王文娟.中国主题公园空间分布与优化研究[D].芜湖:安徽师范大学,2010.

[11] SUSAN GDAVIS. The theme park; global industry and cultural form [J]. Media CultureSociety,1996,18(03):399-422.

[12] JOHN BROWN, ANN CHURCH. Theme Parks in Europe[J]. Travel and Tourism Analyst, 1993,2:35-46.

[13] RICHARD LYON. Theme Parks in the USA[J]. Travel and Tourism Analyst, 1987,3:31-43.

[14] 石崎肇士,音哲丸.主题公园在日本[J].郭生发,译.造园季刊(台湾),1991(9):40-50.

[15] BRADLEY M, MARK D. Theme park competitive strategies[J]. Annals of Tourism Research, 1999,26(2):438-442.

[16] M WAGENHEIM. Theme park employee satisfaction and customer orientation [J]. ManagingLeisure, 2008.

[17] BRAUN B, MILMAN A. Localization Economics in the Theme Park Industry[J]. Review of Regional Studies,1991,20(3):35-39.

[18] MILMAN A. Hourly employee retention in small and medium

attractions: the Central Florida example[J]. Hospitality Management, 2003(22):17-35.

[19] ASTRID D A M. KEMPERMAN, ALLOYS W J, BORGERS, HARMEN OPPEWAL, et al. Consumer choice of theme parks: a conjointchoice model of seasonality effects and variety seeking behavior [J]. Leisure Sciences,2000(22): 1-18.

[20] J ENNQUE BIGNÉ, LUISA ANDREA, JUERGEN GNOTH. Thetheme park experience: an analysis of pleasure, arousal and satisfaction[J]. Tourism Management,2005,26(6): 833-844.

[21] FAIZAN ALI, WOO GON KIM, JUN Li, HYEON-MO JEON. Make it delightful: Customers' experience, satisfaction and loyalty in Malaysian theme parks [J]. Journal of Destination Marketing & Management, 2016(5): 1-11.

[22] KEVINK F WONG. Strategic theming in them park marketing[J]. Journal of Vacation marketing,1999,5(4): 319-332.

[23] GREG RICHARDS. Marketing China overseas: The role of theme parks and tourist attractions[J]. Journal of Vacation Marketing,2001 (8): 28-38.

[24] BRADLEY M BROWN, MARK D SOSKIN. Theme ParkCompetitive Strategies[J]. Annals of Tourism Research,2000(4): 438-442.

[25] PETER DYBEDAL. Theme park as a Flagship Attractions in Peripheral Areas[J]. Annals of Tourism Research,2000(27): 250-252.

[26] MEGA SURIA HASHIM. Effectiveness of Wayfinding Towards Spatial Space and Human Behavior in Theme Park[J]. Procedia-social and Behavioral Sciences, 2013(85): 282-295.

[27] MODREGO F, DOMENECH F. Locating a large theme park addressed to the tourist market: the case of benidorm[J]. Planning Practice & Research,2000,15(4): 385.

[28] 董观志,李立志.近十年来国内主题公园研究综述[J].商业研究,2006, 04:16-20.

[29] 保继刚.深圳、珠海大型主题公园布局研究[J].热带地理,1994,03: 266-272.

[30] 王新民.主题公园高效益的奇迹和价值导向[J].旅游学刊,1994,06: 32-35.

[31] 李海瑞,王兴斌.深圳 H 景区成功的奥秘—锦绣中华、中国民俗文化村

和世界之窗的考察报告[J].旅游学刊,1995(5):30-34.

[32] 保继刚.主题公园发展的影响因素系统分析[J].地理学报,1997,03:47-55.

[33] 楼嘉军.试论我国的主题公园[J].桂林旅游高等专科学校学报,1998,03:47-51.

[34] 董观志.深圳华侨城旅游客源分异规律的量化研究[J].经济地理,1999,06:118-122.

[35] 保继刚,柳意云.武汉市主题公园发展探讨[J].地域研究与开发,2000,01:66-69.

[36] 保继刚.珠江三角洲主题公园发展回顾[J].桂林旅游高等专科学校学报,2000,02:15-19.

[37] 保继刚,徐红罡,李丽梅,等.香港迪士尼乐园对珠江三角洲的影响[J].旅游学刊,2001,04:34-38.

[38] 张玲.广州主题公园系统分析与发展建议[J].人文地理,2001,02:79-81.

[39] 金波,张茵,王如渊.试论世博会后昆明世博园的可持续发展[J].地域研究与开发,2001,20(3):23-26.

[40] 李鸾莉,朱峰.华侨城可持续发展主题形象理论研究[J].人文地理,2003,18(1):10-13.

[41] 马勇,王春雷.现代主题公园的竞争焦点及创新对策分析[J].人文地理,2004,01:71-75.

[42] 吴必虎,俞曦,党宁.中国主题景区发展态势分析——基于国家A级旅游区(点)的统计[J].地理与地理信息科学,2006,01:89-93.

[43] 董观志,李立志.近十年来国内主题公园研究综述[J].商业研究,2006,04:16-20.

[44] 李春生.我国主题公园的发展现状与创新[J].地域研究与开发,2007,02:71-74.

[45] 王惠.体验经济时代国内主题公园开发模式研究[J].人文地理,2008,05:101-103+42.

[46] 李雪松,唐德荣.主题公园旅游意愿及其影响因素研究——基于重庆市645位游客的调查数据[J].旅游论坛,2009,03:335-339.

[47] 孙平,王兴元.基于品牌创建模型的主题公园可持续发展研究[J].中国人口.资源与环境,2010,01:144-148.

[48] 梁增贤,保继刚.主题公园黄金周游客流季节性研究——以深圳华侨城主题公园为例[J].旅游学刊,2012,01:58-65.

[49]辛欣,陈楠.基于 IPA 方法的文化主题公园旅游项目优化研究——以开封清明上河园为例[J].资源科学,2013,02:321-331.

[50]吴义宏,杨效忠,彭敏.主题公园拥挤感知的影响因素研究:以方特欢乐世界为例[J].人文地理,2014,04:119-125.

[51]陈文杰,梁增贤.新时期中国主题公园的理性发展:回顾、反思与展望——中国主题公园发展高峰论坛综述[J].旅游学刊,2015,12:125-126.

[52] SMART J E, CASAZZA J A. Recreational Development Handbook[M], Washington:Urban Land Institute,1989:284-289.

[53] WITT S F, MOUTINHO L. Tourism Marketing and Management Handbook[M]. New York:Prentice hall,1991:387-392.

[54] INSKEEP E. An Inregrated and Sustainable Development Approach[J]. Tourism Planning. 1991,12:24-30.

[55] CLAVE S A. The globe Theme park Industry. Cambridge:CABI:2007,29,72.

[56]赵军.城市景观规划设计[M].北京:中国建筑工业出版社,2011:253.

[57]林焕杰.中国主题公园与区域经济[M].北京:经济科学出版社,2013.

[58] A CHANDLER. Strategy and Structure:Chapters in the History of the American Industrial Enterprise,Cambridge, MA:MIT Press,1962:13.

[59]马丽卿.海岛型旅游目的地的特征及开发模式选择——以舟山群岛为例[J].经济地理,2011(10):1740-1744.

[60]张同宽.舟山市开发"海洋体育旅游类"主题公园的可行性研究[J].体育科技文献通报,2009(04):10-14.

[61]郭旭.舟山海洋休闲旅游发展战略研究[A].中国旅游研究院.2012 中国旅游科学年会论文集[C].中国旅游研究院,2012:7.

[62]陈展之.舟山群岛的海洋文化与旅游开发[J].浙江师范大学学报(社会科学版),2009(03):78-82.

[63]李晓丽.山东省主题公园开发现状与对策研究[D].曲阜:曲阜师范大学,2014.

[64]俞静,吕翠华.武汉城市主题公园发展的 SWOT 分析[J].旅游纵览(下半月),2012(12):69-71.

[65]周其楼,戴文斌.基于 SWOT 与空间竞争的常州主题公园发展分析[J].江苏教育学院学报(自然科学版),2010(06):52-54.

[66]朱晓辉,段学成.影视城旅游开发实证研究——以浙江射雕英雄传旅游

城的开发为例[J],经济研究导刊,2007(3):145-146.

[67] 孙静波.试论舟山海岛的影视旅游[J].宁波职业技术学院学报,2006(03):62-65.

[68] 徐铭.我国影视旅游基地发展现状、面临挑战及对策研究——以横店影视城为例[J].旅游纵览(下半月),2013(07):22-24.

[69] 王颖.浅析国内主题公园的发展策略[J].经济研究导刊,2012(34):172-173.

[70] 张怡.迪士尼乐园"拯救"中国主题公园[J].上海商业,2011(01):42-43.

# 6 舟山市生态足迹与可持续发展

随着社会不断发展,人口和消费增长对自然资源的需求不断增加,自然资源的可持续利用,对人类社会发展至关重要。为了清晰表达社会消费和生物承载力之间的关系,加拿大生态学家 William Rees(1992)和 Wackernagel(1996)于 20 世纪 90 年代提出生态足迹(Ecological Footprint,EF)的概念。它显示在现有技术条件下,指定的人口单位内(一个人、一个城市、一个国家或全人类)需要多少具备生物生产力的土地和水域,来生产所需资源和吸纳所衍生的废物。William Rees 曾将其比喻为"一只负载着人类与人类所创造的城市、工厂⋯⋯的巨脚踏在地球上留下的脚印"。生态足迹方法通过测定现今人类为了维持自身生存而利用自然资源的量来评估人类对生态环境的影响。生态足迹值越高,人类对生态环境造成的压力越大,对它所造成的破坏就越严重。而且,通过生态足迹需求与生态环境的承载力进行比较即可以定量地判断某一国家或地区目前可持续发展的状态(卢远等,2002)。很多学者利用生态足迹方法对不同地区做了相关研究。

在国外,Wackernagel 等(2010)对加拿大温哥华生态足迹总量进行了计算与分析,Muniz(2005)和 Galindo(2010)研究了西班牙巴塞罗那和意大利锡耶纳省的生态足迹,Chambers 和 Lewis 以英国 Anglian Water Services 1998—1999 年运营情况为例子,介绍了生态足迹方法在企业评价中的使用(Nicholson I R,2003)。在国内,生态足迹概念最早由张志强(张志强,2000)、徐中民(徐中民,2000)引入,至 2000 年已有相关研究成果。随着研究深入,生态足迹的空间研究范围从大尺度地区向小尺度区域不断扩展。目前,对生态足迹的研究从静态转向静态和动态两个方面,并且多利用时间序列来记录各个指标的数值变化,计算分析区域的可持续发展程度。例如侯梁宇等(2012)研究了江苏省的可持续发展,张艳鸿(2013)对平凉市的生态足迹进行了研究,郭晓娜等(2014)对陕西省进行可持续发展动态评估,孙元敏等(2015)研究了湄洲岛旅游可持续发展的生态足迹。就目前而言,生态足迹方法与 GDP 等经济指标、多样性指数等的结合拓展了我国生态足迹研究理论深度和应用领域。但以国家级新区为空间研究尺度,采用长时间序列的生态足迹核算和相关动态研究尚不多见。舟山群岛作为全国唯一的群岛型国家级新区,海洋资源丰富,淡水资源稀缺,陆地面积较少,产业结构单一,在经济快速发展过程中生态环境面临诸多问题。因此,本章节基于生态足迹理论和研究方法,对舟山群岛新区(舟山市)1993—2012 年的人均生态足迹和生态承载力进行计算与分析,并结合多样性指数和发展指数,研究舟山群岛新区的可持续发展状态。

# 6.1　生态足迹计算模型

本章采用吴涛(2014)研究安徽省生态足迹中使用的计算模型。

## 6.1.1　生态足迹账户计算

(1)生物资源生态足迹计算公式:

$$EF_i = \frac{C_i \times \beta_i}{X_i} \qquad \text{(公式 6.1)}$$

其中,$EF_i$、$C_i$、$X_i$、$\beta_i$ 分别代表消费项目 $i$ 的生态足迹、消费总量、全球平均产量和 $i$ 类土地的均衡因子。

(2)能源资源生态足迹计算公式:

$$EF_k = \frac{\alpha_k \times C_k \times \beta_k}{E_k} \qquad \text{(公式 6.2)}$$

式中,$EF_k$、$\alpha_k$、$C_k$、$\beta_k$、$E_k$ 分别代表能源 $K$ 的生态足迹、折算系数、消费量、对应土地的均衡因子、平均发热量。

## 6.1.2　生态承载力计算

生态承载力计算公式:

$$EC = (1 - 12\%) \times \sum \alpha_i \times \beta_i \times X_i \qquad \text{(公式 6.3)}$$

式中,$EC$ 代表生态承载力 $\alpha_i$、$\beta_i$、$X_i$ 分别代表 $i$ 类土地的均衡因子、产量因子和面积。

生态赤字(盈余)计算:

生态赤字或生态盈余计算公式:$ED = EC - EF$ 　　(公式 6.4)

其中,$ED$ 代表生态赤字(盈余),$ED < 0$ 为生态赤字,$ED > 0$ 为生态盈余。

# 6.2　数据来源与参数选取

## 6.2.1　数据来源

舟山群岛新区生态足迹账户的计算涉及舟山人口数据、生物与能源资源消费量、全球平均产量及各类土地资源的面积等。人口数据、能源资源消费量与城镇居民各类生物资源的人均消费量来源于《舟山市统计年鉴》;土地资源面积来源于《浙江省舟山市土地利用总体规划》和舟山市国土资源局网站;全球平均生产力来源于联合国粮农组织(FAO)官方网站统计数据库。

### 6.2.2 参数选取

#### 6.2.2.1 全球平均生产力

全球平均生产力是将各类资源的消费量转变成生态足迹的重要参数。本文从FAO官方网站获取各类生物资源的年世界平均产量,各类能源的折算系数用全球单位土地面积化石燃料的平均发热量。但舟山市农业产品的品种较多,与FAO的统计有所不同,因此对数据做了相应的处理:①FAO中缺少棉花的平均产量,由籽棉的产量代替棉花的全球平均产量;②"水果"不包括属于蔬菜当中的瓜类。

#### 6.2.2.2 均衡因子与产量因子

为了使研究结果更加真实具有参考意义,本书的均衡因子与产量因子均选自张红等(2016)对中国均衡因子的计算结果和对舟山产量因子的计算结果(表6.1)。

表 6.1 六类土地的均衡因子和产量因子

|  | 耕地 | 建设用地 | 林地 | 化石能源地 | 牧草地 | 水域 |
|---|---|---|---|---|---|---|
| 均衡因子 | 1.05 | 1.05 | 1.23 | 1.23 | 0.48 | 0.57 |
| 产量因子 | 1.24 | 1.24 | 1.25 | 1.25 | 0.86 | 2.11 |

## 6.3 结果与分析

### 6.3.1 2012年舟山市生态足迹和生态承载力计算

#### 6.3.1.1 生物资源足迹账户

根据统计年鉴中的相关数据及说明,在计算过程中共选取13项生物资源。其中,耕地类生物资源包括粮食、蔬菜、瓜果、食用植物油、酒类、鲜蛋及制品、家禽及制品和猪肉8项;林地类生物资源包括水果、茶叶2项;牧草地类包括牛羊肉、牛奶2项;水域类生物资源选择水产品1项。由于在《舟山市统计年鉴》中仅有城镇居民的生物资源消费总量,没有农村居民的消费量,故本文根据城镇与农村居民在食品方面的消费比例来估算农村居民的各项消费量;同时分别用两类居民的消费量乘对应人口数所得到的和来表示舟山市各类生物资源的消费总量。利用式(6.1)得到舟山市各类生物资源足迹账户(表6.2)。

表 6.2　舟山市 2012 年生物资源足迹账户

| 消费项目 | 土地类型 | 消费总量 /t | 全球平均产量 /(kg/hm²) | 均衡因子 | 人均生态足迹 /(hm²/人) |
|---|---|---|---|---|---|
| 粮食 | 耕地 | 52050 | 3273 | 1.05 | 0.0171 |
| 蔬菜 | 耕地 | 82315 | 19008 | 1.05 | 0.0046 |
| 瓜果 | 耕地 | 13700 | 3589 | 1.05 | 0.0041 |
| 食用植物油 | 耕地 | 7327 | 641 | 1.05 | 0.0123 |
| 酒类 | 耕地 | 6569 | 7238 | 1.05 | 0.0009 |
| 鲜蛋及制品 | 耕地 | 8090 | 412 | 1.05 | 0.0212 |
| 家禽及制品 | 耕地 | 5046 | 463 | 1.05 | 0.0117 |
| 猪肉 | 耕地 | 11226 | 456 | 1.05 | 0.0266 |
| 茶叶 | 林地 | 76 | 1436 | 1.23 | 0.0000 |
| 水果 | 林地 | 32545 | 11322 | 1.23 | 0.0036 |
| 牛羊肉 | 牧草地 | 952 | 33 | 0.48 | 0.0142 |
| 牛奶 | 牧草地 | 12372 | 521 | 0.48 | 0.0117 |
| 水产品 | 水域 | 28930 | 29 | 0.57 | 0.5851 |

表 6.2 显示：在消费总量上，舟山市生物资源消费中蔬菜最多，为 82315 吨；粮食、水果、水产品、瓜果和牛奶分别以 52050 吨、32545 吨、28930 吨、13700 吨和 12372 吨的消费量位居第二、三、四、五、六位；在肉类消费量上，舟山市居民以猪肉和家禽及制品为主，两者消费量分别为 11226 吨和 5046 吨；而舟山市居民对茶叶和牛羊肉品的消费比较少。从生态足迹角度看，水域的人均生态足迹最大为 0.585 公顷，其次为耕地、牧草地、林地，分别为 0.099 公顷、0.026 公顷、0.004 公顷。

### 6.3.1.2　能源资源足迹账户

根据 2012 年《舟山市统计年鉴》中的 10 类能源消费项目，在求出舟山市各类能源消费项目人均生态足迹基础上，按照六类土地的定义将热力和电力的生态足迹归为建设用地，其余项生态足迹归为化石能源地。利用公式(6.2)得到舟山市能源足迹账户(表 6.3)。从表 6.3 可知：舟山市 2012 年的消费量以煤最多，煤油的消费量最少。将各个类别的能源与相应的土地类型对应，计算得出建设用地和化石能源地的人均生态足迹分别为 0.003 公顷和 2.559 公顷。其中，煤、燃料油的人均生态足迹较大，分别为 0.868 公顷和 1.170 公顷；而热力、焦炭、煤油的人均足迹未达 0.01 公顷；天然气的人均足迹仅在 0.01 公顷左右。表明舟山的能源消费以煤与燃料油为主，污染严重。

表 6.3　舟山市 2012 年能源足迹账户

| 类别 | 消费总量 | 全球平均发热/(GJ/gha) | 折算系数/(GJ/t) | 均衡因子 | 人均足迹/(hm²/人) |
|---|---|---|---|---|---|
| 热力 | 2346.925GJ | 1000 | 29.344 | 1.05 | 0.0001 |
| 电力 | 204973×10⁴kW/h | 1000 | 11.84 | 1.05 | 0.0026 |
| 煤 | 1802000t | 55 | 20.934 | 1.23 | 0.8681 |
| 焦炭 | 1447t | 55 | 28.474 | 1.23 | 0.0010 |
| 原油 | 839184t | 93 | 41.868 | 1.23 | 0.4781 |
| 燃料油 | 1306779t | 71 | 50.2 | 1.23 | 1.1695 |
| 汽油 | 3967t | 93 | 43.12 | 1.23 | 0.0023 |
| 煤油 | 29t | 93 | 43.12 | 1.23 | 0.0000 |
| 柴油 | 51582t | 93 | 42.71 | 1.23 | 0.0300 |
| 天然气 | 19429t | 93 | 38.987 | 1.23 | 0.0103 |

### 6.3.1.3　生态承载力和生态赤字

WWF 发布的《LivingPlanet Repon2012》中将化石能源地定义为"用于吸收化石能源燃烧排放的温室气体的森林"。但由于《舟山市统计年鉴》中没有划分化石能源地,并考虑到舟山市群岛城市的特殊背景,水域面积广大,相比舟山的水域面积,用于吸收化石能源燃烧排放的温室气体的森林面积十分狭少,故在计算中将化石能源地的面积和生态承载力记为 0。耕地、牧草地用实际可用面积,林地用森林面积,建设用地是城镇工矿、道路交通以及水利设施用地面积加和计算所得。由于舟山海洋水产品消费居多,大部分来源于非污染的海洋水域而非淡水海域,所以水域面积是通过水质分类标准所得。按照海域的使用功能和保护目标,根据水质分类标准,即可得出只有第一类海洋渔业水域和第二类适用于水产养殖区的水域适合渔业生产。故本文在《舟山市统计年鉴》中查阅舟山市海域面积和舟山近岸海域海洋生态环境,通过一类海水与二类海水所占比例之和求出可供渔业生产的实际水域面积。利用公式(6.3)、(6.4)计算得出 2012 年舟山市人均生态承载力和人均生态盈余/赤字(表 6.4、表 6.5、图 6.1)。

表 6.4 表明,2012 年舟山市水域面积最大,占舟山市土地总面积的 87.5%,体现出舟山市作为群岛型城市的主要特征。5 类土地中,耕地、林地、建设用地分别占总面积的 2.6%、5.6%、3.5%,牧草地占比仅为 0.8%。根据联合国和发展委员会所提出的扣除 12% 生物多样性保护面积,舟山市实际人均生态承载力仅为 1.01公顷,其中水域的人均生态承载力为 0.87 公顷,占 86.1%。而剩余 5 类土地的人均生态承载力之和不及水域承载力的五分之一。

表 6.4　舟山市 2012 年生态承载力账户

| 土地类型 | 面积 /hm² | 产量因子 | 均衡因子 | 人均生态承载力 /hm² | 扣除 12% 后 /hm² |
|---|---|---|---|---|---|
| 耕地 | 23883 | 1.24 | 1.05 | 0.0320 | 0.0281 |
| 林地 | 51467 | 1.25 | 1.23 | 0.0814 | 0.0717 |
| 牧草地 | 6992 | 0.86 | 0.48 | 0.0029 | 0.0026 |
| 建设用地 | 32098 | 1.24 | 1.05 | 0.0430 | 0.0378 |
| 水域 | 798720 | 2.11 | 0.57 | 0.9885 | 0.8699 |
| 化石能源地 | 0 | 1.25 | 1.23 | 0 | 0 |
| 合计 | 913160 | 0 | 0 | 1.1479 | 1.0102 |

表 6.5　舟山市 2012 年生态足迹账户汇总

| 土地类型 | 人均生态足迹 | 人均生态承载力 | 人均生态盈余(赤字)/hm² |
|---|---|---|---|
| 耕地 | 0.09891 | 0.0281 | −0.0707 |
| 林地 | 0.0037 | 0.0716 | 0.0679 |
| 牧草地 | 0.0259 | 0.0026 | −0.0233 |
| 水域 | 0.0026 | 0.0378 | 0.0352 |
| 建设用地 | 0.9004 | 0 | −0.9004 |
| 化石能源地 | 1.0316 | 0.1402 | −0.8913 |
| 合计 | 0.0989 | 0.0281 | −0.0707 |

　　图 6.1 显示,2012 年舟山市人均生态足迹为 1.617 公顷,生态承载力为 1.010 公顷,生态赤字为 0.607 公顷,前者为后者的 1.6 倍,存在较为严重的生态赤字状态。林地、水域、建设用地呈生态盈余状态,其中水域盈余为 0.285 公顷,占足迹的 17.6%;耕地、牧草地、化石能源地呈生态赤字状态,化石能源地赤字达 0.901 公顷,占足迹的 55.7%,说明化石能源消费是导致舟山市产生生态赤字的主要原因。

## 6.3.2　1993—2012 年舟山市人均生态足迹和生态承载力

### 6.3.2.1　1993—2011 年舟山市历年生态足迹账户和生态承载力账户汇总

　　利用公式(6.1)、(6.2)、(6.3),采用与 2012 年舟山市生物资源足迹账户、能源足迹账户、生态承载力账户计算相同的方法和步骤,得出舟山市 1993—2011 年共计 19 年的每一年舟山市生物资源足迹账户、能源足迹账户和生态足迹账户汇总(表 6.6—表 6.81)。

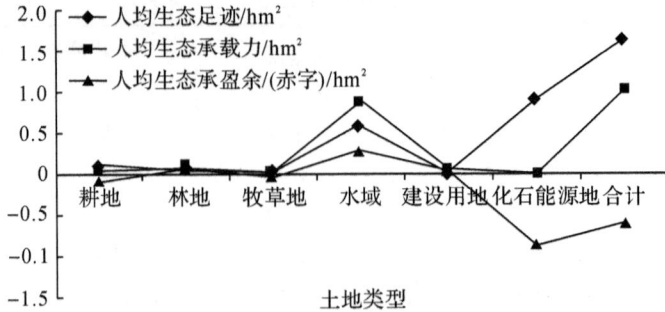

图 6.1 舟山市 2012 年人均生态赤字(盈余)

表 6.6 舟山市 1993 年生物资源足迹账户

| 消费项目 | 土地类型 | 消费总量 /t | 全球平均产量 /(kg/hm²) | 均衡因子 | 人均生态足迹 /(hm²/人) |
|---|---|---|---|---|---|
| 粮食 | 耕地 | 64819 | 2482 | 1.05 | 0.02802 |
| 蔬菜 | 耕地 | 71658 | 15060 | 1.05 | 0.00510 |
| 瓜果 | 耕地 | 19173 | 2217 | 1.05 | 0.00928 |
| 食用植物油 | 耕地 | 4233 | 418 | 1.05 | 0.01086 |
| 酒类 | 耕地 | 25173 | 7164 | 1.05 | 0.00377 |
| 鲜蛋及制品 | 耕地 | 6265 | 400 | 1.05 | 0.01680 |
| 家禽及制品 | 耕地 | 4126 | 457 | 1.05 | 0.00969 |
| 猪肉 | 耕地 | 10055 | 457 | 1.05 | 0.02360 |
| 茶叶 | 林地 | 97 | 1141 | 1.23 | 0.00011 |
| 水果 | 林地 | 18068 | 8919 | 1.23 | 0.00255 |
| 牛羊肉 | 牧草地 | 936 | 25 | 0.48 | 0.01836 |
| 牛奶 | 牧草地 | 4321 | 381 | 0.48 | 0.00556 |
| 水产品 | 水域 | 21274 | 21 | 0.57 | 0.58994 |

表 6.7 舟山市 1993 年能源足迹账户

| 类别 | 消费总量 | 全球平均发热 /(GJ/gha) | 折算系数 /(GJ/t) | 均衡因子 | 人均足迹 /(hm²/人) |
|---|---|---|---|---|---|
| 电力 | 18454×10⁴ kW/h | 1000 | 11.84 | 1.05 | 0.00023 |
| 原煤 | 452700t | 55 | 20.934 | 1.23 | 0.21653 |
| 汽油 | 3598t | 93 | 43.12 | 1.23 | 0.00210 |
| 柴油 | 88015t | 93 | 42.71 | 1.23 | 0.05079 |

表 6.8 舟山市 1993 年生态承载力账户分析

| 土地类型 | 面积/hm² | 产量因子 | 均衡因子 | 人均生态承载力/hm² | 扣除 12％后/hm² |
|---|---|---|---|---|---|
| 耕地 | 27598.87 | 1.24 | 1.05 | 0.03671 | 0.03231 |
| 林地 | 50950.94 | 1.25 | 1.23 | 0.08003 | 0.07043 |
| 牧草地 | 6987.48 | 0.86 | 0.48 | 0.00295 | 0.00259 |
| 建设用地 | 14605.34 | 1.24 | 1.05 | 0.01943 | 0.01710 |
| 水域 | 139360 | 2.11 | 0.57 | 0.17124 | 0.15069 |
| 化石能源地 | 0 | 1.25 | 1.23 | 0 | 0 |

表 6.9 舟山市 1993 年生态足迹账户汇总

| 土地类型 | 人均生态足迹 | 人均生态承载力 | 人均生态盈余（赤字）/hm² |
|---|---|---|---|
| 耕地 | 0.10712 | 0.03231 | −0.07481 |
| 林地 | 0.00265 | 0.07043 | 0.06778 |
| 牧草地 | 0.02392 | 0.00259 | −0.02133 |
| 水域 | 0.58994 | 0.15069 | −0.43925 |
| 建设用地 | 0.00023 | 0.01710 | 0.01686 |
| 化石能源地 | 0.26942 | 0 | −0.26942 |

表 6.10 舟山市 1994 年生物资源足迹账户

| 消费项目 | 土地类型 | 消费总量/t | 全球平均产量/(kg/hm²) | 均衡因子 | 人均生态足迹/(hm²/人) |
|---|---|---|---|---|---|
| 粮食 | 耕地 | 67569 | 2555 | 1.05 | 0.02834 |
| 蔬菜 | 耕地 | 74507 | 15332 | 1.05 | 0.00521 |
| 瓜果 | 耕地 | 19201 | 2302 | 1.05 | 0.00894 |
| 食用植物油 | 耕地 | 5088 | 442 | 1.05 | 0.01233 |
| 酒类 | 耕地 | 32908 | 7164 | 1.05 | 0.00492 |
| 鲜蛋及制品 | 耕地 | 6195 | 400 | 1.05 | 0.01660 |
| 家禽及制品 | 耕地 | 4513 | 457 | 1.05 | 0.01058 |
| 猪肉 | 耕地 | 10105 | 457 | 1.05 | 0.02369 |
| 茶叶 | 林地 | 98 | 1160 | 1.23 | 0.00011 |
| 水果 | 林地 | 16300 | 8821 | 1.23 | 0.00232 |
| 牛羊肉 | 牧草地 | 1009 | 25 | 0.48 | 0.01977 |
| 牛奶 | 牧草地 | 5760 | 400 | 0.48 | 0.00705 |
| 水产品 | 水域 | 30239 | 22 | 0.57 | 0.79954 |

表 6.11　舟山市 1994 年能源足迹账户

| 类别 | 消费总量 | 全球平均发热 /(GJ/gha) | 折算系数 /(GJ/t) | 均衡因子 | 人均足迹 /(hm²/人) |
|---|---|---|---|---|---|
| 电力 | 21032×10⁴kW/h | 1000 | 11.84 | 1.05 | 0.00027 |
| 原煤） | 479579t | 55 | 20.934 | 1.23 | 0.22913 |
| 汽油 | 3712t | 93 | 43.12 | 1.23 | 0.00216 |
| 柴油 | 105438t | 93 | 42.71 | 1.23 | 0.06078 |

表 6.12　舟山市 1994 年生态承载力账户分析

| 土地类型 | 面积/hm² | 产量因子 | 均衡因子 | 人均生态承载力/hm² | 扣除 12％后/hm² |
|---|---|---|---|---|---|
| 耕地 | 27598.87 | 1.24 | 1.05 | 0.03667 | 0.03227 |
| 林地 | 50950.94 | 1.25 | 1.23 | 0.07994 | 0.07035 |
| 牧草地 | 6987.48 | 0.86 | 0.48 | 0.00294 | 0.00259 |
| 建设用地 | 14605.34 | 1.24 | 1.05 | 0.01941 | 0.01708 |
| 水域 | 139360 | 2.11 | 0.57 | 0.17105 | 0.15052 |
| 化石能源地 | 0 | 1.25 | 1.23 | 0 | |

表 6.13　舟山市 1994 年生态足迹账户汇总

| 土地类型 | 人均生态足迹 | 人均生态承载力 | 人均生态盈余(赤字)/hm² |
|---|---|---|---|
| 耕地 | 0.11061 | 0.03227 | −0.07834 |
| 林地 | 0.00243 | 0.07035 | 0.06793 |
| 牧草地 | 0.02682 | 0.00259 | −0.02423 |
| 水域 | 0.79954 | 0.15052 | −0.64902 |
| 建设用地 | 0.00027 | 0.01708 | 0.01681 |
| 化石能源地 | 0.29207 | 0 | −0.29207 |

表 6.14　舟山市 1995 年生物资源足迹账户

| 消费项目 | 土地类型 | 消费总量/t | 全球平均产量 /(kg/hm²) | 均衡因子 | 人均生态足迹 /(hm²/人) |
|---|---|---|---|---|---|
| 粮食 | 耕地 | 70320 | 2500 | 1.05 | 0.03005 |
| 蔬菜 | 耕地 | 73340 | 15234 | 1.05 | 0.00514 |
| 瓜果 | 耕地 | 25049 | 2283 | 1.05 | 0.01172 |
| 食用植物油 | 耕地 | 4780 | 441 | 1.05 | 0.01158 |
| 酒类 | 耕地 | 30945 | 7164 | 1.05 | 0.00462 |
| 鲜蛋及制品 | 耕地 | 6579 | 400 | 1.05 | 0.01757 |
| 家禽及制品 | 耕地 | 4386 | 457 | 1.05 | 0.01025 |

续表

| 消费项目 | 土地类型 | 消费总量/t | 全球平均产量/(kg/hm²) | 均衡因子 | 人均生态足迹/(hm²/人) |
|---|---|---|---|---|---|
| 猪肉 | 耕地 | 10624 | 457 | 1.05 | 0.02484 |
| 茶叶 | 林地 | 98 | 1163 | 1.23 | 0.00011 |
| 水果 | 林地 | 13401 | 8917 | 1.23 | 0.00188 |
| 牛羊肉 | 牧草地 | 755 | 26 | 0.48 | 0.01418 |
| 牛奶 | 牧草地 | 4045 | 396 | 0.48 | 0.00499 |
| 水产品 | 水域 | 26389 | 23 | 0.57 | 0.66546 |

表 6.15  舟山市 1995 年能源足迹账户

| 类别 | 消费总量 | 全球平均发热/(GJ/gha) | 折算系数/(GJ/t) | 均衡因子 | 人均足迹/(hm²/人) |
|---|---|---|---|---|---|
| 电力 | 22675×10⁴kW/h | 1000 | 11.84 | 1.05 | 0.00029 |
| 原煤 | 542363t | 55 | 20.934 | 1.23 | 0.25837 |
| 汽油 | 5113t | 93 | 43.12 | 1.23 | 0.00297 |
| 柴油 | 126021t | 93 | 42.71 | 1.23 | 0.07243 |

表 6.16  舟山市 1995 年生态承载力账户分析

| 土地类型 | 面积/hm² | 产量因子 | 均衡因子 | 人均生态承载力/hm² | 扣除 12% 后(hm²) |
|---|---|---|---|---|---|
| 耕地 | 27598.87 | 1.24 | 1.05 | 0.03656 | 0.03218 |
| 林地 | 50950.94 | 1.25 | 1.23 | 0.07971 | 0.07015 |
| 牧草地 | 6987.48 | 0.86 | 0.48 | 0.00294 | 0.00258 |
| 建设用地 | 14605.34 | 1.24 | 1.05 | 0.01935 | 0.01703 |
| 水域 | 139360 | 2.11 | 0.57 | 0.17055 | 0.15008 |
| 化石能源地 | 0 | 1.25 | 1.23 | 0 | 0 |

表 6.17  舟山市 1995 年生态足迹账户汇总

| 土地类型 | 人均生态足迹 | 人均生态承载力 | 人均生态盈余(赤字)/hm² |
|---|---|---|---|
| 耕地 | 0.11578 | 0.03218 | −0.08360 |
| 林地 | 0.00199 | 0.07015 | 0.06816 |
| 牧草地 | 0.01917 | 0.00258 | −0.01659 |
| 水域 | 0.66546 | 0.15008 | −0.51538 |
| 建设用地 | 0.00029 | 0.01703 | 0.01674 |
| 化石能源地 | 0.33377 | 0 | −0.33377 |

表 6.18　舟山市 1996 年生物资源足迹账户

| 消费项目 | 土地类型 | 消费总量/t | 全球平均产量 /(kg/hm²) | 均衡因子 | 人均生态足迹 /(hm²/人) |
|---|---|---|---|---|---|
| 粮食 | 耕地 | 68404 | 2674 | 1.05 | 0.02728 |
| 蔬菜 | 耕地 | 74466 | 15718 | 1.05 | 0.00505 |
| 瓜果 | 耕地 | 28638 | 2367 | 1.05 | 0.01290 |
| 食用植物油 | 耕地 | 4396 | 458 | 1.05 | 0.01023 |
| 酒类 | 耕地 | 27694 | 7164 | 1.05 | 0.00412 |
| 鲜蛋及制品 | 耕地 | 6259 | 400 | 1.05 | 0.01669 |
| 家禽及制品 | 耕地 | 3453 | 457 | 1.05 | 0.00806 |
| 猪肉 | 耕地 | 10481 | 457 | 1.05 | 0.02446 |
| 茶叶 | 林地 | 98 | 1166 | 1.23 | 0.00010 |
| 水果 | 林地 | 13934 | 9077 | 1.23 | 0.00192 |
| 牛羊肉 | 牧草地 | 844 | 26 | 0.48 | 0.01582 |
| 牛奶 | 牧草地 | 3453 | 408 | 0.48 | 0.00413 |
| 水产品 | 水域 | 24992 | 23 | 0.57 | 0.62900 |

表 6.19　舟山市 1996 年能源足迹账户

| 类别 | 消费总量 | 全球平均发热 /(GJ/gha) | 折算系数 /(GJ/t) | 均衡因子 | 人均足迹 /(hm²/人) |
|---|---|---|---|---|---|
| 电力 | 22825×10⁴ kW/h | 1000 | 11.84 | 1.05 | 0.00029 |
| 原煤 | 511756t | 55 | 20.934 | 1.23 | 0.24331 |
| 汽油 | 5530t | 93 | 43.12 | 1.23 | 0.00320 |
| 柴油 | 137843t | 93 | 42.71 | 1.23 | 0.07908 |

表 6.20　舟山市 1996 年生态承载力账户分析

| 土地类型 | 面积/hm² | 产量因子 | 均衡因子 | 人均生态承载力 /hm² | 扣除 12% 后 /hm² |
|---|---|---|---|---|---|
| 耕地 | 27598.87 | 1.24 | 1.05 | 0.03649 | 0.03211 |
| 林地 | 50950.94 | 1.25 | 1.23 | 0.07956 | 0.07001 |
| 牧草地 | 6987.48 | 0.86 | 0.48 | 0.00293 | 0.00258 |
| 建设用地 | 14605.34 | 1.24 | 1.05 | 0.01931 | 0.01699 |
| 水域 | 366080 | 2.11 | 0.57 | 0.44713 | 0.39348 |
| 化石能源地 | 0 | 1.25 | 1.23 | 0 | 0 |

表 6.21 舟山市 1996 年生态足迹账户汇总

| 土地类型 | 人均生态足迹 | 人均生态承载力 | 人均生态盈余(赤字)/hm² |
|---|---|---|---|
| 耕地 | 0.10879 | 0.03211 | −0.07667 |
| 林地 | 0.00202 | 0.07001 | 0.06799 |
| 牧草地 | 0.01995 | 0.00258 | −0.01737 |
| 水域 | 0.62900 | 0.39348 | −0.23552 |
| 建设用地 | 0.00029 | 0.01699 | 0.01671 |
| 化石能源地 | 0.32559 | 0 | −0.32559 |

表 6.22 舟山市 1997 年生物资源足迹账户

| 消费项目 | 土地类型 | 消费总量/t | 全球平均产量/(kg/hm²) | 均衡因子 | 人均生态足迹/(hm²/人) |
|---|---|---|---|---|---|
| 粮食 | 耕地 | 64234 | 2714 | 1.05 | 0.02521 |
| 蔬菜 | 耕地 | 76245 | 15829 | 1.05 | 0.00513 |
| 瓜果 | 耕地 | 27602 | 2438 | 1.05 | 0.01206 |
| 食用植物油 | 耕地 | 4178 | 469 | 1.05 | 0.00949 |
| 酒类 | 耕地 | 26808 | 7164 | 1.05 | 0.00399 |
| 鲜蛋及制品 | 耕地 | 7311 | 400 | 1.05 | 0.01947 |
| 家禽及制品 | 耕地 | 4178 | 457 | 1.05 | 0.00974 |
| 猪肉 | 耕地 | 10891 | 457 | 1.05 | 0.02538 |
| 茶叶 | 林地 | 99 | 1221 | 1.23 | 0.00010 |
| 水果 | 林地 | 13578 | 9406 | 1.23 | 0.00180 |
| 牛羊肉 | 牧草地 | 969 | 27 | 0.48 | 0.01747 |
| 牛奶 | 牧草地 | 1839 | 417 | 0.48 | 0.00215 |
| 水产品 | 水域 | 28127 | 24 | 0.57 | 0.67762 |

表 6.23 舟山市 1997 年能源足迹账户

| 类别 | 消费总量 | 全球平均发热/(GJ/gha) | 折算系数/(GJ/t) | 均衡因子 | 人均足迹/(hm²/人) |
|---|---|---|---|---|---|
| 电力 | 23084×10⁴ kW/h | 1000 | 11.84 | 1.05 | 0.00029 |
| 原煤 | 481226t | 55 | 20.934 | 1.23 | 0.22853 |
| 汽油 | 9696t | 93 | 43.12 | 1.23 | 0.00561 |
| 柴油 | 175969t | 93 | 42.71 | 1.23 | 0.10083 |

表 6.24　舟山市 1997 年生态承载力账户分析

| 土地类型 | 面积/hm² | 产量因子 | 均衡因子 | 人均生态承载力/hm² | 扣除12%后/hm² |
|---|---|---|---|---|---|
| 耕地 | 27598.87 | 1.24 | 1.05 | 0.03645 | 0.03208 |
| 林地 | 50950.94 | 1.25 | 1.23 | 0.07946 | 0.06993 |
| 牧草地 | 6987.48 | 0.86 | 0.48 | 0.00293 | 0.00257 |
| 建设用地 | 14605.34 | 1.24 | 1.05 | 0.01929 | 0.01697 |
| 水域 | 461760 | 2.11 | 0.57 | 0.56334 | 0.49574 |
| 化石能源地 | 0 | 1.25 | 1.23 | 0 | 0 |

表 6.25　舟山市 1997 年生态足迹账户汇总

| 土地类型 | 人均生态足迹 | 人均生态承载力 | 人均生态盈余(赤字)/hm² |
|---|---|---|---|
| 耕地 | 0.11046 | 0.03208 | −0.07838 |
| 林地 | 0.00190 | 0.06993 | 0.06803 |
| 牧草地 | 0.01962 | 0.00257 | −0.01705 |
| 水域 | 0.67762 | 0.49574 | −0.18188 |
| 建设用地 | 0.00029 | 0.01697 | 0.01668 |
| 化石能源地 | 0.33497 | 0 | −0.33497 |

表 6.26　舟山市 1998 年生物资源足迹账户

| 消费项目 | 土地类型 | 消费总量/t | 全球平均产量/(kg/hm²) | 均衡因子 | 人均生态足迹/(hm²/人) |
|---|---|---|---|---|---|
| 粮食 | 耕地 | 62141 | 2781 | 1.05 | 0.02381 |
| 蔬菜 | 耕地 | 67235 | 15654 | 1.05 | 0.00458 |
| 瓜果 | 耕地 | 23942 | 2512 | 1.05 | 0.01016 |
| 食用植物油 | 耕地 | 5093 | 472 | 1.05 | 0.01150 |
| 酒类 | 耕地 | 25465 | 7164 | 1.05 | 0.00379 |
| 鲜蛋及制品 | 耕地 | 6116 | 400 | 1.05 | 0.01629 |
| 家禽及制品 | 耕地 | 5093 | 457 | 1.05 | 0.01187 |
| 猪肉 | 耕地 | 9163 | 457 | 1.05 | 0.02136 |
| 茶叶 | 林地 | 99 | 1322 | 1.23 | 0.00009 |
| 水果 | 林地 | 15954 | 9253 | 1.23 | 0.00215 |
| 牛羊肉 | 牧草地 | 1023 | 28 | 0.48 | 0.01780 |
| 牛奶 | 牧草地 | 3047 | 421 | 0.48 | 0.00353 |
| 水产品 | 水域 | 26488 | 24 | 0.57 | 0.63838 |

**表 6.27  舟山市 1998 年能源足迹账户**

| 类别 | 消费总量 | 全球平均发热 /(GJ/gha) | 折算系数 /(GJ/t) | 均衡因子 | 人均足迹 /(hm²/人) |
|------|----------|------|------|------|------|
| 电力 | 27812×10⁴kW/h | 1000 | 11.84 | 1.05 | 0.00035 |
| 原煤 | 539299t | 55 | 20.934 | 1.23 | 0.25621 |
| 汽油 | 1938t | 93 | 43.12 | 1.23 | 0.00112 |
| 柴油 | 100474t | 93 | 42.71 | 1.23 | 0.05759 |

**表 6.28  舟山市 1998 年生态承载力账户分析**

| 土地类型 | 面积/hm² | 产量因子 | 均衡因子 | 人均生态承载力 /hm² | 扣除 12% 后 /hm² |
|------|------|------|------|------|------|
| 耕地 | 62141 | 2781 | 1.05 | 0.02381 | 62141 |
| 林地 | 67235 | 15654 | 1.05 | 0.00458 | 67235 |
| 牧草地 | 23942 | 2512 | 1.05 | 0.01016 | 23942 |
| 建设用地 | 5093 | 472 | 1.05 | 0.01150 | 5093 |
| 水域 | 25465 | 7164 | 1.05 | 0.00379 | 25465 |
| 化石能源地 | 6116 | 400 | 1.05 | 0.01629 | 6116 |

**表 6.29  舟山市 1998 年生态足迹账户汇总**

| 土地类型 | 人均生态足迹 | 人均生态承载力 | 人均生态盈余(赤字)/hm² |
|------|------|------|------|
| 耕地 | 0.10335 | 0.03209 | −0.07127 |
| 林地 | 0.00225 | 0.06995 | 0.06771 |
| 牧草地 | 0.02132 | 0.00258 | −0.01875 |
| 水域 | 0.63838 | 0.24797 | −0.39041 |
| 建设用地 | 0.00035 | 0.01698 | 0.01663 |
| 化石能源地 | 0.31492 | 0 | −0.31492 |

**表 6.30  舟山市 1999 年生物资源足迹账户**

| 消费项目 | 土地类型 | 消费总量/t | 全球平均产量 /(kg/hm²) | 均衡因子 | 人均生态足迹 /(hm²/人) |
|------|------|------|------|------|------|
| 粮食 | 耕地 | 65299 | 2804 | 1.05 | 0.02484 |
| 蔬菜 | 耕地 | 71426 | 16123 | 1.05 | 0.00473 |
| 瓜果 | 耕地 | 20407 | 2603 | 1.05 | 0.00836 |
| 食用植物油 | 耕地 | 5102 | 487 | 1.05 | 0.01118 |
| 酒类 | 耕地 | 27558 | 7164 | 1.05 | 0.00410 |
| 鲜蛋及制品 | 耕地 | 7151 | 400 | 1.05 | 0.01907 |

续表

| 消费项目 | 土地类型 | 消费总量/t | 全球平均产量/(kg/hm²) | 均衡因子 | 人均生态足迹/(hm²/人) |
|---|---|---|---|---|---|
| 家禽及制品 | 耕地 | 4077 | 457 | 1.05 | 0.00952 |
| 猪肉 | 耕地 | 10204 | 457 | 1.05 | 0.02382 |
| 茶叶 | 林地 | 98 | 1308 | 1.23 | 0.00009 |
| 水果 | 林地 | 16330 | 9622 | 1.23 | 0.00212 |
| 牛羊肉 | 牧草地 | 1024 | 30 | 0.48 | 0.01665 |
| 牛奶 | 牧草地 | 4077 | 429 | 0.48 | 0.00463 |
| 水产品 | 水域 | 27555 | 23 | 0.57 | 0.69384 |

**表 6.31　舟山市 1999 年能源足迹账户**

| 类别 | 消费总量 | 全球平均发热/(GJ/gha) | 折算系数/(GJ/t) | 均衡因子 | 人均足迹/(hm²/人) |
|---|---|---|---|---|---|
| 电力 | 26931×10⁴kW/h | 1000 | 11.84 | 1.05 | 0.00034 |
| 原煤 | 614225t | 55 | 20.934 | 1.23 | 0.29217 |
| 汽油 | 1392t | 93 | 43.12 | 1.23 | 0.00081 |
| 柴油 | 99814t | 93 | 42.71 | 1.23 | 0.05729 |

**表 6.32　舟山市 1999 年生态承载力账户分析**

| 土地类型 | 面积/hm² | 产量因子 | 均衡因子 | 人均生态承载力/hm² | 扣除 12%后/hm² |
|---|---|---|---|---|---|
| 耕地 | 27598.87 | 1.24 | 1.05 | 0.03651 | 0.03213 |
| 林地 | 50950.94 | 1.25 | 1.23 | 0.07959 | 0.07004 |
| 牧草地 | 6987.48 | 0.86 | 0.48 | 0.00293 | 0.00258 |
| 建设用地 | 14605.34 | 1.24 | 1.05 | 0.01932 | 0.01700 |
| 水域 | 347360 | 2.11 | 0.57 | 0.42447 | 0.37353 |
| 化石能源地 | 0 | 1.25 | 1.23 | 0 | 0 |

**表 6.33　舟山市 1999 年生态足迹账户汇总**

| 土地类型 | 人均生态足迹 | 人均生态承载力 | 人均生态盈余(赤字)/hm² |
|---|---|---|---|
| 耕地 | 0.10335 | 0.03209 | −0.07127 |
| 林地 | 0.00225 | 0.06995 | 0.06771 |
| 牧草地 | 0.02132 | 0.00258 | −0.01875 |
| 水域 | 0.63838 | 0.24797 | −0.39041 |
| 建设用地 | 0.00035 | 0.01698 | 0.01663 |
| 化石能源地 | 0.31492 | 0 | −0.31492 |

表 6.34 舟山市 2000 年生物资源足迹账户

| 消费项目 | 土地类型 | 消费总量/t | 全球平均产量 /(kg/hm²) | 均衡因子 | 人均生态足迹 /(hm²/人) |
|---|---|---|---|---|---|
| 粮食 | 耕地 | 64488 | 2765 | 1.05 | 0.02488 |
| 蔬菜 | 耕地 | 71711 | 17004 | 1.05 | 0.00450 |
| 瓜果 | 耕地 | 27668 | 2712 | 1.05 | 0.01089 |
| 食用植物油 | 耕地 | 5122 | 496 | 1.05 | 0.01102 |
| 酒类 | 耕地 | 28249 | 7164 | 1.05 | 0.00421 |
| 鲜蛋及制品 | 耕地 | 8187 | 400 | 1.05 | 0.02184 |
| 家禽及制品 | 耕地 | 4192 | 457 | 1.05 | 0.00979 |
| 猪肉 | 耕地 | 9216 | 457 | 1.05 | 0.02152 |
| 茶叶 | 林地 | 98 | 1274 | 1.23 | 0.00010 |
| 水果 | 林地 | 17424 | 9720 | 1.23 | 0.00224 |
| 牛羊肉 | 牧草地 | 1963 | 31 | 0.48 | 0.03089 |
| 牛奶 | 牧草地 | 6228 | 437 | 0.48 | 0.00695 |
| 水产品 | 水域 | 27665 | 25 | 0.57 | 0.64095 |

表 6.35 舟山市 2000 年能源足迹账户

| 类别 | 消费总量 | 全球平均发热 /(GJ/gha) | 折算系数 /(GJ/t) | 均衡因子 | 人均足迹 /(hm²/人) |
|---|---|---|---|---|---|
| 电力 | 31789×10⁴ kW/h | 1000 | 11.84 | 1.05 | 0.00040 |
| 原煤 | 774197t | 55 | 20.934 | 1.23 | 0.36830 |
| 汽油 | 1491t | 93 | 43.12 | 1.23 | 0.00086 |
| 柴油 | 58195t | 93 | 42.71 | 1.23 | 0.03340 |

表 6.36 舟山市 2000 年生态承载力账户分析

| 土地类型 | 面积/hm² | 产量因子 | 均衡因子 | 人均生态承载力 /hm² | 扣除12%后 /hm² |
|---|---|---|---|---|---|
| 耕地 | 27598.87 | 1.24 | 1.05 | 0.03651 | 0.03213 |
| 林地 | 50950.94 | 1.25 | 1.23 | 0.07960 | 0.07005 |
| 牧草地 | 6987.48 | 0.86 | 0.48 | 0.00293 | 0.00258 |
| 建设用地 | 14605.34 | 1.24 | 1.05 | 0.01932 | 0.01700 |
| 水域 | 347360 | 2.11 | 0.57 | 0.42452 | 0.37358 |
| 化石能源地 | 0 | 1.25 | 1.23 | 0 | 0 |

表 6.37　舟山市 2000 年生态足迹账户汇总

| 土地类型 | 人均生态足迹 | 人均生态承载力 | 人均生态盈余(赤字)/hm² |
|---|---|---|---|
| 耕地 | 0.10864 | 0.03213 | −0.07650 |
| 林地 | 0.00234 | 0.07005 | 0.06771 |
| 牧草地 | 0.03784 | 0.00258 | −0.03526 |
| 水域 | 0.64095 | 0.37358 | −0.26737 |
| 建设用地 | 0.00040 | 0.01700 | 0.01660 |
| 化石能源地 | 0.40257 | 0 | −0.40257 |

表 6.38　舟山市 2001 年生物资源足迹账户

| 消费项目 | 土地类型 | 消费总量/t | 全球平均产量 /(kg/hm²) | 均衡因子 | 人均生态足迹 /(hm²/人) |
|---|---|---|---|---|---|
| 粮食 | 耕地 | 70947 | 2841 | 1.05 | 0.02673 |
| 蔬菜 | 耕地 | 83200 | 17098 | 1.05 | 0.00521 |
| 瓜果 | 耕地 | 35054 | 2796 | 1.05 | 0.01342 |
| 食用植物油 | 耕地 | 5844 | 513 | 1.05 | 0.01219 |
| 酒类 | 耕地 | 32789 | 7164 | 1.05 | 0.00490 |
| 鲜蛋及制品 | 耕地 | 8478 | 400 | 1.05 | 0.02269 |
| 家禽及制品 | 耕地 | 4522 | 457 | 1.05 | 0.01059 |
| 猪肉 | 耕地 | 10743 | 457 | 1.05 | 0.02516 |
| 茶叶 | 林地 | 98 | 1313 | 1.23 | 0.00009 |
| 水果 | 林地 | 19316 | 9710 | 1.23 | 0.00249 |
| 牛羊肉 | 牧草地 | 1132 | 31 | 0.48 | 0.01787 |
| 牛奶 | 牧草地 | 11400 | 453 | 0.48 | 0.01231 |
| 水产品 | 水域 | 33165 | 26 | 0.57 | 0.74115 |

表 6.39　舟山市 2001 年能源足迹账户

| 类别 | 消费总量 | 全球平均发热 /(GJ/gha) | 折算系数 /(GJ/t) | 均衡因子 | 人均足迹 /(hm²/人) |
|---|---|---|---|---|---|
| 电力 | 35716×10⁴kW/h | 1000 | 11.84 | 1.05 | 0.00045 |
| 原煤 | 839427t | 55 | 20.934 | 1.23 | 0.40059 |
| 汽油 | 1234t | 93 | 43.12 | 1.23 | 0.00072 |
| 柴油 | 48379t | 93 | 42.71 | 1.23 | 0.02786 |

表 6.40 舟山市 2001 年生态承载力账户分析

| 土地类型 | 面积/hm² | 产量因子 | 均衡因子 | 人均生态承载力/hm² | 扣除 12% 后/hm² |
|---|---|---|---|---|---|
| 耕地 | 27598.87 | 1.24 | 1.05 | 0.03663 | 0.03223 |
| 林地 | 50950.94 | 1.25 | 1.23 | 0.07985 | 0.07027 |
| 牧草地 | 6987.48 | 0.86 | 0.48 | 0.00294 | 0.00259 |
| 建设用地 | 14605.34 | 1.24 | 1.05 | 0.01938 | 0.01706 |
| 水域 | 361920 | 2.11 | 0.57 | 0.44371 | 0.39046 |
| 化石能源地 | 0 | 1.25 | 1.23 | 0 | 0 |

表 6.41 舟山市 2001 年生态足迹账户汇总

| 土地类型 | 人均生态足迹 | 人均生态承载力 | 人均生态盈余(赤字)/hm² |
|---|---|---|---|
| 耕地 | 0.12088 | 0.03223 | −0.08865 |
| 林地 | 0.00259 | 0.07027 | 0.06768 |
| 牧草地 | 0.03018 | 0.00259 | −0.02759 |
| 水域 | 0.74115 | 0.39046 | −0.35069 |
| 建设用地 | 0.00045 | 0.01706 | 0.01661 |
| 化石能源地 | 0.42917 | 0 | −0.42917 |

表 6.42 舟山市 2002 年生物资源足迹账户

| 消费项目 | 土地类型 | 消费总量/t | 全球平均产量/(kg/hm²) | 均衡因子 | 人均生态足迹/(hm²/人) |
|---|---|---|---|---|---|
| 粮食 | 耕地 | 65611 | 2788 | 1.05 | 0.02528 |
| 蔬菜 | 耕地 | 90647 | 17395 | 1.05 | 0.00560 |
| 瓜果 | 耕地 | 16286 | 2877 | 1.05 | 0.00608 |
| 食用植物油 | 耕地 | 6873 | 521 | 1.05 | 0.01417 |
| 酒类 | 耕地 | 25698 | 7164 | 1.05 | 0.00385 |
| 鲜蛋及制品 | 耕地 | 7438 | 400 | 1.05 | 0.01997 |
| 家禽及制品 | 耕地 | 4891 | 457 | 1.05 | 0.01150 |
| 猪肉 | 耕地 | 11297 | 457 | 1.05 | 0.02655 |
| 茶叶 | 林地 | 98 | 1321 | 1.23 | 0.00009 |
| 水果 | 林地 | 27394 | 9705 | 1.23 | 0.00355 |
| 牛羊肉 | 牧草地 | 656 | 31 | 0.48 | 0.01039 |
| 牛奶 | 牧草地 | 10543 | 461 | 0.48 | 0.01123 |
| 水产品 | 水域 | 29832 | 26 | 0.57 | 0.66902 |

**表 6.43　舟山市 2002 年能源足迹账户**

| 类别 | 消费总量 | 全球平均发热/(GJ/gha) | 折算系数/(GJ/t) | 均衡因子 | 人均足迹/(hm²/人) |
|---|---|---|---|---|---|
| 电力 | 39144×10⁴ kW/h | 1000 | 11.84 | 1.05 | 0.00050 |
| 原煤 | 855654t | 55 | 20.934 | 1.23 | 0.40978 |
| 汽油 | 1183t | 93 | 43.12 | 1.23 | 0.00069 |
| 柴油 | 55106t | 93 | 42.71 | 1.23 | 0.03184 |

**表 6.44　舟山市 2002 年生态承载力账户分析**

| 土地类型 | 面积/hm² | 产量因子 | 均衡因子 | 人均生态承载力/hm² | 扣除 12%后/hm² |
|---|---|---|---|---|---|
| 耕地 | 27598.87 | 1.24 | 1.05 | 0.03676 | 0.03235 |
| 林地 | 50950.94 | 1.25 | 1.23 | 0.08014 | 0.07052 |
| 牧草地 | 6987.48 | 0.86 | 0.48 | 0.00295 | 0.00260 |
| 建设用地 | 14605.34 | 1.24 | 1.05 | 0.01945 | 0.01712 |
| 水域 | 91520 | 2.11 | 0.57 | 0.11260 | 0.09909 |
| 化石能源地 | 0 | 1.25 | 1.23 | 0 | 0 |

**表 6.45　舟山市 2002 年生态足迹账户汇总**

| 土地类型 | 人均生态足迹 | 人均生态承载力 | 人均生态盈余(赤字)/hm² |
|---|---|---|---|
| 耕地 | 0.11300 | 0.03235 | −0.08065 |
| 林地 | 0.00364 | 0.07052 | 0.06687 |
| 牧草地 | 0.02162 | 0.00260 | −0.01902 |
| 水域 | 0.66902 | 0.09909 | −0.56994 |
| 建设用地 | 0.00050 | 0.01712 | 0.01662 |
| 化石能源地 | 0.44231 | 0 | −0.44231 |

**表 6.46　舟山市 2003 年生物资源足迹账户**

| 消费项目 | 土地类型 | 消费总量/t | 全球平均产量/(kg/hm²) | 均衡因子 | 人均生态足迹/(hm²/人) |
|---|---|---|---|---|---|
| 粮食 | 耕地 | 65562 | 2819 | 1.05 | 0.02514 |
| 蔬菜 | 耕地 | 86257 | 17131 | 1.05 | 0.00544 |
| 瓜果 | 耕地 | 21611 | 2956 | 1.05 | 0.00790 |
| 食用植物油 | 耕地 | 7305 | 533 | 1.05 | 0.01482 |
| 酒类 | 耕地 | 24726 | 7164 | 1.05 | 0.00373 |
| 鲜蛋及制品 | 耕地 | 7590 | 400 | 1.05 | 0.02051 |

续表

| 消费项目 | 土地类型 | 消费总量/t | 全球平均产量/(kg/hm²) | 均衡因子 | 人均生态足迹/(hm²/人) |
|---|---|---|---|---|---|
| 家禽及制品 | 耕地 | 4405 | 457 | 1.05 | 0.01042 |
| 猪肉 | 耕地 | 10774 | 457 | 1.05 | 0.02549 |
| 茶叶 | 林地 | 29 | 1316 | 1.23 | 0.00003 |
| 水果 | 林地 | 27071 | 9888 | 1.23 | 0.00347 |
| 牛羊肉 | 牧草地 | 749 | 32 | 0.48 | 0.01157 |
| 牛奶 | 牧草地 | 13959 | 473 | 0.48 | 0.01459 |
| 水产品 | 水域 | 31009 | 26 | 0.57 | 0.69996 |

表 6.47 舟山市 2003 年能源足迹账户

| 类别 | 消费总量 | 全球平均发热/(GJ/gha) | 折算系数/(GJ/t) | 均衡因子 | 人均足迹/(hm²/人) |
|---|---|---|---|---|---|
| 电力 | 47333×10⁴ kW/h | 1000 | 11.84 | 1.05 | 0.00061 |
| 原煤 | 1003511t | 55 | 20.934 | 1.23 | 0.48373 |
| 汽油 | 3893t | 93 | 43.12 | 1.23 | 0.00229 |
| 柴油 | 54887t | 93 | 42.71 | 1.23 | 0.03192 |

表 6.48 舟山市 2003 年生态承载力账户分析

| 土地类型 | 面积/hm² | 产量因子 | 均衡因子 | 人均生态承载力/hm² | 扣除12%后/hm² |
|---|---|---|---|---|---|
| 耕地 | 27598.87 | 1.24 | 1.05 | 0.03700 | 0.03256 |
| 林地 | 50950.94 | 1.25 | 1.23 | 0.08066 | 0.07098 |
| 牧草地 | 6987.48 | 0.86 | 0.48 | 0.00297 | 0.00261 |
| 建设用地 | 14605.34 | 1.24 | 1.05 | 0.01958 | 0.01723 |
| 水域 | 180960 | 2.11 | 0.57 | 0.22409 | 0.19720 |
| 化石能源地 | 0 | 1.25 | 1.23 | 0 | 0 |

表 6.49 舟山市 2003 年生态足迹账户汇总

| 土地类型 | 人均生态足迹 | 人均生态承载力 | 人均生态盈余(赤字)/hm² |
|---|---|---|---|
| 耕地 | 0.11346 | 0.03256 | −0.08090 |
| 林地 | 0.00350 | 0.07098 | 0.06748 |
| 牧草地 | 0.02615 | 0.00261 | −0.02354 |
| 水域 | 0.69996 | 0.19720 | −0.50276 |
| 建设用地 | 0.00061 | 0.01723 | 0.01662 |
| 化石能源地 | 0.51794 | 0 | −0.51794 |

表 6.50　舟山市 2004 年生物资源足迹账户

| 消费项目 | 土地类型 | 消费总量/t | 全球平均产量 /(kg/hm²) | 均衡因子 | 人均生态足迹 /(hm²/人) |
|---|---|---|---|---|---|
| 粮食 | 耕地 | 66375 | 3063 | 1.05 | 0.02348 |
| 蔬菜 | 耕地 | 83692 | 17594 | 1.05 | 0.00515 |
| 瓜果 | 耕地 | 18536 | 3048 | 1.05 | 0.00659 |
| 食用植物油 | 耕地 | 7492 | 540 | 1.05 | 0.01503 |
| 酒类 | 耕地 | 25460 | 7164 | 1.05 | 0.00385 |
| 鲜蛋及制品 | 耕地 | 6363 | 400 | 1.05 | 0.01723 |
| 家禽及制品 | 耕地 | 4023 | 457 | 1.05 | 0.00954 |
| 猪肉 | 耕地 | 10296 | 457 | 1.05 | 0.02441 |
| 茶叶 | 林地 | 39 | 1351 | 1.23 | 0.00004 |
| 水果 | 林地 | 29019 | 10147 | 1.23 | 0.00363 |
| 牛羊肉 | 牧草地 | 658 | 33 | 0.48 | 0.00988 |
| 牛奶 | 牧草地 | 13945 | 476 | 0.48 | 0.01451 |
| 水产品 | 水域 | 30327 | 27 | 0.57 | 0.66062 |

表 6.51　舟山市 2004 年能源足迹账户

| 类别 | 消费总量 | 全球平均发热 /(GJ/gha) | 折算系数 /(GJ/t) | 均衡因子 | 人均足迹 /(hm²/人) |
|---|---|---|---|---|---|
| 电力 | 76805×10⁴kW/h | 1000 | 11.84 | 1.05 | 0.00099 |
| 原煤 | 2033743t | 55 | 20.934 | 1.23 | 0.98243 |
| 汽油 | 2416t | 93 | 43.12 | 1.23 | 0.00142 |
| 柴油 | 42153t | 93 | 42.71 | 1.23 | 0.02457 |

表 6.52　舟山市 2004 年生态承载力账户分析

| 土地类型 | 面积/hm² | 产量因子 | 均衡因子 | 人均生态承载力 /hm² | 扣除 12%后 /hm² |
|---|---|---|---|---|---|
| 耕地 | 27598.87 | 1.24 | 1.05 | 0.03708 | 0.03263 |
| 林地 | 50950.94 | 1.25 | 1.23 | 0.08083 | 0.07113 |
| 牧草地 | 6987.48 | 0.86 | 0.48 | 0.00298 | 0.00262 |
| 建设用地 | 14605.34 | 1.24 | 1.05 | 0.01962 | 0.01727 |
| 水域 | 520000 | 2.11 | 0.57 | 0.64532 | 0.56788 |
| 化石能源地 | 27598.87 | 1.24 | 1.05 | 0.03708 | 0.03263 |

表 6.53　舟山市 2004 年生态足迹账户汇总

| 土地类型 | 人均生态足迹 | 人均生态承载力 | 人均生态盈余（赤字）/hm² |
|---|---|---|---|
| 耕地 | 0.10528 | 0.03263 | −0.07266 |
| 林地 | 0.00367 | 0.07113 | 0.06747 |
| 牧草地 | 0.02439 | 0.00262 | −0.02177 |
| 水域 | 0.66062 | 0.56788 | −0.09274 |
| 建设用地 | 0.00099 | 0.01727 | 0.01628 |
| 化石能源地 | 1.00842 | 0 | −1.00842 |

表 6.54　舟山市 2005 年生物资源足迹账户

| 消费项目 | 土地类型 | 消费总量/t | 全球平均产量/(kg/hm²) | 均衡因子 | 人均生态足迹/(hm²/人) |
|---|---|---|---|---|---|
| 粮食 | 耕地 | 61374 | 2978 | 1.05 | 0.02237 |
| 蔬菜 | 耕地 | 71870 | 17662 | 1.05 | 0.00442 |
| 瓜果 | 耕地 | 19956 | 3126 | 1.05 | 0.00693 |
| 食用植物油 | 耕地 | 8154 | 558 | 1.05 | 0.01586 |
| 酒类 | 耕地 | 25207 | 7164 | 1.05 | 0.00382 |
| 鲜蛋及制品 | 耕地 | 7400 | 400 | 1.05 | 0.02008 |
| 家禽及制品 | 耕地 | 4312 | 457 | 1.05 | 0.01024 |
| 猪肉 | 耕地 | 10399 | 457 | 1.05 | 0.02470 |
| 茶叶 | 林地 | 45 | 1373 | 1.23 | 0.00004 |
| 水果 | 林地 | 29139 | 10179 | 1.23 | 0.00364 |
| 牛羊肉 | 牧草地 | 470 | 33 | 0.48 | 0.00707 |
| 牛奶 | 牧草地 | 12272 | 482 | 0.48 | 0.01263 |
| 水产品 | 水域 | 27170 | 27 | 0.57 | 0.59301 |

表 6.55　舟山市 2005 年能源足迹账户

| 类别 | 消费总量 | 全球平均发热/(GJ/gha) | 折算系数/(GJ/t) | 均衡因子 | 人均足迹/(hm²/人) |
|---|---|---|---|---|---|
| 电力 | 74238×10⁴ kW/h | 1000 | 11.84 | 1.05 | 0.00095 |
| 原煤 | 1307808t | 55 | 20.934 | 1.23 | 0.63299 |
| 汽油 | 2730t | 93 | 43.12 | 1.23 | 0.00161 |
| 柴油 | 38275t | 93 | 42.71 | 1.23 | 0.02235 |

表 6.56　舟山市 2005 年生态承载力账户分析

| 土地类型 | 面积/hm² | 产量因子 | 均衡因子 | 人均生态承载力/hm² | 扣除 12% 后/hm² |
|---|---|---|---|---|---|
| 耕地 | 27598.87 | 1.24 | 1.05 | 0.03715 | 0.03269 |
| 林地 | 50950.94 | 1.25 | 1.23 | 0.08099 | 0.07127 |
| 牧草地 | 6987.48 | 0.86 | 0.48 | 0.00298 | 0.00262 |
| 建设用地 | 14605.34 | 1.24 | 1.05 | 0.01966 | 0.01730 |
| 水域 | 416000 | 2.11 | 0.57 | 0.51726 | 0.45519 |
| 化石能源地 | 0 | 1.25 | 1.23 | 0 | 0 |

表 6.57　舟山市 2005 年生态足迹账户汇总

| 土地类型 | 人均生态足迹 | 人均生态承载力 | 人均生态盈余(赤字)/hm² |
|---|---|---|---|
| 耕地 | 0.10843 | 0.03269 | −0.07574 |
| 林地 | 0.00368 | 0.07127 | 0.06759 |
| 牧草地 | 0.01970 | 0.00262 | −0.01708 |
| 水域 | 0.59301 | 0.45519 | −0.13782 |
| 建设用地 | 0.00095 | 0.01730 | 0.01635 |
| 化石能源地 | 0.65696 | 0 | −0.65696 |

表 6.58　舟山市 2006 年生物资源足迹账户

| 消费项目 | 土地类型 | 消费总量/t | 全球平均产量/(kg/hm²) | 均衡因子 | 人均生态足迹/(hm²/人) |
|---|---|---|---|---|---|
| 粮食 | 耕地 | 60893 | 2977 | 1.05 | 0.02179 |
| 蔬菜 | 耕地 | 77313 | 17970 | 1.05 | 0.00458 |
| 瓜果 | 耕地 | 22616 | 3208 | 1.05 | 0.00751 |
| 食用植物油 | 耕地 | 7693 | 588 | 1.05 | 0.01394 |
| 酒类 | 耕地 | 25893 | 7164 | 1.05 | 0.00385 |
| 鲜蛋及制品 | 耕地 | 7603 | 400 | 1.05 | 0.02025 |
| 家禽及制品 | 耕地 | 4036 | 457 | 1.05 | 0.00941 |
| 猪肉 | 耕地 | 10507 | 457 | 1.05 | 0.02449 |
| 茶叶 | 林地 | 39 | 1366 | 1.23 | 0.00004 |
| 水果 | 林地 | 27680 | 10421 | 1.23 | 0.00331 |
| 牛羊肉 | 牧草地 | 469 | 32 | 0.48 | 0.00714 |
| 牛奶 | 牧草地 | 15295 | 488 | 0.48 | 0.01526 |
| 水产品 | 水域 | 25047 | 27 | 0.57 | 0.53641 |

表 6.59　舟山市 2006 年能源足迹账户

| 类别 | 消费总量 | 全球平均发热/(GJ/gha) | 折算系数/(GJ/t) | 均衡因子 | 人均足迹/(hm²/人) |
|---|---|---|---|---|---|
| 电力 | 91102×10⁴kW/h | 1000 | 11.84 | 1.05 | 0.00115 |
| 原煤 | 1357987t | 55 | 20.934 | 1.23 | 0.64494 |
| 汽油 | 3738t | 93 | 43.12 | 1.23 | 0.00216 |
| 柴油 | 49538t | 93 | 42.71 | 1.23 | 0.02839 |

表 6.60　舟山市 2006 年生态承载力账户分析

| 土地类型 | 面积/hm² | 产量因子 | 均衡因子 | 人均生态承载力/hm² | 扣除 12% 后/hm² |
|---|---|---|---|---|---|
| 耕地 | 24238 | 1.24 | 1.05 | 0.03201 | 0.02817 |
| 林地 | 51823.8 | 1.25 | 1.23 | 0.08083 | 0.07113 |
| 牧草地 | 6957.9 | 0.86 | 0.48 | 0.00291 | 0.00256 |
| 建设用地 | 31740 | 1.24 | 1.05 | 0.04192 | 0.03689 |
| 水域 | 578240 | 2.11 | 0.57 | 0.70550 | 0.62084 |
| 化石能源地 | 0 | 1.25 | 1.23 | 0 | 0 |

表 6.61　舟山市 2006 年生态足迹账户汇总

| 土地类型 | 人均生态足迹 | 人均生态承载力 | 人均生态盈余(赤字)/hm² |
|---|---|---|---|
| 耕地 | 0.10581 | 0.02817 | −0.07764 |
| 林地 | 0.00335 | 0.07113 | 0.06778 |
| 牧草地 | 0.02240 | 0.00256 | −0.01983 |
| 水域 | 0.53641 | 0.62084 | 0.08443 |
| 建设用地 | 0.00115 | 0.03689 | 0.03574 |
| 化石能源地 | 0.67549 | 0 | −0.67549 |

表 6.62　舟山市 2007 年生物资源足迹账户

| 消费项目 | 土地类型 | 消费总量/t | 全球平均产量/(kg/hm²) | 均衡因子 | 人均生态足迹/(hm²/人) |
|---|---|---|---|---|---|
| 粮食 | 耕地 | 45467 | 3064 | 1.05 | 0.01611 |
| 蔬菜 | 耕地 | 80413 | 18378 | 1.05 | 0.00475 |
| 瓜果 | 耕地 | 21234 | 3296 | 1.05 | 0.00700 |
| 食用植物油 | 耕地 | 7329 | 603 | 1.05 | 0.01320 |
| 酒类 | 耕地 | 12869 | 7164 | 1.05 | 0.00195 |
| 鲜蛋及制品 | 耕地 | 6383 | 400 | 1.05 | 0.01733 |

续表

| 消费项目 | 土地类型 | 消费总量/t | 全球平均产量 /(kg/hm²) | 均衡因子 | 人均生态足迹 /(hm²/人) |
|---|---|---|---|---|---|
| 家禽及制品 | 耕地 | 2065 | 457 | 1.05 | 0.00491 |
| 猪肉 | 耕地 | 10050 | 457 | 1.05 | 0.02388 |
| 茶叶 | 林地 | 29 | 1388 | 1.23 | 0.00003 |
| 水果 | 林地 | 28273 | 10475 | 1.23 | 0.00343 |
| 牛羊肉 | 牧草地 | 566 | 32 | 0.48 | 0.00878 |
| 牛奶 | 牧草地 | 13808 | 490 | 0.48 | 0.01399 |
| 水产品 | 水域 | 27434 | 28 | 0.57 | 0.57758 |

**表 6.63　舟山市 2007 年能源足迹账户**

| 类别 | 消费总量 | 全球平均发热 /(GJ/gha) | 折算系数 /(GJ/t) | 均衡因子 | 人均足迹 /(hm²/人) |
|---|---|---|---|---|---|
| 电力 | 99346×10⁴kW/h | 1000 | 11.84 | 1.05 | 0.00128 |
| 原煤 | 1298503t | 55 | 20.934 | 1.23 | 0.62870 |
| 汽油 | 5071t | 93 | 43.12 | 1.23 | 0.00299 |
| 柴油 | 59326t | 93 | 42.71 | 1.23 | 0.03466 |

**表 6.64　舟山市 2007 年生态承载力账户分析**

| 土地类型 | 面积/hm² | 产量因子 | 均衡因子 | 人均生态承载力 /hm² | 扣除12%后 /hm² |
|---|---|---|---|---|---|
| 耕地 | 24238 | 1.24 | 1.05 | 0.03264 | 0.02872 |
| 林地 | 51823.8 | 1.25 | 1.23 | 0.08240 | 0.07252 |
| 牧草地 | 6957.9 | 0.86 | 0.48 | 0.00297 | 0.00261 |
| 建设用地 | 31740 | 1.24 | 1.05 | 0.04274 | 0.03761 |
| 水域 | 328640 | 2.11 | 0.57 | 0.40878 | 0.35972 |
| 化石能源地 | 0 | 1.25 | 1.23 | 0 | 0 |

**表 6.65　舟山市 2007 年生态足迹账户汇总**

| 土地类型 | 人均生态足迹 | 人均生态承载力 | 人均生态盈余(赤字)/hm² |
|---|---|---|---|
| 耕地 | 0.08913 | 0.02872 | −0.06041 |
| 林地 | 0.00346 | 0.07252 | 0.06906 |
| 牧草地 | 0.02277 | 0.00261 | −0.02016 |
| 水域 | 0.57758 | 0.35972 | −0.21786 |
| 建设用地 | 0.00128 | 0.03761 | 0.03633 |
| 化石能源地 | 0.66635 | 0 | −0.66635 |

表 6.66 舟山市 2008 年生物资源足迹账户

| 消费项目 | 土地类型 | 消费总量/t | 全球平均产量 /(kg/hm²) | 均衡因子 | 人均生态足迹 /(hm²/人) |
|---|---|---|---|---|---|
| 粮食 | 耕地 | 47044 | 3231 | 1.05 | 0.01580 |
| 蔬菜 | 耕地 | 75286 | 18881 | 1.05 | 0.00433 |
| 瓜果 | 耕地 | 17190 | 3368 | 1.05 | 0.00554 |
| 食用植物油 | 耕地 | 8782 | 620 | 1.05 | 0.01537 |
| 酒类 | 耕地 | 9827 | 7164 | 1.05 | 0.00149 |
| 鲜蛋及制品 | 耕地 | 6519 | 400 | 1.05 | 0.01768 |
| 家禽及制品 | 耕地 | 2553 | 457 | 1.05 | 0.00606 |
| 猪肉 | 耕地 | 10581 | 457 | 1.05 | 0.02512 |
| 茶叶 | 林地 | 39 | 1420 | 1.23 | 0.00003 |
| 水果 | 林地 | 26636 | 10880 | 1.23 | 0.00311 |
| 牛羊肉 | 牧草地 | 664 | 32 | 0.48 | 0.01029 |
| 牛奶 | 牧草地 | 11619 | 496 | 0.48 | 0.01162 |
| 水产品 | 水域 | 27962 | 28 | 0.57 | 0.58825 |

表 6.67 舟山市 2008 年能源足迹账户

| 类别 | 消费总量 | 全球平均发热 /(GJ/gha) | 折算系数 /(GJ/t) | 均衡因子 | 人均足迹 /(hm²/人) |
|---|---|---|---|---|---|
| 电力 | 127662×10⁴ kW/h | 1000 | 11.84 | 1.05 | 0.00164 |
| 原煤 | 1355317t | 55 | 20.934 | 1.23 | 0.65571 |
| 汽油 | 3921t | 93 | 43.12 | 1.23 | 0.00231 |
| 柴油 | 59844t | 93 | 42.71 | 1.23 | 0.03493 |

表 6.68 舟山市 2008 年生态承载力账户分析

| 土地类型 | 面积/hm² | 产量因子 | 均衡因子 | 人均生态承载力 /hm² | 扣除 12% 后 /hm² |
|---|---|---|---|---|---|
| 耕地 | 24238 | 1.24 | 1.05 | 0.03261 | 0.02870 |
| 林地 | 51823.8 | 1.25 | 1.23 | 0.08234 | 0.07246 |
| 牧草地 | 6957.9 | 0.86 | 0.48 | 0.00297 | 0.00261 |
| 建设用地 | 31740 | 1.24 | 1.05 | 0.04271 | 0.03758 |
| 水域 | 657280 | 2.11 | 0.57 | 0.81693 | 0.71890 |
| 化石能源地 | 0 | 1.25 | 1.23 | 0 | 0 |

表 6.69  舟山市 2008 年生态足迹账户汇总

| 土地类型 | 人均生态足迹 | 人均生态承载力 | 人均生态盈余（赤字）/hm² |
|---|---|---|---|
| 耕地 | 0.09139 | 0.02870 | −0.06269 |
| 林地 | 0.00315 | 0.07246 | 0.06931 |
| 牧草地 | 0.02191 | 0.00261 | −0.01930 |
| 水域 | 0.58825 | 0.71890 | 0.13065 |
| 建设用地 | 0.00164 | 0.03758 | 0.03594 |
| 化石能源地 | 0.69296 | 0 | −0.69296 |

表 6.70  舟山市 2009 年生物资源足迹账户

| 消费项目 | 土地类型 | 消费总量/t | 全球平均产量/(kg/hm²) | 均衡因子 | 人均生态足迹/(hm²/人) |
|---|---|---|---|---|---|
| 粮食 | 耕地 | 45444 | 3238 | 1.05 | 0.01523 |
| 蔬菜 | 耕地 | 78417 | 18954 | 1.05 | 0.00449 |
| 瓜果 | 耕地 | 17005 | 3321 | 1.05 | 0.00556 |
| 食用植物油 | 耕地 | 6990 | 613 | 1.05 | 0.01237 |
| 酒类 | 耕地 | 8790 | 7164 | 1.05 | 0.00133 |
| 鲜蛋及制品 | 耕地 | 6423 | 400 | 1.05 | 0.01742 |
| 家禽及制品 | 耕地 | 3398 | 457 | 1.05 | 0.00807 |
| 猪肉 | 耕地 | 11150 | 457 | 1.05 | 0.02647 |
| 茶叶 | 林地 | 58 | 1410 | 1.23 | 0.00005 |
| 水果 | 林地 | 26736 | 10950 | 1.23 | 0.00310 |
| 牛羊肉 | 牧草地 | 664 | 32 | 0.48 | 0.01029 |
| 牛奶 | 牧草地 | 9827 | 495 | 0.48 | 0.00985 |
| 水产品 | 水域 | 29282 | 29 | 0.57 | 0.59474 |

表 6.71  舟山市 2009 年能源足迹账户

| 类别 | 消费总量 | 全球平均发热/(GJ/gha) | 折算系数/(GJ/t) | 均衡因子 | 人均足迹/(hm²/人) |
|---|---|---|---|---|---|
| 电力 | 187242×10⁴kW/h | 1000 | 11.84 | 1.05 | 0.00241 |
| 原煤 | 1471849t | 55 | 20.934 | 1.23 | 0.71205 |
| 汽油 | 4231t | 93 | 43.12 | 1.23 | 0.00249 |
| 柴油 | 52454t | 93 | 42.71 | 1.23 | 0.03062 |

表 6.72  舟山市 2009 年生态承载力账户分析

| 土地类型 | 面积/hm² | 产量因子 | 均衡因子 | 人均生态承载力/hm² | 扣除 12% 后/hm² |
|---|---|---|---|---|---|
| 耕地 | 24238 | 1.24 | 1.05 | 0.03261 | 0.02870 |
| 林地 | 51823.8 | 1.25 | 1.23 | 0.08234 | 0.07246 |
| 牧草地 | 6957.9 | 0.86 | 0.48 | 0.00297 | 0.00261 |
| 建设用地 | 31740 | 1.24 | 1.05 | 0.04270 | 0.03758 |
| 水域 | 547040 | 2.11 | 0.57 | 0.67987 | 0.59829 |
| 化石能源地 | 0 | 1.25 | 1.23 | 0 | 0 |
| 合计 | | | | 0.840489849 | 0.739631068 |

表 6.73  舟山市 2009 年生态足迹账户汇总

| 土地类型 | 人均生态足迹 | 人均生态承载力 | 人均生态盈余(赤字)/hm² |
|---|---|---|---|
| 耕地 | 0.09094 | 0.02870 | −0.06224 |
| 林地 | 0.00316 | 0.07246 | 0.06930 |
| 牧草地 | 0.02014 | 0.00261 | −0.01753 |
| 水域 | 0.59474 | 0.59829 | 0.00355 |
| 建设用地 | 0.00241 | 0.03758 | 0.03517 |
| 化石能源地 | 0.74516 | 0 | −0.74516 |

表 6.74  舟山市 2010 年生物资源足迹账户

| 消费项目 | 土地类型 | 消费总量/t | 全球平均产量/(kg/hm²) | 均衡因子 | 人均生态足迹/(hm²/人) |
|---|---|---|---|---|---|
| 粮食 | 耕地 | 57656 | 3320 | 1.05 | 0.01884 |
| 蔬菜 | 耕地 | 78577 | 18914 | 1.05 | 0.00451 |
| 瓜果 | 耕地 | 14388 | 3446 | 1.05 | 0.00453 |
| 食用植物油 | 耕地 | 11364 | 635 | 1.05 | 0.01942 |
| 酒类 | 耕地 | 8519 | 7164 | 1.05 | 0.00129 |
| 鲜蛋及制品 | 耕地 | 7481 | 400 | 1.05 | 0.02029 |
| 家禽及制品 | 耕地 | 4830 | 457 | 1.05 | 0.01147 |
| 猪肉 | 耕地 | 11364 | 457 | 1.05 | 0.02698 |
| 茶叶 | 林地 | 58 | 1464 | 1.23 | 0.00005 |
| 水果 | 林地 | 27454 | 11011 | 1.23 | 0.00317 |
| 牛羊肉 | 牧草地 | 948 | 33 | 0.48 | 0.01425 |
| 牛奶 | 牧草地 | 10796 | 497 | 0.48 | 0.01077 |
| 水产品 | 水域 | 28303 | 29 | 0.57 | 0.57486 |

表 6.75  舟山市 2010 年能源足迹账户

| 类别 | 消费总量 | 全球平均发热 /(GJ/gha) | 折算系数 /(GJ/t) | 均衡因子 | 人均足迹 /(hm²/人) |
|---|---|---|---|---|---|
| 电力 | 213838×10⁴ kW/h | 1000 | 11.84 | 1.05 | 0.00275 |
| 原煤 | 1668916t | 55 | 20.934 | 1.23 | 0.80739 |
| 汽油 | 4386t | 93 | 43.12 | 1.23 | 0.00258 |
| 柴油 | 54315t | 93 | 42.71 | 1.23 | 0.03170 |

表 6.76  舟山市 2010 年生态承载力账户分析

| 土地类型 | 面积/hm² | 产量因子 | 均衡因子 | 人均生态承载力 /hm² | 扣除 12% 后 /hm² |
|---|---|---|---|---|---|
| 耕地 | 24238 | 1.24 | 1.05 | 0.03261 | 0.02870 |
| 林地 | 51823.8 | 1.25 | 1.23 | 0.08234 | 0.07246 |
| 牧草地 | 6957.9 | 0.86 | 0.48 | 0.00297 | 0.00261 |
| 建设用地 | 31740 | 1.24 | 1.05 | 0.04270 | 0.03758 |
| 水域 | 218400 | 2.11 | 0.57 | 0.27143 | 0.23886 |
| 化石能源地 | 0 | 1.25 | 1.23 | 0 | 0 |
| 合计 | | | | 0.432055419 | 0.380208769 |

表 6.77  舟山市 2010 年生态足迹账户汇总

| 土地类型 | 人均生态足迹 | 人均生态承载力 | 人均生态盈余(赤字)/hm² |
|---|---|---|---|
| 耕地 | 0.10733 | 0.02870 | −0.07863 |
| 林地 | 0.00322 | 0.07246 | 0.06924 |
| 牧草地 | 0.02502 | 0.00261 | −0.02241 |
| 水域 | 0.57486 | 0.23886 | −0.33600 |
| 建设用地 | 0.00275 | 0.03758 | 0.03483 |
| 化石能源地 | 0.84168 | 0 | −0.84168 |

表 6.78  舟山市 2011 年生物资源足迹账户

| 消费项目 | 土地类型 | 消费总量/t | 全球平均产量 /(kg/hm²) | 均衡因子 | 人均生态足迹 /(hm²/人) |
|---|---|---|---|---|---|
| 粮食 | 耕地 | 54050 | 3661 | 1.05 | 0.01598 |
| 蔬菜 | 耕地 | 79650 | 19018 | 1.05 | 0.00453 |
| 瓜果 | 耕地 | 14067 | 3500 | 1.05 | 0.00435 |
| 食用植物油 | 耕地 | 6949 | 649 | 1.05 | 0.01159 |
| 酒类 | 耕地 | 6852 | 7164 | 1.05 | 0.00104 |

续表

| 消费项目 | 土地类型 | 消费总量/t | 全球平均产量/(kg/hm²) | 均衡因子 | 人均生态足迹/(hm²/人) |
|---|---|---|---|---|---|
| 鲜蛋及制品 | 耕地 | 7803 | 400 | 1.05 | 0.02112 |
| 家禽及制品 | 耕地 | 5042 | 457 | 1.05 | 0.01194 |
| 猪肉 | 耕地 | 11229 | 457 | 1.05 | 0.02660 |
| 茶叶 | 林地 | 48 | 1404 | 1.23 | 0.00004 |
| 水果 | 林地 | 30073 | 11274 | 1.23 | 0.00338 |
| 牛羊肉 | 牧草地 | 1144 | 33 | 0.48 | 0.01716 |
| 牛奶 | 牧草地 | 11707 | 502 | 0.48 | 0.01154 |
| 水产品 | 水域 | 27016 | 29 | 0.57 | 0.54750 |

表 6.79　舟山市 2011 年能源足迹账户

| 类别 | 消费总量 | 全球平均发热/(GJ/gha) | 折算系数/(GJ/t) | 均衡因子 | 人均足迹/(hm²/人) |
|---|---|---|---|---|---|
| 热力 | 2527.872 | 1000 | 29.344 | 1.05 | 0.00008 |
| 电力 | 215107 | 1000 | 11.84 | 1.05 | 0.00276 |
| 煤 | 1970798 | 55 | 20.934 | 1.23 | 0.95131 |
| 焦炭 | 1729 | 55 | 28.474 | 1.23 | 0.00114 |
| 原油 | 755351 | 93 | 41.868 | 1.23 | 0.43126 |
| 燃料油 | 1664458 | 71 | 50.2 | 1.23 | 1.49248 |
| 汽油 | 3843 | 93 | 43.12 | 1.23 | 0.00226 |
| 煤油 | 22 | 93 | 43.12 | 1.23 | 0.00001 |
| 柴油 | 50089 | 93 | 42.71 | 1.23 | 0.02917 |
| 天然气 | 16591 | 93 | 38.987 | 1.23 | 0.00882 |

表 6.80　舟山市 2011 年生态承载力账户分析

| 土地类型 | 面积/hm² | 产量因子 | 均衡因子 | 人均生态承载力/hm² | 扣除 12% 后/hm² |
|---|---|---|---|---|---|
| 耕地 | 23883 | 1.24 | 1.05 | 0.03206 | 0.02821 |
| 林地 | 51467 | 1.25 | 1.23 | 0.08159 | 0.07180 |
| 牧草地 | 6992 | 0.86 | 0.48 | 0.00298 | 0.00262 |
| 建设用地 | 32098 | 1.24 | 1.05 | 0.04309 | 0.03792 |
| 水域 | 707200 | 2.11 | 0.57 | 0.87697 | 0.77174 |
| 化石能源地 | 0 | 1.25 | 1.23 | 0 | 0 |
| 合计 | | | | 1.03668895 | 0.912286276 |

**表 6.81　舟山市 2011 年生态足迹账户汇总**

| 土地类型 | 人均生态足迹 | 人均生态承载力 | 人均生态盈余(赤字)/hm² |
|---|---|---|---|
| 耕地 | 0.09716 | 0.02821 | −0.06895 |
| 林地 | 0.00343 | 0.07180 | 0.06837 |
| 牧草地 | 0.02870 | 0.00262 | −0.02608 |
| 水域 | 0.54750 | 0.77174 | 0.22424 |
| 建设用地 | 0.00284 | 0.03792 | 0.03508 |
| 化石能源地 | 2.91646 | 0 | −2.91646 |

#### 6.3.2.2　1993—2012 年舟山市人均生态足迹动态变化

综合 1993—2012 年各年的生态足迹账户汇总表,可以得出 1993—2012 年舟山市人均生态足迹(表 6.82)。结果表明:舟山市人均生态足迹从 1993 年的 0.993 公顷上升到 2012 年的 1.617 公顷,翻了近一倍。耕地、建设用地、牧草地和林地的人均生态足迹虽有波动,但总体变化不大;化石能源地作为舟山市人均生态足迹的一大组成部分,明显呈上升趋势,1993—2012 年间,涨幅达到 234%,由于化石能源地的人均生态足迹比例较大,使得合计与其增长趋势基本一致;水域生态足迹呈先上升后下降趋势。2004 年化石能源地的生态足迹达到 1 公顷左右,比对 2005 年、2006 年《舟山市统计年鉴》发现:2004 年的原煤使用量是 2005 年使用量的 1.56 倍,其中大部分是电力、热力所需的原煤使用量大大增加,从而导致化石能源地生态足迹的增加。

**表 6.82　舟山市 1993—2012 年人均生态足迹　　单位:(hm²/人)**

| 年份 | 耕地 | 林地 | 牧草地 | 水域 | 建设用地 | 化石能源地 | 合计 |
|---|---|---|---|---|---|---|---|
| 1993 | 0.1071 | 0.0027 | 0.0239 | 0.5899 | 0.0002 | 0.2694 | 0.9933 |
| 1994 | 0.1106 | 0.0024 | 0.0268 | 0.7995 | 0.0003 | 0.2921 | 1.2317 |
| 1995 | 0.1158 | 0.0020 | 0.0192 | 0.6655 | 0.0003 | 0.3338 | 1.1365 |
| 1996 | 0.1088 | 0.0020 | 0.0200 | 0.6290 | 0.0003 | 0.3256 | 1.0856 |
| 1997 | 0.1105 | 0.0019 | 0.0196 | 0.6776 | 0.0003 | 0.3350 | 1.1449 |
| 1998 | 0.1034 | 0.0023 | 0.0213 | 0.6384 | 0.0003 | 0.3149 | 1.0806 |
| 1999 | 0.1056 | 0.0022 | 0.0213 | 0.6938 | 0.0003 | 0.3503 | 1.1736 |
| 2000 | 0.1086 | 0.0023 | 0.0378 | 0.6410 | 0.0004 | 0.4026 | 1.1927 |
| 2001 | 0.1209 | 0.0026 | 0.0302 | 0.7412 | 0.0005 | 0.4292 | 1.3244 |
| 2002 | 0.1130 | 0.0036 | 0.0216 | 0.6690 | 0.0005 | 0.4423 | 1.2501 |
| 2003 | 0.1135 | 0.0035 | 0.0262 | 0.7000 | 0.0006 | 0.5179 | 1.3616 |
| 2004 | 0.1053 | 0.0037 | 0.0244 | 0.6606 | 0.0010 | 1.0084 | 1.8034 |

续表

| 年份 | 耕地 | 林地 | 牧草地 | 水域 | 建设用地 | 化石能源地 | 合计 |
|------|------|------|--------|------|----------|------------|------|
| 2005 | 0.1084 | 0.0037 | 0.0197 | 0.5930 | 0.0010 | 0.6570 | 1.3827 |
| 2006 | 0.1058 | 0.0034 | 0.0224 | 0.5364 | 0.0012 | 0.6755 | 1.3446 |
| 2007 | 0.0891 | 0.0035 | 0.0228 | 0.5776 | 0.0013 | 0.6664 | 1.3606 |
| 2008 | 0.0914 | 0.0032 | 0.0219 | 0.5883 | 0.0017 | 0.6930 | 1.3993 |
| 2009 | 0.0909 | 0.0032 | 0.0201 | 0.5947 | 0.0024 | 0.7452 | 1.4565 |
| 2010 | 0.1073 | 0.0032 | 0.0250 | 0.5749 | 0.0028 | 0.8417 | 1.5549 |
| 2011 | 0.0972 | 0.0034 | 0.0287 | 0.5475 | 0.0028 | 0.9828 | 1.6624 |
| 2012 | 0.0989 | 0.0037 | 0.0260 | 0.5852 | 0.0027 | 0.9005 | 1.6169 |

### 6.3.2.3  舟山市人均生态足迹构成分析

为了查看舟山市六类土地人均足迹占有量在其人均生态足迹中的构成变化，根据表6.82数据计算舟山市每类土地占有量在其人均生态足迹中每一年所占比重，以分析舟山市人均生态足迹的构成变化(表6.83)。

**表6.83  舟山市1993—2012年人均生态足迹构成变化**　　　　单位：%

| 年份 | 耕地 | 林地 | 牧草地 | 水域 | 建设用地 | 化石能源地 |
|------|------|------|--------|------|----------|------------|
| 1993 | 0.1078 | 0.0027 | 0.0241 | 0.5939 | 0.0002 | 0.2712 |
| 1994 | 0.0898 | 0.0020 | 0.0218 | 0.6491 | 0.0002 | 0.2371 |
| 1995 | 0.1019 | 0.0018 | 0.0169 | 0.5856 | 0.0003 | 0.2937 |
| 1996 | 0.1002 | 0.0019 | 0.0184 | 0.5794 | 0.0003 | 0.2999 |
| 1997 | 0.0965 | 0.0017 | 0.0171 | 0.5919 | 0.0003 | 0.2926 |
| 1998 | 0.0957 | 0.0021 | 0.0197 | 0.5908 | 0.0003 | 0.2914 |
| 1999 | 0.0900 | 0.0019 | 0.0181 | 0.5912 | 0.0003 | 0.2985 |
| 2000 | 0.0910 | 0.0020 | 0.0317 | 0.5374 | 0.0003 | 0.3375 |
| 2001 | 0.0913 | 0.0020 | 0.0228 | 0.5596 | 0.0003 | 0.3240 |
| 2002 | 0.0904 | 0.0029 | 0.0173 | 0.5352 | 0.0004 | 0.3538 |
| 2003 | 0.0833 | 0.0026 | 0.0192 | 0.5141 | 0.0004 | 0.3804 |
| 2004 | 0.0584 | 0.0020 | 0.0135 | 0.3663 | 0.0006 | 0.5592 |
| 2005 | 0.0784 | 0.0027 | 0.0143 | 0.4289 | 0.0007 | 0.4751 |
| 2006 | 0.0787 | 0.0025 | 0.0167 | 0.3989 | 0.0009 | 0.5024 |
| 2007 | 0.0655 | 0.0025 | 0.0167 | 0.4245 | 0.0009 | 0.4898 |
| 2008 | 0.0653 | 0.0023 | 0.0157 | 0.4204 | 0.0012 | 0.4952 |
| 2009 | 0.0624 | 0.0022 | 0.0138 | 0.4083 | 0.0017 | 0.5116 |

**续表**

| 年份 | 耕地 | 林地 | 牧草地 | 水域 | 建设用地 | 化石能源地 |
|---|---|---|---|---|---|---|
| 2010 | 0.0690 | 0.0021 | 0.0161 | 0.3697 | 0.0018 | 0.5413 |
| 2011 | 0.0585 | 0.0021 | 0.0173 | 0.3294 | 0.0017 | 0.5912 |
| 2012 | 0.0612 | 0.0023 | 0.0161 | 0.3619 | 0.0017 | 0.5569 |

　　据此可得出:①水域作为舟山市人均生态足迹的第一构成要素,生态足迹在64.9%～32.9%之间起伏,但总体呈下降趋势,这主要与居民生活消费结构改变、水产品消费量减少有关。②化石能源地作为舟山市人均生态足迹的第二构成要素,所占比重不断增加,从1993年的27.1%逐渐上升到2012年的55.7%,20年间占比翻了一倍多。③耕地、林地、建设用地所占比重较少,耕地逐年下降,林地相对稳定,建设用地虽占比不多,但比重一直在持续增加。

### 6.3.2.4　舟山市人均生态承载力动态特征

　　对上述历年生态承载力账户进行汇总,可以得到历年舟山市人均生态承载力(表6.84)。据表6.84显示:1993—2012年期间,林地、牧草地承载力变化不大,分别在0.071公顷和0.003公顷波动;耕地人均承载力在0.03公顷浮动,但近年略有下降;水域人均生态承载力波动较大,从1993年的0.151公顷到2012年的0.870公顷,总体呈上升趋势;建设用地生态承载力增长较快,由1993年的0.017公顷上升到2012年的0.038公顷,翻了一倍多。根据表格数据,可看出每项土地类型人均承载力构成在20年期间所占比重的变化:水域占绝大部分,剩余五类土地所占比重较少;考虑到舟山市特殊的地理位置,抛开水域具体分析,舟山市林地承载力所占百分比最多,但从2001年开始呈下滑趋势;耕地、牧草地和建设用地变化不明显,占比少。

**表6.84　舟山市1993—2012年人均生态承载力**　　单位:(hm²/人)

| 年份 | 耕地 | 林地 | 水域 | 牧草地 | 建设用地 | 合计 |
|---|---|---|---|---|---|---|
| 1993 | 0.0323 | 0.0704 | 0.1507 | 0.0025 | 0.0171 | 0.2731 |
| 1994 | 0.0323 | 0.0704 | 0.1505 | 0.0025 | 0.0171 | 0.2728 |
| 1995 | 0.0322 | 0.0702 | 0.1501 | 0.0025 | 0.0170 | 0.2720 |
| 1996 | 0.0321 | 0.0700 | 0.3935 | 0.0025 | 0.0170 | 0.5152 |
| 1997 | 0.0321 | 0.0699 | 0.4957 | 0.0025 | 0.0170 | 0.6173 |
| 1998 | 0.0321 | 0.0700 | 0.2480 | 0.0025 | 0.0170 | 0.3696 |
| 1999 | 0.0321 | 0.0700 | 0.3735 | 0.0025 | 0.0170 | 0.4953 |
| 2000 | 0.0321 | 0.0701 | 0.3736 | 0.0025 | 0.0170 | 0.4953 |
| 2001 | 0.0322 | 0.0703 | 0.3905 | 0.0025 | 0.0171 | 0.5126 |

| 年份 | 耕地 | 林地 | 水域 | 牧草地 | 建设用地 | 合计 |
|------|------|------|------|--------|----------|------|
| 2002 | 0.0324 | 0.0705 | 0.0991 | 0.0026 | 0.0171 | 0.2217 |
| 2003 | 0.0326 | 0.0710 | 0.1972 | 0.0026 | 0.0172 | 0.3206 |
| 2004 | 0.0326 | 0.0711 | 0.5679 | 0.0026 | 0.0173 | 0.6915 |
| 2005 | 0.0327 | 0.0713 | 0.4552 | 0.0026 | 0.0173 | 0.5791 |
| 2006 | 0.0282 | 0.0711 | 0.6208 | 0.0025 | 0.0369 | 0.7596 |
| 2007 | 0.0287 | 0.0725 | 0.3597 | 0.0026 | 0.0376 | 0.5012 |
| 2008 | 0.0287 | 0.0725 | 0.7189 | 0.0026 | 0.0376 | 0.8603 |
| 2009 | 0.0287 | 0.0725 | 0.5983 | 0.0026 | 0.0376 | 0.7396 |
| 2010 | 0.0287 | 0.0725 | 0.2389 | 0.0026 | 0.0376 | 0.3802 |
| 2011 | 0.0282 | 0.0718 | 0.7717 | 0.0026 | 0.0379 | 0.9123 |
| 2012 | 0.0282 | 0.0717 | 0.8699 | 0.0026 | 0.0379 | 1.0102 |

### 6.3.2.5 舟山市人均生态赤字分析

根据上述历年的人均生态足迹和人均生态承载力,利用公式(6.4)计算出舟山市 1993—2012 年人均生态赤字(图 6.2)。图 6.2 表明:20 年间舟山市一直处于生态赤字状态,且不断波动。1993—1997 年,生态赤字逐渐减小;1997—2004 年,生态赤字逐渐增加;2004—2008 年,生态赤字减少;2008—2010 年,生态赤字增加并达顶峰;2010—2012 年,生态赤字减少。由于舟山市位于长江口的东海渔场,绝大多数生态承载力由水域提供,因此当年水质优劣决定了该年生态承载力大小,如若当年第一、二类水质比重大,则生态承载力大,生态赤字小;反之,生态赤字大。通过表格对比分析可得六类土地生态赤字(盈余)情况。林地、建设用地处于生态盈余状态,其余土地均为生态赤字。化石能源地生态赤字增长最快,说明化石能源的大量消耗是舟山市生态环境恶化的主要原因;耕地、牧草地处于生态赤字状态,因

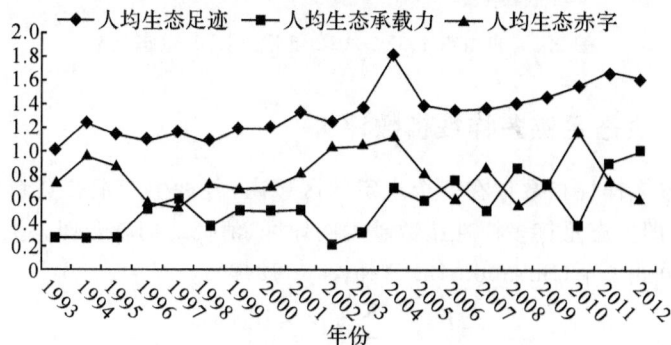

图 6.2 舟山市 1993—2012 年人均生态赤字变化

舟山市是群岛型城市,耕地、牧草地面积较少,在未来应保护好耕地和牧草地,不能盲目开发建设而占用其面积。

# 6.4　舟山市可持续发展评价

## 6.4.1　资源利用效率评价

万元 GDP 生态足迹由历年总生态足迹与当年 GDP 比值计算得出,它能够反映当年资源利用效率的高低;万元 GDP 生态足迹越高,资源利用效率越低;反之,则资源利用效率越高。通过计算得出 1993—2012 年舟山市万元 GDP 生态足迹(图 6.3)。图 6.3 表明:舟山市万元 GDP 生态足迹由 1993 年的 2.258 公顷下降到 2012 年的 0.183 公顷;1993—2002 年,万元 GDP 下降较快,之后十年,下降速度减缓;2002 年,舟山市资源利用效率进入瓶颈期;到 2004 年,舟山市资源利用效率有了新突破,使万元 GDP 生态足迹呈平稳下滑趋势。表明研究期间,舟山市资源利用效率总体呈上升趋势,其主要原因在于科技的进步、环保意识的加强。

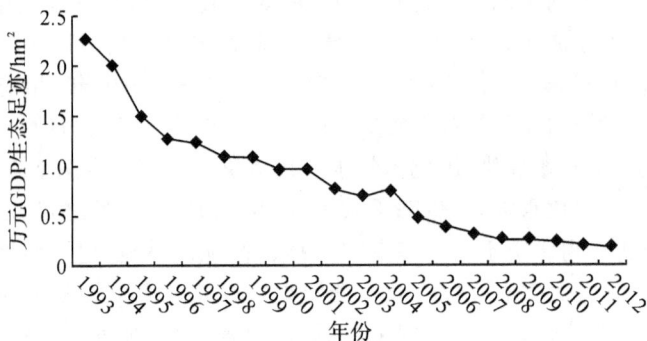

图 6.3　舟山市 1993—2012 年万元 GDP 生态足迹

## 6.4.2　生态足迹多样性指数评价

生态足迹多样性指数指在一个规定的区域内,各种生产消费资料的土地类型的均衡程度,即生态足迹多样性指数越大的地区,消费结构越合理。生态足迹多样性指数计算公式如下(Shannon CE Weaveaw,1949):

$$H = -\sum (p_i \times \ln p_i) \tag{公式 6.5}$$

其中 $H$ 代表生态足迹的多样性指数,$p_i$ 代表 $i$ 土地的生态足迹占总足迹的值。

根据公式计算得到舟山市生态足迹多样性指数(图 6.4)。根据计算结果把消费结构合理性划分成 3 等级,即 $0.92 < H < 0.96$ 代表消费结构极不合理,$0.96 < H < 1$ 代表消费结构不合理,$1 < H < 1.04$ 代表消费结构合理。据图显示:舟山市生态足迹多样性指数波动较大,但总体没有突破 1.04;1994 年和 2004 年多样性指数最低,2000 年多样性指数最高,其余年份在 $0.92 \sim 1.04$ 之间波动,说明舟山市消费结构不合理,其与舟山市是一个海岛城市特殊背景有关:舟山市水域面积生态足迹比例大,渔业资源丰富,渔业消费量较大。具体分析几个突出年份,从表 6.82 得出,1994 年舟山市水域生态足迹从 1993 年的 0.59 公顷变为 0.80 公顷,上升 0.21公顷,多样性指数下滑明显。如除去水域则舟山市生态足迹多样性指数更低,因除水域外,化石能源地占很大比重,甚至在 2004 年之后,其生态足迹超过水域,这说明舟山市消费结构不合理的主要原因不是水域而是化石能源消费不合理。

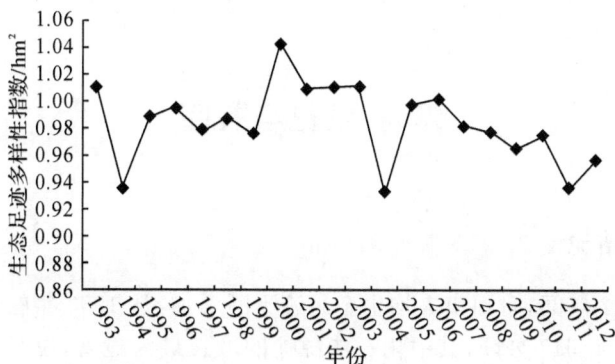

图 6.4 舟山市 1993—2012 年生态足迹多样性指数

### 6.4.3 发展能力指数评价

发展能力是生态足迹乘以生态足迹多样性指数得到的。按照 Ulanowicz (1986)的方法,发展能力指数 C(陈惠雄等,2008)的计算公式为:

$$C = EF \times H = EF \times \left[ -\sum (p_i \times \ln p_i) \right] \qquad (公式 6.6)$$

其中 C 为发展能力,EF 为国家或地区的人均生态足迹,H 为生态足迹多样性指数,利用(公式 6.5)、(公式 6.6)计算出 1993—2012 年舟山市发展能力指数(图 6.5)。据图可知:①生态经济发展能力与多样性指数、人均生态足迹之间存在正相关关系。人均 GDP 越大,发展能力越强。舟山人均 GDP 从 1993 年的 0.44 万元变为 2012 年的 1.62 万元,发展能力指数从 1.00 变为 1.55。②万元 GDP 足迹和发展能力成负相关关系。万元 GDP 足迹越大,发展能力越弱,反之亦然。万元 GDP 足迹代表资源利用效率,说明提高舟山市的发展能力,不仅要提高当地的生产总值,

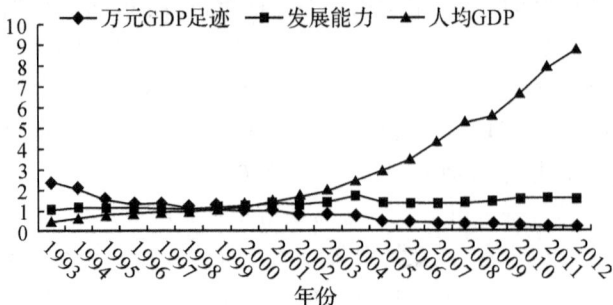

图 6.5 舟山市 1993—2012 年发展能力指数

还要提高当地的资源利用效率,这样才能促进舟山市又好又快发展,促进可持续发展能力。

# 6.5 结论与展望

## 6.5.1 结论

1993—2012 年间,舟山市人均生态足迹不断增加,从 1993 年的 0.993 公顷上升到 2012 年的 1.617 公顷,其中化石能源地的增长最为显著,说明舟山市对能源资源的消耗不断增加;舟山市人均生态承载力呈增加状态,从 1993 年的 0.273 公顷增加到 2012 年的 1.010 公顷,但波动较大;舟山市人均生态一直处于赤字状态,且不断变化起伏,尤其是化石能源地生态赤字增加迅速。通过资源利用效率、消费结构和发展能力的分析,表明舟山市处于不可持续发展状态。由此得出以下几点讨论:

(1)舟山市人均生态足迹上升,并处于生态赤字状态,与舟山群岛近岸海域生态环境有关。群岛地貌,缺少化石能源,燃料单一,尤以煤炭为主要消费能源;岛屿多,林地、草地面积少,缺乏吸纳废物的土地;说明舟山市化石能源消费结构不合理,并缺乏用于吸收化石能源燃烧排放温室气体的森林和草地。海岛城市背景导致舟山市消费结构的不合理性是客观存在的,海洋水域面积广阔,海洋渔业发达,渔业产品消费占主要地位。

(2)水域和建设用地增长明显,说明舟山市近年来经济发展迅速,尤其是渔业发展导致水域养殖面积的不断扩大,工业发展、城市化进程加快导致舟山市建设用地面积增加。1993—2012 舟山市万元 GDP 生态足迹逐年下降,舟山市资源利用效率逐渐提高。通过分析可知,经济效应是促进舟山市生态足迹上升的主要动力,人口效应对生态足迹的动力作用影响小,技术效应对生态足迹起抑制作用,但抑制作用近年来有所缓和。

（3）根据舟山市实际存在的问题,今后要转变能源消费方式,提高能源利用效率;保护牧草地、林地、湿地面积,提高生态产出量;重视水域环境的保护,加强水域监管体系,对出现的大面积污染要及时采取有效措施;利用优越的地理条件,开发高新技术,调整产业与技术结构,建立资源节约和环境友好型循环经济,逐渐提高可持续发展能力。

### 6.5.2  展望

生态足迹理论与方法是近年来测度和比较区域可持续发展的一个直观综合指标。20 世纪 90 年代中期提出以来,国际机构、政府和相关研究机构都对其进行了广泛关注和参与,生态足迹的理论和方法不断得到完善,应用范围也断扩大,应用前景也越来越广泛。随着研究的深入,对生态足迹方法的发展建议和批评也越多。例如对生态足迹计算方法（综合法、成分法和投入产出法）的改进,地方生态足迹研究的理论假设、水产养殖渔业的均衡因子选取等,都是由于生态足迹模型研究进一步发展和加强的结果。通过对生态足迹研究动态的总结,未来我国生态足迹的相关研究有以下几方面:

（1）与其他能反映社会经济可持续发展的指标结合,来全面反映可持续发展程度。GDP 是一个衡量经理发展的指标,可以和足迹的计算结合起来。比如通过计算万元 GDP 生态足迹、生态足迹多样性指数及发展能力指标来分析人类对自然资源利用效率和评价可持续发展能力（Wiedmann T,2006）。国际上也有一些可持续发展的研究学者将生态足迹指标与满意程度结合起来衡量可持续发展。

（2）上年结转和本年结余对生态足迹计算影响的研究。当前的生态足迹计算方法,是把当年生产量加上进口量,减去出口量,作为总消费量。但实际上,总消费量还应该加上上年结转,并且减去本年结余。因此,对各类消费量的计算,除了进行贸易调整外,还应该进行上年结转和本年结余的调整。

（3）研究尺度逐渐变小,应用范围扩大。从对国家、地区、城市等的大尺度分析逐渐向小尺度的学校和家庭转移,这有利于制定局部可持续发展计划。并且小区域和局部生态足迹的评价有利于环境保护和发展问题的解决,能够在可持续发展的未来将行动付诸实践。

# 参考文献

[1] REES W E. Ecological footprint and appropriated carrying capacity:

what urban economics leave out［J］. Environment and Urbanization, 1992,4(2)：120-130.

［2］WACKERNAGEL M，REES W E. Our Ecological Footprint：Reducing Human Impact on the Earth［M］. New Society，Gabrioala，BC，Canada,1996.

［3］WACKERNAGEL M，REES W. Our Ecological Footprint：Reducing Human Impact on the Earth［M］. Gabriola Island：New Society Publishers,1996：61-83.

［4］卢远,华璀.广西 1990—2002 年生态足迹动态分析[J].中国人口·资源与环境,2002,14(3):49-53.

［5］Global Footprint Network. Ecological Footprint Atlas 2010[R]. Global Footprint Network，Oakland B Ewing，D Moore，Sgoldfinger，A Oursler,2010.

［6］MUNIZ I，GALINDO A. Urban Form and the Ecological Footprintof Commuting：The Case of Barcelona[J]. Ecol Econ,2005,55：499-505.

［7］BAGLIAN M，FERLAINO F,et al. Ecological Footprint and Input-Output Methodology：The Analysis of the Environmental Sustainability of the Economic Sectors of Piedmont Region (Italy) ［A］∥Proceedings of the 14th International Conference on Input-Output Techniques［C］. MontrÉAl,Canada,2002，10：10-15.

［8］NICHOLSON I R，CHAMBERS N，GREEN P. Ecological Footprint Analysis as A Project Assessment Tool Proceedings of the Institution of Civil Engineers Engineering Sustainability ［J］. Engineering Sustainability,2003,156(9)：139-145.

［9］徐中民,张志强,程国栋.甘肃省 1998 年生态足迹计算与分析[J]地理学报 2000,55(5):607-616.

［10］张志强,徐中民,程国栋.生态足迹的概念及计算模型[J].生态经济,2000(8):8-10.

［11］紫檀,潘志华.内蒙古武川县生态足迹分析[J].中国农业大学学报,2005,10(1):64-68.

［12］闵庆文,余卫东,成升魁.商丘市居民生活消费生态足迹的时间序列分析[J].资源科学,2004,26(5):125-131.

［13］顾晓薇,王青,刘建兴等.基于"国家公顷"计算城市生态足迹的新方法[J].东北大学报(自然科学版),2005,26(4):295-298.

［14］侯梁宇,孟亚利.基于生态足迹模型的江苏省六大经济区可持续发展评

价[J].生态科学,2012,31(1):49-56.

[15] 张艳鸿.基于生态足迹模型的平凉市生态城市建设研究[D].兰州:兰州大学,2013.

[16] 郭晓娜,李泽红,董锁成,等.基于改进生态足迹因子的区域可持续性动态评估——以陕西省为例[J].水土保持通报,2014,34(2):142-146.

[17] 孙元敏,朱嘉,黄海萍.湄洲岛旅游可持续发展的生态足迹分析研究[J].生态科学,2015,34(6):124-129.

[18] 吴涛.安徽省生态足迹与可持续发展研究[D].合肥:中国科学技术大学,2014.

[19] 张红,陈嘉伟,周鹏.基于改进生态足迹模型的海岛城市土地承载力评价——以舟山市为例[J].经济地理,2016,36(6):156-160.

[20] SHANNON C E, WEAVER W. 1949. The Mathematieal Theory of Communieation. Urbana, IL: University of Illions Press.

[21] 陈惠雄,鲍海君.经济增长、生态足迹与可持续发展能力——基于浙江省的实证研究.中国工业经济,2008(8):5-14.

[22] ULANOWICZ R. E. GROWTH and Development[A]. Ecosystems Phenomenology[C]. New York: Springer-Verlag,1986.

[23] WACKERNAGEL M, MONFREDA C, et al. Calculating National and Global Ecological Footprint Time Series: Resolving Conceptual Challenges [J]. Land Use Policy 2004, 21: 271-278.

[24] BICKNELL K B, BALL R J, CULLEN R, et al. New methodology for the ecological footprint with an application to New Zealand economy [J]. Ecological Economics,1998, 27(2): 149-160.

[25] 李兵,张建强,权进民.企业生态足迹和生态效率研究[J].环境工程,2007,(6):85-88.

[26] 童亿勤.基于本地生态足迹模型的浙江省可持续发展评价[J].长江流域资源与环境,2009,18(10):896-902.

[27] 童亿勤.宁波市本地生态足迹与可持续发展研究[J].水土保持通报,2009,29(4):164-168.

# 7 舟山市水足迹与水资源可持续利用

水是生产、生活中必不可少的资源，现代社会，水资源越来越受到重视。国家水资源状况直接关系到经济与社会的发展、民族的安全。在1992年1月都柏林水与环境国际会议（ICWE）发表的《都柏林宣言》指出，水资源十分有限，且十分脆弱，应注重提高水资源的利用效率，并以高价值商品性质看待水资源（严登华等，2004）。因此，深入分析地区水资源，综合评价水资源效益，提高水资源利用效率，对地区的可持续发展具有战略性意义。

我国历来对水资源问题十分重视，自2010年以来，相继发布了《中共中央国务院关于加快水利改革发展的决定》与《国务院关于实行最严格水资源管理制度的意见》等文件，将水资源问题的重要性进一步提升。浙江省积极响应国家号召，在2013年，做出"五水共治"决策部署，到2015年，已全面开展治理工作。舟山市是以群岛建市的地区，河流普遍短小，水资源面临极大压力，尤其是在未来以海洋经济为主题的全方位发展中，舟山淡水资源具有更重要的战略意义。

2013年，国务院正式批复《浙江舟山群岛新区发展规划》，将整个舟山市均纳入群岛新区规划中，舟山经济即将迎来飞速发展，水资源保障面临更高要求。舟山属海岛地区，是典型的资源型缺水地区，研究舟山市水资源，为地区经济实现可持续发展提供资源支撑，具有重要意义。首先，传统上主要是通过调水、节水等实体水方式解决地区水资源问题，但人们忽视了一种事实，即水资源的消耗量与生产商品的类型与数量、消费的服务方式等紧密相关。为了揭示水资源与生产、消费背后的联系，在2002年，Arjen Y. Hoekstra教授首次提出水足迹概念，帮助人们深入认识水资源与生产、生活、消费之间的关系（Arjen Y. Hoekstra等，2012）。本章以水足迹理论研究舟山市水资源问题，丰富了水足迹理论，同时为其他地区水资源评价提供参考。其次，中国目前的水足迹研究主要集中在全国尺度，或北部、西南地区，对东部沿海地区，尤其是海岛地区，水足迹研究很少。舟山市水资源问题突出，本章充分利用水足迹理论，计算舟山市当地的农作物水足迹核算系数（农作物单位质量虚拟水含量），并深入分析农作物水足迹内部结构，有助于农业结构调整，提高水资源利用效率。运用基于水足迹理论的评价体系对舟山市水资源进行评价，有助于社会全体深入认识舟山市水资源问题，促进相关水资源工作的展开，使舟山市水资源达到可持续利用状态。

本章立足舟山市水资源问题实际，结合社会热点及学术最新成果，基于水足迹理论研究舟山市水资源问题,主要考虑的是以下三方面因素:(1)水资源问题是全球关注的重点问题。地区经济、社会、文化的发展都离不开水,水是一切发展的基础,是地区重要的战略性资源。水资源在不同地区存在不同问题,且随着地区发展,对水资源的需求越来越强烈,往往导致早已存在的水资源问题越来越突出,甚至严重威胁地区进一步发展。因此,合理分配水资源、提高水资源利用效率、解决多种多样的水资源问题,保证水资源的可持续利用,逐渐成为全球关注的重点问题(李九一等,2012)。(2)水足迹和虚拟水相关研究逐渐成为热点。水资源的相关理论研究十分丰富,但水足迹理论是基于全新视角研究地区水资源,具有自身独特性。传统水资源研究局限于取水、用水等实体水指标,而水足迹在评价水资源时具有综合性,能够全面体现消耗的水量、水质以及产生的污染,并且明确水足迹所有组分发生的时间和地点(马晶等,2013)。水足迹提供了更加合理、广阔的视角来展现人类生产生活与水资源之间的关系(韩宇平等,2011)。虚拟水是水足迹的基础,表示产品含有的水资源量,将所有生产的产品虚拟水加起来,在数值上,就等于整个地区的产品水足迹(诸大建等,2012)。在我国,水足迹研究正逐渐成为热点,将其应用于地区水资源评价方面,能够更好反映地区水资源状况。(3)水资源问题是舟山市面临的重要问题。舟山市作为海岛地区,水资源面临极大压力。国家对水资源越来越重视,对舟山市水资源利用提出了更高要求。政府部门已积极响应国家号召,加快推进水资源相关整治工作,此时,对水资源的相关研究具有更为重要的意义。

## 7.1 国内外研究进展

### 7.1.1 水足迹研究动态

水足迹理论为认识水资源提供了全新的视角,作为一种评价工具,水足迹可以帮助人们了解自身活动与地区水资源的联系,从而明确如何解决水资源问题。完整的水足迹研究一般包括四个阶段,一是确定研究对象,一般分为产品水足迹或区域水足迹;二是进行水足迹核算;三是根据计算结果,结合地区经济、社会等数据,评价地区水资源;最后结合地区实际,有针对性地提出解决方案。目前,围绕水足迹理论体系,相关研究主要包括以下三个方面:

#### 7.1.1.1 产品、产业水足迹分析

近年来,国内外有关产品、产业水足迹的研究如表 7.1 所示。

表 7.1　部分产品、产业水足迹研究

| 研究主题 | 研究者 | 研究内容 |
|---|---|---|
| 农作物水足迹 | Mekonnen 与 Hoekstra,2010 | 全球尺度小麦水足迹 |
| | Chapagain 等,2011 | 水稻生产与消费水足迹 |
| | 邓晓军等,2009 | 南疆棉花水足迹 |
| | 盖力强等,2010 | 华北平原小麦、玉米生产水足迹 |
| | 秦丽杰等,2012 | 吉林省西部玉米生产水足迹 |
| | 田园宏等,2013 | 中国主要粮食作物水足迹 |
| | 何浩等,2010 | 湖南水稻水足迹 |
| | 徐鹏程与张兴奇,2016 | 江苏省农作物水足迹 |
| | Chapagain 等,2007 | 荷兰茶叶、咖啡消费水足迹 |
| 畜产品水足迹 | Mekonnen 与 Hoekstra,2012 | 全球尺度畜产品水足迹 |
| | Hoekstra 等,2012 | 肉类食品生产水足迹 |
| | 虞祎等,2012 | 中国畜牧业水足迹 |
| 产业水足迹 | Gerbens-Leenes 等,2008 | 商业水足迹计算方法 |
| | 贾佳等,2012 | 工业水足迹计算方法 |

　　产品水足迹研究主要集中在粮食水足迹方面,粮食水足迹的计算方法基本已经成熟,在实际运算中,能够借助 CLIMWAT2.0 和 CROPWAT8.0 软件提供基础数据,初步完成计算结果。畜产品水足迹在计算中需要考虑的因素众多,虽然有明确的核算体系,但具体数值很难获得,大多是通过估算方式完成,因此不同研究者的研究结果存在一定差异。产业水足迹的计算更为复杂,除了要计算产品生产、运输过程中的水资源消耗量外,还要加入产品原料水足迹含量、生产工人实体水需求量等,因此,虽然有完整的产业水足迹计算方法体系,但在实际计算中,还是需要针对具体产业,跟踪、观测生产过程,才能够完成产业水足迹的计算。

### 7.1.1.2　区域水足迹研究

　　区域水足迹的计算要在产品、产业水足迹计算的基础上才能够完成,区域水足迹的主要研究成果如表 7.2 所示。

　　区域水足迹的计算首先要明确区域界线,然后计算地区内所有用水过程的水足迹之和,包括实际消耗量和污染量两部分,同时,本区域与其他区域之间的产品贸易、跨流域调水等均应考虑在内。国家水足迹计算较为容易,这主要是因为国家进出口贸易方面的数据容易获得,而其他地区,如省、城市,其自身与外界同样存在水资源、产品的贸易关系,但很难获得这方面的数据,只能估算,或者分为地区消费水足迹、生产水足迹进行分析,造成省、城市水足迹的计算存在较大误差。流域水足迹的计算与国家水足迹计算相似,只是更需要注意地区界限的划分。

**表 7.2　部分区域水足迹研究**

| 研究主题 | 研究者 | 研究内容 |
|---|---|---|
| 全球水足迹 | Hoekstra 与 Chapagain,2007 | 全球尺度水足迹 |
| | Hoekstra 与 Mekonnen,2011 | 全球尺度水足迹 |
| 国家水足迹 | Kampman 等,2008 | 印度水足迹 |
| | 王新华等,2005 | 中国水足迹 |
| | 孙才志等,2010 | 中国水足迹及内部差异 |
| | Yu Y 等,2010 | 英国水足迹 |
| | 马静等,2005 | 中国水足迹 |
| | 吴兆丹等,2013 | 中国水足迹 |
| 省水足迹 | 孙艳芝等,2015 | 北京市水足迹 |
| | 王艳阳等,2011 | 北京市水足迹 |
| | 陈俊旭等,2010 | 北京市水足迹 |
| | 邓晓军等,2014 | 上海与重庆水足迹 |
| | 王新华等,2005 | 甘肃省水足迹 |
| | 韩玉等,2013 | 河北省水足迹 |
| | 祝稳等,2015 | 河南省水足迹 |
| 流域水足迹 | Zeitoun 等,2010 | 尼罗河流域水足迹 |
| | 傅春等,2011 | 环鄱阳湖区水足迹 |
| | 蔡燕等,2009 | 黄河流域水足迹 |
| | 潘文俊等,2012 | 九龙江流域的水足迹 |
| 城市水足迹 | 邰珊珊等,2008 | 大连市水足迹 |
| | 周玲玲等,2014 | 即墨市水足迹 |

### 7.1.1.3　区域水资源评价

基于水足迹理论的区域水资源评价主要分为两种,第一种是围绕水足迹指标本身展开,结合地区自然、经济、社会状况进行评价,以戚瑞等(2011)的研究为代表,从水足迹的结构、效益、生态安全性、可持续性四个方面构建区域水资源评价指标体系,这种评价体系充分体现了水足迹本身的意义,相关研究也较广泛,如对武汉市(侯小洁等,2014)、安徽省(刘民士等,2014)等水资源评价。第二种是运用计量方法,将水足迹作为研究对象,分析水足迹这一指标与其他经济社会指标之间的数量关系,从而反映地区水资源状态,如孙才志等,分别通过基尼系数、锡尔指数

（孙才志等，2010）、ESDA（孙才志等，2013）等方法分析了中国水足迹特征，赵良仕等（2014）以空间计量收敛分析方法研究水足迹空间特征，龙爱华等（2006）与秦丽杰等（2013）分别研究了饮食结构、消费结构、经济社会科技发展程度对区域水足迹的影响，从而对区域水资源进行评价。第二种评价方法在一定程度上忽略了水足迹本身含义，但丰富了水资源评价的意义，将水足迹这一评价工具的应用范围进一步扩展。

### 7.1.2 虚拟水研究动态

虚拟水理论的提出比水足迹要早，虚拟水是水足迹的基础，但水足迹比虚拟水意义更加丰富。近年来，虚拟水的研究内容主要为以下两个方面：

#### 7.1.2.1 产品、产业虚拟水核算

虚拟水核算的对象是围绕产品展开的，其中，农作物虚拟水的核算最为广泛，畜产品虚拟水及产业虚拟水的研究较少（杨志峰等，2015），部分研究如表7.3所示。

表7.3 部分产品、产业虚拟水研究

| 研究主题 | 研究者 | 研究内容 |
| --- | --- | --- |
| 农作物虚拟水 | Chapagain 等，2003 | 美国、加拿大等水稻虚拟水含量 |
| | Zimmer 等，2003 | 埃及、中国等农产品虚拟水含量 |
| | Mekonnen 和 Hoekstra，2011 | 美国、中国等农产品虚拟水含量 |
| | Huang 等，2014 | 北京玉米、小麦和番茄虚拟水含量 |
| | Morillo 等，2015 | 西班牙草莓虚拟水含量 |
| | 王红瑞等，2007 | 北京农作物虚拟水含量 |
| | 孙才志等，2009 | 中国农产品虚拟水空间差异 |
| | Liu 等，2007 | 中国、美国农产品虚拟水含量 |
| | 崔嫱等，2008 | 浙江省主要农作物虚拟水含量 |
| | 肖玲等，2007 | 陕西省农产品虚拟水含量 |
| 畜产品虚拟水 | 王红瑞等，2006 | 中国畜产品虚拟水含量 |
| | Mekonnen 和 Hoekstra，2012 | 美国、中国等畜产品虚拟水含量 |
| | Chapagain 等，2003 | 畜产品虚拟水含量 |
| | Zimmer 等，2003 | 埃及、中国等畜产品虚拟水含量 |
| | 孙才志等，2009 | 中国畜产品空间差异 |

续表

| 研究主题 | 研究者 | 研究内容 |
|---|---|---|
| 产业虚拟水 | Chapagain 等,2004 | 中国、美国等农业、工业虚拟水含量 |
| | Zhao 等,2010 | 海河流域农业、工业和服务业虚拟水含量 |
| | Li 等,2014 | 澳门博彩业虚拟水含量 |
| | Cazcarro 等,2014 | 西班牙旅游业虚拟水含量 |
| | 项学敏等,2006 | 中国工业虚拟水含量 |
| | Manzardo 等,2014 | 美国、巴西、智利造纸业虚拟水含量 |

  农业是耗水较多的产业,对农业水资源的研究十分重要。农作物虚拟水综合考虑了植物生长特性、气候、土壤、光照、降水等众多因素,它将农学、植物学理论方法综合起来进行计算,是目前最能真实反映农作物生产耗水的指标(王红瑞等,2008)。工业和服务业的虚拟水计算较为复杂,研究难度较大,主要是运用生产树法或投入产出法进行估算,不同区域差异较大,可比性不强(刘宝勤等,2006)。

### 7.1.2.2 虚拟水贸易研究

  区域之间存在贸易关系,随着产品的贸易,产品所含有的虚拟水也被带入或带出某一区域,进而形成虚拟水贸易(柳长顺等,2005)。有关虚拟水贸易的研究如表 7.4 所示。

表 7.4 部分虚拟水贸易研究

| 研究主题 | 研究者 | 研究内容 |
|---|---|---|
| 国家、全球虚拟水贸易 | Hoekstra 等,2002 | 全球虚拟水贸易 |
| | Hoekstra 等,2005 | 全球农作物虚拟水贸易 |
| | Yang 等,2012 | 全球农产品和畜产品虚拟水贸易 |
| | Goswami 等,2015 | 中国与印度的虚拟水贸易 |
| | 杨阿强等,2008 | 中国与东盟农产品虚拟水贸易 |
| | 马超等,2011 | 中国农产品国际贸易 |
| | 赵晋陵等,2009 | 中国与欧盟棉花虚拟水贸易 |
| | 赵旭等,2009 | 中国虚拟水贸易 |

**续表**

| 研究主题 | 研究者 | 研究内容 |
|---|---|---|
| 其他虚拟水贸易 | Zhao 等,2015 | 中国各省之间虚拟水贸易 |
| | 孙才志等,2014 | 中国区际农产品虚拟水贸易 |
| | 孙才志等,2011 | 中国省间农产品虚拟水贸易 |
| | 李方一等,2012 | 山西省虚拟水贸易 |
| | 王红瑞等,2007 | 北京农业虚拟水贸易 |
| | 蔡振华等,2012 | 甘肃省虚拟水贸易 |
| | 黄晓荣等,2005 | 宁夏虚拟水贸易 |
| | 邹君等,2013 | 中国省际农畜产品虚拟水流动 |

虚拟水贸易的计算可大体分为自上而下与自下而上两大类,自上而下是指从区域各产业生产耗水量角度出发,通过计算贸易产品在生产过程中消耗的水资源量,得到虚拟水贸易值;自下而上是指通过收集区域居民消费产品和服务的数据,从消费角度得到虚拟水贸易值(鲁任宝等,2010)。但国家尺度的虚拟水贸易量核算比国家尺度以下的区域虚拟水贸易核算更容易,原因在于国家尺度的贸易数据更为全面,省、市等区域仅有与别国进出口的统计数据,缺乏与本国内其他区域的贸易数据。

## 7.2　水足迹理论基础与量化研究

### 7.2.1　水足迹理论基础与量化方法

#### 7.2.1.1　水足迹定义

水足迹是衡量用水的指标,与传统的水资源衡量指标不同,水足迹不仅包括直接用水量,还包括间接用水量(Arjen Y. Hoekstra 等,2012)。传统指标注重的是实体水的消耗,水足迹在考虑实体水的基础上,更加重视虚拟水,即产品、服务中隐含的水资源。举例来说,货架上的一瓶纯净水所含有的水分实质上是由两部分组成,一是我们现在看到的能够饮用的这部分水,另一部分则是"看不见"的水,这部分"看不见"的水主要包括:在纯净水生产过程中,水净化所消耗的水资源、外包装生产时消耗的水资源、工厂排出的污水等,甚至包括工人饮用水、生活用水等,还有在运输过程中产生的水消耗量,总之,所有与这瓶纯净水生产、运输、销售有关的过程中消耗的水资源,都是其水足迹的一部分,也可称之为其所含有的嵌入水、虚拟水。水足迹理论揭示了水资源与生产、消费背后的联系,并且强调人们对水资源的消耗与生产商品的类型与数量、消费的服务方式等紧密相关。水足迹可以分为个体、群体、产品、产业、区域水足迹,但定义是相近的,即任何个体(群体、产品、产业、区域)在一定的地点一定的时间内消费或生产所消耗的总水资源量(Arjen Y. Hoekstra 等,2012)。水足迹是一个具有时空维度的指标,不仅显示水资源消耗量,还包括水资源消耗的具体时间与地点(Arjen Y. Hoekstra 等,2012)。

#### 7.2.1.2 区域水足迹量化

区域水足迹的量化一般有两种方式:一种是将消费的单位产品虚拟水含量与数量相乘,得到这类产品的水足迹量,所有产品均按照此方法进行计算,将所有产品水足迹总和相加,得到整个地区水足迹,这种方法为自下而上的方法;另一种方法是在地区用水总量的基础上,减去出口商品虚拟水含量,加上进口到本区域的商品虚拟水总量,得到该区域水足迹值,此方法为自上而下的方法(Arjen Y. Hoekstra 等,2012)。区域水足迹计算流程如图 7.1。

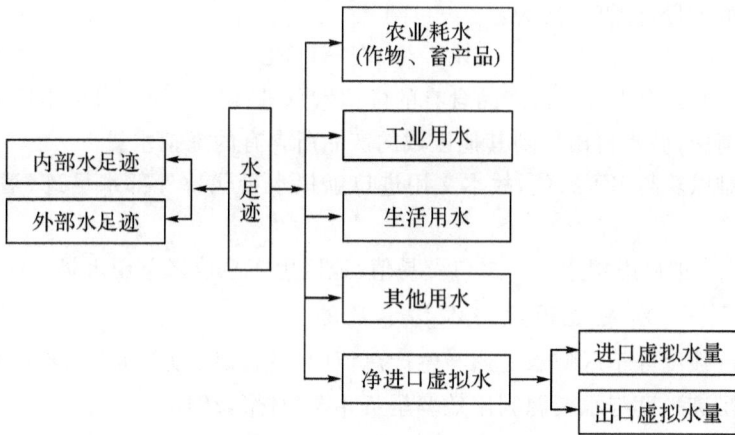

图 7.1 水足迹计算流程图

区域水足迹计算公式为:

$$WF = PVW + RW + ENV + NVWI \qquad (公式\ 7.1)$$

式中:$WF$ 是区域水足迹;$PVW$ 是该区域产品虚拟水含量;$RW$ 是生活利用等所有实体水消耗量;$ENV$ 是其他用水量;$NVWI$ 是进口虚拟水与出口虚拟水之差,即区域净进口虚拟水量。另外,区域水足迹还等于区域内部水足迹与外部水足迹之和(张蕾,2009)。

#### 7.2.1.3 内部水足迹

内部水足迹是在本区域生产且消费于本区域的水资源总量,计算时,要减去出

口虚拟水量,即减去那些本区域生产、通过贸易、出口到其他地区的产品所含有的虚拟水量,公式为:

$$IWF = AWU + IWU + DWU + EWW - VWE \qquad (公式\ 7.2)$$

式中:$AWU$ 为农业用水;$IWU$ 为工业用水;$DWU$ 为生活用水;$EWW$ 为其他用水;$VWE$ 为本地出口虚拟水(张蕾,2009)。

在现有统计资料中,难以找到舟山市所有出口产品的具体数量,而且难以计算这些产品单位数量虚拟水含量,因此本文采用已有研究中的估算方法(潘文俊等,2012),计算舟山市出口虚拟水含量:

$$出口虚拟水量 = 出口贸易值/生产总值 \times 用水量 \qquad (公式\ 7.3)$$

其中,出口贸易值、生产总值来自《舟山统计年鉴》;用水量来自《浙江省水资源公报》。

#### 7.2.1.4　外部水足迹

外部水足迹指在本区域外部生产、通贸易进入本区域、在本区域消费的产品所含有的虚拟水量,计算方法为:

$$EWF = VWI - WVE \qquad (公式\ 7.4)$$

式中,$VWI$ 为所有进口产品含有的虚拟水总量;$WVE$ 为进口到本区域但并未在本区域消费,而是再出口到其他区域的产品所含有的虚拟水量。

由于难以获得 $WVE$ 值,故本文用进口虚拟水量代替外部水足迹(潘文俊等,2012):

$$进口虚拟水量 = 进口贸易值/地区生产总值 \times 总用水量 \qquad (公式\ 7.5)$$

#### 7.2.1.5　水足迹强度与人均水足迹

水足迹强度等于区域水足迹与生产总值的比值,以万元 GDP 消耗的水资源量表示。水足迹强度与水资源利用效率呈负相关(林彤,2015)。

$$WFI = WF/GDP \qquad (公式\ 7.6)$$

式中,$WFI$ 为区域水足迹强度;$WF$ 为区域水足迹总量;$GDP$ 以万元为单位。

人均水足迹等于区域水足迹与总人口的比值。人均水足迹在一定范围内,可体现地区人均水资源丰富程度,地区经济结构、技术水平等因素都会对人均水足迹产生影响(林彤,2015),其计算公式如下:

$$人均水足迹 = 水足迹总值/人口数量 \qquad (公式\ 7.7)$$

### 7.2.2　虚拟水理论基础与量化方法

#### 7.2.2.1　虚拟水基本概念

虚拟水的概念于 1993 年提出,水足迹概念于 2002 年提出(Arjen Y. Hoekstra 等,2012),在水足迹之前,虚拟水理论已经得到不断发展,虚拟水的计算是水足迹的基础。虚拟水也可称为嵌入水,产品虚拟水含量指"嵌入"产品中总的水量,不仅包括当下看到的产品水含量,还包括生产、运输过程中所有相关的水消耗量。当地区进出口商品,即将水资源以产品虚拟水形式进行了贸易,成为虚拟水贸易。在数值上,"产品虚拟水"等于"产品水足迹",但虚拟水仅仅代表产品所含有的水量,水足迹不仅包括这部分水,还包括水资源消耗的时间、地点等信息(Arjen Y. Hoekstra 等,2012)。

### 7.2.2.2 农作物产品虚拟水量化

单位质量农作物产品生产所消耗的水资源量,即为该产品虚拟水含量,等于生长需水量除以单产值。众多因素会对农作物生长需水量造成影响,如作物种类,典型的为水田作物与旱田作物;气候因素直接影响农作物生长,进而影响需水量与单产;农业技术也会影响水资源消耗量,如灌溉方式与耕作方式等。由于影响因素众多,不同研究考虑角度会有所不同,因而研究结果存在差异。本文结合张蕾(2009)的研究,介绍 Zimmer 创建的计算方法。

根据虚拟水的定义,考虑在自然气候条件下,农作物产品的虚拟水含量计算公式为:

$$V_c = W_c / Y_c \qquad\qquad (公式 7.8)$$

式中:$V_c$ 为作物 $c$ 虚拟水含量($m^3/t$);$W_c$ 为作物 $c$ 需水量($m^3/hm^2$);$Y_c$ 为单产($t/hm^2$)。

$$W_c = ET_c = ET_o \times K_c \qquad\qquad (公式 7.9)$$

式中,$ET_c$ 代表农作物生长期间累积蒸发蒸腾水量;$ET_o$ 是参考作物蒸散发;$K_c$ 是作物系数。$ET_o$ 可理解为:水分充足条件下,假定的草本作物蒸散发。$ET_o$ 计算公式为:

$$ET_o = \frac{0.408(R_o - G) + \gamma \dfrac{900}{T+273} U_2 (e_a - e_d)}{\Delta + \gamma(1 - 0.3U_2)} \qquad\qquad (公式 7.10)$$

式中,$R_o$ 是作物净辐射[$MJ/(m^2 \cdot d)$];$G$ 是土壤热通量[$MJ/(m^2 \cdot d)$];$\gamma$ 是干湿度常量[$kPa/℃$];$T$ 是平均气温[$℃$];$U_2$ 是地面以上 2 米高处风速[$m/s$];$e_a$、$e_d$ 分别为饱和水气压[$kPa$]、实测水气压[$kPa$];$\Delta$ 是 $e_a$ 与 $T$ 的比值[$kPa/℃$]。

农作物虚拟水计算过程较为复杂,主要流程如图 7.2。

### 7.2.2.3 畜产品虚拟水量化

畜产品虚拟水量化更为复杂,一般由动物生存时期与产品加工过程两部分耗水量之和组成。除了饮用、清扫等对水资源的消耗外,食用饲料虚拟水含量也是畜产品虚拟水含量的一部分。不同动物生理结构、生长期均不同,因此在生命活动不同阶段消耗的水资源不同;在动物结束生命后,不同程度的再加工,消耗的水资源量也会不同。本文结合张蕾(2009)的研究,介绍畜产品虚拟水计算流程,如图 7.3 所示。

气候因素 → 参考作物蒸发量 $ET_c$

作物系数 $K_c$ → 作物蒸发量 $ET_o$

参考作物蒸发量 $ET_c$ → 作物蒸发量 $ET_o$ → 单位面积作物需水量 $W_c$ → 单位质量作物虚拟水量 $V_c$

作物单产 $Y_c$ → 单位质量作物虚拟水量 $V_c$

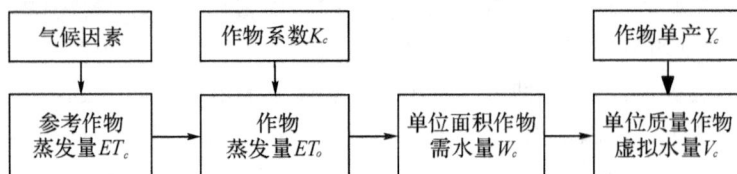

图 7.2　农作物虚拟水计算流程

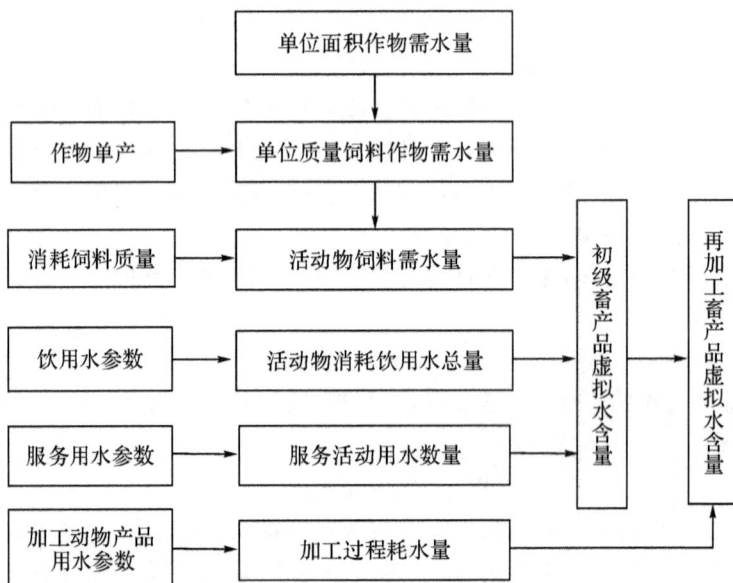

单位面积作物需水量 → 单位质量饲料作物需水量

作物单产 → 单位质量饲料作物需水量

消耗饲料质量 → 活动物饲料需水量

饮用水参数 → 活动物消耗饮用水总量

服务用水参数 → 服务活动用水数量

加工动物产品用水参数 → 加工过程耗水量

活动物饲料需水量、活动物消耗饮用水总量、服务活动用水数量 → 初级畜产品虚拟水含量 → 再加工畜产品虚拟水含量

加工过程耗水量 → 再加工畜产品虚拟水含量

图 7.3　畜产品虚拟水计算流程

## 7.2.2.4　工业产品虚拟水量化

根据已有研究可知(Arjen Y. Hoekstra 等,2012),工业产品虚拟水来源主要包括两部分:一是原料虚拟水,一是生产线耗水。如果单一原料同时生产多种产品,要按一定原则将原料虚拟水分配到所有产品中。生产线耗水包括生产添加水、设备损耗折算水、运输用水、工人需水等,过程十分复杂,影响因素繁多,因此,不同企业生产的同一产品,其虚拟水含量存在差异。在目前的已有研究中,关于工业用水,只能找到企业取水量,找不到耗水方面的数据,企业自身也难以进行这方面的数据统计。如果开展较为准确的工业产品虚拟水研究,需要在具体工厂实地考察,从源头收集数据。在区域水足迹研究中,一般采用估算方式解决工业产品虚拟水问题,虽然存在误差,但仍能够在一定程度上反映地区水资源问题。

### 7.2.3 舟山市农作物虚拟水含量计算

CROPWAT 8.0 软件能够模拟作物蒸散发,从而初步得到作物需水量。模拟计算时,需要当地气候、土壤、作物等方面的数据,这些数据可从 CLIMWAT 2.0 软件中获得,以文件格式导出后,在 CROPWAT 8.0 运算时直接导入使用。CLIMWAT 2.0 能够提供世界上 5000 多个观测站的数据,分布在舟山市的观测站一个,位于定海区。本文应用定海区观测站数据,计算舟山市农作物需水量,现以计算水稻需水量为例,介绍 CROPWAT 8.0 主要计算步骤。

(1)将定海气象站数据导入 CROPWAT 8.0 中,计算参考作物蒸发蒸腾水量 $ET_o$,如图 7.4 中(a)(b)所示:

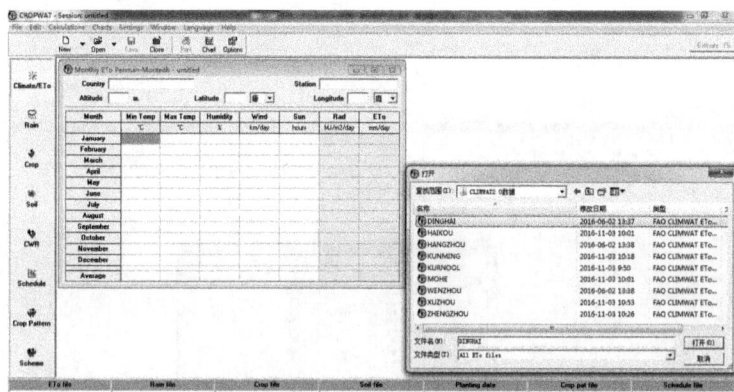

(a)

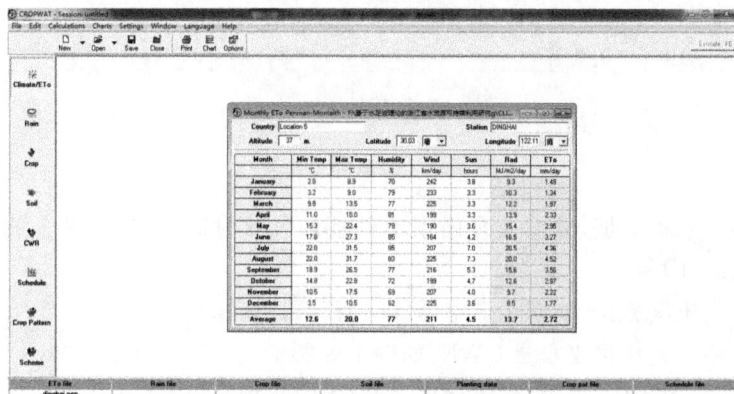

(b)

图 7.4 参考作物蒸发蒸腾水量计算

（2）使用美国农业部土壤保护局（USDA SCS）的方法计算有效降水，如图 7.5 中（a）（b）所示。

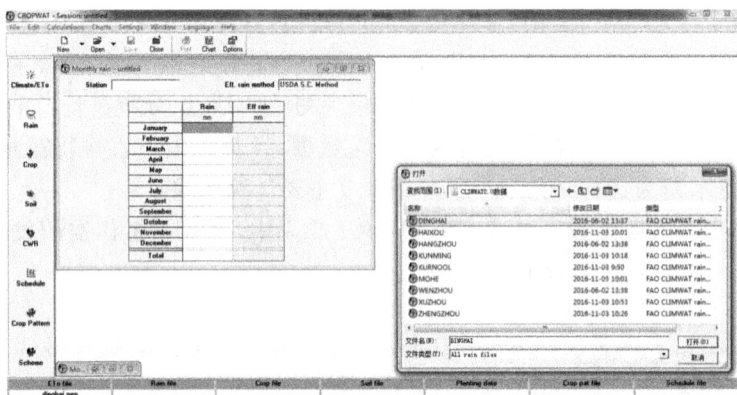

(a)

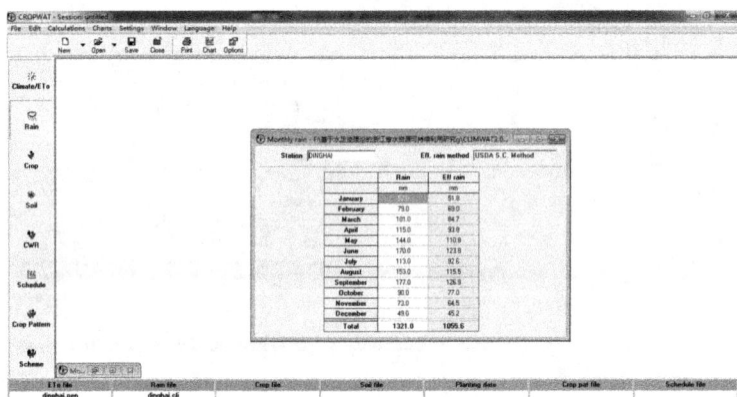

(b)

图 7.5　有效降水计算

（3）导入水稻数据，并输入舟山水稻种植和收获时间，计算相关作物数据，如图 7.6 中（a）（b）所示。

（4）导入土壤数据，如图 7.7 中（a）（b）所示，计算相关土壤数据。

（5）最终得到作物需水量 CWR，如图 7.8 所示。

此过程为按照作物需水量法计算，所得到的作物蒸散发的单位为 mm，乘以单位转换因子 10 后转化为 m³/hm²（Arjen Y. Hoekstra 等，2012）。除水稻需水量计算必须要添加土壤数据外，其他作物的需水量计算可不需要添加土壤数据。计算所得舟山主要农作物需水量如表 7.5 所示。

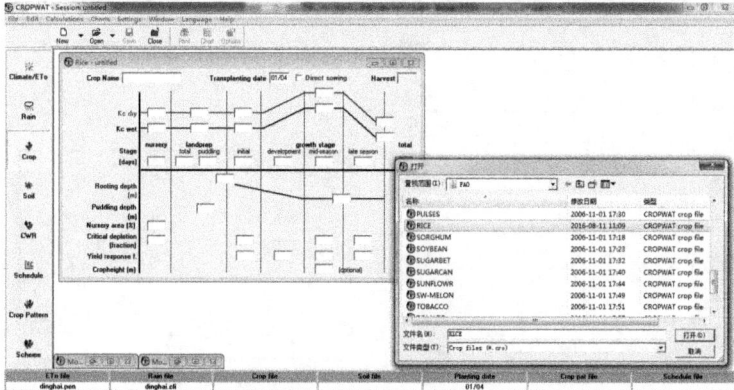

(a)

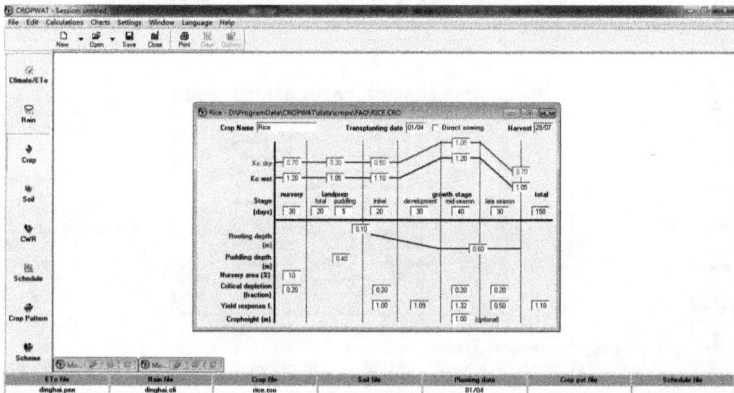

(b)

图 7.6  相关作物数据计算

**表 7.5  舟山主要农作物需水量**                              单位：$m^3/hm^2$

| 地区 | 大麦 | 棉花 | 玉米 | 薯类 | 豆类 | 早稻 | 晚稻 | 蔬菜 | 小麦 | 油料作物 |
|------|------|------|------|------|------|------|------|------|------|----------|
| 舟山市 | 1571 | 6229 | 4015 | 3228 | 1773 | 4813 | 5999 | 2370 | 4430 | 4351 |

以早、晚稻平均值表示水稻需水量，为 $5406m^3/hm^2$。以表 7.5 的数据为基础，结合舟山市 1995—2014 年农作物产量、种植面积数据，计算舟山市 20 年农作物单位质量虚拟水含量，见表 7.6。

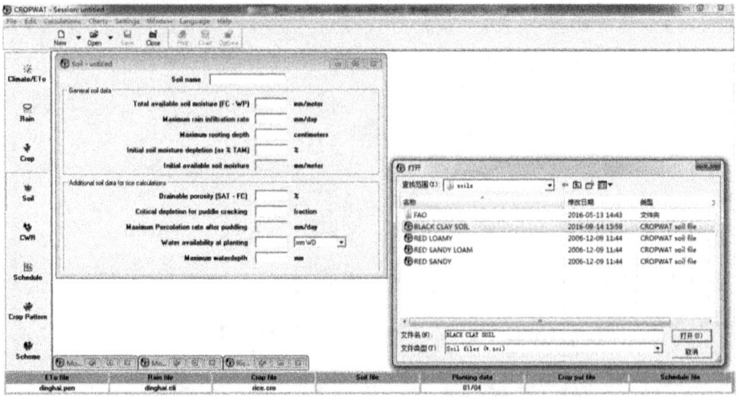

(a)

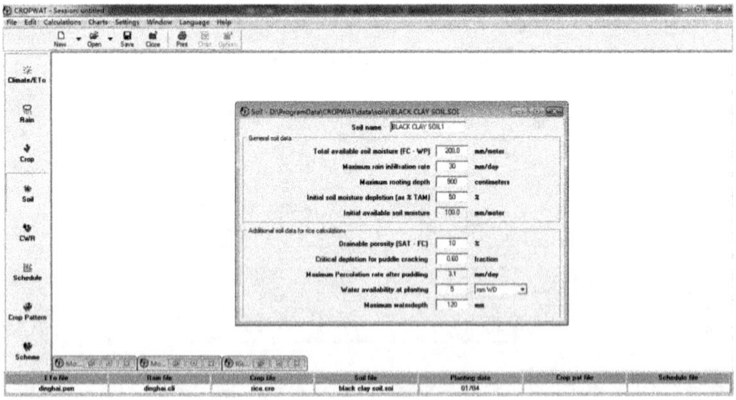

(b)

图 7.7　相关土壤数据计算

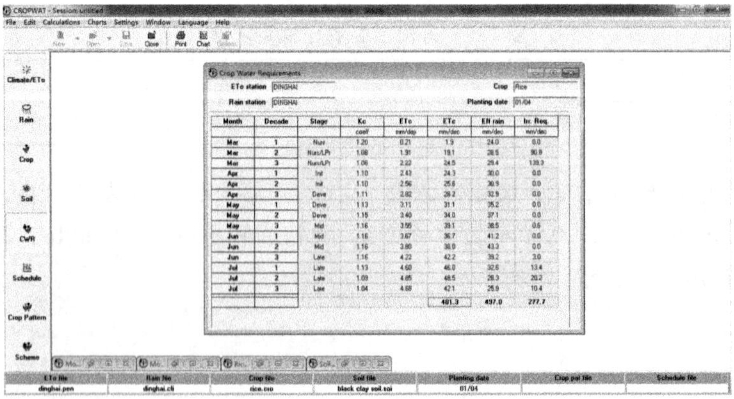

图 7.8　作物需水量计算

表 7.6 舟山市主要农作物单位质量虚拟水含量 单位:m³/kg

| 年份 | 小麦 | 玉米 | 水稻 | 豆类 | 薯类 | 油料 | 棉花 | 蔬菜 | 大麦 |
|------|------|------|------|------|------|------|------|------|------|
| 1995 |      | 1.010 | 0.983 | 1.087 | 0.582 | 2.546 | 8.014 | 0.139 | 0.522 |
| 1996 | 2.215 | 0.946 | 0.947 | 1.044 | 0.609 | 2.449 | 5.331 | 0.142 | 0.499 |
| 1997 | 1.641 | 1.002 | 0.998 | 1.109 | 0.577 | 2.426 | 8.949 | 0.141 | 0.619 |
| 1998 |      | 0.976 | 0.938 | 1.065 | 0.568 | 2.754 | 6.462 | 0.132 | 1.116 |
| 1999 | 1.412 | 0.965 | 0.916 | 1.035 | 0.615 | 2.378 | 6.686 | 0.131 | 0.483 |
| 2000 | 1.502 | 0.973 | 1.027 | 1.026 | 0.588 | 2.293 | 9.377 | 0.133 | 0.460 |
| 2001 | 1.704 | 1.006 | 0.861 | 0.899 | 0.597 | 2.231 | 6.590 | 0.124 | 0.524 |
| 2002 | 1.080 | 1.048 | 0.845 | 0.955 | 0.552 | 2.574 | 6.389 | 0.123 | 0.499 |
| 2003 |      | 1.015 | 0.913 | 0.948 | 0.595 | 2.172 | 6.692 | 0.126 |      |
| 2004 |      | 0.945 | 0.854 | 0.881 | 0.551 | 2.137 | 7.357 | 0.123 |      |
| 2005 | 0.844 | 0.931 | 0.487 | 0.883 | 0.560 | 2.091 | 9.583 | 0.127 | 0.924 |
| 2006 | 0.933 | 0.919 | 0.861 | 0.887 | 0.549 | 1.996 | 6.674 | 0.120 | 0.873 |
| 2007 | 2.272 | 0.902 | 0.884 | 0.887 | 0.513 | 1.928 | 6.921 | 0.119 | 0.982 |
| 2008 | 1.189 | 0.874 | 0.824 | 0.805 | 0.497 | 1.945 | 5.814 | 0.115 | 0.318 |
| 2009 | 1.098 | 0.835 | 0.811 | 0.736 | 0.514 | 1.879 | 5.264 | 0.121 | 0.425 |
| 2010 | 1.169 | 0.850 | 0.809 | 0.696 | 0.494 | 1.935 | 5.191 | 0.121 | 0.360 |
| 2011 | 0.700 | 0.838 | 0.792 | 0.700 | 0.506 | 1.885 | 5.519 | 0.122 | 0.302 |
| 2012 | 0.632 | 0.839 | 0.760 | 0.693 | 0.493 | 1.866 | 6.883 | 0.127 | 0.403 |
| 2013 | 0.976 | 0.814 | 0.755 | 0.683 | 0.535 | 1.883 | 7.733 | 0.128 | 0.033 |
| 2014 | 0.927 | 0.818 | 0.780 | 0.890 | 0.531 | 1.865 | 7.328 | 0.127 | 0.296 |
| 平均值 | 1.194 | 0.925 | 0.852 | 0.895 | 0.551 | 2.162 | 6.938 | 0.127 | 0.535 |

## 7.2.4 舟山市畜产品虚拟水、工业用水、生活用水及其他用水计算

前面已介绍畜产品虚拟水量化过程,在量化畜产品虚拟水含量时,需要考虑的因素较为繁杂,本节所用的畜产品单位质量虚拟水含量来自孙才志等(2009)有关中国农畜产品虚拟水的研究。众多环节影响工业产品虚拟水含量,且相关数据无法获得,因此,本节采用统计数据中工业用水量代替工业虚拟水总量,生活用水、其他用水等以实体水为主,同样以统计数据代替(林彤,2015)。

# 7.3　舟山市水足迹计算结果

## 7.3.1　农业水足迹分析

### 7.3.1.1　农作物水足迹结构

本文引用孙才志等(2009)研究成果,取茶叶单位质量虚拟水含量为 $16.04m^3/kg$,水果单位质量虚拟水含量为 $0.46m^3/kg$,计算舟山市茶叶、水果水足迹含量。如图7.9 所示,2005 年之前,农作物水足迹中,粮食作物水足迹最大,粮食单位质量虚拟水含量不是最高,但产量较大,导致粮食水足迹最大。自 2007 年至 2014 年,水果水足迹逐渐超过粮食作物水足迹,在农作物水足迹各组成部分中所占比例最高。水果单位质量虚拟水含量低于粮食作物单位质量虚拟水含量,但每年产量均较高,约为粮食总产量的 2 倍。蔬菜单位质量虚拟水含量最小,但产量最高,故蔬菜水足迹并不是最低。茶叶单位质量虚拟水含量最高,棉花次之,但茶叶、棉花产量较低,远远低于其他农作物产量,因此,茶叶、棉花水足迹为最低。从以上分析结果可知,除单位质量虚拟水含量高低外,作物总产量也是影响作物水足迹总量大小的重要因素之一。

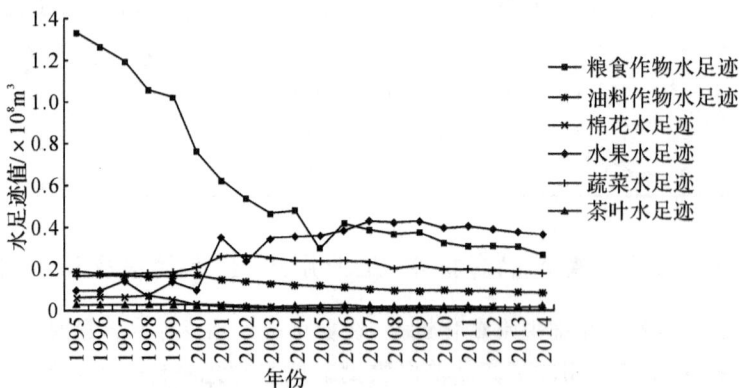

图 7.9　1995—2014 年舟山市农作物水足迹结构

1995—2014 年舟山市粮食、水果水足迹变化较大,其他作物水足迹结构整体较为稳定。从各作物自身变化情况来看,粮食作物水足迹整体为下降趋势,尤其在1998—2005 年间,下降最为显著,同时,水果水足迹呈上升趋势,这与相关政策实施及技术应用有直接关系,同时在一定程度上体现了舟山市居民饮食结构多样化趋势。

如图 7.10 所示,在粮食作物水足迹中,水稻水足迹最大,但呈逐年下降趋势,且下降十分显著。薯类、豆类、玉米水足迹居中,小麦和大麦水足迹最低,部分年份甚至为零。舟山市耕地资源较为匮乏,加之地形、气候、土壤的影响,在有限的资源及气候等条件的影响下,如何满足地区对粮食的需求,保障粮食安全,同样具有重要意义。

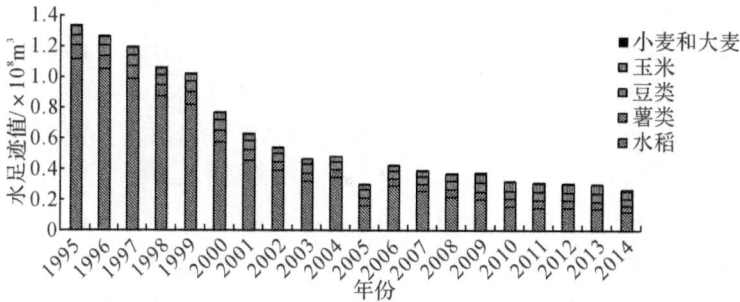

图 7.10　1995—2014 年舟山市粮食作物水足迹结构

2013 年 9 月,浙江省人民政府出台了《关于加快发展旱粮生产的意见》,把发展旱粮(玉米、豆类、薯类、大小麦等)生产放在重要位置。随着相关政策和措施实施,近年来,旱粮产量增加,这是玉米、豆类、薯类、大小麦等作物水足迹增加的主要原因。旱粮作物的广泛种植,使粮食作物水足迹明显下降,可见农作物水足迹内部结构的改变,对整个农业水足迹的大小具有重要影响。

### 7.3.1.2　畜产品水足迹结构

根据 1996—2015 年《舟山统计年鉴》数据,整理了 1995—2014 年舟山市七类主要畜产品的产量,并根据孙才志等(2009)和陈栓(2013)研究成果,取猪肉单位质量虚拟水含量为 3.70m³/kg,羊肉单位质量虚拟水含量为 18.01m³/kg,牛肉单位质量虚拟水含量为 19.99m³/kg,奶类单位质量虚拟水含量为 2.20m³/kg,禽肉单位质量虚拟水含量为 3.50m³/kg,禽蛋单位质量虚拟水含量为 8.65m³/kg,淡水产品单位质量虚拟水含量为 5.00m³/kg。结合人口统计数值,计算所得 1995—2014 年舟山市主要畜产品水足迹及人均畜产品水足迹,如表 7.7 所示。

从结果来看,四大类畜产品中,牛羊肉产量最低,但由于其单位质量虚拟水含量较高,牛羊肉水足迹值并非始终是最低。猪肉产量一直为最高,其水足迹值也较高。从 20 年平均值来看,畜产品水足迹含量由高到低分别为禽蛋水足迹、猪肉水足迹、淡水产品水足迹、禽肉水足迹、羊肉水足迹、奶类水足迹、牛肉水足迹,所占比例分别为 37.72%、30.98%、20.68%、5.87%、2.74%、1.40%、0.60%。

表 7.7　1995—2014 年舟山市主要畜产品水足迹及人均畜产品水足迹

| 年份 | 猪肉水足迹 /10⁸ m³ | 羊肉水足迹 /10⁸ m³ | 牛肉水足迹 /10⁸ m³ | 奶类水足迹 /10⁸ m³ | 禽肉水足迹 /10⁸ m³ | 禽蛋水足迹 /10⁸ m³ | 淡水产品水足迹 /10⁸ m³ | 畜产品水足迹 /10⁸ m | 人均畜产品水足迹 /m³ |
|---|---|---|---|---|---|---|---|---|---|
| 1995 | 0.293 | 0.030 | 0.008 | 0.016 | 0.090 | 0.720 | 0.070 | 1.226 | 124.753 |
| 1996 | 0.300 | 0.030 | 0.004 | 0.011 | 0.072 | 0.595 | 0.092 | 1.105 | 112.172 |
| 1997 | 0.273 | 0.034 | 0.009 | 0.013 | 0.065 | 0.544 | 0.126 | 1.065 | 107.986 |
| 1998 | 0.317 | 0.033 | 0.006 | 0.014 | 0.074 | 0.552 | 0.119 | 1.115 | 113.152 |
| 1999 | 0.340 | 0.036 | 0.008 | 0.014 | 0.083 | 0.530 | 0.141 | 1.152 | 117.010 |
| 2000 | 0.334 | 0.039 | 0.012 | 0.017 | 0.098 | 0.623 | 0.218 | 1.342 | 136.324 |
| 2001 | 0.367 | 0.046 | 0.013 | 0.031 | 0.088 | 0.585 | 0.295 | 1.426 | 145.406 |
| 2002 | 0.411 | 0.043 | 0.007 | 0.038 | 0.079 | 0.634 | 0.344 | 1.557 | 159.288 |
| 2003 | 0.476 | 0.052 | 0.010 | 0.060 | 0.090 | 0.562 | 0.376 | 1.626 | 167.369 |
| 2004 | 0.459 | 0.053 | 0.011 | 0.076 | 0.090 | 0.659 | 0.399 | 1.747 | 180.284 |
| 2005 | 0.569 | 0.052 | 0.009 | 0.035 | 0.100 | 0.720 | 0.422 | 1.907 | 197.134 |
| 2006 | 0.581 | 0.046 | 0.008 | 0.034 | 0.128 | 0.763 | 0.445 | 2.006 | 207.686 |
| 2007 | 0.587 | 0.048 | 0.008 | 0.020 | 0.114 | 0.698 | 0.450 | 1.926 | 199.188 |
| 2008 | 0.585 | 0.048 | 0.011 | 0.013 | 0.119 | 0.632 | 0.433 | 1.841 | 190.265 |
| 2009 | 0.631 | 0.048 | 0.007 | 0.010 | 0.099 | 0.659 | 0.422 | 1.876 | 193.860 |
| 2010 | 0.707 | 0.052 | 0.010 | 0.013 | 0.103 | 0.571 | 0.447 | 1.903 | 196.640 |
| 2011 | 0.671 | 0.044 | 0.007 | 0.009 | 0.095 | 0.550 | 0.434 | 1.810 | 186.650 |
| 2012 | 0.673 | 0.045 | 0.008 | 0.013 | 0.103 | 0.530 | 0.509 | 1.876 | 193.063 |
| 2013 | 0.613 | 0.046 | 0.017 | 0.007 | 0.093 | 0.424 | 0.446 | 1.646 | 169.153 |
| 2014 | 0.664 | 0.047 | 0.015 | 0.007 | 0.082 | 0.442 | 0.390 | 1.646 | 168.857 |

从 1995 年到 2014 年,猪肉水足迹和淡水产品水足迹整体为上升趋势,平均每年分别增长 6.35%、23.01%。禽蛋水足迹波动较大,2006 年最高,2013 年最低,最高年份月为最低年份的 1.80 倍。从禽肉水足迹、羊肉水足迹、奶类水足迹、牛肉水足迹来看,20 年间禽肉水足迹一直处于较高水平,牛肉水足迹整体处于较低水平,奶类水足迹和羊肉水足迹处于中间水平,其中,羊肉水足迹最为稳定。

1995—2014 年间,舟山市畜产品水足迹平均值为 $1.59 \times 10^8$ m³,且整体呈波动上升趋势。其中 1997 年最低,2006 年最高,最高值约为最低值的 1.88 倍。人均畜产品水足迹平均值为 163.312 m³,1995—2014 年间,整体呈波动上升趋势,各阶段变化趋势与畜产品水足迹变化趋势相似。

### 7.3.1.3 农业水足迹演变趋势

如图 7.11 所示,1995—2014 年间,舟山市农业水足迹整体较为稳定,自 2006 年以来,有明显下降趋势。畜产品水足迹整体呈波动上升趋势,农作物水足迹整体呈波动下降趋势。以 2000 年为界,1995—2000 年间,农作物水足迹一直高于畜产品水足迹,但农作物水足迹呈下降趋势,畜产品水足迹呈上升趋势,二者差距逐渐缩小。2000—2014 年间,农作物水足迹整体呈缓慢下降趋势,畜产品水足迹由显著增加逐渐趋于平稳,仍存在较小波动,导致农作物水足迹与畜产品水足迹间的差距逐渐拉大再逐渐趋于平稳。作为农业水足迹内部的两大结构,农作物水足迹与畜产品水足迹的变化直接影响整个农业水足迹的波动,二者之间的这种"此消彼长"式演变方式,使得农业水足迹整体演变较为稳定。

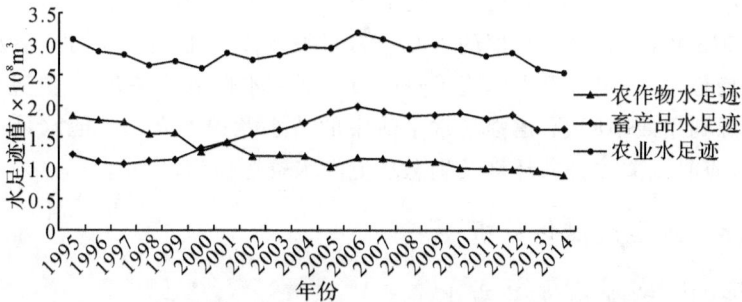

图 7.11　1995—2014 年舟山市农业水足迹结构

## 7.3.2　工业、生活及其他水足迹分析

根据 2011—2015 年《浙江省水资源公报》和《舟山统计年鉴》数据,整理了 2010—2014 年舟山市工业水足迹、生活水足迹和其他水足迹,并计算得到人均工业水足迹、人均生活水足迹和人均其他水足迹值,结果如表 7.8 所示。

表 7.8　2003—2014 年舟山市工业、生活及其他水足迹值

| 年份 | 工业水足迹 /$10^8$ m³ | 生活水足迹 /$10^8$ m³ | 其他水足迹 /$10^8$ m³ | 人均工业水 足迹/m³ | 人均生活水 足迹/m³ | 人均其他水 足迹/m³ |
|---|---|---|---|---|---|---|
| 2010 | 0.46 | 0.57 | 0.08 | 47.53 | 58.90 | 8.27 |
| 2011 | 0.52 | 0.58 | 0.08 | 53.62 | 59.80 | 8.25 |
| 2012 | 0.56 | 0.60 | 0.07 | 57.63 | 61.74 | 7.20 |
| 2013 | 0.57 | 0.62 | 0.07 | 58.58 | 63.72 | 7.19 |
| 2014 | 0.56 | 0.66 | 0 | 57.44 | 67.70 | 0 |

由表可知,工业水足迹和人均工业水足迹呈波动状态,生活水足迹和人均生活

水足迹呈缓慢上升趋势,其他水足迹和人均其他水足迹为下降趋势。

2010—2014 年,舟山工业水足迹平均值为 $0.53\times10^8\,m^3$,2010 年最低,约为平均值的 0.86 倍,2014 年最高,约为平均值的 1.05 倍,可见工业水足迹变化不大。2012 年以来,工业水足迹始终高于 $0.55\times10^8\,m^3$,表明舟山市工业正逐步发展,工业对水资源的需求逐渐增加,但在工业发展中,应时刻注意对水资源的节约和保护,并及时有效的采取相应水资源管理措施,防止工业过度消耗水资源。舟山市生活水足迹平均值为 $0.61\times10^8\,m^3$,整体为缓慢增长趋势,表明生活用水保障逐渐提高。舟山市其他水足迹主要包括生态环境用水、环境配水、城镇公共用水等,随着人口增长,城镇公共需水量不断增加,环境压力逐渐增大,加之对生态环境的重视,应在节约基础上,确保水资源供应充足。

舟山市人均工业水足迹较低,平均值为 $54.96\,m^3$,2010 年最低,约为平均值的 0.86 倍,2013 年最高,是平均值的 1.07 倍,呈波动变化形式。人均生活水足迹呈明显上升趋势,在一定程度上体现了舟山市生活用水保障的提高,但更应注意生活中的水资源利用效率问题,增强日常生活中的节水意识。人均其他水足迹呈缓慢下降趋势,应时刻关注公共环境及生态环境的水资源保障。

### 7.3.3　水足迹演化分析

#### 7.3.3.1　水足迹总量演化

如图 7.12 所示,2010—2014 年舟山市水足迹呈波动上升趋势,除 2012 年水足迹略低于 2011 年外,其他年份水足迹均为缓慢上升趋势。其中 2010 年水足迹值最低,为 $3.58\times10^8\,m^3$,2014 年最高,为 $3.84\times10^8\,m^3$,最高值比最低值高 7.26%。在本地水足迹各组成部分中,畜产品水足迹最高,农作物水足迹次之,工业水足迹与生活水足迹较为接近,其他用水足迹最低。

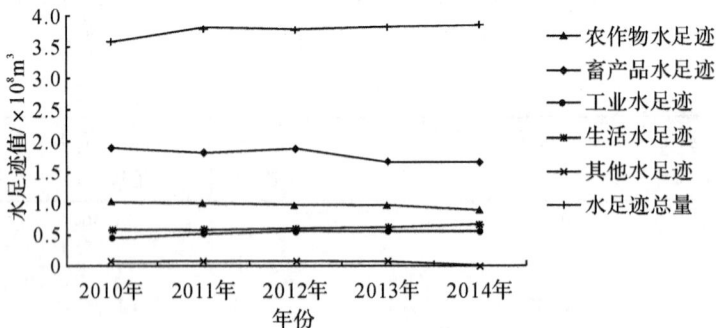

图 7.12　2010—2014 年舟山市水足迹

农作物水足迹较为稳定,畜产品水足迹与农作物水足迹相比,波动较大,主要由于畜产品的生产受市场波动影响较大,且近年来,禽流感等与禽类养殖有关的病毒、疾病的发生,使畜产品生产直接受到影响。舟山市工业水足迹仅次于农业水足迹,整体表现较为稳定,这与舟山市所处的经济发展阶段有关。舟山市生活水足迹呈缓慢增长趋势,人口的增长直接导致生活用水总量的增加。其他用水主要包括城镇公共用水、生态环境等方面,一方面,随着城镇化发展,城镇公共用水量显著增加,并且随着对生态环境的重视程度越来越高,良好生态环境的维持、打造需要的水资源量逐步增加。另一方面,其他用水需求增加的同时,更应注重节水问题,增加技术保障,并在自然原有基础上规划地区发展,将其他用水控制在合理范围之内。这两方面综合导致舟山市其他用水足迹的变化。

### 7.3.3.2　水足迹强度与人均水足迹演化

水足迹强度表示的是经济增长对水资源的消耗程度,其值越高,表示水资源利用效率越低。如图 7.13 所示,2010—2014 年舟山市水足迹强度为下降趋势,由 2010 年的 55.50m³/万元下降到 2014 年的 37.82m³/万元,年均下降速度为 6.37%,下降幅度逐渐减小,其中 2010—2011 年下降了 6.39m³/万元,下降幅度最大,高达 11.51%,即水资源利用效率提高程度最为显著的年份。到 2014 年,水足迹强度已经下降到 3.10m³/万元。

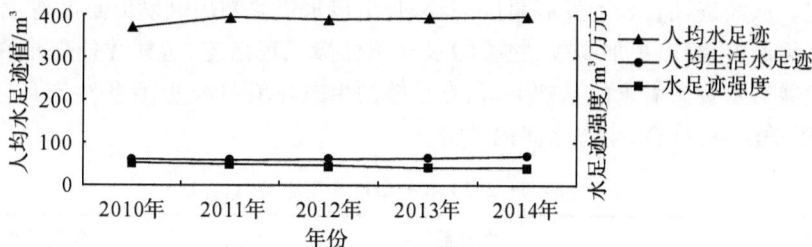

图 7.13　2010—2014 年舟山市人均水足迹与水足迹强度

人均水足迹反映了地区个人消费水足迹的平均水平,除受地区水资源量和人口数影响外,还与地区经济发展状况相关。一般来说,地区经济发达,居民消费高,人均水足迹值随之较高,但发达地区,人口聚集,节水技术应用广泛,水资源利用效率较高,能够将人均水足迹控制在合理范围(林彤,2015)。舟山市历年人均水足迹呈波动状态,其中,2010 年最低,为 369.95m³,2014 年最高,为 393.89m³。2010—2014 年平均人均水足迹为 387.24m³。相关研究表明,我国人均水足迹为 609m³,说明舟山市人均水足迹远低于我国平均水平(龙爱华等,2006)。国际水文和环境工程研究所研究结果表明,全球人均水足迹为 1240m³,其中美国、加拿大分别为 2480m³、2049m³,俄罗斯、日本、印度分别为 1858m³、1153m³、960m³(Chapagain A K 等,2004),因此,与世界平均值和以上国家相比,舟山市人均水足迹值很小,仅为世界平均水平的 31.23%,美国的 15.61%。2010—2014 年,舟山市人均生活水足迹平均值为 62.37m³,从多年平均值来看,人均生活用水仅占人均水足迹的 16.11%,可见人均水足迹的绝大部分是以虚拟水的形式消费的。

### 7.3.3.3 水资源生态盈余或赤字分析

内部水足迹减去了虚拟水输出量,能够代表地区对水资源的真正需求。将地区水资源量与内部水足迹值进行对比,并以二者差值,即生态盈余或赤字的形式表现,能够帮助了解地区水资源量能否满足自身需求,通过生态盈余或赤字数值的大小,进一步了解地区水资源匮乏或丰富程度。为保证生态环境质量,根据国际标准,应将水资源开发利用率控制在 40% 以下(Arjen Y. Hoekstra 等,2012)。本文选取 2010—2014 年舟山市水资源总量的 40% 作为开发阈值,与内部水足迹进行对比,分析舟山市水资源匮乏或丰富程度。

如表 7.9 所示,除 2012 年,2010—2014 年舟山市水足迹均为赤字状态。2012 年舟山市降水量最多,水资源相对其他年份较为丰富,水资源为盈余状态,这反映了浙江省气候多变性和水资源年际变化对地区发展具有直接影响。舟山市内部水足迹整体为增长趋势,随着人口增长、经济发展,对水资源的需求量逐渐增加,但舟山市自身水资源总量有限,加之受降水等气候因素影响较大,使水资源盈余状态很不稳定。从经济社会长远发展角度来看,舟山市水资源利用效率仍需提高,水足迹结构仍需调整,配以更加高效、完善的水资源保障工程措施,这样才能保证在满足地区发展对水资源需求的基础上,仍有足够的生态环境用水量,保护生态环境不受破坏,维护经济、社会、生态之间的平衡。

表 7.9　2010—2014 年舟山市水生态盈余(赤字)

| 年份 | 降水量/mm | 水资源<br>开发阈值/$10^8 m^3$ | 内部<br>水足迹/$10^8 m^3$ | 水生态盈<br>余(赤字)/$10^8 m^3$ |
|---|---|---|---|---|
| 2010 | 1275 | 3.01 | 3.03 | −0.02 |
| 2011 | 1040 | 1.70 | 3.12 | −1.42 |
| 2012 | 1630 | 5.22 | 3.12 | 2.10 |
| 2013 | 1051 | 2.28 | 3.22 | −0.94 |
| 2014 | 1436 | 3.18 | 3.26 | −0.08 |

# 7.4　舟山市水资源可持续利用评价

## 7.4.1　基于水足迹的区域水资源可持续利用评价指标体系

Hoekstra 等(2012)明确说明,坚决不提倡对水足迹各组分赋予权重,原因为:第一,赋权重受主观影响较大,水足迹影响因素众多,一些因素无法定量衡量;第二,水资源对当地的影响是复杂的,是与地区具体实际紧密联系的,因此,不存在通用的权重因子;第三,水足迹是一个具有时空维度的指标,不仅包含水资源消耗量,还包括具体的时间与地点等信息,如果赋权重,会使这些信息混乱。因此,在评价地区水资源时,要对水足迹指标逐一分析。本文根据已有研究(戚瑞等,2011),从水足迹结构、效益、安全性、可持续性四个方面评价舟山市水资源利用状况,评价体系如表 7.10 所示。

表 7.10　基于水足迹的区域水资源利用评价指标体系

| 评价结构 | 评价指标 | 核算公式 | 基本含义 |
|---|---|---|---|
| 水足迹结构 | 水资源自给率 | $(IWF/WF) \times 100\%$,$WF$ 为地区水足迹总值;$IWF$ 为内部水足迹 | 使用本地水资源程度 |
| | 水资源进口依赖度 | $(EWF/WF) \times 100\%$,$EWF$ 为外部水足迹 | 依赖外部水资源程度 |
| 水足迹效益 | 内部效益指标 | | |
| | 万吨水足迹人口密度 | $TP/WF$,$TP$ 为地区人口总数 | 水足迹支撑人口状况 |
| | 水足迹经济效益 | $GDP/WF$,$GDP$ 为地区生产总值 | 水资源利用经济效率 |
| | 水足迹土地密度 | $WF/A$,$A$ 为地区面积 | 单位土地面积耗用水资源量 |
| | 外部效益指标 | | |
| | 水足迹净贸易量 | $VWE - VWI$,$VWE$ 为出口虚拟水;$VWI$ 为进口虚拟水 | 水资源战略现状 |
| | 水资源贡献率 | $(VWE - VWI)/WA$,$WA$ 为可利用水资源量 | 对其他区域水资源贡献水平 |
| 水资源生态安全 | 水资源匮乏指标 | $(WF/WA) \times 100\%$ | 水资源紧缺程度 |
| | 水资源压力指数 | $(IWF + VWE)/WA \times 100\%$ | 对可利用水资源量作用强度 |

**续表**

| 评价结构 | 评价指标 | 核算公式 | 基本含义 |
|---|---|---|---|
| 水资源可持续性能 | 水足迹增长指数 WFR | $(WF_2 - WF_1)/WF_1 \times 100\%$，$WF_2$、$WF_1$ 分别为末一年与前一年水足迹总值 | 水资源耗用量变动幅度 |
| | 可用水资源增长指数 WAR | $(WA_2 \cdot WA_1)/WA_1 \times 100\%$，$WA_2$、$WA_1$ 分别为末一年与前一年可用水资源量 | 可利用水资源量变动幅度 |
| | 水资源可持续利用指标 WSI | $\|WFR\|/\|WAR\|$ | 水资源可持续利用状态和能力 |

资料来源:根据戚瑞等(2011)相关研究整理所得。

在完成各指标计算后,综合水资源可持续性能中的三个指标,按照图 7.14 中的流程,判断地区水资源利用是否具有可持续性(戚瑞等,2011)。

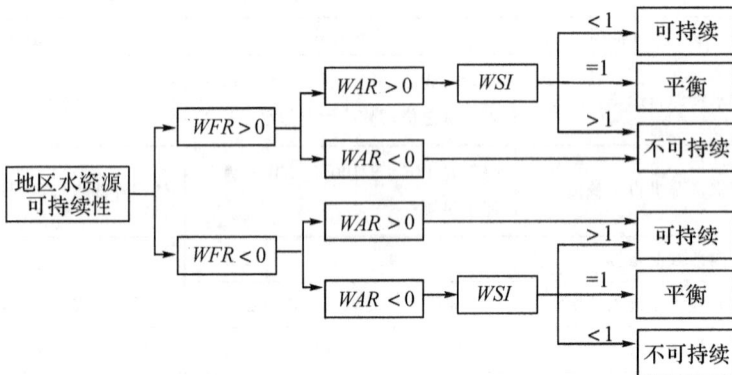

图 7.14　地区水资源可持续状态判断流程图

## 7.4.2　舟山市水资源可持续利用评价结果

### 7.4.2.1　水足迹结构评价

如表 7.11 所示,舟山市水资源禀赋偏低,水资源在自给过程中仍存在问题。2010—2014 年,舟山市水资源自给率平均值为 83.74%,而全球水足迹自给率平均值为 84%,我国水足迹自给率平均值 93.6%(戚瑞等,2011),可见舟山市水资源自给能力处于较低水平,水资源自给能力仍有待提高。

表 7.11　基于水足迹的舟山市水资源可持续利用评价结果

| 评价结构 | 评价指标 | 2010 年 | 2011 年 | 2012 年 | 2013 年 | 2014 年 |
|---|---|---|---|---|---|---|
| 水足迹结构 | 水资源自给率/% | 84.64 | 82.11 | 82.76 | 84.29 | 84.90 |
| | 水资源进口依赖度/% | 15.36 | 17.89 | 17.24 | 15.71 | 15.10 |
| 水足迹效益 | 内部效益指标 | | | | | |
| | 万吨水足迹人口密度/(人/万吨) | 27.03 | 25.52 | 25.78 | 25.47 | 25.39 |
| | 水足迹经济效益/(元/m³) | 180.20 | 203.63 | 226.92 | 244.38 | 264.39 |
| | 水足迹土地密度/(m³/km²) | $1.61×10^4$ | $1.71×10^4$ | $1.70×10^4$ | $1.72×10^4$ | $1.73×10^4$ |
| | 外部效益指标 | | | | | |
| | 水足迹净贸易量/($×10^8 m^3$) | 0.45 | 0.20 | 0.33 | 0.06 | −0.07 |
| | 水资源贡献率/% | 6.00 | 4.64 | 2.52 | 1.09 | −0.87 |
| 水资源生态安全 | 水资源匮乏指标/% | 47.54 | 89.20 | 28.89 | 67.14 | 48.36 |
| | 水资源压力指数/% | 53.52 | 93.90 | 31.42 | 68.19 | 47.48 |
| 水资源可持续性能 | 水足迹增长指数 $WFR$/% | | 6.15 | −0.79 | 1.33 | 0.52 |
| | 可用水资源增长指数 $WAR$/% | | −43.43 | 206.34 | −56.40 | 39.54 |
| | 水资源可持续利用指标 $WSI$ | | 0.1415 | 0.0038 | 0.0235 | 0.0132 |
| | | | 不可持续 | 可持续 | 不可持续 | 可持续 |

　　虽然 2010 年、2013 年和 2014 年水资源自给率达到了全球平均水平,但并不代表这些年份不存在水资源问题。除了总量,水资源分配也非常重要,分配结构应该与经济、社会结构相协调。舟山市地处海岛,水资源是地区发展的关键性因素,采取相关水工程措施,调整产业结构,对当地人民生活及经济可持续发展具有重要意义。

　　如表 7.11 所示,舟山市水资源进口依赖度偏高,平均值约为 16.21%。2010—2014 年舟山市进口虚拟水平均值为 $0.61×10^8 m^3$,其中 2011 年进口虚拟水量最大,为 $0.68×10^8 m^3$,且进口依赖度为 17.89%,为 5 年中最高值。说明舟山市对外界仍有较高依赖。

　　一般来说,水资源自给率较低的地区,水资源进口依赖度偏高,二者存在负相关。舟山市整体水资源结构仍有待优化,自身水资源开发利用仍有提升空间,对外部水资源的依赖程度略高。舟山市应充分发挥比较优势,调整进、出口产品结构,高效利用自身水资源,平衡自给水平和对外依赖程度。过高的依赖外部地区水资源,对区域自身发展来说,是潜在的巨大威胁。舟山市身处海岛,水资源存在严重不足,水资源进口依赖度难免偏高,但过高的依赖外部终究不能成为自身可持续发展的可靠保障,需要调整水足迹结构,提高水资源利用效率,同时发展、引进相关水资源技术,克服淡水危机。

### 7.4.2.2　水足迹效益评价

#### (1)水足迹内部效益指标

如表7.11所示,舟山市万吨水足迹人口密度平均值约为26人/万吨,福建省平均值约为11人/万吨(林彤,2015),高于福建省,大连市平均值约为19人/万吨(戚瑞等,2011),故与北方沿海城市大连市相比,舟山市水足迹人口承载能力较高。整体来看,舟山市万吨水足迹人口密度较为稳定,位于25～27人/万吨之间,表明舟山市水资源承载人口能力较稳定。舟山市水足迹经济效益逐年提高,从2010年的180.20元/m³增长到2014年的264.36元/m³,每年平均增长率为9.34%。舟山市水足迹土地密度平均值为$1.69 \times 10^4 m^3/km^2$,变化不大。其中2010年最低,为$1.61 \times 10^4 m^3/km^2$,2014年最高,为$1.73 \times 10^4 m^3/km^2$。福建省水足迹土地密度平均值为$2.72 \times 10^5 m^3/km^2$(林彤,2015),舟山市远低于福建省,表明舟山市单位土地面积耗用水资源量较小,这与地区经济增长方式、产业布局等经济因素直接相关。

通过以上分析可知,水资源在舟山市内发挥的作用较为显著。舟山市万吨水足迹人口密度较为平稳,水足迹支撑人口数较高。舟山市水足迹经济效益持续增长,水资源产生的经济效益持续增加,体现了较高的水资源利用率,是经济社会可持续发展的良好趋势。舟山市单位土地面积耗用的水资源量较小,水足迹土地密度处于较低水平。舟山市为海岛市,且土地面积有限,水资源总量十分匮乏,但其拥有较高的水足迹人口密度和水足迹经济效益,这表明,舟山市有限的水资源充分发挥了拉动经济的作用。舟山市水足迹土地密度较低,表明其单位面积可用水资源量十分有限。

#### (2)水足迹外部效益指标

通过计算可知,2010—2013年舟山市出口商品中虚拟水总量大于进口商品虚拟水总量,水资源外流,即在虚拟水贸易中,舟山市属于水资源输出地,仅在2014年的虚拟水贸易中,舟山市属于水资源输入地。如表7.11所示,2010—2013年舟山市水足迹净贸易量为正,但变化显著,2013年较2012年显著减少,2014年水足迹净贸易量减少为负值,表明水足迹净贸易量变化剧烈,不具有稳定性,主要因为国际贸易影响因素众多,而贸易量和贸易商品种类间接影响了水足迹净贸易量。

2010—2013年舟山市水资源贡献率为正,且均高于1%,表明舟山市对缓解其他地区水资源压力具有重要贡献。其中,2010年水资源贡献率最高,为6.00%。2014年舟山市水资源贡献率为负,表明这一年舟山市依靠其他区域水资源发展自身经济,可见舟山市水资源贡献率十分不稳定。舟山市虽然海上交通发达,便于发展外贸,但限于自身有限的水资源,其水足迹净贸易量的高低、正负,仍严格受制于自身水资源状况。

通过以上分析可知,舟山市水资源对其他地区影响显著。水足迹净贸易量为正的年份,表明舟山市在虚拟水贸易中,输出水资源,虽然这在一定程度上反映了舟山市繁荣的外贸经济,反映了对缺水地区的间接支持,但水资源作为自身紧张的战略性资源,应时刻重视其有效的利用率,不仅在总量上,还要在水质上给予密切关注,保证发展的可持续性。舟山市水资源贡献率不具有稳定性,且其贡献程度与自身水资源总量之间存在一定的矛盾性,如 2011 年水资源贡献率最高但水资源总量最低,2012 年水资源贡献率较低但水资源总量最高,这种矛盾性反映的是水资源与经济发展,尤其是与外贸经济发展之间的矛盾,如不及时解决,水资源优势会逐渐演变为劣势,进而严重威胁地区发展。

### 7.4.2.3　水资源生态安全评价

如表 7.11 所示,舟山市水资源匮乏度变化剧烈,其平均值为 56.23%,且最高年份为 89.20%,低于 100%,故整体来看,舟山市水资源量能够满足自身消费产品和服务的需求。其中 2011 年和 2013 年水资源匮乏度较高,均在 50% 以上。2011 年和 2013 年舟山市降水量分别为 1040mm、1051mm,为五年中降水最少的年份,这在很大程度上影响了水资源的丰欠程度。

水资源总量与水资源匮乏度整体成负相关,水资源总量偏高的年份,水资源匮乏度偏低。众多因素导致舟山市水资源总量变化大:舟山市地处海岛,降水季节变化大,主要集中在梅雨季和台风雨季,岛屿众多且分散,集水面积十分有限,少雨年份无水可蓄,而降水强度大的季节,由于河流短小,大部分水以洪水方式流入大海,目前所建水库又以中、小型为主(许红燕等,2014),故最终导致舟山市水资源总量不具有稳定性,这些都是地区水生态安全的隐患。如 2012—2013 年,仅一年时间,水资源匮乏程度加深了约 132.40%,水资源紧缺程度愈演愈烈,这对海岛城市来说,是发展过程中的严重警告,相关部门必须重新审视地区发展过程,调整相关政策、措施,及时降低舟山市水资源匮乏度。

舟山市水资源压力指数平均值为 58.90%,小于 100%,表明舟山市需水量在可用水资源能力范围内,而全国水资源压力指数在 27%～41% 之间(陈栓,2013),舟山市水资源压力指数已高于全国水平。如表 7.11 所示,舟山市水资源压力指数波动较大,2011 年最高,为 93.90%,2012 年最低,为 31.42%。在枯水年份,如 2011 年,水资源压力指数明显增加。随着人口增加,经济发展,水资源需求量越来越大,但舟山市水资源压力指数并未表现出持续增长趋势,这说明舟山市水资源开发利用效率有所提高。

从以上分析可知,舟山市需水量在可用水资源能力范围内,处于水资源安全开发利用阶段。但水资源生态安全程度不够高,且缺乏稳定性。水资源总量、经济发达程度、产业结构等的变化,导致舟山市面临的水资源压力不断变化,而降水的年际、年内变化较大,加深了这种波动性。为保证地区经济社会发展的同时,水资源始终处于安全状况,舟山市应及时降低本地水资源的耗费,采取调整产业结构、建设水利工程、改变消费结构、促进贸易、加大宣传等措施,保证水资源生态安全。

### 7.4.2.4 水资源可持续性评价

如表 7.12 所示,舟山市水足迹变化幅度不大,但总体趋势不稳定,有的年份水足迹增长,有的年份水足迹减少。2010—2014 年舟山市 GDP 和人口持续增长,GDP 增长指数平均值约为 12.10%,人口增长指数平均值约为 0.16%。即使水足迹大幅减少的年份,如 2012 年,人口和 GDP 始终为增长状态,这在一定程度上反映了舟山市水资源对经济、社会发展的支撑能力,水资源相关政策、措施取得了一定成效,但也同时表明,舟山市水资源利用效率仍有一定的提升空间。

表 7.12　2011—2014 年舟山市水资源可持续状态

| 年份 | 水足迹增长指数/% | 人口增长指数/% | GDP 增长指数/% | 可用水资源增长指数/% | 降水量增长指数/% | 水资源可持续指数/% | 水资源可持续状态 |
|------|------|------|------|------|------|------|------|
| 2011 | 6.15 | 0.22 | 19.95 | −43.43 | −18.43 | 0.14 | 不可持续 |
| 2012 | −0.79 | 0.19 | 10.56 | 206.34 | 56.73 | 0.00 | 可持续 |
| 2013 | 1.33 | 0.13 | 9.12 | −56.40 | −35.52 | 0.02 | 不可持续 |
| 2014 | 0.52 | 0.19 | 8.75 | 39.54 | 36.63 | 0.01 | 可持续 |

舟山市可用水资源增长指数波动较大,且呈现正负值交叉形式,表明舟山市水资源呈不稳定状态。对比可用水资源增长指数与降水量增长指数发现,虽然变化幅度不同,但可用水资源增长指数与降水量增长指数增减趋势基本一致,说明了降水对可用水资源的重要影响。

舟山市水资源可持续利用指数偏低,表明舟山市水资源可持续利用能力不够强。综合水足迹增长指数、可用水资源增长指数、水资源可持续指数三个指标,通过图 7.14 的判断流程,得到历年舟山市水资源可持续状态,如表 7.12 所示。

整体来看,舟山市水资源量较为匮乏,与自然、经济、社会等各方面指标结合来看,水资源整体缺乏稳定性,个别年份呈不可持续状态,且受气候影响较大。为保障经济社会稳定发展,减小水资源受不可控因素的影响程度,必须要从节水、储水、输水、增加重复率、减少污染等多方面减轻水资源系统压力,提高水资源综合利用效率,保障地区水资源可持续性。

## 7.5　舟山市水资源利用效率影响因素分析

### 7.5.1　偏最小二乘法回归模型简介

偏最小二乘法回归((partial least-squares,PLS)是一种多元统计分析方法,它将多种数据分析模型综合,当各变量集合彼此之间存在高度相关性时,仍能够得到较为准确的分析结果。另外,PLS 在建模时实现了数据结构简化,图形功能强大,便于观察(王惠文,1999)。本文采用 PLS 分析水资源利用效率影响因素。

PLS 计算公式较为复杂,本文直接通过 SIMCA13.0 软件建立 PLS 回归模型,具体公式参见王惠文(1999)所著书中的内容,这里主要介绍 PLS 回归建模的思路:设有 $p$ 个自变量 $\{x_1, \cdots, x_p\}$ 和 $q$ 个因变量 $\{y_1, \cdots, y_p\}$,观察样本点,通过构成 $X = \{x_1, \cdots, x_p\}$ 和 $Y = \{y_1, \cdots, y_p\}$ 的形式,分析自变量与因变量之间的关系。PLS 分别在 $X$ 与 $Y$ 中提取成分 $t_1$、$u_1$,即 $t_1$、$u_1$ 分别为 $x_1, \cdots, x_p$、$y_1, \cdots, y_p$ 的线性组合,同时,$t_1$、$u_1$ 要尽可能完整的代表 $X$、$Y$,且 $t_1$ 与 $u_1$ 的相关性要达到最大(陈栓,2013)。在完成初次提取后,PLS 开始进行回归分析,若分析结果达到理性精度,则建模结束,若未达到,则再次提取,直到达到满意精度为止。

### 7.5.2 水足迹强度影响因子筛选

水足迹强度与水资源利用效率成负相关,水足迹强度值越大,表明地区单位 GDP 消耗水资源量越大,水资源利用效率越低。影响水足迹强度的可能因素很多,包括自然环境、经济发展、社会文化、科学技术等。本节将 2010—2014 年水足迹强度作为因变量,选取了可能对水足迹强度有影响的 15 个指标作为自变量数据序列,具体指标及含义见表 7.13。

表 7.13　水足迹强度影响因子及含义

| 指标变量 | 公式及含义 |
| --- | --- |
| $X_1$ 水资源量/$10^8\,\mathrm{m}^3$ | 表征区域水资源禀赋 |
| $X_2$ 降水量/mm | 表征区域气候特征 |
| $X_3$ 粮食产量/$10^4\,\mathrm{t}$ | 农业种植规模 |
| $X_4$ 单位水粮食产量/$(\mathrm{kg/m}^3)$ | 粮食产量/粮食作物水足迹,表征农业用水效率 |
| $X_5$ 粮食单产/$(\mathrm{kg/hm}^2)$ | 农业生产技术 |
| $X_6$ 畜产品产量/$10^4\,\mathrm{t}$ | 畜产品生产规模 |
| $X_7$ 人均畜产品产量/$(\mathrm{kg/人})$ | 人均畜产品生产量 |
| $X_8$ 人口/$10^4$ 人 | 人口规模 |
| $X_9$ 城镇化率/% | 城镇人口/常住人口,表征城市人口集聚程度 |
| $X_{10}$ GDP/$10^8$ 元 | 经济增长水平 |
| $X_{11}$ 人均 GDP/$(\mathrm{元/人})$ | 表征居民生活水平 |
| $X_{12}$ 第一产业比重/% | 第一产业生产值/GDP,表征第一产业经济规模 |
| $X_{13}$ 第二产业比重/% | 第二产业生产值/GDP,表征第二产业经济规模 |
| $X_{14}$ 第三产业比重/% | 第三产业生产值/GDP,表征第三产业经济规模 |
| $X_{15}$ 工业废水治理设施处理能力$(10^4\,\mathrm{t/d})$ | 表征区域处理工业废水技术水平 |

本文运用 SIMCA13.0 软件建立 PLS 回归模型,如图 7.15 所示,系统根据交叉有效性自动选出 1 个 PLS 成分。其中,M1.R2Y($m^3$)表示所形成模型对因变量的解释能力,M1.Q2($m^3$)表示模型交叉有效系数。如图 7.16 所示,提取的成分对水足迹强度的交叉有效系数较高,回归模型对因变量的解释能力大于 0.9,说明此偏最小二乘回归模型精度较高(王惠文,1999),能够进行回归分析。

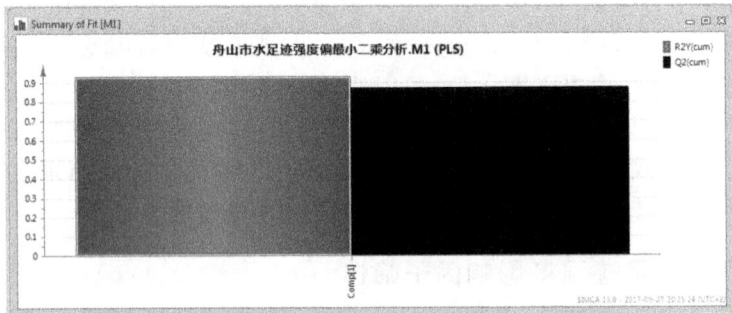

图 7.15　模拟自动拟合显示图

| | 1 | 2 | 3 |
|---|---|---|---|
| 1 | Comp No. | M1.R2Y($m^3$) | M1.Q2($m^3$) |
| 2 | Comp[1] | 0.933248 | 0.876005 |

图 7.16　PLS 模型交叉有效性验证

$t^2$ 椭圆图能够有效识别特异点,如图 7.17 所示,椭圆内分布有全部 5 个样本点,说明拟合精度较为(王惠文,1999)。如图 7.18 所示,曲线效果表明,模拟结果有效。

如图 7.19 所示,VIP 值(变量投影重要性)表示自变量对因变量解释能力的大小,即自变量对模型拟合的重要程度,一般认为大于 0.8 的变量对因变量较为重要,小于 0.8 的不具有显著性(王惠文,1999)。结合表 7.14 中具体数值可知,水足迹强度影响因子的重要程度由大到小依次为:城镇化率、人均 GDP、GDP、人口、第三产业比重、第二产业比重、人均畜产品产量、畜产品产量、工业废水治理设施处理能力、粮食产量、粮食单产、第一产业比重,而单位水粮食产量、水资源量、降水量不具有重要性。

将具有显著性的变量,根据回归系数,进一步判断变量对模型的贡献率。如图 7.20 所示,回归系数为负的因子,表明与水足迹强度呈负相关性,即增大这些因子,水足迹强度降低,水资源利用效率提高,这些因子为:城镇化率、人均 GDP、

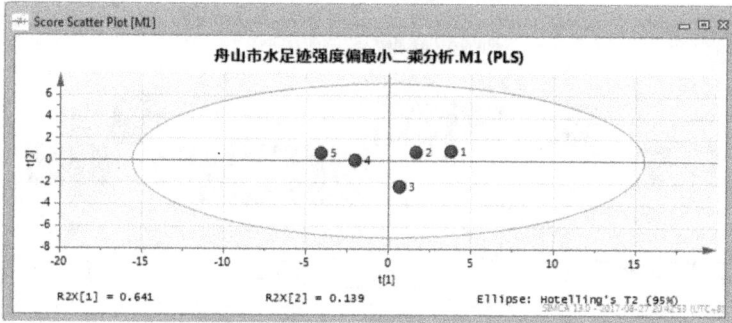

图 7.17 $t^2$ 椭圆散点图

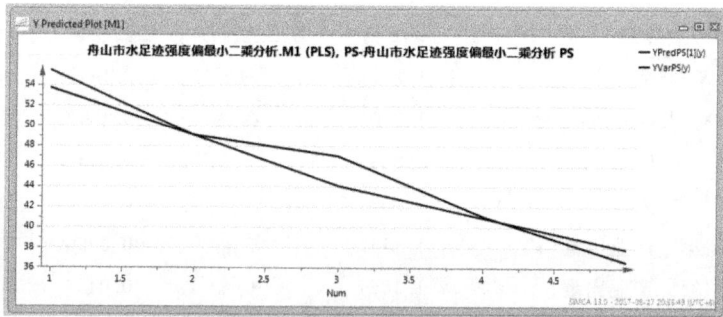

图 7.18 实际值与拟合曲线图

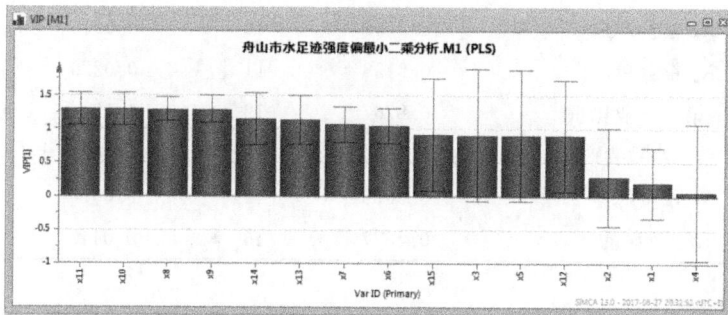

图 7.19 水足迹强度影响因子重要性排序图

GDP、人口、第三产业比重、工业废水治理设施处理能力、第一产业比重。回归系数为正的因子,表明与水足迹强度呈正相关性,即增大这些因子,水足迹强度增大,水资源利用效率降低,这些因子为:畜产品产量、人均畜产品产量、第二产业比重、粮食产量、粮食单产。各指标具体 VIP 值和回归系数见表 7.14。

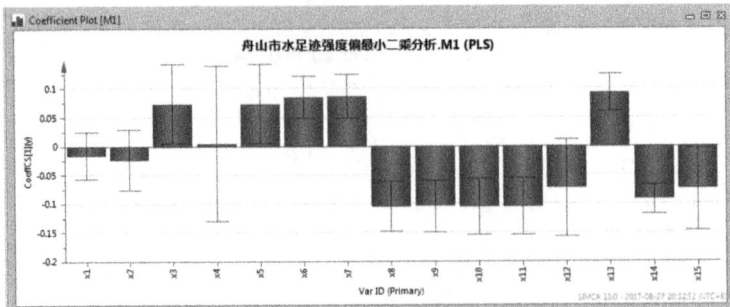

图 7.20 水足迹强度影响因子回归系数图

**表 7.14 自变量 VIP 值和回归系数**

| 自变量 | VIP 值 | 重要性排序 | 回归系数 | 相关性 |
|---|---|---|---|---|
| $X_9$ 城镇化率 | 1.2617 | 1 | −0.1447 | 负相关 |
| $X_{11}$ 人均 GDP | 1.2601 | 2 | −0.1540 | 负相关 |
| $X_{10}$ GDP | 1.2597 | 3 | −0.1534 | 负相关 |
| $X_8$ 人口 | 1.2579 | 4 | −0.1470 | 负相关 |
| $X_{14}$ 第三产业比重 | 1.1149 | 5 | −0.0390 | 负相关 |
| $X_{13}$ 第二产业比重 | 1.1061 | 6 | 0.0458 | 正相关 |
| $X_7$ 人均畜产品产量 | 1.0435 | 7 | 0.0679 | 正相关 |
| $X_6$ 畜产品产量 | 1.0283 | 8 | 0.0606 | 正相关 |
| $X_{15}$ 工业废水治理设施处理能力 | 0.9182 | 9 | −0.1751 | 负相关 |
| $X_3$ 粮食产量 | 0.9149 | 10 | 0.0210 | 正相关 |
| $X_5$ 粮食单产 | 0.9138 | 11 | 0.0220 | 正相关 |
| $X_{12}$ 第一产业比重 | 0.8767 | 12 | −0.0841 | 负相关 |
| $X_4$ 单位水粮食产量 | 0.5544 | 13 | −0.1423 | — |
| $X_1$ 水资源量 | 0.5056 | 14 | −0.0610 | — |
| $X_2$ 降水量 | 0.4377 | 15 | −0.0440 | — |

### 7.5.3 水资源利用效率影响因素分析

#### 7.5.3.1 自然环境因素

亚热带季风气候的特点决定了舟山市气候的不稳定性,加之海岛丘陵的地形特征,使得降水年际、年内变化较大。在水资源可持续性评价一节中,由于 2013 年降水量较上年大幅度减少,严重影响了地区水资源可持续状态。但根据文中已有分析可知,2010—2014 年舟山市水足迹强度为持续下降状态,即水资源利用效率逐步提高。由此可知,降水量的不稳定状态与水资源利用效率之间不存在必然联系。这也与 PLS 回归分析结果相吻合,降水量作为因变量,其 VIP 值较低,不是影响水足迹强度的重要因素。PLS 回归模型分析结果显示,水资源量对地区水资源利用效率的影响与降水量相似,VIP 值同样较低,这也与文中已有分析相吻合,表明区域水资源量的多少与水资源利用效率高低之间同样没有必然联系。

自然环境要素虽然能够影响区域水资源禀赋,但与区域水资源利用效率之间的关联程度不高,基本不存在必然的、直接的关系。

### 7.5.3.2 经济发展因素

从 PLS 回归分析结果可知,人均 GDP 和 GDP 对舟山市水足迹强度影响显著,且呈负相关,表明生活水平提高、经济增长有利于提高水资源利用效率,但前提是,在耗水量基本不变,或增长幅度小于经济增长幅度的情况下才能够成立。龙爱华等[48] 运用 STIRPAT 模型研究表明,富裕程度与人类水资源消费量呈正相关,王力(2014)分析结果表明,人均 GDP 与水足迹呈高度正线性相关,进一步证明,若片面追求经济增长速度,会加速水资源消耗,增加水资源系统压力。

第一产业比重、第二产业比重和第三产业比重显著性均较高,且第二产业比重与水足迹强度呈正相关,第一产业比重和第三产业比重与水足迹强度呈负相关,反映了地区产业结构对水资源利用效率的重要影响,同时在一定程度上,指出了适合舟山市发展的产业结构调整方向,适当发展第一产业和第三产业,但要控制畜产品相关产业发展,同时合理发展第二产业,优化区域产业结构,是提高舟山市水资源利用效率的重要途径。

### 7.5.3.3 社会文化因素

PLS 回归分析结果显示,城镇化率与人口 VIP 值均较高,在水足迹强度的影响性排序中分别位于第一位和第四位,可见城镇化率与人口对水资源利用效率具有重要影响。

但龙爱华等(2006)和张蕾(2009)的研究均表明,人口数量的增长是水足迹消耗量增长的主要因素之一,王力(2014)研究表明,农村居民人均水足迹低于城镇居民人均水足迹,说明单纯的城镇化率提高与人口数量增长是不能提高水资源利用效率的,但与水资源利用率仍有密切联系。经济社会的发展不只是数量上的增长,还伴有内在实质性的转变。城镇化水平提高的同时,要注重生活习惯、饮食结构等方面的积极调整,人口数量增长的同时更要关注人口结构是否合理。生活水平的提高不是意味着可以挥霍浪费,提高节约意识,使城镇优势、人口优势与水资源优势共存,才能够保证水资源为社会发展提供长久支撑。

### 7.5.3.4 科学技术因素

工业废水治理设施处理能力在一定程度上反映了工业用水效率。PLS 回归分析结果显示,业废水治理设施处理能力 VIP 值高于 0.8,表明与水足迹强度关系较为紧密,且从回归系数来看,与水足迹强度呈高度负相关,说明提高业废水治理设施处理能力有利于实现较高的水资源利用效率。粮食单产、粮食单产反映了农业生产能力,其高低受气候、土壤、种植技术、品种优劣等多方面影响。根据分析结果可知,单纯提高农作物产量是不利于提高水资源利用效率的,因此要注重节水、耐旱农作物品种的种植。

污水排放严重影响水质,本文运用零维水质模型(刘子刚等,2011)计算舟山市污染稀释净化需水量,公式如下:

$$TC_{ww} = (86400 \times W)/(31.536 \times K \times C_s) \qquad (公式\ 7.11)$$

式中,$TC_{ww}$ 为稀释化学需氧量(COD)需水量($10^8\ m^3$);$W$ 为排放的污染物总量(t/a);$K$ 为污染物综合降解系数(1/d);$C_s$ 为目标水质浓度(mg/L)。根据已有研究(杨志峰等,2012),$K$ 取 0.25,$C_s$ 取为Ⅲ类水 COD 浓度标准,即 20mg/L。结合《浙江自然资源与环境统计年鉴》中化学需氧量排放数据进行计算,结果如表 7.15 所示。

**表 7.15　舟山市 COD 排放总量及稀释需水量**

| 年份 | 2010 | 2011 | 2012 | 2013 | 2014 |
| --- | --- | --- | --- | --- | --- |
| COD 排放总量/$10^4$ t | 0.82 | 1.67 | 1.59 | 1.81 | 1.75 |
| 稀释 COD 需水量/$10^4\ m^3$ | 449.32 | 914.71 | 870.00 | 989.60 | 961.26 |

2010—2014 年,舟山市 COD 排放总量呈波动增长趋势,导致稀释 COD 需水量同样呈波动增长趋势,产生大量灰水足迹,不利于水资源的有效利用。减少污水排放、提高净水技术,能够大大减少地区水足迹,这也是提高水资源利用效率的关键之一。

### 7.5.3.5　政策制度因素

舟山市水资源问题日渐突出,水资源政策相继出台,为保证水资源安全、提高水资源利用效率提供了政治保障。2010—2012 年,国家相继发布了加快水利改革、实行最严格水资源管理制度的文件,浙江省积极响应国家号召,结合省情,全面制定了相关水资源政策,广泛开展了水资源治理工作。

2015 年,浙江省全面推进"五水共治"水利工作,加固水库、整治海塘河堤与河道,从多方面提高了水资源保障水平。同时,建立和完善了最严格水资源管理制度体系。在全面推进节水型社会建设与广泛开展水资源保护工作等多项水资源政策制度下,舟山市水资源安全性得到了进一步保证,水资源利用效率显著提高,体现了政策制度对水资源利用效率提高的保障作用。

# 7.6 舟山市水资源可持续利用对策

## 7.6.1 增强水资源保护意识

根据本文分析结果,2010—2014 年,舟山市水资源自给率平均值为 83.74%,处于较低水平,多个年份水资源为不可持续状态。因此,舟山市仍需要减少水足迹,水资源保护意识仍需加强。舟山市内虽然可能存在水资源较丰富的区域,但这些区域也应尽可能合理地减少水足迹,这样不仅可以增强当地水资源安全性,更可以促成全市、全省、全国甚至全球范围内水资源利用的高效性与可持续性。富水区域提高水生产率,一些相对于贫水区耗水量较大的产品,由富水区进行生产,再通过贸易,进入贫水区,以产品虚拟水方式减小贫水区水资源压力。如浙江省其他富水地区,在虚拟水贸易中,可将水资源以产品虚拟水形式输出给舟山市,缓解舟山市水资源压力。因此,即使是富水地区,增强水资源保护意识同样具有重要意义。

同时,社会各界均应共同承担节水责任:生产者应自觉减少企业水足迹,生产可持续性产品,避免使用高耗水、重污染材料,减少污染,增加回收等;投资者将水资源因素纳入考量范围,促使企业重视水资源;政府部门制定并贯彻良好的水资源政策;消费者在合理范围内,调整消费结构,节约生活用水等。

## 7.6.2 转变生产、生活方式

生产、生活中存在较大节水空间,通过转变生产、生活方式,减少耗水量,提高水资源利用效率十分重要。

在农业生产中,传统的以"产量最优"为指导的农业模式往往产生不必要的灌溉用水,导致水资源大量浪费。应将"最大化水生产率"和"最大化产量"相结合,在作物干旱阶段进行灌溉,其他情况下,限制灌溉。同时还应提高灌溉技术,以舟山市为例,增大现有节水灌溉面积,将已有的滴灌、微灌、低压管灌技术进一步推广,减少农业灌溉中水资源的损失。要严格限制或禁止人工化肥、农药等的使用,减少农业生产中的灰水足迹。2010—2014 年,舟山市 COD 排放总量呈波动增长趋势,导致稀释 COD 需水量同样呈波动增长趋势,产生大量灰水足迹,不利于水资源的有效利用。使用低毒、无毒和容易降解的原材料能够大大减少灰水足迹,同时,企业应加大排放前处理,在生产线上,注重水循环利用,安装节水装置,降低生产水足迹。

在生活中,可通过安装节水马桶、节水龙头等装置减少生活水足迹,同时培养良好的节水习惯,如刷牙时关掉水龙头,减少直接水足迹。本文分析结果表明,从多年平均值来看,舟山市人均生活用水仅占人均水足迹的 16.11%,人均水足迹的绝大部分是以虚拟水的形式消费的,可见人均水足迹的大小与虚拟水消费关系更为密切。相关研究表明(龙爱华等,2005;苏芮等,2011;尚海洋等,2009),区域水足迹的大小和用水效率与居民消费结构密切相关。本文计算表明,蔬菜虚拟水含量远远低于粮食作物,茶叶虚拟水含量最高,畜产品虚拟水含量普遍较高,尤其是牛羊肉,虚拟水含量最高。因此,在合理的情况下,调整饮食结构,食用需要较少水足迹的食品代替需要较多水足迹的特定产品,如适当减少肉类食物,多喝清水减少饮茶,能够在一定程度上减少间接水足迹。但这种方式的适用性十分有限,居民还可以通过有意识的选择性购买商品的方式减少水足迹,如尽可能购买水足迹相对较少商品,或者水资源丰富地区生产的商品。

### 7.6.3 优化产业、产品结构

本文 PLS 回归模型分析结果显示,舟山市第一产业比重、第二产业比重和第三产业比重显著性均较高,表明优化产业结构对水资源利用效率具有重要影响。农业对水资源消耗较大,尤其是畜产品,耗水量较高,应调整农业内部结构,发展第三产业,合理发展第二产业,从而提高舟山市水资源利用效率。

通过对 1995—2014 年舟山市农作物水足迹内部结构的分析可知,舟山市粮食作物中水稻水足迹最大,且单位质量虚拟水含量较高,玉米、豆类、薯类、小麦和大麦水足迹均较小。分析表明,近年来,舟山市农作物种植结构有所调整,粮食作物水足迹明显下降。因此,为降低农作物生产水足迹,应调整农业种植结构,在气候、土壤适宜地区,加大旱粮作物种植。舟山市畜产品水足迹逐年增高,自 2000 年起,已超过农作物水足迹。适当缩减牛、羊肉等高耗水产品产量,增加单位虚拟水含量较低畜产品的产量,也能够在一定程度上减少水足迹。

在生产中,提高产品水资源透明度,形成水资源利用效率的生产竞争性,并以产品标签形式呈现,能够方便消费者进行有意识的选择性购买。

### 7.6.4 促进虚拟水贸易

舟山市水足迹外部效益指标表明,2010—2013 年舟山市出口商品中虚拟水总量大于进口商品虚拟水总量,水资源外流,即在虚拟水贸易中,舟山市属于水资源输出地,仅在 2014 年的虚拟水贸易中,舟山市属于水资源输入地。舟山市水资源匮乏,为缓解水资源压力,应减少产品输出,防止水资源外流,积极扩大进口贸易,增加外部水足迹。

在虚拟水贸易中,各地区首先应全面了解自身水资源状况,清楚产品虚拟水含量,避免出口本区域高耗水产品而导致水资源外流。扩大生产本区域水生产率较高的产品,将其输出到贫水区或水生产率较低的地区,同时,缩小水生产率较低产品的产量,通过进口贸易,满足地区对水密集型产品的需求。充分利用比较优势,促进虚拟水贸易,能够将贫水区水足迹外部化,缓解自身水资源压力,从宏观角度看,能够缩小水资源地区差异,整体提高产品水生产率,进而提高水资源利用效率。

### 7.6.5  发展水资源开发利用相关技术

在实际生产、生活中,水资源存在严重浪费现象,积极发展节水、净水等相关技术,能够直接减少浪费,增加重复利用率,对地区水资源可持续利用具有重要意义。

舟山市水资源匮乏,发展海水淡化技术,能够直接增加地区水资源量。积极发展海水淡化技术,降低淡化成本,是解决海岛地区、沿海地区水资源缺乏问题的直接办法。生活用水、工业用水中存在大量的废水,积极发展污水处理技术,将再生水运用到对水质要求不高的领域,增加重复使用率,能够减少地区灰水足迹。由于蓄水工程多样性不足,造成地区工程性缺水,虽然广建水库能够缓解因降水不均导致的水资源短缺问题,但舟山市面积有限,因此可协调各部门,共同建设、管理雨水收集技术,进一步保证地区水资源可持续利用。

农业生产中,以滴灌等节水技术代替喷灌或者沟灌,能够减少蒸发。农作物的单产直接影响水资源利用效率,舟山市农作物单产受气候影响较大,抗干扰能力较弱,应积极培育适应性强、高产、优质的农作物品种,减小农作物对气候的依赖性,从而改善农业用水效率。

### 7.6.6  提高管理水平

良好的水资源政策是促进地区水资源可持续利用的关键,但还应注重政策能否贯彻实施。舟山市应在已有的水资源管理基础上,进一步将水资源可持续利用目标渗透到其他领域政策中,保证不同部门之间的政策对水资源保护的一致性。如若农业政策中,某一要求会导致水资源需求量急剧增长,这便与水资源政策存在矛盾,不利于水资源可持续利用政策的实施。另外,还应注意不同级别之间管理的一致性,如某一地区执行的行业水价结构标准与其他地区差异较大,就会导致不公平竞争,最终导致政策无法落实。

政府有关部门应提高对水足迹的重视程度,借助水足迹理论,加强水资源管理。分析地区水足迹相关数据,促进地区内部水资源分配。调控经济结构,提高水资源利用效率,同时生产自身较其他地区而言具有优势的产品。在贸易政策中,确保贸易与水资源政策的一致性,缺水地区减少高虚拟水含量、低价值的产品的生产,加大此类产品的进口量;富水区促进高耗水、高价值产品的生产,同时加大出口。在贸易政策中,还应将自身外部水足迹控制在合理范围,即防止过高的水资源进口依赖度,保障地区安全。在提高产品透明度过程中,加强监督,保证产品的水足迹能够追根溯源。

　　将水资源奖惩机制合理运用到管理中,能够帮助地区减少水资源浪费,提高用水效率,如加大对节水、净水技术的投资,水资源匮乏地区对高耗水企业不予资助或征收一定补偿。

# 7.7　结论与展望

## 7.7.1　研究结论

　　本章在文献整理的基础上,收集舟山市水资源及其他方面的数据和资料,依据水足迹与虚拟水理论及核算方法,进行舟山市水资源可持续利用研究。应用CLIMWAT2.0和CROPWAT8.0软件进行数据处理,经核算,得到舟山市主要农作物虚拟水含量。以此为基础,结合收集的数据和资料,计算舟山市农业水足迹、工业水足迹、生活水足迹及其他水足迹,并重点分析了农业水足迹。在各分项水足迹计算基础上,得到舟山市水足迹总量,并进行水足迹总量相关指标分析;依据基于水足迹的区域水资源可持续利用评价指标体系,从水足迹结构指标、效益指标、安全指标、可持续指标四个方面,对舟山市进行了水资源可持续利用评价;应用偏最小二乘回归模型对水足迹强度影响因素进行分析,结合回归结果,从自然环境、经济发展、社会文化、科学技术、政策制度五个方面分析舟山市水资源利用效率的影响因素;最后,针对水足迹计算、评价结果,结合水资源影响因素,提出提高舟山市水资源利用效率的对策措施。通过以上研究,得到的主要结论为:

　　(1)1995—2014年,舟山市农业水足迹整体较为稳定,内部呈现不同差异。

　　舟山市农业水足迹整体较为稳定,自2006年以来,有明显下降趋势。其中畜产品水足迹整体呈波动上升趋势,农作物水足迹整体呈波动下降趋势。农作物水足迹中,粮食作物水足迹和水果水足迹变化较大,茶叶、棉花水足迹为最低。粮食作物水足迹结构中,水稻水足迹最高,并呈下降趋势,而旱粮类作物水足迹逐渐增加。从畜产品水足迹来看,畜产品水足迹总量和人均畜产品水足迹变化较大,不同种类畜产品水足迹差异显著,禽蛋水足迹和猪肉水足迹总值较高,奶类水足迹和牛肉水足迹总值较低。人均畜产品水足迹与畜产品水足迹总量变化趋势相似,整体呈波动上升趋势。

　　(2)2010—2014年,舟山市工业水足迹和人均工业水足迹呈波动状态,生活水足迹和人均生活水足迹呈缓慢上升趋势,其他水足迹和人均其他水足迹为下降趋势。

　　舟山市工业水足迹变化不大,自2012年以来,始终高于$0.55 \times 10^8 \, \text{m}^3$,表明舟山市工业正逐步发展,工业对水资源的需求逐渐增加;生活水足迹整体为缓慢增长趋势,表明生活用水保障逐渐提高;其他水足迹很低,有的年份甚至为零。

(3)2010—2014 年舟山市水足迹呈波动上升趋势,水足迹强度为下降趋势,人均水足迹远低于世界及我国平均水平,除 2012 年,2010—2014 年舟山市水足迹均为赤字状态。

舟山市水足迹结构中,畜产品水足迹最高,农作物水足迹次之,工业水足迹与生活水足迹较为接近,其他用水足迹最低;舟山市水足迹强度为下降趋势,即水资源利用效率逐步提高;历年人均水足迹呈波动状态,且处于较低水平;从多年平均值来看,舟山市人均生活用水仅占人均水足迹的一小部分,人均水足迹的绝大部分是以虚拟水的形式消费的。舟山市水资源盈余状态很不稳定,五年中有四年均为赤字状态。

(4)舟山市水足迹结构较为稳定,水资源基本可以自给,进口依赖程度较高。

舟山市水资源禀赋偏低,水资源自给能力处于较低水平,多年平均值低于世界和我国水足迹自给率平均水平。舟山市水资源进口依赖度偏高,过高的依赖外部使自身可持续发展失去可靠保障,舟山市需要调整水足迹结构,提高自身水资源开发利用效率。

(5)水足迹内部效益指标表明,水资源在舟山市内发挥的作用较为显著,水足迹外部效益指标表明,2010—2013 年,舟山市属于水资源输出地,仅在 2014 年的虚拟水贸易中,属于水资源输入地。

从水足迹内部效益来看,舟山市万吨水足迹人口密度较为平稳,水足迹支撑人口数较高;水足迹经济效益持续增长,体现了较高的水资源利用率;单位土地面积耗用的水资源量较小,水足迹土地密度处于较低水平。从水足迹外部效益来看,2010—2013 年,舟山市水资源贡献率为正,2014 年水资源贡献率为负,水足迹外部效益不具有稳定性。

(6)2010—2014 年,舟山市处于水资源安全开发利用阶段,但水资源生态安全程度不够高,且缺乏稳定性。

舟山市水资源匮乏度波动较大,需水量虽然处在可用水资源能力范围内,但水资源压力指数已高于全国平均水平。整体来看,舟山市虽然处于水资源安全开发利用阶段,但生态安全程度仍较低,同时不稳定。

(7)舟山市水资源可持续利用能力较弱,可持续状态不稳定。

舟山市水资源可持续利用指数偏低,水资源量较为匮乏,与自然、经济、社会等各方面指标结合来看,水资源整体缺乏稳定性,个别年份呈不可持续状态。

(8)舟山市自然环境、经济发展、社会文化、技术水平及水资源相关制度均与水资源利用效率有关,但影响程度各不相同。

自然环境因素会影响了舟山市水资源可持续状态,但与水资源利用效率关联程度并不高;生活水平提高、经济增长、产业结构优化有利于提高水资源利用效率;

强化节约意识,合理调整消费结构,使城镇优势、人口优势与水资源优势共存,对提高水资源利用效率具有重要影响;发展水资源相关技术,能够大量减少水足迹,是提高水资源利用效率最直接、有效的途径;制定并实施有效的水资源管理、治理政策,是水资源利用效率提高的重要保障。

(9)通过增强水资源保护意识、转变生产生活方式、优化产业产品结构、促进虚拟水贸易、发展水资源相关技术、加强管理水平,能够提高舟山市水资源利用效率,保证水资源可持续利用。

舟山市水资源较为匮乏,水资源状态不稳定,增强水资源保护意识十分必要;转变生产方式,使水生产率与经济效益并重,在生活中,养成节水习惯,调整消费结构,能够有效减少水足迹,增强水资源可持续性;各产业用水效率不同,调整产业结构,能够有效提高水资源利用效率,生产具有自身区域优势的产品,有利于水资源可持续利用;运用比较优势,通过虚拟水贸易,能够有效改善区域水资源状况,缓解水资源压力;积极发展节水、净水等相关技术,能够直接减少浪费,增加重复利用率,对地区水资源可持续利用具有重要意义;充分利用水足迹理论,制定并贯彻实施水资源相关政策,是地区水资源能够可持续利用的重要保障。

## 7.7.2　不足与展望

近年来,国内外学者及相关部门高度重视水足迹与虚拟水理论,随着研究的逐步深入,相关理论不断发展,但仍存在难以解决的问题:

(1)产品、产业虚拟水量化的研究。产品、产业虚拟水的计算涉及很多方面,除农作物产品基本能够实现比较准确的量化外,畜产品、工业产品等虚拟水的量化非常复杂,在计算时,需要根据实际情况,考虑变量的选取对虚拟水含量的影响。如若能够建立统一的规范,且能够运用方便可取的途径进行观测,会大大提高地区产品、产业水足迹精确度。

(2)灰水足迹的研究。灰水足迹的计算需要考虑众多因素,如水体自然本底浓度、污染物水质标准浓度、污染物种类、排污量、点源污染、面源污染、蒸发因素、时间整合等,目前灰水足迹的研究也只是精简化形式。就灰水足迹这一指标本身而言,并未考虑水流改善水质的自然作用以及污染物的综合影响,因此研究空间较大。

(3)虚拟水贸易的研究。除了贸易产品虚拟水含量量化的难题外,虚拟水贸易研究的另一个主要难题是,有关贸易产品种类及数量的统计问题。虚拟水贸易需要的不仅是国与国之间的贸易值,所有从研究区域以外进入到本区域的产品、由研究区域输出到本区域外的产品所含的虚拟水量,均为虚拟水贸易量,目前来看,这方面的数据仍难以获得。

# 参考文献

[1] 严登华,王浩,王建华,等.国际水文计划发展与中国水资源研究体系构建[J].地理学报,2004,59(02):249-259.

[2] ARJEN Y. HOEKSTRA, ASHOK K. Chapagain, Maite M. Aldaya. 水足迹评价手册[M].北京:科学出版社,2012.

[3] 李九一,李丽娟.中国水资源对区域社会经济发展的支撑能力[J].地理学报,2012,67(3):410-409.

[4] 马晶,彭建.水足迹研究进展[J].生态学报,2013,33(18):5458-5466.

[5] 韩宇平,雷宏军,潘红卫,等.基于虚拟水和广义水资源的区域水资源可持续利用评价[J].水利学报,2011,42(6):729-736.

[6] 诸大建,田园宏.虚拟水与水足迹对比研究[J].同济大学学报(社会科学版),2012,23(4):43-49.

[7] MEKONNEN M M, HOEKSTRA A Y. A global and high-resolution assessment of the green, blue and grey water footprint of wheat[J]. Hydrology and Earth System Sciences,2010,14(7): 1259-1276.

[8] CHAPAGAIN A K, HOEKSTRA A Y. The blue,green and grey water footprint of rice from production and consumption perspectives[J]. Ecological Economics,2011,70(4): 749-758.

[9] 邓晓军,谢世友,崔天顺,等.南疆棉花消费水足迹及其对生态环境影响研究[J].水土保持研究,2009,16(2):176-180.

[10] 盖力强,谢高地,李士美,等.华北平原小麦、玉米作物生产水足迹的研究[J].资源科学,2010,32(11):2066-2071.

[11] 秦丽杰,靳英华,段佩利.吉林省西部玉米生产水足迹研究[J].地理学报,2012,32(8):1020-1024.

[12] 田园宏,诸大建,王欢明,等.中国主要粮食作物的水足迹值:1978—2010[J].中国人口.资源与环境,2013,23(6):122-128.

[13] 何浩,黄晶,淮贺举,等.湖南省水稻水足迹计算及其变化特征分析[J].中国农学通报,2010,26(14):294-298.

[14] 徐鹏程,张兴奇.江苏省主要农作物的生产水足迹研究[J].水资源与水工程学报,2016,27(1):232-237.

[15] CHAPAGAIN A K, HOEKSTRA A Y. The water footprint of coffee and tea consumption in the Netherlands[J]. Ecological Economics,

2007,64(1):109-118.

[16] MEKONNEN M M, HOEKSTRA A Y. A global assessment of the water footprint of farm animal products[J]. Ecosystems,2012,15(3): 401-415.

[17] HOEKSTRA A Y. The hidden water resource use behind meat and dairy[J]. Animal Frontiers,2012,2(2):3-8.

[18] 虞祎,张晖,胡浩. 基于水足迹理论的中国畜牧业水资源承载力研究[J]. 资源科学,2012,34(3): 394-400.

[19] GERBENS-LEENES P, HOEKSTRA A Y. Business water footprint accounting:a tool to assess how production of goods and services impacts on freshwater resources worldwide // Value of Water Research Report Series No. 27. Delft. The Netherlands:UNESCO-IHE, 2008[2012-4-6. http://www. waterfootprint. org /Reports /Report 27-BusinessWaterFootprint. pdf.

[20] 贾佳,严岩,王辰星,等. 工业水足迹评价与应用[J]. 生态学报,2012,32(20):6558-6565.

[21] HOEKSTRA A Y, CHAPAGAIN A K. Water footprints of nations: water use by people as a function of their consumption pattern[J]. Water ResourcesManagement,2007,21(1):35-48.

[22] HOEKSTRA A Y, MEKONNEN M M. The water footprint of humanity[J]. Proceedings of the National Academy of Sciences of the United States of America,2011,109(9):3232-3237.

[23] KAMPMAN D A, HOEKSTRA A Y, KROL M S. The water footprint of India[J]. Value of Water Research Report Series,2008, (32):1-152.

[24] 王新华,徐中民,龙爱华. 中国 2000 年水足迹的初步计算分析[J]. 冰川冻土,2005,27(5):774-780.

[25] 孙才志,刘玉玉,陈丽新,等. 基于基尼系数和锡尔指数的中国水足迹强度时空差异变化格局[J]. 生态学报,2010,30(5):1312-1321.

[26] YU Y, HUBACEK K, FENG K, et al. Assessing regionaland global water footprints for the UK[J]. Ecological Economics,2010,69(5): 1140-1147.

[27] 马静,汪党献,来海亮,等. 中国区域水足迹的估算[J]. 资源科学,2005, 27(5):96-100.

[28] 吴兆丹,赵敏,Upmanu Lall,等. 关于中国水足迹研究综述[J]. 中国人口. 资源与环境,2013,23(11):73-80.

［29］孙艳芝,鲁春霞,谢高地,等.北京市水足迹［J］.生态学杂志,2015,34 (2):524-531.

［30］王艳阳,王会肖,蔡燕.北京市水足迹计算与分析［J］.中国生态农业学 报,2011,19(4):954-960.

［31］陈俊旭,张士锋,华东,等.基于水足迹核算的北京市水资源保障研究 ［J］.资源科学,2010,32(3):528-534.

［32］邓晓军,韩龙飞,杨明楠,等.城市水足迹对比分析——以上海和重庆为 例［J］.长江流域资源与环境,2014,23(2):198-196.

［33］王新华,徐中民,李应海.甘肃省2003年的水足迹评价［J］.自然资源学 报,2005,20(6):909-915.

［34］韩玉,杨晓琳,陈源泉,等.基于水足迹的河北省水资源安全评价［J］.中 国生态农业学报,2013,21(8):1031-1038.

［35］祝稳,赵锐锋,谢作轮.基于水足迹理论的河南省水资源利用评价［J］.水 土保持研究,2015,22(1):292-304.

［36］ZEITOUN M, ALLAN J A, MOHIELDEEN Y. Virtual water"flows" of the Nile Basin,1998—2004: A first approximation and implications for water security［J］. Global Environmental Change, 2010, 20(2): 229-242.

［37］傅春,欧阳莹,陈炜.环鄱阳湖区水足迹的动态变化评价［J］.长江流域资 源与环境,2011,20(12):1520-1524.

［38］蔡燕,王会肖,王红瑞,等.黄河流域水足迹研究［J］.北京师范大学学报 (自然科学版),2009,45(5/6):616-620.

［39］潘文俊,曹文志,王飞飞,等.基于水足迹理论的九龙江流域水资源评价 ［J］.资源科学,2012,34(10):1905-1912.

［40］邰珊珊,张伟东,胡远满,等.大连市生态足迹与水足迹［J］.生态学杂志, 2008,27(9):1596-1600.

［41］周玲玲,王琳,余静.基于水足迹理论的水资源可持续利用评价体系—— 以即墨市为例［J］.资源科学,2014,36(5):913-921.

［42］戚瑞,耿涌,朱庆华.基于水足迹理论的区域水资源利用评价［J］.自然资 源学报,2011,26(3):486-495.

［43］侯小洁,黄建武,揭毅.基于水足迹理论的武汉市水资源利用研究［J］.华 中师范大学学报(自然科学版),2014,48(5):768-773.

［44］刘民士,刘晓双,侯兰功.基于水足迹理论的安徽省水资源评价［J］.长江 流域资源与环境,2014,23(2):220-224.

［45］孙才志,刘玉玉,陈丽新,等.基于基尼系数和锡尔指数的中国水足迹强

度时空差异变化格局[J].生态学报,2010,30(5):1312-1321.

[46] 孙才志,陈栓,赵良仕.基于 ESDA 的中国省际水足迹强度的空间关联格局分析[J].自然资源学报,2013,28(4):571-582.

[47] 赵良仕,孙才志,郑德凤.中国省际水足迹强度收敛的空间计量分析[J].生态学报,2014,34(5):1085-1093.

[48] 龙爱华,徐中民,王新华,等.人口、富裕及技术对 2000 年中国水足迹的影响[J].生态学报,2006,26(10):3358-3365.

[49] 秦丽杰,梅婷.吉林市不同收入水平的城市居民膳食水足迹研究[J].东北师大学报(自然科学版),2013,45(4):135-140.

[50] 杨志峰,支援,尹心安.虚拟水研究进展[J].水利水电科技进展,2015,35(5):181-190.

[51] CHAPAGAIN A K, HOEKSTRA A Y. Virtual water flows between nations in relation to trade in livestock and livestock products. Value of water research report series No. 13[R]. Delft: NESCO-IHE,2003.

[52] ZIMMER D, RENAULT D. Virtual water in food production and global trade: Review of methodological issues and preliminary results [C] // Hoekstra A Y. Virtual water trade: Proceedings of the International Expert Meeting on Virtual Water Trade. Value of water research report series No. 12. Delft: UNESCO-IHE,2003.

[53] MEKONNEN M M, HOEKSTRA A Y. National water footprint accounts: the green, blue and grey water footprint of production and consumption. Value of Water Research Report Series No. 50[R]. Delft: UNESCO-IHE,2011.

[54] HUANG Jing, Ridoutt B G, ZHANG Hailin, et al. Water footprint of cereals and vegetables for the Beijing market[J]. Journal of Industrial Ecology,2014,18(1):40-48.

[55] MORILLOJ G, D AZJAR,Camacho E,et al. Linking water footprint accounting with irrigation management in high value crops[J]. Journal of Cleaner Production,2015,87: 594-602.

[56] 王红瑞,董艳艳,王军红,等.北京市农作物虚拟水含量分布[J].环境科学,2007,28(11):2432-2437.

[57] 孙才志,张蕾.中国农产品虚拟水——耕地资源区域时空差异演变[J].资源科学,2009,31(1):84-93.

[58] LIU Junguo, ZEHNDER A J B, YANG H. Historical trends in China's virtual water trade[J]. Water International, 2007, 32 (1):

78-90.

［59］崔嫱,朱丽东,李凤全,等.浙江省主要农作物虚拟水含量的初步研究[J].浙江师范大学学报(自然科学版),2008,31(1):84-90.

［60］肖玲,任桂镇,赵先贵,等.陕西省农产品虚拟水的时空变异分析[J].干旱区资源与环境,2007,21(10):104-108.

［61］王红瑞,王军红.中国畜产品的虚拟水含量[J].环境科学,2006,27(4):609-615.

［62］MEKONNEN M M, HOEKSTRA A Y. A global assessment of the water footprint of farm animal products[J]. Ecosystems,2012,15(3):401-415.

［63］孙才志,张蕾.中国农畜产品虚拟水区域分布空间差异[J].经济地理,2009,29(5):806-811.

［64］CHAPAGAIN A K, HOEKSTRA A Y. Water footprints of nations. Value of water research report series No. 16[R]. Delft: UNESCO-IHE,2004.

［65］ZHAO Xu, YANG Zhifeng, CHEN Bin, et al. Applying the input-output method to account for water footprint and virtual water trade in the Haihe River Basin in China [J]. Environmental Science&Technology,2010,44(23):9150-9156.

［66］LI J S, CHEN G Q. Water footprint assessment for servicesector: a case study of gaming industry in water scarce Macao[J]. Ecological Indicators,2014,47:164-170.

［67］CAZCARRO I, HOEKSTRA A Y, CHOLIZ J S. The water footprint of tourism in Spain[J]. Tourism Management,2014,40:90-101.

［68］项学敏,周笑白,周集体.工业产品虚拟水含量计算方法研究[J].大连理工大学学报,2006,46(2):179-184.

［69］MANZARDO A, REN J, PLANTELLA A, et al. Integration of water footprint accounting and costs for optimal chemical pulp supply mix in paper industry[J]. Journal of Cleaner Production,2014,72:167-173.

［70］王红瑞,韩兆兴,韩鲁杰,等.虚拟水理论与方法的研究进展[J].中国水利水电科学研究院学报,2008,6(1):66-73.

［71］刘宝勤,封志明,姚治君.虚拟水研究的理论、方法及其主要进展[J].资源科学,2006,28(1):120-127.

［72］柳长顺,陈献,刘昌明,等.虚拟水交易:解决中国水资源短缺与粮食安全的一种选择[J].资源科学,2005,27(2):10-15.

［73］HOEKSTRA A Y，HUNG P Q. Vitrual water trade：a quantification of virtual water flows between nations in relation to international crop trade. Value of water research report series No. 11 ［R］. Delft：UNESCO-IHE. 2002.

［74］HOEKSTRA A Y，HUNG P Q. Globalisation of water resources：international virtual water flows in relation to crop trade［J］. Global Environmental Change,2005,15：45-56.

［75］YANG Zhifeng, MAO Xufeng, ZHAO Xu，et al. Ecological network analysis on global virtual water trade ［J］. Environmental Science & Technology,2012,6(3)：1796-1803.

［76］GOSWAMI P, NISHAD S N. Virtual water trade and time scales for loss of water sustainability：a comparative regional analysis ［J］. Scientific Reports,2015,5：9306.

［77］杨阿强,刘闯,赵晋陵,等.中国与东盟农产品贸易虚拟水概算［J］.资源科学,2008,30(7)：999-1003.

［78］马超,许长新,田贵良.中国农产品国际贸易中的虚拟水流动分析［J］.资源科学,2011,33(4)：729-735.

［79］赵晋陵,刘闯,石瑞香,等.中国进入 WTO 以来与欧盟棉花贸易的虚拟水资源总量研究［J］.中国人口.资源与环境,2009,19(6)：115-118.

［80］赵旭,杨志峰,陈彬.基于投入产出分析技术的中国虚拟水贸易及消费研究［J］.自然资源学报,2009,4(2)：286-294.

［81］ZHAO Xu, LIU Junguo, LIU Qingying，et al. Physical and virtual water transfers for regional water stress alleviation in China ［J］. Proceedings of the National Academy of the Sciences of the United States of America，2015，112(2)：1031-1035.

［82］孙才志,韩雪,秦晓楠.中国区际间主要农产品虚拟水流动格局稳定性［J］.地理研究,2014,33(3)：478-489.

［83］孙才志,陈丽新,刘玉玉.中国省级间农产品虚拟水流动适宜性评价［J］.地理研究,2011,30(4)：612-621.

［84］李方一,刘卫东,刘红光.区域间虚拟水贸易模型及其在山西省的应用［J］.资源科学,2012,34(5)：802-810.

［85］王红瑞,王岩,王军红,等.北京农业虚拟水结构变化及贸易研究［J］.环境科学,2007,28(12)：2877-2884.

［86］蔡振华,沈来新,刘俊国,等.基于投入产出方法的甘肃省水足迹及虚拟水贸易研究［J］.生态学报,2012,32(20)：6481-6488.

［87］黄晓荣,裴源生,梁川.宁夏虚拟水贸易计算的投入产出方法［J］.水科学进展,2005,16(4):564-568.

［88］邹君,李红伟,杨玉蓉,等.中国省际间农畜产品虚拟水流动合理性评价与调控研究［J］.中国生态农业学报,2013,21(10):1299-1306.

［89］鲁任宝,黄强,马凯,等.虚拟水理论及其在粮食安全中的应用［J］.农业工程学报,2010,26(5):59-64.

［90］张蕾.中国虚拟水和水足迹区域差异研究［D］.大连:辽宁师范大学,2009.

［91］林彤.福建省水足迹研究［D］.福州:福建师范大学,2015.

［92］陈栓.中国1996—2010年省际水足迹研究［D］.大连:辽宁师范大学,2013.

［93］王惠文.偏最小二乘回归方法及其应用［M］.北京:国防工业出版社,1999.

［94］王力.基于水足迹理论研究的昆明地区水资源可持续利用评价［D］.昆明:云南师范大学,2014.

［94］王力.基于水足迹理论研究的昆明地区水资源可持续利用评价［D］.云南师范大学,2014.

［95］许红燕,黄志珍舟山市水资源分析评价［J］.水文,2014,34(3):87-91.

［96］刘子刚,郑瑜.基于生态足迹法的区域水生态承载力研究——以浙江省湖州市为例［J］.资源科学,2011,33(6):1083-1088.

［97］龙爱华,张志强,徐中民,等.甘肃省水资源足迹与消费模式分析［J］.水科学进展,2005,16(3):418-425.

［98］苏芮,陈亚宁,张燕,等.新疆城乡居民虚拟水消费结构与其用水效率评价［J］.中国生态农业学报,2011,19(1):181-186.

［99］尚海洋,徐中民,王思远.不同消费模式下虚拟水消费比较［J］.中国人口.资源与环境,2009,19(4):50-54.

# 主要学术名词

文化 1 47 124 157 246

生态 1 33 100 173 235

文化景观 4 46 100 123 131

文化生态学 2 5 16 18 23

舟山群岛 6 16 103 168 204

佛教 16 33 65 118 162

观音 16 37 66 118 162

普陀山 16 41 66 126 152

旅行费用法 23 24 51 52 73

桃花岛 6 62 105 125 159

地名 16 76 102 119 123

空间结构 27 28 63 88 149

旅游 13 33 83 119 168

分类系统 17 94 99 118 126

人文地理 1 67 76 127 131

主题公园 16 100 101 131 167

SWOT 分析 17 24 132 142 148

生态足迹 5 18 168 190 207

生态赤字 17 169 172 174 204

生态承载力 17 168 172 177 204

可持续发展 5 62 91 142 205

水足迹 5 18 208 226 246

虚拟水 6 18 208 214 255

生态安全 18 73 211 235 247

水资源可持续利用评价 231 232 233
　　246 255

**图书在版编目（CIP）数据**

海岛文化与生态的人文地理研究:舟山案例 / 童亿勤
等著. —杭州:浙江大学出版社,2018.1（2022.1重印）
ISBN 978-7-308-17499-2

Ⅰ.①海… Ⅱ.①童… Ⅲ.①岛－人文地理－研究－
舟山市 Ⅳ.①K928.44

中国版本图书馆 CIP 数据核字（2017）第 246925 号

**海岛文化与生态的人文地理研究——舟山案例**

童亿勤　董朝阳　伍　磊　等著

| | | |
|---|---|---|
| 责任编辑 | 杜希武 | |
| 责任校对 | 陈静毅　沈炜玲 | |
| 封面设计 | 刘依群 | |
| 出版发行 | 浙江大学出版社 | |
| | （杭州市天目山路 148 号　邮政编码 310007） | |
| | （网址:http://www.zjupress.com） | |
| 排　　版 | 杭州好友排版工作室 | |
| 印　　刷 | 广东虎彩云印刷有限公司绍兴分公司 | |
| 开　　本 | 710mm×1000mm　1/16 | |
| 印　　张 | 16.75 | |
| 字　　数 | 337 千 | |
| 版 印 次 | 2018 年 1 月第 1 版　2022 年 1 月第 2 次印刷 | |
| 书　　号 | ISBN 978-7-308-17499-2 | |
| 定　　价 | 49.00 元 | |